DIE GRÖSSTEN SCHLACHTEN DER MENSCHHEIT

DIE GRÖSSTEN SCHLACHTEN DER MENSCHHEIT

GEFECHTE, DIE GESCHICHTE SCHRIEBEN

Christer Jorgensen, Dr. Chris Mann
(Herausgeber)

Parragon
Bath · New York · Singapore · Hong Kong · Cologne · Delhi · Melbourne

Redaktion und Design:
Amber Books Ltd
Bradley's Close
74–77 White Lion Street
London N1 9PF
United Kingdom
www.amberbooks.co.uk

Projektleiter: Michael Spilling
Layout: Hawes Design, Graham Beehag
Bildredaktion: Terry Forshaw
Text: Rupert Butler, Martin J. Dougherty, Michael E. Haskew,
Christer Jorgensen, Chris Mann, Chris McNab,
Michael Neiberg und Michael Pavkovic

Parragon Books Ltd
Queen Street House
4 Queen Street
Bath BA1 1HE, UK

Übersetzung: Heinrich Degen, München; Helmut Ross, Krenglebach (A);
Kirsten E. Lehmann, Köln
Lektorat: Ralf Burau, Mönchengladbach; Andreas Menkel, trans texas;
Martina Rözel, Weyerbusch
Satz und Projektmanagement: trans texas publishing, Köln

ISBN 978-1-4454-0917-7
Printed in Malaysia

INHALT

EINLEITUNG

Geschichte ist weit mehr als eine Ansammlung von Kriegen und Gefechten. Dennoch haben einige Schlachten den Gang der Geschichte spürbar verändert – und damit das Schicksal der Menschen. In diesem Buch präsentieren namhafte Militärhistoriker in komprimierter Darstellung 48 entscheidende oder große Schlachten.

Gibt es einen Unterschied zwischen „den Krieg entscheidenden" und „großen" Schlachten? Ja – denn es gibt berühmte Schlachten, die weder für den Ausgang eines Kriegs entscheidend noch ein militärischer Meilenstein waren, und dennoch Merkmale von Größe aufweisen. Die Schlacht von Adrianopel im Jahr 378 n. Chr. änderte nichts, obwohl sie für das Römische Reich eine demütigende Niederlage darstellte. Auch wenn das glorreiche Römische Reich bereits zerbröckelte, blieb es im Westen noch ein Jahrhundert erhalten, während das Oströmische Reich ein weiteres Jahrtausend bestand. Die Westgoten konnten die Macht Roms nur ankratzen.

DER STURM der Royal Scots Greys in die französischen Linien bei Waterloo im Jahr 1815 ging in die Geschichte der großen Kavalleriegefechte ein. Die Schlacht bei Waterloo war bedeutend, da sie Napoleons Versuche, sich erneut als Herrscher zu inthronisieren, endgültig vereitelte.

GROSSE SCHLACHTEN, GROSSE FOLGEN

Was also macht eine entscheidende oder große Schlacht aus? Um sich ein Bild davon zu machen, wie die Welt aussähe, wenn eine bestimmte Schlacht einen anderen als den tatsächlichen Ausgang genommen hätte – wenn also die besiegte Partei den Sieg davongetragen hätte –, muss man Spekulationen anstellen.

Hätten die Athener die Seeschlacht bei Salamis verloren, so hätten die Perser Griechenland erobern können. Als Ansammlung tributpflichtiger Staaten jedoch hätten die griechischen Nationen wahrscheinlich nicht ihre Rolle als Ursprung westlicher Zivilisation gespielt. Diese Zivilisation hätte vielmehr persische Prägung erhalten.

Im Jahr 732 schlug Karl Martell die Araber; als Folge davon blieb der Einfluss des Islam auf den äußersten Südwesten des europäischen Kontinents beschränkt. Hätte

Martell die Schlacht verloren, dann wäre der militärisch stärkste Feudalstaat in Westeuropa, das Königreich der Franken, zerschlagen worden – und mit ihm eine noch in den Kinderschuhen steckende christlich-europäische Zivilisation. Europa wäre eine größere Version des islamisch dominierten Al-Andalus (Spanien) geworden.

300 Jahre später wurden die Angelsachsen in der Schlacht bei Hastings von Herzog Wilhelm von der Normandie, später Wilhelm der Eroberer genannt, geschlagen; das war die Voraussetzung für die Geburt einer englischen – anglonormannischen – Nation weitere 300 Jahre später. Hätte König Harold die Oberhand behalten, wäre die englische Geschichte sicher anders verlaufen.

Hätte die spanische Armada im Jahr 1588 die Flotte Sir Francis Drakes und Admiral Howard von Effinghams im Meer versenkt und wäre zusammen mit den Truppen des Herzogs von Parma an der Küste Englands gelandet, dann wäre Britannien wieder katholisch geworden. Als Konsequenz daraus wäre wohl nie ein britisches Imperium entstanden – und die Weltgeschichte anders verlaufen.

Doch eine Schlacht muss nicht Krieg entscheidend sein, sie muss noch nicht einmal im militärischen Sinn bedeutend sein, um zu den großen Schlachten der Geschichte gezählt zu werden: Ein genialer Feldherr oder Befehlshaber, die Anwendung neuer Taktiken, Waffen und Gefechtsformationen reichen aus, ihr zu historischer Größe zu verhelfen – oder auch, wie im Fall Konstantinopels, sie zu einem entscheidenden Markstein für das Ende einer Ära und den Beginn einer neuen Epoche zu machen.

So sind die Gefechte des Ersten und auch des Zweiten Weltkriegs, auf dem ein wesentlicher Schwerpunkt des Buches liegt, nach inzwischen allgemein vorherrschender Meinung große, aber keine Entscheidungsschlachten. Viele der vorgestellten Konfrontationen, zum Beispiel die Luftschlacht um England oder das Unternehmen Barbarossa, entstanden zwar aus dem Streben nach einer solchen Entscheidung, doch der alles entscheidende Schlag gelang nie. Stattdessen markieren die hier dargestellten Gefechte des Zweiten Weltkriegs wichtige Momente oder Wendepunkte innerhalb einer längeren militärischen Auseinandersetzung – die Schlachten waren lediglich Stationen hin zum Ausgang des Konflikts, zu Sieg oder Niederlage. Sie verschoben Frontlinien, schwächten die Kampfkraft des Gegners oder bereiteten die nächste Konfrontation vor. Dies entsprach dem Charakter eines totalen Krieges zwischen Industrienationen.

Doch ob nun große oder entscheidende Schlachten – beide haben etwas, was sie von anderen militärischen Zusammenstößen unterscheidet, und gerade deshalb fesseln sie die Menschen über einen langen Zeitraum hinweg.

Christer Jorgensen und Dr. Chris Mann, ***Herausgeber***

DER ENTSCHLOSSENE STURMANGRIFF von Picketts konföderierter Infanteriedivision auf das Zentrum der Unionstruppen in der Schlacht bei Gettysburg im Jahr 1863 wurde wegen des Mutes und der Unerschrockenheit zur Legende.

EIN DEUTSCHER OFFIZIER in Stalingrad im Oktober 1942. In der Schlacht um Stalingrad fanden einige der heftigsten Straßenkämpfe in der Geschichte der Kriegsführung statt. Die Vernichtung der deutschen 6. Armee durch die sowjetischen Truppen markierte die Wende im Krieg an der Ostfront.

DIE GRÖSSTEN SCHLACHTEN DER MENSCHHEIT

Die Kriegsführung ist seit jeher bestimmt von der Art der verwendeten Waffen. Im Altertum und Mittelalter, dem Zeitalter des Schwerts, war der Ausgang einer Schlacht meist abhängig von den einzelnen Kriegern. Im antiken Griechenland demonstrierte der Aufstieg Spartas, was eine professionelle, disziplinierte Truppe schwer bewaffneter Infanteristen gegen einen zahlenmäßig überlegenen Gegner auszurichten vermochte, und diese Erkenntnis gipfelte in der scheinbar unbesiegbaren Phalanx Alexanders des Großen. Später schufen die Römer die vollendete Armee des Altertums und beherrschten die Schlachtfelder für lange Zeit.

Mit der Einführung von Schießpulver und Artilleriegeschützen während des 14. und 15. Jahrhunderts wandelte sich die Kriegsführung in Europa radikal. Durch die Muskete gewann die Infanterie an Bedeutung, denn diese Waffe ermöglichte die Aufstellung großer Verbände schnell ausgebildeter Soldaten, die die kostspielig ausgerüsteten Ritterheere des Mittelalters ablösten. Im 17. und 18. Jahrhundert standen sich auf den Schlachtfeldern dicht gedrängte Reihen gedrillter Schützen gegenüber, die sich auf kurze Distanz mit Musketen und Kanonen beschossen – gezielte Salven konnten den Ausgang einer Schlacht zu dieser Zeit bestimmen.

Mitte des 19. Jahrhunderts kam das moderne Gewehr auf. Die verheerende Wirkung, die Gewehrsalven gegen kompakte Infanterieverbände besaßen, zeigte sich in den blutigen Schlachten des Amerikanischen Bürgerkrieges. Die Entwicklung des Maschinengewehrs und die Verbesserung der Artillerie Ende des 19. Jahrhunderts schienen die Infanterie auf dem Schlachtfeld endgültig in Frage zu stellen – die ebenso grauenvollen wie ergebnislosen Schlachten an der Westfront im Ersten Weltkrieg waren auch Ausdruck der Ratlosigkeit angesichts scheinbar unüberwindlicher Verteidigungswaffen. Erst die mechanisierte Kriegführung mit Panzer- und Fliegerverbänden gestattete eine neue Form des Bewegungskrieges.

Inzwischen befindet man sich in einem Zeitalter digital gelenkter Präzisionswaffen und hochmobiler mechanisierter Verbände, doch wie die Erfahrungen aus dem Vietnam- und ebenso aus dem Irakkrieg zeigen, bleibt der Infanterist trotzdem unersetzlich, um Gelände zu halten und zu kontrollieren.

Diese Illustration aus dem 15. Jh., auf der die Eroberung von Damiette in Ägypten (1249) während des 6. Kreuzzugs dargestellt ist, zeigt die blutige und persönliche Natur des Kampfes mit dem Schwert, Mann gegen Mann. Das Schwert war lange Zeit die am häufigsten getragene Blankwaffe – bis zur Entwicklung der sogenannten Hakenbüchse (Arkebuse) und der Pistole im 16. Jh.

MARATHON 490 v. Chr.

Bei Marathon ergriff eine zahlenmäßig unterlegene Armee griechischer Hopliten die Gelegenheit, ihre persischen Feinde zu besiegen: Mithilfe besserer Ausrüstung und überlegener Disziplin errangen sie einen der berühmtesten taktischen Siege der Antike. Damit war die Bedrohung der griechischen Stadtstaaten durch die Perser jedoch noch nicht beendet.

Unter Kyros II. dem Großen hatte Persien im Jahr 539 v. Chr. bereits einen Großteil Kleinasiens besetzt, auch die Gebiete der Griechen, die an der ionischen Küste lebten. Zunächst waren die Beziehungen zwischen Persern und ihren griechischen Untertanen noch freundschaftlich. Doch allmählich entwickelten sich Spannungen. Die Perser behinderten die wirtschaftliche Entwicklung der Griechen durch Handelsrestriktionen. Zudem setzte das autokratische Persien Marionettenherrscher über die griechischen Städte an der ionischen Küste ein – was den Widerstand der auf ihre Unabhängigkeit bedachten Griechen provozierte. Im Jahr 500 v. Chr. eskalierte die Situation in eine Rebellion gegen die Perser. Aristagoras

DATEN UND FAKTEN

Wer: Fast 11 000 Hopliten aus Athen und Platäa, die der Athener Feldherr Miltiades am Tag der Schlacht führte, standen einer multiethnisch zusammengesetzten persischen Armee von gut 25 000 Mann unter dem Kommando des Meders Datis und des Persers Artaphernes gegenüber.

Was: Die Athener ließen das Zentrum ihrer Reihen absichtlich schwach und stärkten stattdessen die Flügel: Sie ließen damit zu, dass die Perser durch die Mitte stießen – doch nur, um sie anschließend an den Flanken zu schlagen und im Zentrum mit den siegreichen Flügeln der griechischen Armee zu einzuschließen.

Wo: In der Ebene von Marathon, etwa 40 km nordöstlich von Athen.

Wann: 12. September 490 v. Chr.

Warum: Die Perser wollten Athen für dessen Unterstützung der Rebellion der Ionier gegen die persische Herrschaft bestrafen.

Resultat: Für zehn Jahre wurden die Perser vom griechischen Festland vertrieben.

In der Schlacht bei Marathon besiegten 10 000 Hopliten aus Athen und etwa 600 bis 1000 Krieger aus Platäa unter Führung von Militades eine persische Armee von nahezu doppelter Stärke, inklusive 10 000 „Unsterblicher" – einer Spezialtruppe, die nach jedem Verlust sofort wieder auf die Gesamtzahl aufgestockt wurde. Athen bewies in dieser Schlacht den Erfolg seiner besonderen Kampfformation, der Phalanx.

von Milet suchte deshalb auf dem griechischen Festland nach Unterstützung für den Aufstand. Zuerst wandte er sich an Sparta, da die spartanische als die beste Armee Griechenlands galt. Doch König Kleomenes sah keinen Grund, warum ein Kampf für die weit entfernten Ionier im Interesse Spartas liegen sollte. Deshalb verweigerte er der Revolte die Unterstützung.

In Athen fand Aristagoras ein offeneres Ohr. Er hielt vor der Athener Volksversammlung eine Rede, in der er die kämpferische Überlegenheit der Griechen gegenüber den Persern und, angesichts des Wohlstands des Perserreichs, die Aussicht auf eine große Kriegbeute für den Sieger herausstellte. Die Versammlung diskutierte die Anfrage und entschied, ihre ionischen Vettern durch eine Flotte von 20 Kriegsschiffen zu unterstützen. Die athenische Flotte, ergänzt von einigen Schiffen aus Eretria, ging in Ephesus vor Anker. Von dort aus marschierten die Truppen auf die persische Hauptstadt Sardes zu, die sie schnell einnahmen und – angesichts der herannahenden persischen Armee – vollständig niederbrannten. In der darauf folgenden Schlacht wurden die Griechen geschlagen und die Athener kehrten nach Hause zurück. Die ionische Revolte hielt noch bis zum Jahr 493 v. Chr. an, doch die mächtigen und zentralisierten persischen Streitkräfte zeigten sich den individualistischen Griechen in einem lang anhaltenden Zermürbungskrieg überlegen.

Die Schlacht bei Marathon endete mit dem dramatischen Zusammenbruch der persischen Linien und der Flucht auf die am Strand liegenden persischen Schiffe, von denen die Griechen sieben eroberten. Der griechische Geschichtsschreiber Herodot bezifferte die persischen Toten auf 6400.

Obwohl die Revolte niedergeschlagen war, blieb der persische Großkönig Dareios I. über die Beteiligung der Athener zutiefst erzürnt. Der griechische Geschichtsschreiber Herodot (um 485–425 v. Chr.) berichtet von einem Sklaven, der Dareios allabendlich vor dem Mahl dreimal ein „Herr, vergesst die Athener nicht!" zurufen musste, damit der König nicht vergaß, die Athener für ihre Einmischung zu bestrafen. Zu diesem Zweck sandte Dareios 492 v. Chr. eine Expedition unter Führung seines Schwiegersohnes Mardonius nach Griechenland, doch feindliche Thrakerstämme sowie stürmisches Wetter am Berg Athos zwangen das Heer, den Feldzug abzubrechen und umzukehren.

DER FELDZUG

Dareios gab den Plan, Athen zu bestrafen, jedoch keineswegs auf und bereitete in den folgenden Jahren eine weitere, weitaus größere Expedition vor. Sie sollte über das ägäische Meer nach Athen und Eretria ziehen, um die Städte niederzubrennen und die Einwohner zu versklaven. Der Flottenanteil der persischen Streitkräfte bestand aus nahezu 600 Schiffen, etwa 200 waren Kriegsschiffe, die als Flotteneskorte dienten, während die restlichen 400 für den Truppen- und Versorgungstransport zuständig waren. Darunter befanden sich auch eine Reihe speziell ausgerüsteter Schiffe für den Transport der Pferde der Kavallerie. Die Truppen bestanden aus etwa 25 000 Kämpfern, unter diesen ein Kontingent von etwa 1000 Kavalleristen. Sie wurden von Dareios' Neffen Artaphernes und von Datis, einem medischen Edelmann, befehligt. Mit dabei war auch Hippias, der bis 510 v. Chr. als Tyrann über Athen geherrscht hatte, bevor er von dort vertrieben worden war. Die Perser wussten um die reizbare politische Atmosphäre in einem griechischen Stadtstaat – und sahen daher zweifellos die Chance, mit Hippias' Hilfe eine „fünfte Kolonne" in Athen zu etablieren.

Die persische Flotte verließ den Hafen von Tarsus in Richtung Westen. Auf der Fahrt ging die Armada auf mehreren Inseln an Land und unterwarf die jeweilige Bevölkerung durch Drohung oder Gewalt. Wichtig war Dareios vor allem die Zwischenlandung auf Euböa zur Bestrafung der Stadt Eretria. Die Bevölkerung von Eretria befand sich angesichts der erdrückenden Streitmacht in einem Dilemma: Ein Teil der Bewohner stimmte dafür, die Stadt bis zum Letzten zu verteidigen; andere hielten es für das Beste, sie zu verlassen und den Kampf von den umliegenden Hügeln aus aufzunehmen. Doch noch bevor sie sich entschieden hatten, lag Eretria bereits in persischer Hand. Eine Gruppe, die sich bestechen lassen hatte, hatte dem Feind die Stadttore geöffnet. Die Tempel der Stadt wurden als Vergeltung für die Zerstörung von Sardes in Brand gesteckt. Von Euböa aus zogen die Perser weiter in Richtung Attika und gingen am 5. September in der Ebene von Marathon an Land, rund 40 km vor Athen. Hier fanden die Perser alles Nötige vor: einen ausgedehnten Strand, an dem sie ihre Schiffe mühelos an Land ziehen konnten, reichlich Trinkwasser, einen direkten Zugang nach Athen und ausreichend Platz zum Manövrieren für die Kavallerie, sollte Athen sich dazu entschließen, den Persern hier auf freiem Feld entgegenzutreten.

Als die Athener von der persischen Landung erfuhren, sandten sie den Boten Philippides auf seinen berühmten Lauf von über 225 km nach Sparta, um von dort Hilfe zu erbitten. Unglücklicherweise sahen sich die Spartaner aufgrund religiöser Feierlichkeiten nicht in der Lage zu helfen, denn man feierte die Karneien, ein Ritus zu Ehren Apollons, nach dem es den Spartanern nicht erlaubt war, sich vor dem nächsten Vollmond in Marsch zu setzen. Auf diese Nachricht hin suchten die Athener nach einem neuen Plan: Einige sprachen sich dafür aus, sich auf eine Belagerung vorzubereiten, auch wenn dies angesichts Hippias' Gegenwart und des Verrats in Eretria ziemlich riskant erschien. Andere hielten dem entgegen, es sei unbedingt erforderlich, die Perser bei Marathon festzusetzen und so zu verhindern, dass sie Athen erreichten. So dachte auch der Stratege Miltiades. Seine Meinung hatte Gewicht, zumal er bereits in Kontakt mit den Persern gestanden und bei der ionischen Revolte mitgekämpft hatte. Schließlich marschierte eine athenische Streitmacht aus knapp 10 000 Hopliten, schwer bewaffneter Infanterie, auf Marathon zu. Zu ihnen stießen 600 bis 1000 Hopliten aus Platäa, einem langjährigen Verbündeten Athens.

DIE AUFSTELLUNG

Die Perser zogen auf einem schmalen Küstenstreifen namens Schoinia ihre Schiffe an Land, dahinter lagen ausgedehnte Marschen. Jenseits der Marschen lag ein Dorf mit weitläufigen Feldern nahe einer Quelle: Hier, wo genügend Wasser und Futter für die Pferde zur Verfügung standen, werden die Perser ihr Lager aufgeschlagen haben. Die Athener und ihre Verbündeten lagerten am Südrand der Ebene vor Marathon, nördlich des Brexisa-Sumpfes zwischen dem Hügelgelände und der Küste. Ihr Lager versteckten die Athener hinter umgestürzten Bäumen mit scharf angespitzten Zweigen.

DIE SCHLACHT

Die Armeen lagen etwa vier Tage lang einander gegenüber, denn beide Seiten hatten gute Gründe zu warten. Den Athenern brachte jeder Tag, der verging, die Hilfe Spartas näher: Spätestens am 12. September würden sie losmarschieren und konnten bis zum 15. an Athens Seite sein. Außerdem machte es taktisch kaum Sinn, den Feind in der weiten Ebene vor Marathon anzugreifen – dort, wo dessen Kavallerie bestens eingesetzt werden konnte. Also blieben sie lieber in der Nähe ihres gut befestigten Lagers zwischen den Hügeln und der Küste. Hier bildeten die schwer bewaffneten Hopliten in ihrer Phalanx-Formation ein ernsthaftes Hindernis für die leichter ausgerüsteten Perser.

Diese wiederum sahen, wenigstens zu Beginn, die Zeit zu ihren Gunsten arbeiten. Sie hofften, wie in Eretria, auf Hilfe durch Anhänger des Hippias in Athen und warteten auf das Signal, das den Verrat anzeigen würde: ein polierter, auf dem Berg Pentelikon in die Sonne gehaltener Schild. Die Einzelheiten des Plans sind nicht bekannt; doch es scheint gewiss, dass die Perser vorhatten, den Großteil ihrer Truppen per Schiff in Richtung Athen zu senden, während die Athener weiter vor Marathon auf sie warten sollten. Außerdem wollten die Perser die Athener und Platäer

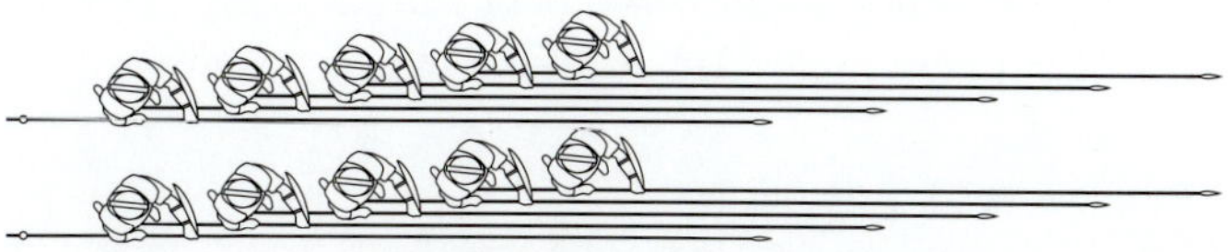

DIE KORREKTE GESTALT einer griechischen Phalanx kann anhand der antiken Quellen nicht restlos erschlossen werden. Die Zeichnung zeigt eine der Möglichkeiten: Hierbei wurde der Hoplon, ein runder Schutzschild, am linken Arm getragen und der lange Speer mit beiden Händen gehalten.

DER HOPLIT

Ein Hoplit aus der Zeit der Perserkriege: Seine Hauptwaffe war ein Speer mit Eisenspitze. Er wurde im Kampf über dem Kopf gehalten, im Manöver dagegen unter den Arm geklemmt. Der Hoplit trug zudem ein 60 cm langes Eisenschwert mit Bronzebeschlägen. Zu seinem Schutz trug er den Hoplon – einen runden Schild aus Holz mit bronzener Oberfläche und ledernem Innenfutter. Der Hoplon wurde mit einem Band am Unterarm befestigt, zugleich hielt der Hoplit den Griff des Schildes in seiner linken Faust. Sein korinthischer Helm trug einen Helmbusch aus Pferdehaar, das manchmal gefärbt war. Seinen Rumpf schützte ein Brustharnisch aus versteiftem Leinen, das mit Metallschuppen besetzt war. Die Unterschenkel waren mit bronzenen Beinschienen verkleidet, an den Füßen trug er Ledersandalen.

RELIEF DER UNSTERBLICHEN *in der Apadana (Auditorium), Persepolis, Iran. Die Unsterblichen waren eine Eliteeinheit in der Armee der Achämeniden (persisches Herrschergeschlecht). Nach Berichten Herodots war diese Einheit immer exakt 10 000 Mann stark.*

keinesfalls an ihrem Stützpunkt am Südrand der Ebene angreifen, da das Gelände dort ihren zahlenmäßigen Vorteil und die Mobilität der Kavallerie zunichte machen würde.

Gegen Abend des 11. September jedoch lief für die Perser die Zeit ab. Noch immer war kein Signal der „fünften Kolonne" aus Athen in Sicht – und das Fest in Sparta ging seinem Ende entgegen. Das bedeutete, die Athener konnten zunehmend auf Verstärkung aus Sparta hoffen. Also beorderten die Perser einen Teil ihrer Streitkräfte auf die Schiffe, um am folgenden Morgen nach Athen zu segeln – auch ohne Signal konnten die Perser nach wie vor auf Unterstützung in Athen hoffen. Dieser Teil der Armee wurde von Datis angeführt und scheint den größten Teil der Kavallerie mitgeführt zu haben. Diese konnte beim Vorstoß auf Athen gute Dienste leisten, sobald die Eingreiftruppe in der Bucht von Phaleron (heute ein Teil von Piräus) an Land ging.

KLASSISCHE HOPLITENHELME – *von links nach rechts: ein einfacher korinthischer Helm; die klassische korinthische Form mit lang gezogenem Wangenschutz; ein späterer illyrischer Helm; ein spätes korinthisches Design mit Aussparungen für die Ohren, damit die Soldaten besser hören konnten.*

Die verbleibenden Truppen unter Artaphernes behielten die Hopliten vor Marathon im Auge. Ihm blieben etwa 15 000 Mann, nahezu ausschließlich Infanterie. Die Athener erfuhren von dem Plan der Perser, und zwar durch Ionier, die auf persischer Seite dienten. Sie sandten die Nachricht „die Kavallerie ist fort", welche die Athener bewog, den Kampf zu eröffnen. Tatsächlich befanden sich zuvor die zehn Athener *strategoi*, die gewählten Feldherren, in einer Zwickmühle: Sollten sie an dieser Stelle bleiben und kämpfen, nach Athen zurückkehren (denn auch sie fürchteten einen Verrat in der Stadt) oder aber den Kampf eröffnen – eine Vorgehensweise, die auch Miltiades befürwortete?

Der *polemarchoi* – ein mit der Heerführung betrauter hoher Beamter Athens, dessen Stimme in strittigen Situationen den Ausschlag gab – unterstützte den Plan, vor Marathon auszuharren. Schließlich fiel die Entscheidung, bei Sonnenaufgang den Angriff auf die Perser zu wagen. Wenn sie schnell und entschieden Artaphernes' Truppen besiegten, könnten sie anschließend in einem Gewaltmarsch Athen noch vor dem persischen Angriff erreichen.

Am Morgen wurden die gegnerischen Truppen zur Schlacht aufgestellt. Miltiades hatte an diesem Tag das Kommando inne, und da er die Taktik der Perser kannte, postierte er seine Truppen entsprechend. Die Perser würden, davon ging er aus, die besten Einheiten im Zentrum postieren. Bei ihrer Truppenstärke war es wahrscheinlich, dass, ordnete er seine Phalanx in acht Reihen entlang der gesamten persischen Front an, sie überflügelt werden würde. Um dies zu verhindern, stellte er das Zentrum seiner Truppen schmaler auf, und nahm dabei in Kauf, dass die Perser hier zunächst Erfolg haben würden.

Miltiades wusste aber auch, dass an den persischen Flanken leichter bewaffnete Truppen standen, und dass hier die schwer bewaffneten Einheiten der griechischen Armee überlegen waren. Deshalb ordnete er an, dass diese Truppen den Gegner, war er geschlagen, keinesfalls verfolgen, sondern sich dem persischen Zentrum zuwenden sollten. Der rechte Flügel der Griechen stand unter dem Kommando des Polemarchen Kallimachus, den linken Flügel bildeten die Platäer.

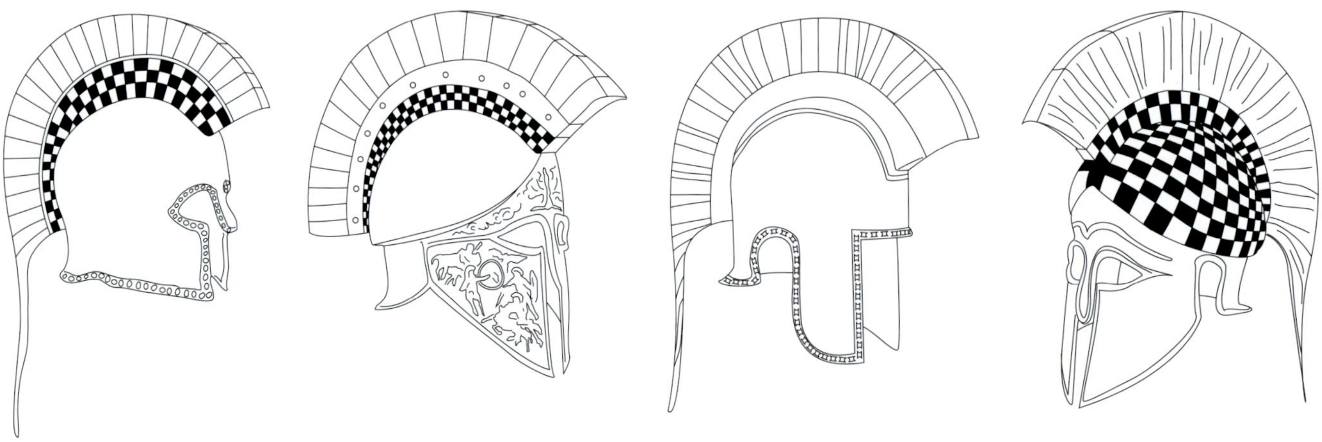

SPARTAS HOPLITEN *stellen sich zum Kampf auf. Männliche Spartaner wurden bereits im Kindesalter zu Kriegern erzogen. Sie aßen wenig, aber gut und trainierten jeden Tag. Die damit einhergehende Haltung war nicht weniger wichtig: Sie wussten – wie der Rest Griechenlands –, dass sie die Besten waren. Siegesgewissheit erweist sich (damals wie heute) als Vorteil im Kampf.*

Artaphernes stellte seine Truppen auf, wie Miltiades es erwartet hatte. Die Besten, persische Soldaten des stehenden Heeres sowie Söldner aus dem Volk der Saken, bildeten das Zentrum, das von verschiedenen Gruppierungen, darunter die wenig kampfbegeisterten Ionier, flankiert wurde. Um die Blockade des feindlichen Lagers aufrechtzuerhalten, marschierte er bis auf etwa 1,5 km den Griechen entgegen.

Die Griechen rückten gleichfalls vor. Herodot berichtet, dass sie rannten, um das Feuer der Bogenschützen zu unterlaufen. Das ist jedoch wenig wahrscheinlich, denn in der schweren Ausrüstung eines Hopliten war es nahezu unmöglich – und unnötig – zu rennen. Wahrscheinlich bewegten sich die Athener ab einer Distanz von etwa 140 m, der Reichweite persischer Bögen, im Laufschritt. Das Gefecht begann: Im Zentrum waren die Perser bald im Vorteil und drängten die Griechen zurück, ihre Truppen an den Flanken wurden jedoch geschlagen. Daraufhin stürmten die Griechen befehlsgemäß ins Zentrum und kreisten die Perser von beiden Seiten ein. Es folgte ein großes Gemetzel mit 6400 Toten auf persischer Seite und nur 192 gefallenen Athenern, darunter Kallimachus. Die Griechen eroberten außerdem sieben persische Schiffe; die restlichen entkamen.

DIE FOLGEN

Die Athener konnten sich auf ihrem Sieg nicht ausruhen. Während eine Einheit das Schlachtfeld sicherte, kehrte der Rest in einem Gewaltmarsch zurück in die Stadt. Sie kamen rechtzeitig, um die Landung der Perser zu verhindern; und so musste Datis, zusammen mit den Überlebenden unter Artaphernes, abziehen.

Bald danach begannen die Perser mit den Vorbereitungen für einen neuen Feldzug, auch wenn es noch zehn Jahre dauern sollte, bis sie wieder ins Land kamen – diesmal nicht, um Athen zu bestrafen, sondern um ganz Griechenland zu erobern.

DER LEGENDE NACH *war es der Bote Philippides, der die Nachricht vom griechischen Sieg bei Marathon der ängstlich gespannten Bevölkerung im rund 40 km entfernten Athen überbrachte. Der moderne Marathonlauf feiert diese Tat.*

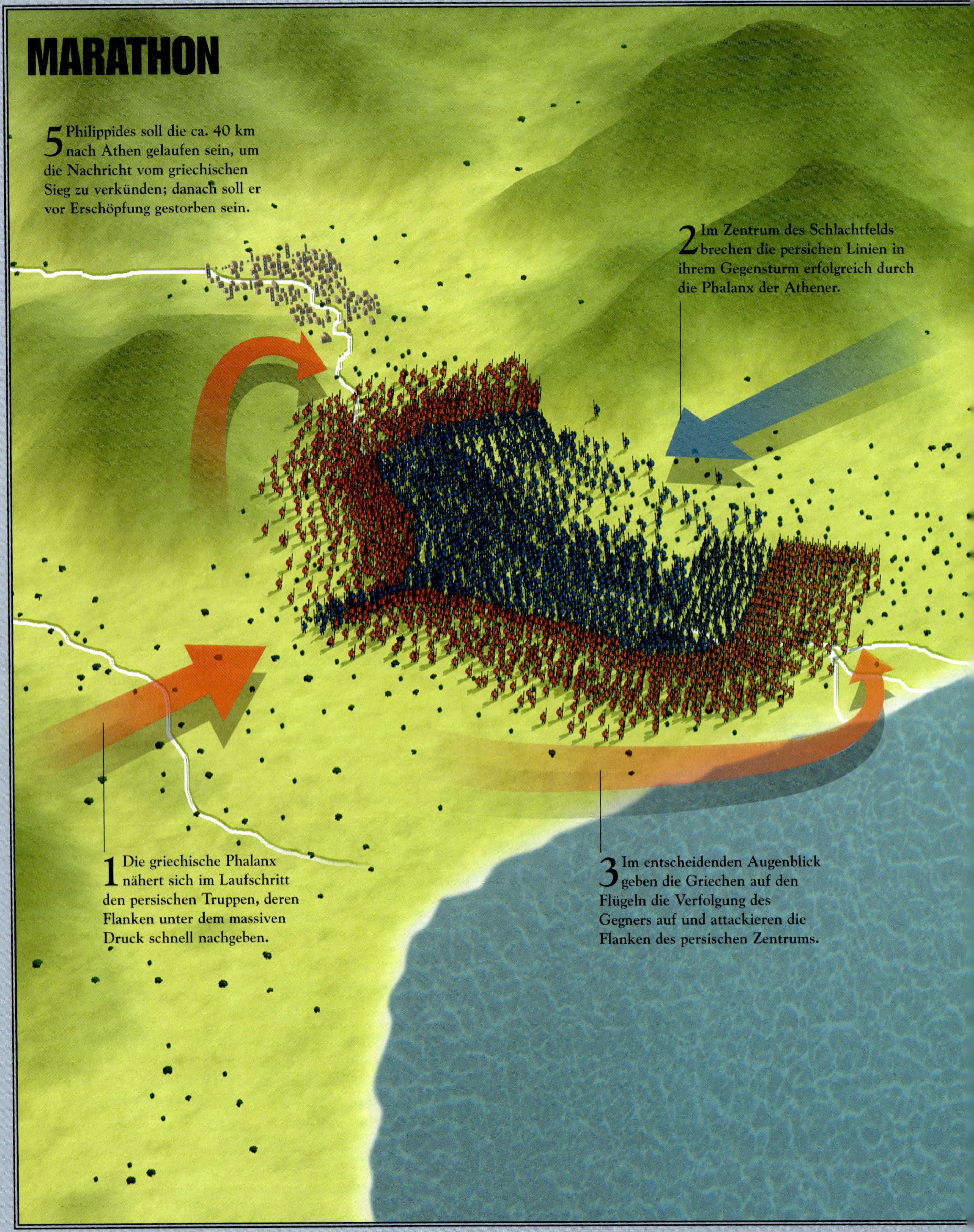
MARATHON
5 Philippides soll die ca. 40 km nach Athen gelaufen sein, um die Nachricht vom griechischen Sieg zu verkünden; danach soll er vor Erschöpfung gestorben sein.
2 Im Zentrum des Schlachtfelds brechen die persichen Linien in ihrem Gegensturm erfolgreich durch die Phalanx der Athener.
1 Die griechische Phalanx nähert sich im Laufschritt den persischen Truppen, deren Flanken unter dem massiven Druck schnell nachgeben.
3 Im entscheidenden Augenblick geben die Griechen auf den Flügeln die Verfolgung des Gegners auf und attackieren die Flanken des persischen Zentrums.

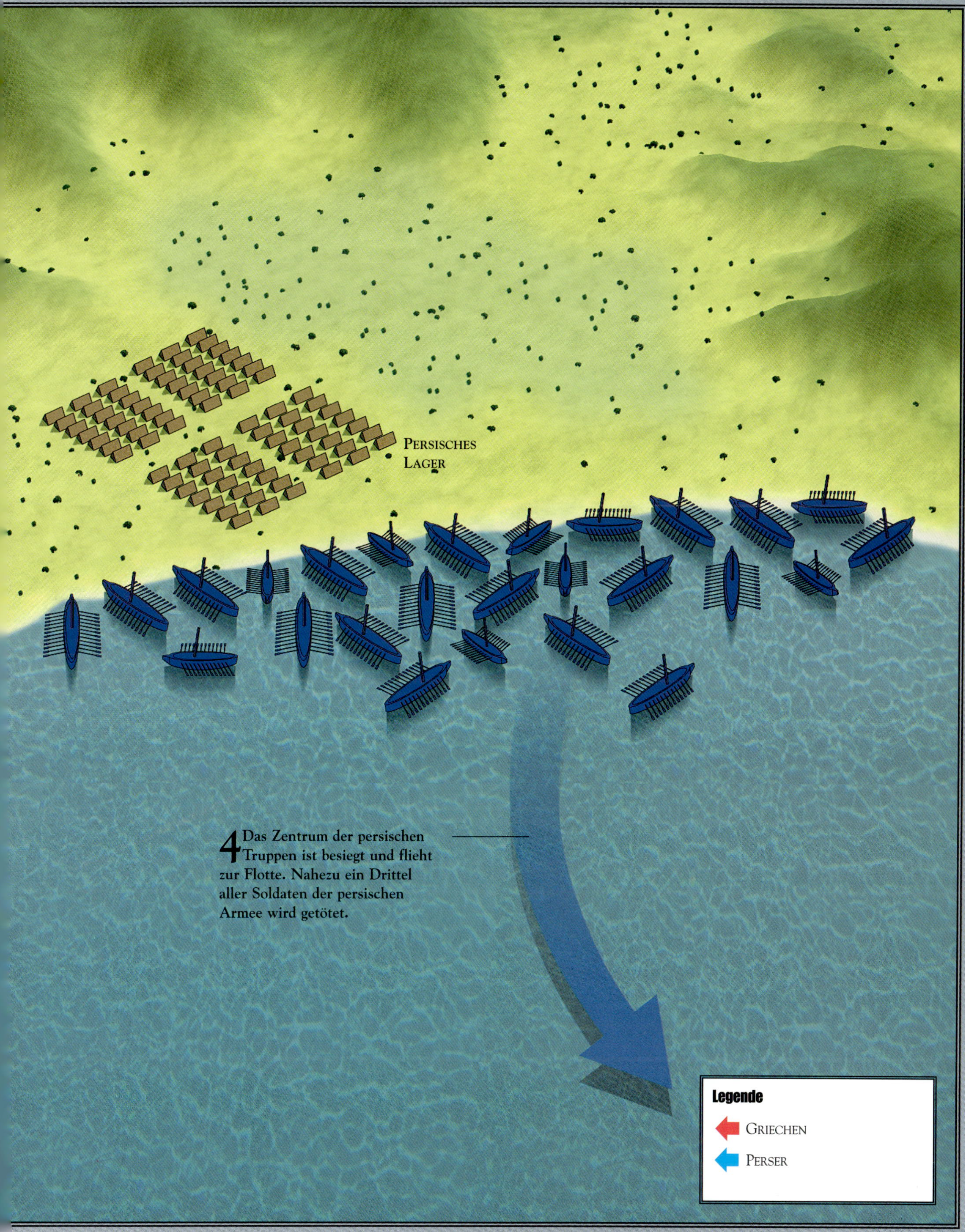
Persisches
Lager
4 Das Zentrum der persischen Truppen ist besiegt und flieht zur Flotte. Nahezu ein Drittel aller Soldaten der persischen Armee wird getötet.
Legende
Griechen
Perser

W. S. Bagdatopoulos

SALAMIS 480 v. Chr.

Zu Land und zu Wasser führte der persische Großkönig Xerxes seine Truppen gegen die griechischen Stadtstaaten. Bei den Thermopylen opferten sich 300 Hopliten aus Sparta, um Zeit zu gewinnen. Vor Salamis bereiteten die Griechen den Invasoren eine vernichtende Niederlage auf See und bewahrten so die westliche Kultur.

Das Großreich Persien war im 5. Jahrhundert v. Chr. auf der Höhe seines Ruhmes. Das Herrschaftsgebiet Dareios' I. erstreckte sich vom Kaukasus bis zum Indischen Ozean und von der Mittelmeerküste bis zum Indus. Seine Untertanen: eine Vielvölkerschar, darunter ionische Griechen, die an der Westküste Kleinasiens siedelten. Diese Ionier hatten 500 v. Chr. gegen Dareios rebelliert, doch nach sechs Jahren erbitterter Kämpfe waren sie besiegt. Athen, das sich mit den Ioniern verbunden sah, brannte daraufhin die persische Stadt Sardes nieder. Nun wollte Dareios Athen für das bestrafen, was in seine Augen eine Einmischung in die inneren Angelegenheiten war. Seine Strafexpedition endete bei Marathon in einem Desaster.

DATEN UND FAKTEN

Wer: Griechische Seestreitkräfte unter Führung des Atheners Themistokles (ca. 525–ca. 459 v. Chr.) standen mit 310 Trieren 400 persischen Kriegsschiffen gegenüber, die von verschiedenen Admirälen kommandiert wurden, während Xerxes I. (ca. 519–465 v. Chr.) von einem Hügel aus zuschaute.

Was: Die persische Flotte wurde geschlagen und floh, nachdem sie in flache Gewässer gelockt, umzingelt und von den griechischen Schiffen gerammt worden war.

Wo: Im Saronischen Golf vor der Insel Salamis, westlich des heutigen Athen, Griechenland.

Wann: Ende September 480 v. Chr. (genaues Datum umstritten).

Warum: Xerxes I. wollte die Niederlage seines Vaters Dareios' I. bei Marathon rächen und das persische Reich nach Europa ausdehnen.

Resultat: Die Perser erlitten herbe Verluste und waren zum Rückzug gezwungen. Die griechische Zivilisation blieb erhalten und gedieh.

Eine Seeschlacht schien zur Zeit der Antike eine völlig ungeordnete Angelegenheit zu sein – hier die Darstellung der Schlacht vor Salamis auf einem Gemälde aus dem 19. Jh. Tatsächlich aber wurde häufig eine Schlacht bereits durch einen wohl überlegten Einsatzplan entschieden.

XERXES

Zunächst machte sich Dareios' Sohn Xerxes I. das Rachebedürfnis seines Vaters nicht zu eigen. Doch nachdem er eine Revolte in Ägypten niedergeschlagen hatte, rief er seine Berater zusammen und erörterte mit ihnen eine weitere Offensive gegen Athen. „Wie ihr gesehen habt, hat mein Vater bereits mit Vorbereitungen eines Krieges gegen sie begonnen. Allein der Tod hielt ihn davon ab, sein Vorhaben auszuführen", donnerte Xerxes. „Daher will ich – in seinem Namen und zum Wohl all meiner Untertanen – nicht eher ruhen, bis ich Athen eingenommen und bis auf den letzten Stein niedergebrannt habe ... Wenn wir Athen und seine Nachbarn auf dem Peloponnes schlagen, werden wir damit das Persische Reich so weit ausdehnen, dass seine Grenzen an Gottes Himmel stoßen."

Die beiden bedeutendsten Städte Griechenlands, Athen und Sparta, lebten bisher in friedlicher Koexistenz – wenn ihre Beziehungen bisweilen auch von Spannung geprägt waren. Angesichts der persischen Bedrohung war offensichtlich, dass nur Kooperation und gegenseitige Verteidigung das Überleben Griechenlands gewährleisten konnten. 482 v. Chr. wurde in den Minen von Laureion bei Athen eine reiche Silberader entdeckt. In den hitzigen Debatten um die beste und profitabelste Nutzung des neuen Reichtums war die Stimme Themistokles' unüberhörbar: Athen sollte seine Flotte erweitern, um der persischen Bedrohung begegnen zu können. Themistokles hatte zweifellos Überlegungen angestellt, dass die Perser eine wahrlich mächtige Flotte benötigen würden, wenn sie mit ihren Truppen und ihrem Kriegsgerät noch einmal in Griechenland einfallen wollten. Gleichzeitig war er sich des außerordentlichen Könnens und der Kampfkraft der schwer bewaffneten Hopliten Spartas sehr wohl bewusst.

DER FELDZUG

Der griechische Geschichtsschreiber Herodot nahm eine persische Truppenstärke von rund fünf Millionen Männern an und schrieb, auf ihrem Weg hätten sie ganze Flüsse leer getrunken. Eine realistischere Schätzung geht von mindestens 100 000 Mann aus. Man nimmt an, dass die persische Flotte aus 1207 Trieren bestand – Kriegsschiffen mit drei Reihen Rudern auf jeder Seite. Bereits vor Beginn ihres Feldzugs waren den Persern zwei technische Meisterwerke gelungen: Sie schlugen eine Brücke über den Hellespont, heute Dardanellen genannt, mit einer Spanne von gut 1200 m Länge. Als die erste von einem Sturm zerstört wurde, ersetzten sie diese gleich durch zwei neue. Außerdem gruben sie in dreijähriger Arbeit einen knapp 2,5 km langen Kanal durch den Isthmus in der Nähe des Bergs Athos. Endlich – zehn lange Jahre nach der demütigenden Niederlage bei Marathon – war die persische Armee wieder auf dem Weg

„Die Seeschlacht vor Salamis" – eine dramatische Darstellung des deutschen Malers Wilhelm von Kaulbach (1805–1874).

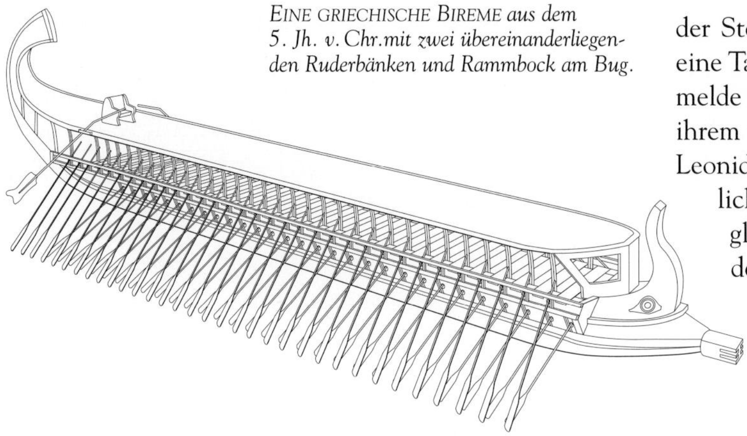

EINE GRIECHISCHE BIREME aus dem 5. Jh. v. Chr. mit zwei übereinanderliegenden Ruderbänken und Rammbock am Bug.

ins Land der Griechen. Einige griechische Städte boten Xerxes ein Bündnis an, als dessen Heerzug sich ihnen näherte. Athen und Sparta aber blieben unnachgiebig.

THERMOPYLEN

Auf ihrem Weg nach Athen musste die persische Armee durch den Engpass der Thermopylen ziehen, den sie am 18. August erreichten. Unmittelbar davor nahmen die Streitkräfte Aufstellung. Der Pass war nur knapp 15 m breit und wurde von 6000 Hopliten, darunter 300 Spartaner, verteidigt, die alle unter dem Kommando ihres Königs Leonidas standen. Immer wieder griffen die Perser an – und wurden jedes Mal unter großen Verlusten zurückgeschlagen. Selbst den Unsterblichen – Persiens Elitetruppe, die für ihren Wagemut berühmt war – gelang es nicht, die Thermopylen („Tor der heißen Quellen") zu erobern.

Einige der Truppen Leonidas zogen daraufhin ab und bis heute herrscht Uneinigkeit darüber, ob der König sie aus Verachtung entließ oder zum Rückzug aufforderte, damit sie für noch kommende Kämpfe ausruhen konnten. Was auch immer der Grund für ihren Rückzug war – damit nahte das Ende der 300 bei den Thermopylen verbleibenden Spartaner. Ein griechischer Verräter namens Ephialtes zeigte den Persern einen anderen Weg über die Berge, der es ihnen erlaubte, Spartas Kämpfer von hinten anzugreifen. Herodot schrieb, er habe sich die Namen der 300 Spartaner, die ihre Stellung behaupteten, gemerkt, „denn sie verdienen, im Gedächtnis zu bleiben".

Als einer der Kämpfer erfuhr, die Perser könnten so viele Pfeile abschießen, dass davon der Himmel verdunkelt werde, antwortete er: „Eine gute Nachricht! Denn wenn die Perser die Sonne verdunkeln, können wir unseren Kampf im Schatten führen." Während sie bis auf den letzten Mann getötet wurden, nahmen die Spartaner zwei von Xerxes' Brüdern mit ins Grab. Viele Jahre nach dem Kampf wurde an der Stelle, wo Leonidas mit seinen Männern gefallen war, eine Tafel zur Erinnerung errichtet; darauf stand: „Fremdling, melde daheim Lakedaimons Bürgern: Zur Stelle liegen wir, ihrem Befehl, den Sie uns gaben, getreu." Das Opfer des Leonidas und seiner Kämpfer war nicht umsonst, ihr beharrlicher Widerstand kostete die Perser wertvolle Zeit. Die gleichzeitig am Kap Artemision vor Euböa stattfindende Seeschlacht endete unentschieden, dazu versanken mehr als 200 persische Schiffe in Stürmen auf See. Als Themistokles von dem persischen Sieg bei den Thermopylen erfuhr, zog er sich mit der griechischen Flotte in den Hafen der Insel Salamis zurück.

VERZÖGERUNG UND VERRAT

Als die persischen Truppen Athen erreichten, waren die meisten Bürger der Stadt bereits geflohen. Wer noch da war, fiel dem Schwert zum Opfer. Die Stadt, auch die Akropolis, wurde geplündert und niedergebrannt. Für den endgültigen Sieg musste Xerxes jedoch die griechische Landarmee schlagen – und zum Manövrieren brauchten seine Schiffe sichere Gewässer. Ein Sieg über die griechische Flotte war also unbedingt nötig. Und so wurde, wie Themistokles Jahre zuvor vorausgesagt hatte, die entscheidende Schlacht zur Rettung Athens und ganz Griechenlands auf See geschlagen.

VOM PERSERKÖNIG XERXES I. sagt man, er sei sich des Sieges so sicher gewesen, dass er einen Thron am Ufer aufstellen ließ, um das Gefecht verfolgen und sich die Namen erfolgreicher Truppenführer notieren zu können.

DIE GRIECHEN FEIERN ihren Sieg über die persische Flotte in der Schlacht vor Salamis im September 480 v. Chr. – ein Gemälde von F. Corman (19. Jh.).

DIE PERSISCHE FLOTTE

In der Schlacht vor Salamis verließ sich Xerxes vorrangig auf Marinesoldaten und setzte auf jedem Schiff mindestens 30 Mann ein. Dies beruhte wahrscheinlich auf dem Misstrauen der Perser gegenüber Seemacht an sich – und auf der Fehleinschätzung des Wertes von Schiffen als Hauptwaffe. Vielleicht traute Xerxes auch seinen Mannschaften nicht, die vornehmlich aus Ägyptern, Phöniziern und ionischen Griechen bestanden; daher versuchte er, sich ihre Loyalität durch eine starke Truppenpräsenz zu sichern. Trotz ihrer beeindruckenden Erscheinung erwiesen sie Xerxes letztlich einen Bärendienst: Sie standen so dicht an Bord, dass sie nicht richtig kämpfen konnten.

Als Xerxes sich dem Isthmus näherte, der Attika mit dem Peleponnes verbindet, bauten die Spartaner, zusammen mit anderen peleponnesischen Einheiten, Verteidigungsstellungen. Anschließend sandte Themistokles einen Sklaven mit falschen Informationen zu den Persern: Er berichtete Xerxes von der Uneinigkeit und schwindenden Kampfmoral der Griechen. Er behauptete sogar, dass der griechische Heerführer mit den Persern sympathisiere und ihnen einen Sieg wünsche. Der werde sichergestellt, wenn die schlecht organisierten Griechen an einer Flucht gehindert würden. Xerxes biss an und schwächte seine Kampftruppen, indem er eine Schwadron ägyptischer Schiffe vom Isthmus abzog; sie sollte mögliche griechische Fluchtrouten blockieren.

DIE AUFSTELLUNG

Xerxes plante, die 300 griechischen Trieren in den flachen Gewässern vor Salamis mit 400 Kriegsschiffen niederzukämpfen. Themistokles postierte die Athener und Korinther auf der linken sowie Spartaner und Ägineten auf der rechten Seite der Flotte und hoffte, das persische Geschwader würde in die Meerenge vor der Bucht von Eleusis gelockt werden. Näherte sich die persische Flotte, so würden die meisten griechischen Trieren von Land verdeckt werden. Um die Perser in die Falle zu locken, sollten die 50 korinthischen Trieren eine Flucht vortäuschen.

Im Sund würden die persischen Trieren, die für einen Kampf auf offener See gebaut waren, kaum manövrierfähig

EIN PERSISCHER GENERAL – der tapferste Bruder König Xerxes' – wird in der Schlacht vor Salamis von Griechen getötet (von William Rainey, aus einer illustrierten Biografie).

sein. Im Gegensatz zu den griechischen Schiffen, die leichter gebaut waren und eine Besatzung von nur 14 Mann hatten, waren die persischen schwerer, lagen tiefer im Wasser und trugen bis zu 30 Infanteristen oder Bogenschützen an Bord.

DIE SCHLACHT

Am Morgen des 28. (?) September 480 v. Chr. bestieg Xerxes I. einen Thron auf einem Hügel über dem Saronischen Golf. Die griechischen Ruderer sollen eine Hymne zu Ehren Apollons gesungen haben, als sie die persische Vorhut angriffen, die sich bei der Verfolgung der vermeintlich fliehenden Korinther vom Rest der Flotte gelöst hatte. Als die Kommandanten der persischen Vorhut erkannten, dass sie in eine Falle gelaufen waren, ordneten sie den Rückzug an. Die nachkommenden Schiffe konnten jedoch nicht mehr ausweichen und Chaos brach aus: Die Masse an Schiffen wurde den Persern zum Verhängnis statt zum Vorteil.

Nun nahten griechische Trieren und kreisten den verwirrten Feind ein; ihre bronzenen Rammsporne versetzten den Perserschiffen den Todesstoß. Aischylos, der „Vater der Tragödie", kämpfte in der Schlacht bei Marathon und auch vor Salamis. In seiner Beschreibung der Szene (in der Tragödie „Die Perser") gleichen die Ereignisse einem massenhaften Fischfang an den Küsten des Mittelmeers: „Zunächst konnte der Pulk der persischen Flotte standhalten", schrieb er. „Doch je mehr Schiffe den Sund säumten, desto weniger konnten sie einander helfen."

Die Griechen aber standen abseits des persischen Knäuels und schlugen nach Belieben zu. Aischylos berichtet (aus persischer Perspektive) von einer grausigen Szene: „Unsere Schiffe kippten um – und das Meer, erstickt an Wracks und abgeschlachteten Männern, verschwand aus unserem Blick. Strände und Riffe waren von Körpern übersät. Die verbleibenden Schiffe unserer Flotte machten kehrt und flohen in wildem Durcheinander. Die Griechen aber verfolgten uns und schlugen mit ihren Rudern und Planken aus den Wracks auf die Köpfe der Überlebenden ein, als handele es sich um einen Fang fetter Fische. Ein Schreien und Stöhnen zog über das Wasser, bis zum Anbruch der Nacht, die uns vor ihnen verbarg."

DIE FOLGEN

Die persische Flotte wurde vor Salamis zerstört: Sie verlor 200 Trieren, rund die Hälfte ihrer gesamten Stärke; die Griechen verloren nur 40 Schiffe. Nach dem Desasters musste Xerxes sich zurückziehen, damit die Griechen nicht nach Norden segelten und seine Brücken über den Hellespont zerstörten und seine Versorgungslinie abschnitten.

Die Griechen erkannten das Ausmaß des Sieges nicht sofort, denn sie erwarteten noch weitere Kämpfe. Als Xerxes die Gewässer vor Salamis verließ, hinterließ er eine Truppe von 300 000 Infanteristen unter Mardonios' Kommando. Im folgenden Frühjahr nahmen die Perser Athen erneut ein; doch im Sommer vertrieb ein Heer aus Athenern und Spartanern Mardonios nach Norden. Im September wurde er bei Platäa entscheidend geschlagen. Im selben Monat besiegte eine griechische Flotte unter dem Spartaner Xanthippos die Perser ein weiteres Mal bei Mykale an der Küste Kleinasiens.

Griechenland war damit von der drohenden persischen Vorherrschaft befreit. Ein halbes Jahrhundert lang blieb die Flotte Athens die stärkste der antiken Welt, während Sparta an Land den Ton angab. Zunehmende Rivalitäten und Misstrauen führten schließlich zu Krieg zwischen den beiden Staadtstaaten. Die Namen Marathon, Thermopylen und Salamis blieben jedoch auf beiden Seiten in ehrenhafter Erinnerung: Sie gehörten in eine Zeit, als Griechen Seite an Seite fochten.

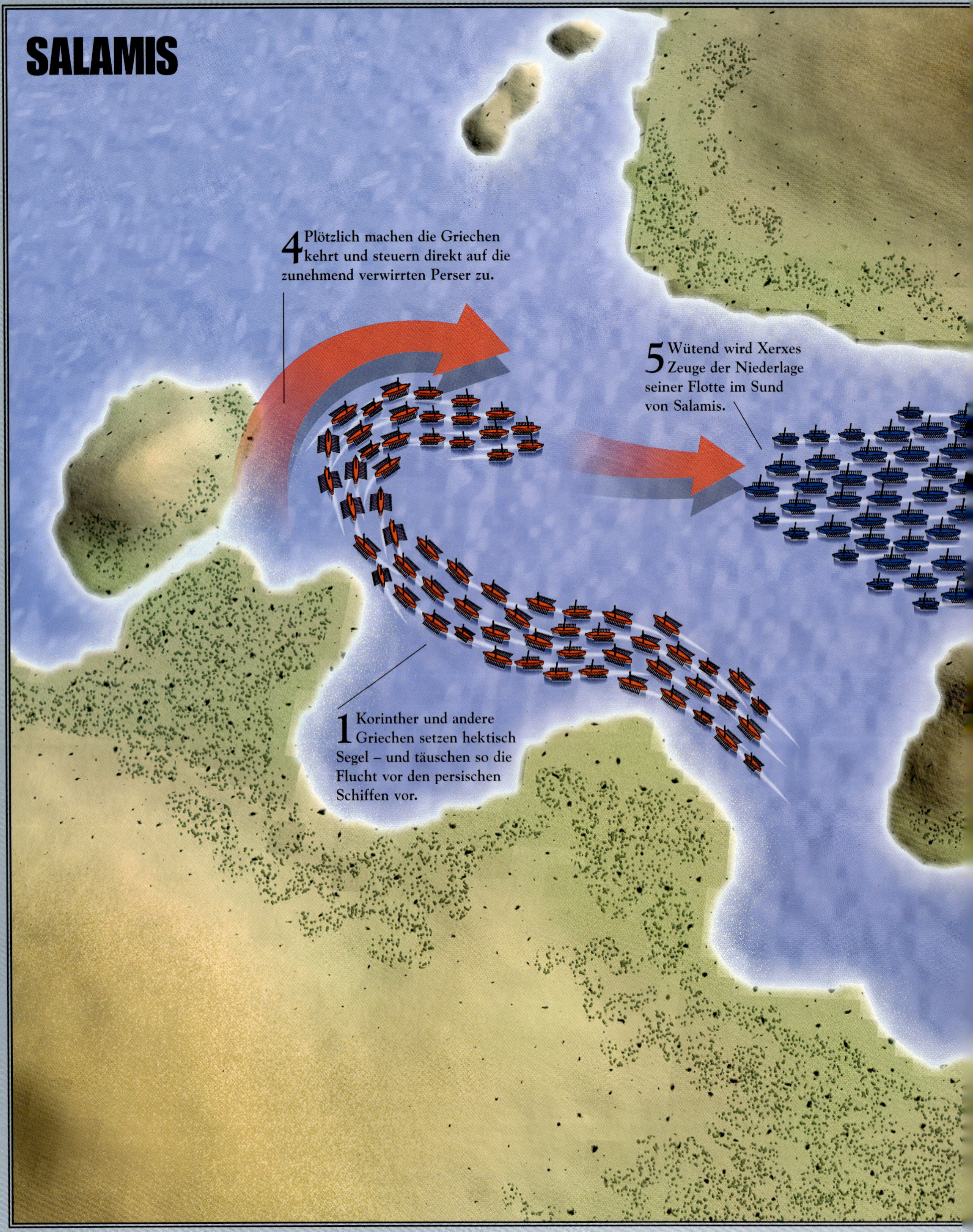
SALAMIS
4 Plötzlich machen die Griechen kehrt und steuern direkt auf die zunehmend verwirrten Perser zu.
5 Wütend wird Xerxes Zeuge der Niederlage seiner Flotte im Sund von Salamis.
1 Korinther und andere Griechen setzen hektisch Segel – und täuschen so die Flucht vor den persischen Schiffen vor.

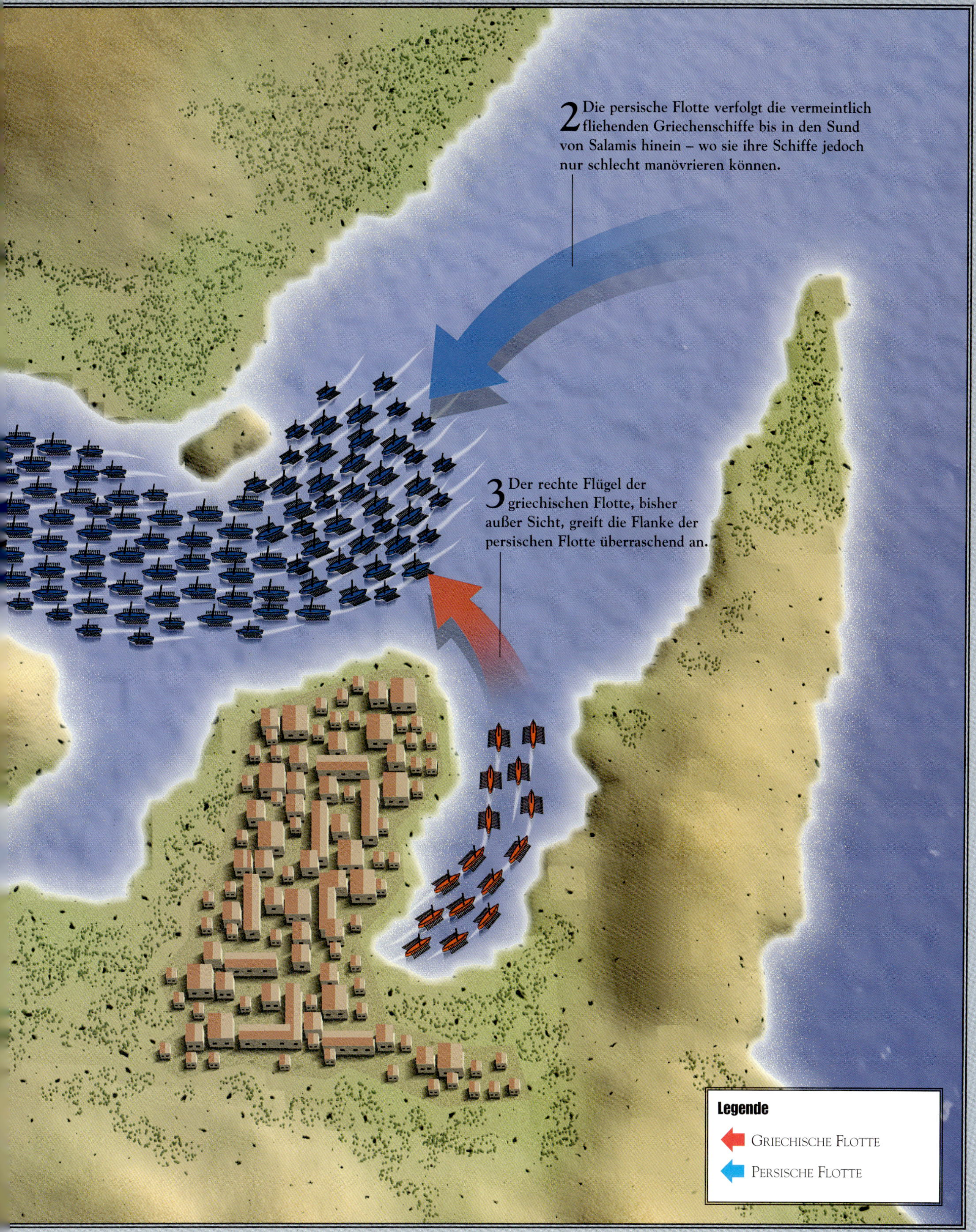
2 Die persische Flotte verfolgt die vermeintlich fliehenden Griechenschiffe bis in den Sund von Salamis hinein – wo sie ihre Schiffe jedoch nur schlecht manövrieren können.
3 Der rechte Flügel der griechischen Flotte, bisher außer Sicht, greift die Flanke der persischen Flotte überraschend an.
Legende
Griechische Flotte
Persische Flotte

GAUGAMELA 331 v. Chr.

Gaugamela wurde zu einem der größten Triumphe Alexanders des Großen: Sein Gegner, der persische Großkönig Dareios III., kämpfte auf dem Schlachtfeld seiner Wahl, verfügte über Waffen wie skythische Streitwagen und Elefanten und war Alexander an Truppenstärke fünffach überlegen. Dennoch siegten die Makedonen.

Von seinem Vater, Philipp II. von Makedonien, erbte Alexander ein schlagkräftiges Heer sowie den Willen, dieses zu benutzen. Philipp hatte zuvor jahrelang für ein vereintes Königreich Makedonien gekämpft und dafür, seine Macht auf die benachbarten Griechen und Barbaren auszuweiten. Wäre Philipp nicht ermordet worden, wäre er vielleicht selbst gegen Persien ins Feld gezogen. Alexander wurde erzogen, wie es einem griechischen Prinzen gebührte: mit den Heldenepen Homers. Er wuchs in einer Kultur auf, die von großen Männern erwartete, persönliche Gefahren mit Blick auf das Ziel zu ignorieren und Risiken auf sich zu nehmen. Aristoteles unterrichtete ihn in Philosophie und Mathematik. Der Unterricht des

DATEN UND FAKTEN

Wer: Alexander der Große (356–323 v. Chr.) mit ca. 47 000 Griechen/Makedonen gegen ca. 240 000 Perser unter König Dareios III. (reg. 336–330 v. Chr.).

Was: Alexander brach mit Hilfe der sogenannten Schiefen Schlachtordnung die persische Front auf; daraufhin floh Dareios und das persische Heer fiel auseinander.

Wo: In der Ebene von Gaugamela, am Tell Gomel, nahe dem heutigen Mossul im Nordirak.

Wann: 1. Oktober 331 v. Chr.

Warum: Alexander verfolgte das Ziel, Dareios endlich zu besiegen und das persische Reich zu erobern.

Resultat: Dareios verlor erst die Herrschaft, dann sein Leben. Alexander übernahm das persische Großreich.

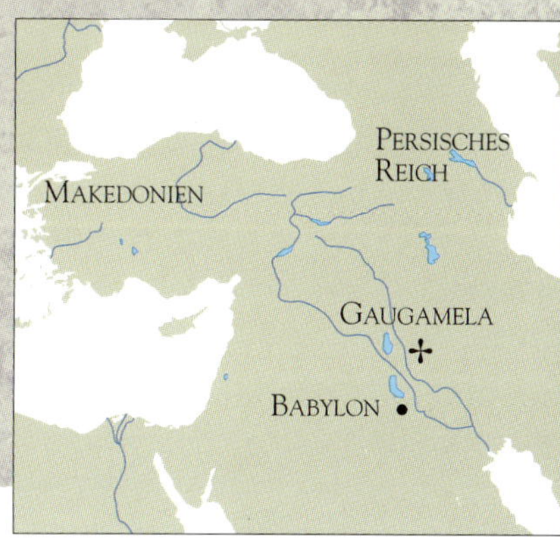

Alexander führt seine Reiter durch den Granikos in Nordwestanatolien. Wie den meisten erfolgreichen Militärkommandanten war auch ihm das Glück oftmals hold.

In dieser Illustration aus dem 19. Jh. sieht man Alexander vor der Leiche des Perserkönigs Dareios III.

Aristoteles sollte vor allem die Unbändigkeit und Waghalsigkeit Alexanders zügeln oder sie zumindest durch philosophische und kulturelle Werte ausgleichen. Hierin war der große Philosoph jedoch nur bedingt erfolgreich.

Alexander lernte viel von seinem Lehrer und war sehr gebildet; doch im Großen und Ganzen blieb er der Junge, der davon träumte, Herkules zu sein. Die Figur aus Homers Erzählungen war Alexanders Vorbild; wahrscheinlich sah er sich selbst als eine moderne Variante des klassischen Helden. Und in mancherlei Hinsicht traf das sogar zu.

Als Alexander das Königreich übernahm, hatte Makedonien die Vormachtstellung in Griechenland übernommen. Athen, Theben, selbst Sparta waren in den Hintergrund getreten und die Perser aus Thrakien vertrieben worden. An einigen der letzten Feldzüge hatte Alexander teilgenommen und sich dabei den Namen eines aggressiven, waghalsigen Feldherrn erworben.

Doch Philipp hatte die makedonische Gesellschaft auch verändert: Der Adel war jetzt zum Militärdienst verpflichtet, und Ansehen war nur auf diesem Wege zu erreichen. Philipp verteilte großzügige Prämien an jene unter seinen Offizieren und Soldaten, die sich auszeichneten. Alexander entgingen die Auswirkungen der Großzügigkeit auf die Kampfmoral nicht.

Philipp II. wurde von einem Leibwächter ermordet. Alexander zufolge stand Persien hinter der Tat. Seine Machtübernahme war begleitet von unschönen, damals aber typischen Begleiterscheinungen wie Mord und Exekution potenzieller Feinde und Rivalen – und hatte Folgen, die seine Regentschaft begleiteten. Doch er ließ sich dadurch nicht aufhalten und begann sofort mit einem Feldzug. Die ersten Angriffe dienten der Unterwerfung rebellierender Stämme an der Nordgrenze seines Reichs. Sobald er konnte, wandte er sich seinem eigentlichen Ziel zu – der Eroberung Persiens. Eine makedonische Truppe kämpfte bereits in Persien, allerdings ohne Entscheidendes auszurichten. 334 v. Chr. verstärkte Alexander daher seine Armee und begann seinen großen Feldzug.

DAS PERSISCHE REICH UM 334 V. CHR.

Das persische Reich war gigantisch – es erstreckte sich vom Mittelmeer bis zum Indischen Ozean; es war unermesslich reich, aber innerlich zersplittert. Dareios vermochte gewaltige Truppenkontingente aufzustellen, doch sie setzten sich aus vielen Kulturen zusammen. Man sprach dort völlig verschiedene Sprachen. Viele Truppenteile des persischen Reiches setzten sich aus Männern unterworfener Völker zusammen, die über ihren Status verbittert waren und daher keineswegs begeistert für den Großkönig ins Feld zogen. Der persische Herrscher musste also nicht nur ein sehr großes Gebiet kontrollieren; einige seiner Truppen waren zudem nicht sonderlich verlässlich.

SIEG AM GRANIKOS

Alexander war ein außerordentlich angriffslustiger Befehlshaber und betrachtete jegliche Art von Verteidigungsvorbereitung als Zeichen von Schwäche. Deshalb fühlte er sich eher herausgefordert als bestürzt, als eine persische Truppe jenseits des Granikos Stellung bezog und ihm den Weg verlegte. Alexander erklärte, die Perser seien keineswegs siegessicher und hofften, die steilen Flussufer brächen die Gewalt seines Angriffs schon im Ansatz, sodass es anschließend für ihre Kavallerie ein Leichtes wäre, ihn zu besiegen. Alexander stürmte mit seiner Elitereiterei über den Fluss – genau dort, wo der Feind am stärksten schien. In einem harten Gefecht besiegte er die persische Kavallerie. Die zweite persische Linie, die aus griechischen Söldnern bestand, kämpfte standhaft, doch auch sie wurde erbarmungslos niedergemetzelt.

Der Sieg am Granikos bestätigte die höhere Kampfmoral von Alexanders Armee. Mehrere Städte liefen zu Alexander über, und so konnte er seine Herrschaft in dieser Region etablieren. Einzig der befestigte Hafen Halikarnassos leistete Widerstand; doch da keine Hilfe kam, fiel er schließlich in Alexanders Hände.

Es gelang dem griechischen Heer, sich in kurzer Zeit ganz Anatolien zu sichern. Die persische Armee zeigte keine Gegenwehr, obwohl sich noch einzelne Stämme widersetzten. Alexander marschierte auf Kilikien zu, von hier aus konnte er sich entweder Ägypten oder direkt dem Zentrum Persiens zuwenden. Der zaudernde Dareios musste handeln.

Der persische König stellte eine Armee von 140 000 Mann auf. Währenddessen kümmerte sich Alexander um einige Küstenstädte, die ihm bisher widerstanden hatten, und unterwarf verschiedene Stämme im Hinterland. Dann zog er nach Syrien, wo er seine Armee in Dareios' Rücken manövrierte. Dareios hatte Kilikien über die Bergpässe im Norden erreicht und sah sich daraufhin Alexanders Nachschublinien gegenüber. Er dachte noch immer defensiv und wählte eine günstige Position am Fluss Pinaros; dort wartete er. Alexander interpretierte dies erneut als Zeichen der Nervosität und startete einen Frontalangriff. Er führte dabei seine Infanterie selbst an und besiegte die persischen Truppen am Granikos. Die persischen Reihen zerfielen und flüchteten, verfolgt von den Griechen. Dareios entkam, seine Familie aber wurde gefangen genommen.

DIE RUHE VOR DEM STURM

Im Lauf der folgenden zwei Jahre hob Alexander, der inzwischen das halbe persische Reich kontrollierte, einzelne Widerstandsnester aus und vernichtete die Stützpunkte der persischen Flotte im Mittelmeer. Er nahm Ägypten in Besitz, darauf vertrauend, dass Dareios' Defensivhaltung ihn vor einem Angriff von hinten schützen würde, während er von Alexandreia aus nach Westen zog.

Im Sommer des Jahres 331 v. Chr. war Alexander bereit, sich der endgültigen Eroberung Persiens zuzuwenden. Obwohl er zahlenmäßig weit unterlegen war und sich zudem am äußersten Ende seiner Versorgungslinien befand, entschied er sich gegen Dareios' Angebot, seine bisherigen Eroberungen anzuerkennen: Stattdessen setzte er alles auf den Versuch, das gesamte persische Reich einzunehmen. Indem er sich in Richtung Mesopotamien, der Wiege der Zivilisation zwischen Euphrat und Tigris, in Marsch setzte, forderte er Dareios heraus, den König der Könige. Dieser erwog zunächst einen Rückzug ins Herz seines Reiches, doch schließlich entschied er sich für den Kampf.

DAREIOS' VORBEREITUNGEN

Dareios wusste, dass Alexander so schnell wie möglich die Kampfhandlungen beginnen musste, da er sich am äußersten Ende seiner Versorgungslinie befand. Er wählte Gaugamela, eine Örtlichkeit nahe der heutigen Stadt Mossul (Irak), als sein Schlachtfeld aus und traf die Vorbereitungen. Dareios war entschlossen, alle Vorteile zu nutzen, auch wenn er fünfmal so viele Truppen befehligte wie Alexander. So ordnete er an, den Kampfplatz zu ebnen und alle Hindernisse aus dem Weg zu räumen, damit seine Kavallerie und vor allem seine skythischen Streitwagen, die mit Sicheln an den Radnaben ausgestattet waren, ungehindert auf den Feind zustürmen konnten.

BERITTENE BOGENSCHÜTZEN VERSUS HETAIRENREITEREI

Berittene Bogenschützen wie dieser Skythe (links) stellten einst eine der tödlichsten Bedrohungen für die Fußsoldaten dar, zum Beispiel für griechische Hopliten, Alexanders Phalanx oder römische Legionäre. Sie ritten zum Schuss heran und in die Reihen der Fußsoldaten hinein, um sich gleich darauf wieder in Sicherheit zu bringen, denn weder Schütze noch Pferd waren gepanzert.

Alexander besaß mit seiner thrakischen Reiterei bei Gaugamela eine wirksame Waffe gegen diese Bedrohung. Seine Hetairenreiterei (*hetairoi* bedeutet Gefährten) bestand aus Angehörigen der makedonischen Adelsfamilien. Zusammen mit Alexander waren sie erzogen und militärisch ausgebildet worden; viele von ihnen waren seine Freunde – und er schuldete manch einem sein Leben.

Hetairenreiter waren mit einer kurzen Lanze (Sarissa) bewaffnet, trugen nur leichte Panzer und kämpften ausschließlich unter Alexanders persönlichem Kommando. Wenn die schwerfällige Phalanx eine Lücke in die feindlichen Linien schlug, war es die Aufgabe der Kavallerie, hindurchzubrechen und die feindlichen Reihen durch flankierende Angriffe auseinanderzutreiben und zu vernichten.

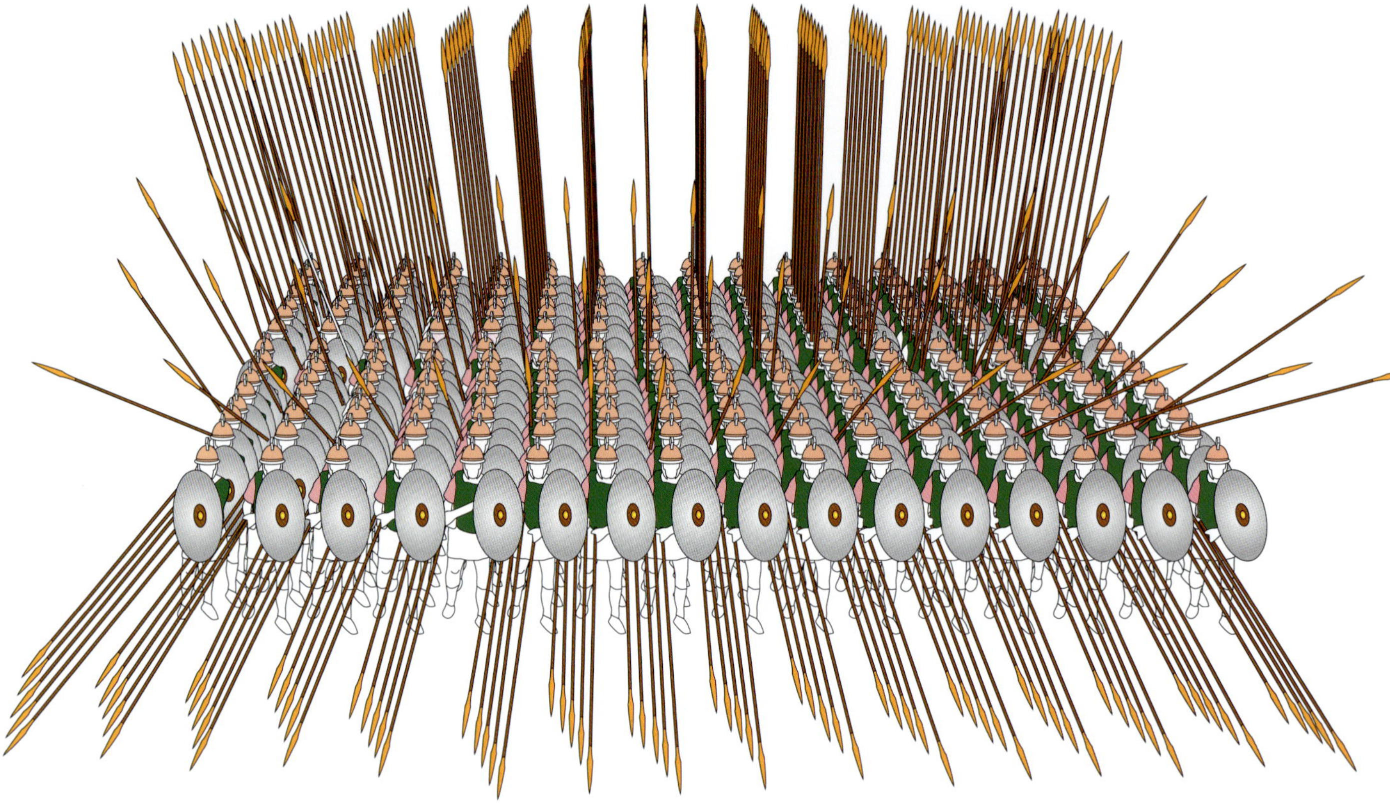

EIN WALD AUS LANZEN – *Frontalansicht einer makedonischen Speira (16 x 16 Kämpfer). Die ersten fünf Reihen hielten ihre Lanze zu Boden, die folgenden ihre mit einem Gegengewicht versehenen in die Höhe – bis sie an der Reihe waren, eine Lücke zu füllen.*

Den ersten Angriff wollte Dareios von seiner vordersten Linie ausführen lassen, die aus Kavallerie und einigen seiner besten Infanterieeinheiten bestand. Er selbst befand sich im Zentrum der persischen Linien, umgeben von seiner 10 000 Mann starken Leibgarde, den Unsterblichen. Vor ihnen standen die etwa 200 skythischen Sichelwagen aufgereiht. Hinter die erste stellte er eine zweite, zahlenmäßig starke Linie Infanterie. Dareios rechnete damit, Alexanders Flanken von beiden Seiten einkesseln und das Griechenheer von allen Seiten erdrücken zu können. Alexanders Linien sollten durch den Ansturm der Kavallerie, der Streitwagen und – einigen Berichten zufolge – der Kriegselefanten durchstoßen und gebrochen werden. Anschließend sollten die Fußsoldaten vorrücken und den endgültigen Sieg bringen.

„DIE SCHLACHT BEI GAUGAMELA“ *von Charles Le Brun, 1673 gemalt, also rund 1800 Jahre nach der Schlacht, bietet eine verklärende Darstellung der blutigen Konfrontation zwischen dem Perserheer und Alexanders Armee.*

„Alexander und Dareios' Familie" lautet der Titel dieses Gemäldes von Sebastiano Ricci aus dem Jahr 1708. Es zeigt Alexander mit der Witwe und Familie des persischen Großkönigs nach der Einnahme Babylons.

DER BEGINN DER SCHLACHT

Um sein Heer vor der Einkesselung zu bewahren, nutzte Alexander die Schiefe Schlachtordnung, wie sie erstmals von den Thebanern 371 v. Chr. angewendet worden war: Er postierte seine Kavallerieeinheiten an den Flanken und setzte dabei jede Staffel ein Stück zurück, sodass eine stufenweise nach hinten versetzte Flanke entstand, die den Gegner zwang, weiter vorzurücken. Seine kampferprobte makedonische Phalanx stellte er im Zentrum auf. Eine Reservephalanx bildete Alexanders zweite Linie. Sein Plan sah vor, dass die linke Flanke unter General Parmenion den Gegner fesseln sollte, während Alexander selbst die rechte zum Sieg zu führen gedachte. Dieser Plan wurde durch das Verhalten der Perser unterstützt, die ihre linke Kavallerie in weitem Bogen um Alexanders rechte Flanke führten und damit eine Lücke in ihrer Frontlinie zuließen. Nun ließ sich Alexanders Armee nach rechts fallen. Dareios ging zum Angriff über: Seine Reiterei stürmte um die Flanken des makedonischen Heeres herum, während die Sichelwagen – manche Berichte nennen auch 15 Elefanten – ihren Frontalangriff starteten.

Den Makedonen gelang es, die Streitwagen abzuwehren und den ersten Angriff zu überstehen, obwohl es einigen persischen Reitern gelang, die griechischen Linien zu durchbrechen. Sie wurden nun von der Reservephalanx und von leichten Truppen angegriffen, die darauf trainiert waren. Einige Perser begannen, Alexanders Trosswagen zu plündern. Hätten sie stattdessen die bedrängten Makedonen im Rücken angegriffen, hätten sie zu einem persischen Sieg beitragen können. So aber zogen sie sich aus dem Gefecht zurück, als sie am dringendsten gebraucht wurden. Wie geplant, führte Alexander seine Hetairenreiterei sowie einige unterstützende Einheiten gegen die persische Linke. Durch Ausnutzung der Lücke zwischen dem persischen Zentrum und seiner linken Flanke fügten sie dem Gegner einige harte Schläge zu. Ihnen folgten ein großer Teil der Infanterie sowie leichtere Truppen, die nun über die schlecht organisierten Perser herfielen.

Aus Angst, abgeschnitten zu werden, zog sich Bessos, der Heerführer des linken persischen Flügels, langsam zurück und nahm so den Druck von Alexanders gestaffelter rechter äußerer Flanke. Dadurch geriet Dareios in Bedrängnis. Wenn Alexanders Kavallerie, statt gegen Bessos zu wüten, sich gegen ihn wandte, lief er Gefahr, eingekreist zu werden. So begann er, sich zurückzuziehen. Dieser Rückzug verwandelte sich in eine Niederlage, als Dareios' Leibgarde ihrem Herrscher folgte und vom Schlachtfeld floh. Alexander konnte ihnen jedoch nicht nachsetzen, da die Situation an seiner Linken zunehmend verzweifelt wurde. Dort waren Parmenions Truppen schwer unter Druck, erfüllten aber ihre Aufgabe, die persischen Kräfte zu binden. Alexander fiel den Persern, die Parmenion bedrängten, in den Rücken und zwang sie zum Rückzug. Der Heerführer des persischen rechten Flügels, Mazaios, versuchte einen geordneten Abzug einzuleiten, seine Truppen wurden jedoch so heftig attackiert, dass sie in völlige Unordnung gerieten.

Damit war der organisierte Widerstand des persischen Heeres endgültig gebrochen. Die verbleibenden persischen Einheiten wurden zerstreut oder getötet, ihr Tross erobert. Alexander verfolgte Dareios' überlebende Truppenteile noch drei Tage lang, bekam den Feind jedoch nicht zu fassen. Dieser konnte den Großteil der verbliebenen Kavallerie sowie einige tausend Fußsoldaten wieder um sich versammeln und neu ordnen. Dareios ließ 40 000 Tote zurück und weitere 4000 Gefangene. Der Rest seiner Armee verstreute sich in alle Himmelsrichtungen.

DIE FOLGEN

Gaugamela wurde für Dareios zur entscheidenden Niederlage. Zwar setzte er sich die Krone wieder auf und sammelte einen Teil seines Heeres erneut um sich, doch stellte er für Alexander fortan keine ernsthafte Bedrohung mehr dar. Nachdem er Susa eingenommen hatte, kam Alexander bis zur Hauptstadt Persepolis und machte sich zum faktischen Herrscher des persischen Reichs.

Dareios entkam der Gefangennahme und erreichte das befreundete Königreich Baktrien; dort wurde er ermordet. Schließlich ergaben sich die Perser. Alexander wurde zum Großkönig ernannt und verleibte Persien seinem wachsenden Imperium ein, das sich bald bis nach Indien ausdehnen sollte.

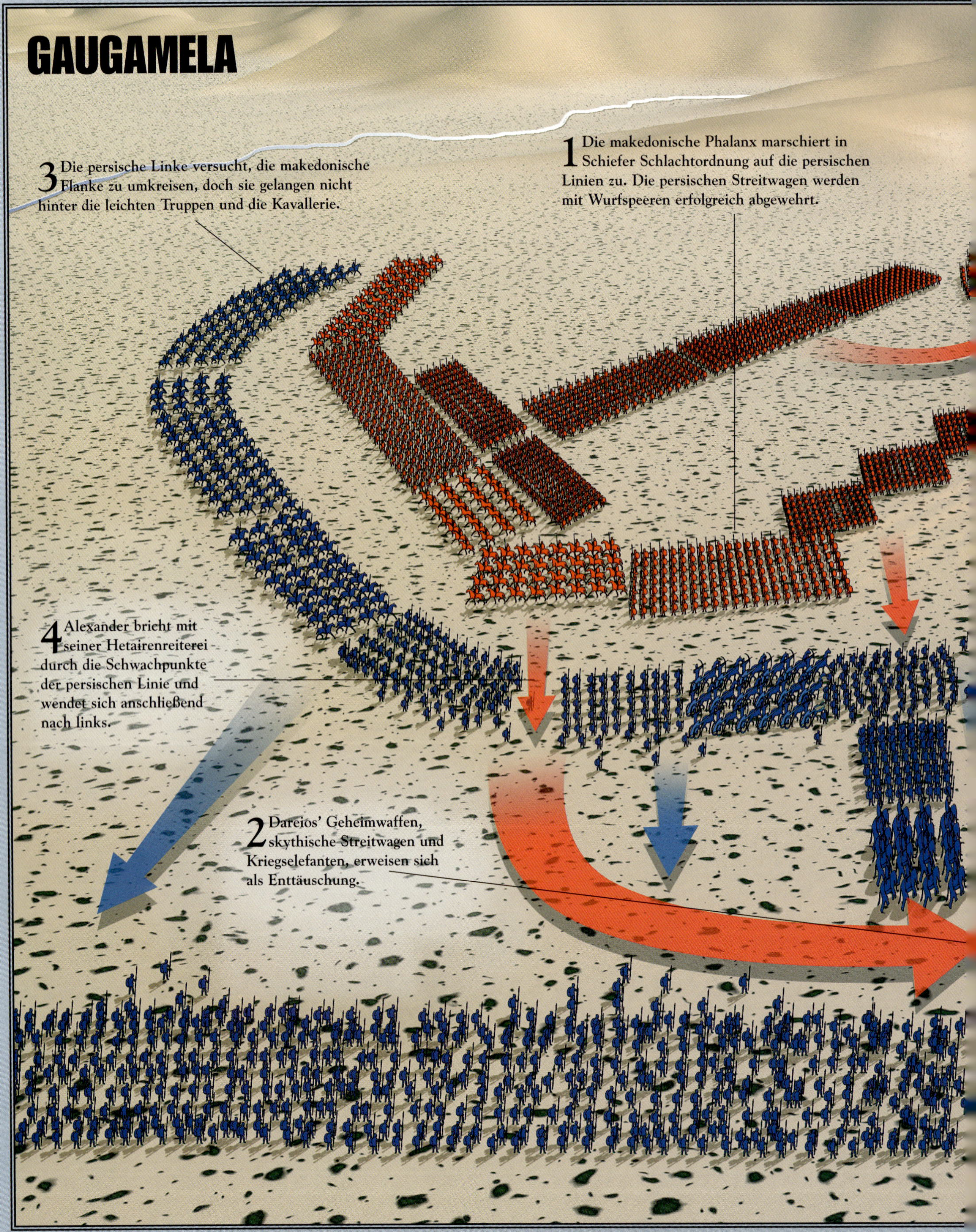
GAUGAMELA
1 Die makedonische Phalanx marschiert in Schiefer Schlachtordnung auf die persischen Linien zu. Die persischen Streitwagen werden mit Wurfspeeren erfolgreich abgewehrt.
2 Dareios' Geheimwaffen, skythische Streitwagen und Kriegselefanten, erweisen sich als Enttäuschung.
3 Die persische Linke versucht, die makedonische Flanke zu umkreisen, doch sie gelangen nicht hinter die leichten Truppen und die Kavallerie.
4 Alexander bricht mit seiner Hetairenreiterei durch die Schwachpunkte der persischen Linie und wendet sich anschließend nach links.

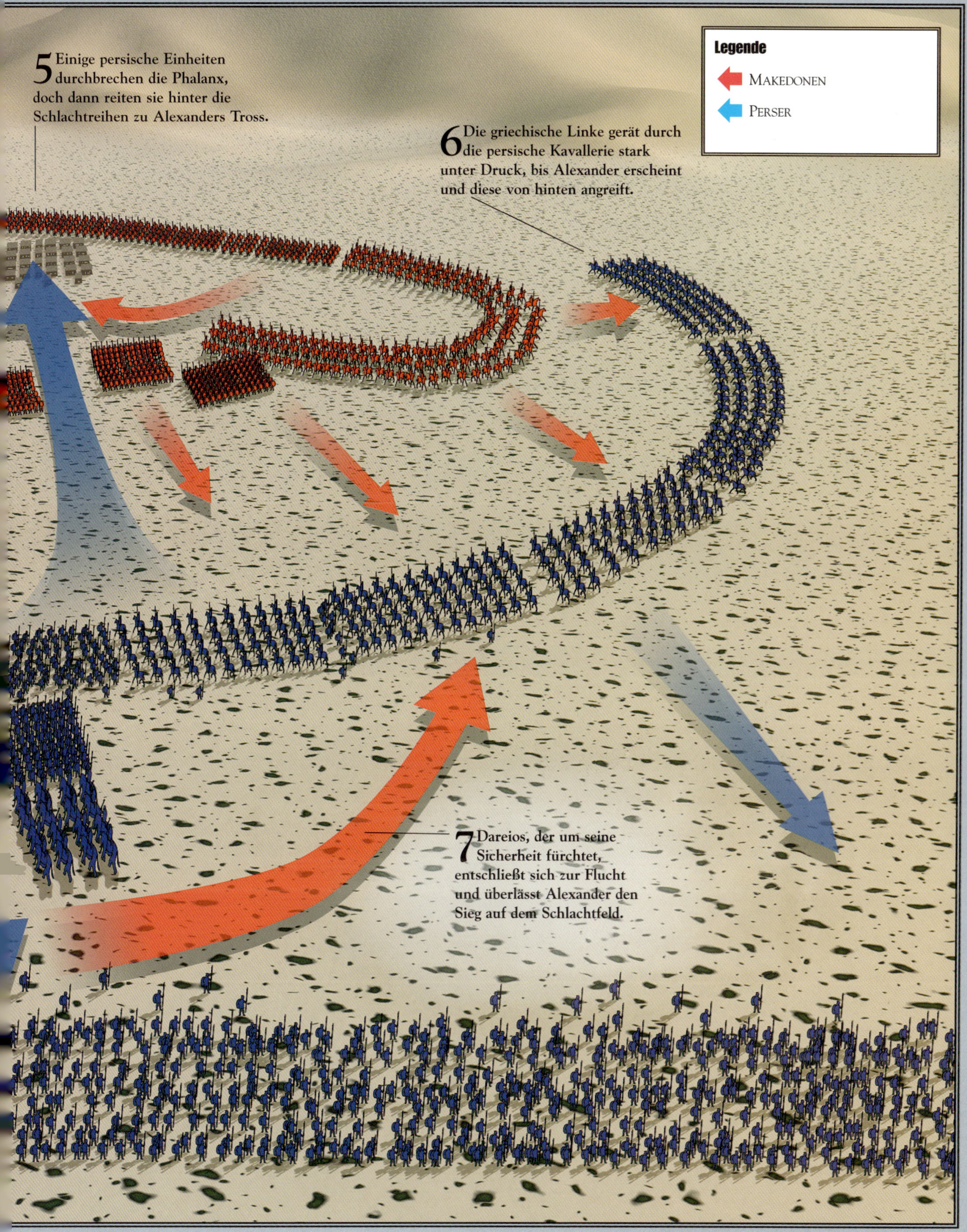
Legende
Makedonen
Perser
5 Einige persische Einheiten durchbrechen die Phalanx, doch dann reiten sie hinter die Schlachtreihen zu Alexanders Tross.
6 Die griechische Linke gerät durch die persische Kavallerie stark unter Druck, bis Alexander erscheint und diese von hinten angreift.
7 Dareios, der um seine Sicherheit fürchtet, entschließt sich zur Flucht und überlässt Alexander den Sieg auf dem Schlachtfeld.

CANNAE 216 v. Chr.

Hannibals vernichtender Sieg über ein römisches Heer in Cannae durch eine doppelte Umfassung sollte den Feldherren kommender Jahrhunderte als Vorbild dienen. Doch selbst dieser dritte große taktische Sieg über die Römische Republik setzte den Punischen Kriegen kein Ende.

Nach ihrer Niederlage im 1. Punischen Krieg (264–241 v. Chr.) unternahmen die Karthager den Versuch, in Spanien Besitzungen zu erwerben, um ihre Gebietsverluste auf Sizilien und Sardinien auszugleichen. Hier tat sich die Familie Barkas hervor, besonders Hamilkar, ein verdienstvoller junger General aus dem ersten Krieg gegen Rom, sowie sein Sohn Hannibal. Unter den Barkiden nutzten die Karthager die Bodenschätze und Arbeitskräfte, die Spanien ihnen zu bieten hatte.

Die Römer beobachteten die Unterwerfung Spaniens durch Karthago mit einer gewissen Sorge. Daher schloss man 226 v. Chr. einen Vertrag, der die Gebiete südlich des Ebro der karthagischen Einflusssphäre zuordnete und das nördliche Spanien der römischen. Dieses Abkommen war indes nicht von Dauer. Schon 221 v. Chr. war das karthagische Reich (erneut) wohlhabend und formierte eine neue Armee, die vor

DATEN UND FAKTEN

Wer: Hannibal Barkas (247–183 v. Chr.) und das karthagische Heer mit 50 000 Mann gegen die römischen Konsuln Paullus und Varro mit einem Heer aus 86 000 Mann.

Was: Hannibal zog größtmöglichen Nutzen aus seiner überlegenen Reiterei und plante eine doppelte Umfassung der Römer. Er schwächte seine Mitte und stärkte dafür die Flügel mit guten Fußsoldaten und Reitern.

Wo: An der Mündung des Aufidus in der römischen Provinz Apulia.

Wann: 2. August 216 v. Chr.

Warum: Hannibal war in Italien eingefallen, um Rom durch Abwerben seiner italischen Verbündeten zu schwächen.

Resultat: Mit 48 000 Toten und 20 000 Gefangenen bedeutete die Schlacht für die Römer eine verheerende taktische Niederlage. Obwohl sie die römische Psyche nachhaltig beeinflussen sollte, wurden ihre Auswirkungen durch die reichlich vorhandenen Arbeitskräfte und die Treue der Verbündeten minimiert.

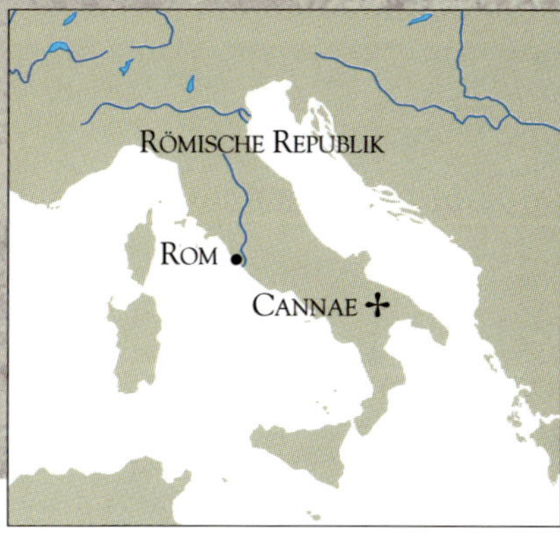

Diese Illustration aus dem 19. Jh. *zeigt, wie Hannibal und seine Männer den geschlagenen Römern nach dem Sieg von Cannae Waffen und Rüstung abnehmen.*

LINKS: DIESER SPANISCHE BEFEHLSHABER trägt einen prächtigen Bronzehelm und ein Kettenhemd. Jüngere Untersuchungen zeigen, dass das Fehlen von Steigbügeln die Fähigkeit, die Lanze zu schleudern oder Abwärtshiebe auszuteilen, nicht beeinträchtigte.

TRIUMPHALER EINZUG HANNIBALS in eine italische Stadt. Hannibal hatte bei seiner Alpenüberquerung Elefanten verwendet, doch nachdem sich die römischen Truppen an den Anblick dieser Geschöpfe gewöhnt hatten, blieben die Dickhäuter auf dem Schlachtfeld ziemlich wirkungslos.

allem aus den libyschen Untertanen Karthagos, numidischen Söldnern und Angehörigen bei den unterworfenen spanischen Stämmen bestand. Von Hannibal angeführt, unterstützten die Karthager einen ihrer Verbündeten gegen Saguntum, eine Stadt südlich des Ebro, die sie belagerten und Ende 219 oder Anfang 218 v. Chr. eroberten. Rom berief sich jedoch auf ein bestehendes Bündnis mit Saguntum und forderte die Karthager auf, abzuziehen und ihnen Hannibal auszuliefern. Die erbosten Karthager erwiderten, dass sie gar nicht daran dächten – so begann der 2. Punische Krieg.

DER 2. PUNISCHE KRIEG

Hannibal ging rasch in die Offensive und marschierte mit 59 000 Mann, darunter 9000 Berittenen, Richtung Italien. Sein hohes Tempo machte die römischen Bemühungen zunichte, ihn in Gallien abzufangen. Dieses schnelle Vorrücken blieb indes nicht ohne Folgen, denn als Hannibal im November 218 v. Chr. in Italien eintraf, hatten nur 6000 Reiter und 20 000 Fußsoldaten die Überquerung der Alpen überlebt. Hannibal folgte der karthagischen Strategie, rasch den Kampf zu suchen. Seine Reiter siegten in einem Scharmützel am Ticinus und die Römer mussten weichen. Im Monat darauf focht Hannibal eine für den gesamten Krieg beispielhafte Schlacht, als er ein römisches Heer über die Trebia lockte. Den Feind mit seinen Fußsoldaten festhaltend, nutzte Hannibal seine überlegene Reiterei und eine versteckte Truppe, um Flanken und Rückseite der Römer zu attackieren. Diese erlitten einen entscheidenden

Rückschlag und büßten rund drei Viertel ihrer 40 000 Mann als Gefallene oder Kriegsgefangene ein.

Hannibal kontrollierte nun Norditalien. Im Frühjahr 217 v. Chr. begann er seinen Marsch auf Mittel- und dann auch auf Süditalien. Trotz aller Bemühungen der Römer konnte sich Hannibal mit seinem Heer an ihnen vorbeischmuggeln. Nun begann eine Verfolgungsjagd. Am Trasimenischen See griff Hannibal die römischen Truppen am 21. Juni aus dem Hinterhalt an. Die zwischen dem Wasser und den Karthagern gefangenen Römer wurden vernichtend geschlagen und verloren rund 15 000 Mann.

Ein leichter Reiter aus Numidien (um 200 v. Chr.) mit Lanze und kleinem Schild. Die Numider waren so gute Reiter, dass sie auf Sattel und Halfter verzichten konnten.

FABIUS MAXIMUS

Nach zwei empfindlichen Niederlagen taten die Römer etwas Ungewöhnliches: Sie hoben ihre Verfassung auf, wonach Staat und Armee von zwei jährlich gewählten Konsuln kontrolliert wurden. Stattdessen wählten sie einen Diktator, der für einen Zeitraum von sechs Monaten mit dem Oberkommando betraut war. Die Wahl fiel auf Quintus Fabius Maximus. Kern seiner Strategie war, dass die Römer Hannibal zwar aus dem Weg gehen, ihn und seine Armee dafür aber beschatten würden. Diese Hinhaltetaktik bedeutete einen Zeitgewinn für die Römer, während es für Hannibal schwierig wurde, seine Verbände im Winter aufzulösen. Da die Römer und ihre Verbündeten die meisten Städte kontrollierten, standen die Karthager vor einem logistischen Problem. Hannibal hatte gehofft, dass seine Siege viele italische Verbündete Roms umstimmen würden, doch die meisten hielten unbeirrt an ihrer Loyalität gegenüber Rom fest. Und mehr noch, die Zeit arbeitete für Rom, das zusammen mit den Verbündeten aus den beträchtlichen Reserven eine große Armee von schätzungsweise mehr als 750 000 Mann formieren konnte. Das Heer bestand aus römischen Bürgern, die jährlich eingezogen und nun auf die kommende Schlacht gegen die Karthager vorbereitet wurden. Die Römer folgten Hannibal nach Apulia, Samnium und Campania. Ihre Strategie schien aufzugehen, denn Fabius' Stellvertreter gelang es sogar, die in kleineren Formationen furagierenden Karthager in einem nicht unbedeutenden Scharmützel zu besiegen. Dennoch waren die Römer nicht glücklich über Fabius' Strategie, zumal es Hannibal mehr als einmal gelungen war, die Römer zu übertölpeln, während sie ihn scheinbar unter Kontrolle hatten.

FELDZUG UND HEERE

Nachdem Fabius' Amtszeit als Diktator Ende 217 v. Chr. abgelaufen war, gingen jedoch auch seine Nachfolger Hannibal meistens aus dem Weg und warteten auf Verstärkung, die unter den neuen Konsuln 216 v. Chr. eintreffen sollte. Diese neuen Konsuln waren Lucius Aemilius Paullus und Gaius Terentius Varro. Paullus war ein altgedienter Militär; er hatte gegen die Illyrer gekämpft, war bereits einmal Konsul gewesen und mit einem Triumphzug geehrt worden. Varro war weniger erfahren, doch offenbar ein beliebter Politiker mit vielen Anhängern unter den Aristokraten und beim Volk. Die im März gewählten Konsuln hatten im Frühjahr die Truppen verstärkt und sich im Juli dem Heer angeschlossen, das in Apulia Hannibal observierte. Sie befehligten nun die größte Armee, die Rom jemals aufgeboten hatte: acht Legionen mit 40 000 Fußsoldaten und 2400 Berittenen sowie eine annähernd gleich hohe Zahl italischer Verbündeter. Rund die Hälfte der römischen Truppen dürfte einige Kampfpraxis gehabt haben, doch die anderen waren frisch eingezogene, kaum ausgebildete Soldaten ohne jegliche Erfahrung im Kampf.

RÖMISCHER LEGIONÄR

Römische Fußsoldaten wussten, was von ihnen erwartet wurde, und erhielten auch das Rüstzeug dazu. Die lange Stoßlanze (*hasta*) weist diesen Legionär als Mitglied der *hastati* aus, der dritten, stabilisierenden Linie der römischen Legion, während die vorgeschobenen *principes* und *triarii* die Stellung wechselten. Bronzehelm und Beinschienen verraten noch griechischen Einfluss. Der mit Leder überzogene hölzerne Langschild wird in späteren Ausführungen bis zu 7,5 kg schwer sein.

REPUBLIKANISCHE HEROEN *wie Publius Cornelius Scipio Africanus (maior) hinterließen der Nachwelt lebensechte Bildnisse. Der Vernichter Hannibals hatte genügend Zeit, um die Taktik seines Widersachers zu studieren, bevor er in Karthago einfiel.*

Hannibal hatte den Winter in der Stadt Gerunium verbracht und blieb dort, bis er sich einen Anteil an der örtlichen Getreideernte sichern konnte. Dann zog er rund 100 km in Richtung Cannae, das unweit der Mündung des Aufidus lag. Cannae war ein römisches Versorgungsdepot und gestattete ihm, vom Aufidustal aus Apulia zu kontrollieren. Die karthagische Armee bestand nun aus rund 40 000 Fußsoldaten und 10 000 Reitern. Ungefähr 16 000 Fußsoldaten waren Veteranen der Alpenüberquerung und der sich anschließenden Siege, darunter vielleicht 10 000 Libyer und 6000 Spanier. Weitere 16 000 Mann waren in Norditalien rekrutierte Kelten. Die restliche Infanterie bestand aus leichten Truppen verschiedenster Herkunft. Hannibals schwere Reiterei umfasste rund 2000 Spanier und 4000 Kelten, hinzu kamen 4000 leicht bewaffnete numidische Reiter. Ende Juli hatten die Römer zu den Karthagern in Cannae aufgeschlossen. Sie waren behutsam vorgerückt, da sie Fehler, die sie zuvor teuer zu stehen gekommen waren, nicht wiederholen wollten. Am 31. Juli lagerten die Römer in Sichtweite der karthagischen Stellungen. Der Großteil des römischen Heeres befand sich nördlich des Aufidus gegenüber Hannibals Lager, während ein kleinerer Truppenteil südlich des Flusses lagerte.

DIE AUFSTELLUNG

Am 1. August ließ Hannibal seine Truppen nördlich des Flusses aufmarschieren und kampfbereit aufstellen. An jenem Tag führte Paullus das täglich zwischen beiden Konsuln wechselnde Kommando. Er beschloss, nicht auf die Aufforderung einzugehen, vermutlich, weil Hannibal sich nördlich des Flusses so postiert hatte, dass er von dem Gelände profitierte, und noch wahrscheinlicher wegen seiner überlegenen Reiterei. Als tags darauf Varro den Oberbefehl hatte, marschierten die Römer südlich des Aufidus auf und stellten sich zum Kampf, wobei 10 000 Mann zur Bewachung des Hauptlagers zurückblieben.

Die Römer blieben bei ihrer gewohnten Schlachtordnung. Leichte Fußtruppen, *velites* genannt, waren vor der Hauptlinie postiert. Dahinter stand eine Dreierreihe aus Legionen und Verbündeten, die in sogenannte Manipel gegliedert waren. Bei dieser dreifachen Schlachtreihe (*acies triplex*) waren die Manipel jeder Linie so platziert, dass die Manipel der nächsten unterstützend aufschließen konnten, wodurch ein Schachbrettmuster entstand. Anders als sonst beim *acies triplex* waren die Manipel in diesem Fall wesentlich tiefer gestaffelt. Die Legionen sollten nämlich genug Tiefe haben, um die schweren Fußtruppen der Karthager durchstoßen zu können. Auch kann die Tatsache eine Rolle gespielt haben, dass die enorme Größe der römischen Armee in Cannae eine tiefere Staffelung und

DAS SCHLACHTFELD VON CANNAE *in heutiger Zeit. Von dieser Stelle aus hat vielleicht auch Hannibal auf den Fluss hinabgeschaut – in der Erwartung, dass ihm die ahnungslosen Römer in die Falle gehen.*

VERZWEIFLUNG IN ROM nach der Niederlage von Cannae. Hannibal fühlte sich indes nicht stark genug, um eine Belagerung Roms zu wagen. In Italien entstand ein Patt und Spanien wurde zum Kriegsschauplatz. Der 2. Punische Krieg endete mit der Schlacht bei Zama (202 v. Chr.).

eine schmalere Front verlangte. Die Hauptlinien aus Fußtruppen wurden an den Flügeln durch Berittene geschützt, rechts durch römische, von Paullus geführte Reiter und links durch italische, die Varro leitete.

Hannibal formierte seine Truppen so, dass er seine Vorteile, vor allem seine quantitativ und qualitativ überlegene Reiterei, maximierte und seine Schwächen minimierte, speziell die zahlenmäßige Unterlegenheit. Seine leichten Fußtruppen stellte er zur Abwehr der römischen *velites* gleich einem Schild vor die Hauptkampflinie. Die Mitte dieser Linie bestand abwechselnd aus spanischem und keltischem Fußvolk, vielleicht in der Hoffnung, dass die spanischen Veteranen die bekanntermaßen schwachen Kelten stärken würden. Überdies verlief die Kampflinie halbmondförmig, sodass ihr Zentrum dichter am Feind stand als die Flügel. Auf beiden Seiten der Spanier und Kelten standen die libyschen Veteranen in tiefen Kolonnen. Schwere Reiter – Kelten und Spanier – schützten die linke Flanke der Infanterielinie. Rechts stand die wendige leichte Reiterei aus Numidern. Hannibal postierte sich im Zentrum der Schlachtlinie und überließ die Reiterflügel seinen untergeordneten Kommandeuren.

DIE SCHLACHT

Die Schlacht begann mit dem Zusammenprall der leichten Fußtruppen. Keine der beiden Seiten schien dabei einen Vorteil zu erringen. Als sich die Hauptschlachtlinien näherten, zogen sich die leichten Fußtruppen auf beiden Seiten hinter die schweren Fußtruppen zurück. An den Flanken war unterdessen die spanisch-keltische Reiterei vorgestoßen, um den römischen Reitern im Nahkampf zu begegnen. Auf diesem Flügel waren die karthagischen Reiter eindeutig im Vorteil, weil sie zahlreicher und vermutlich auch schwerer bewaffnet und gepanzert waren. Die römische Reiterei wurde zerschlagen; Paullus wurde verwundet, aus dem Sattel geworfen und fiel schließlich. Auf der anderen Flanke lieferten die Numider den italischen Reitern ein längeres Scharmützel, das unentschieden blieb. Zum Unglück für die Italiker setzten die keltischen und spanischen Reiter nicht etwa die Verfolgung der römischen Reiterei fort, sondern umritten das römische Heer und attackierten die Flanke der noch mit den Numidern kämpfenden italischen Reiter. Das war zu viel für diese, sodass sie sich auflösten und flohen. Die Numider nahmen die Verfolgung auf, während sich die schwere Reiterei der Karthager im Rücken der römischen Armee neu formierte.

Während die Reiter bereits kämpften, gerieten auch die beiden Infanterielinien aneinander. Anfänglich gewannen die Römer die Oberhand. Die exponierte Mitte der Kelten und Spanier sah sich durch die Römer stark bedrängt, vor allem, nachdem weitere Manipel nachgerückt waren, um die halbmondförmige Aufstellung im Scheitelpunkt zu attackieren. Hannibals Männer hielten jedoch stand. Unterdessen preschten die libyschen Veteranen voran, bis sie die Flanken der Legion bedrängten, die ihrerseits vorgedrungen war, um die Kelten und Spanier anzugreifen. Dies führte zu einer massiven, doppelten Umfassung der römischen Legionen. Da die Libyer die Flanken attackierten, besaßen die römischen Verbände nicht mehr genug Stoßkraft, um die spanischen und keltischen Fußtruppen im Zentrum zurückzudrängen. Die Vernichtung der römischen Armee war nahezu vollkommen, als diese von hinten durch die schweren Reiter der Spanier und Kelten attackiert wurde. Die Römer zählten rund 48 000 Gefallene, darunter Konsul Paullus, und mehr als 20 000 Kriegsgefangene. Cannae wurde so zu einer der blutigsten Niederlagen, die je eine europäische Armee an einem einzigen Tag erleiden musste.

DIE FOLGEN

Hannibal gelang es nicht, Roms Verbündete zum Abfall zu bewegen. So konnte Rom weiterhin auf bedeutende Mengen an Arbeitskräften zurückgreifen. Die Römer eröffneten neue Kriegsschauplätze in Spanien und Afrika, auf denen sie am Ende siegten.

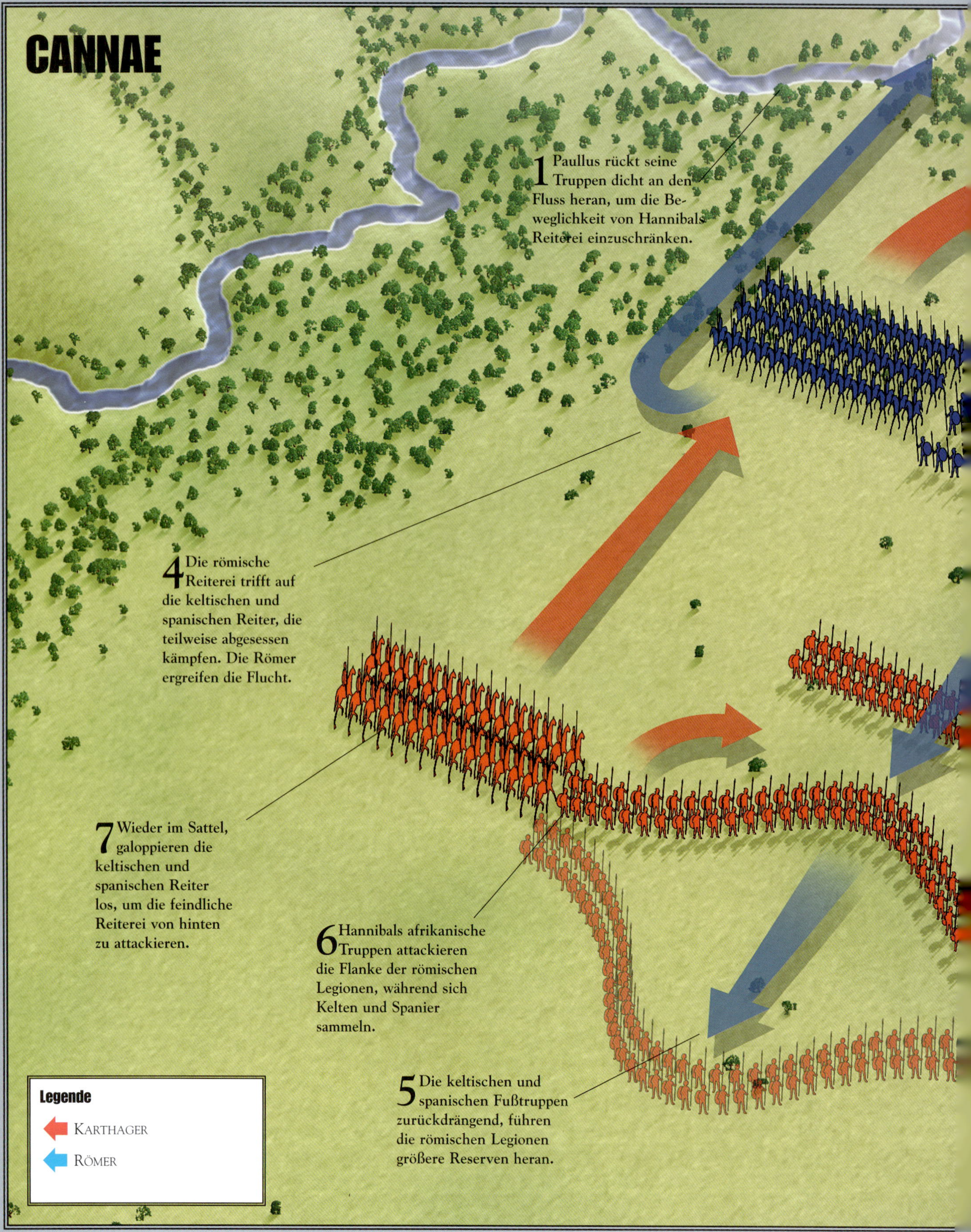
CANNAE
1 Paullus rückt seine Truppen dicht an den Fluss heran, um die Beweglichkeit von Hannibals Reiterei einzuschränken.
4 Die römische Reiterei trifft auf die keltischen und spanischen Reiter, die teilweise abgesessen kämpfen. Die Römer ergreifen die Flucht.
7 Wieder im Sattel, galoppieren die keltischen und spanischen Reiter los, um die feindliche Reiterei von hinten zu attackieren.
6 Hannibals afrikanische Truppen attackieren die Flanke der römischen Legionen, während sich Kelten und Spanier sammeln.
5 Die keltischen und spanischen Fußtruppen zurückdrängend, führen die römischen Legionen größere Reserven heran.
Legende
Karthager
Römer

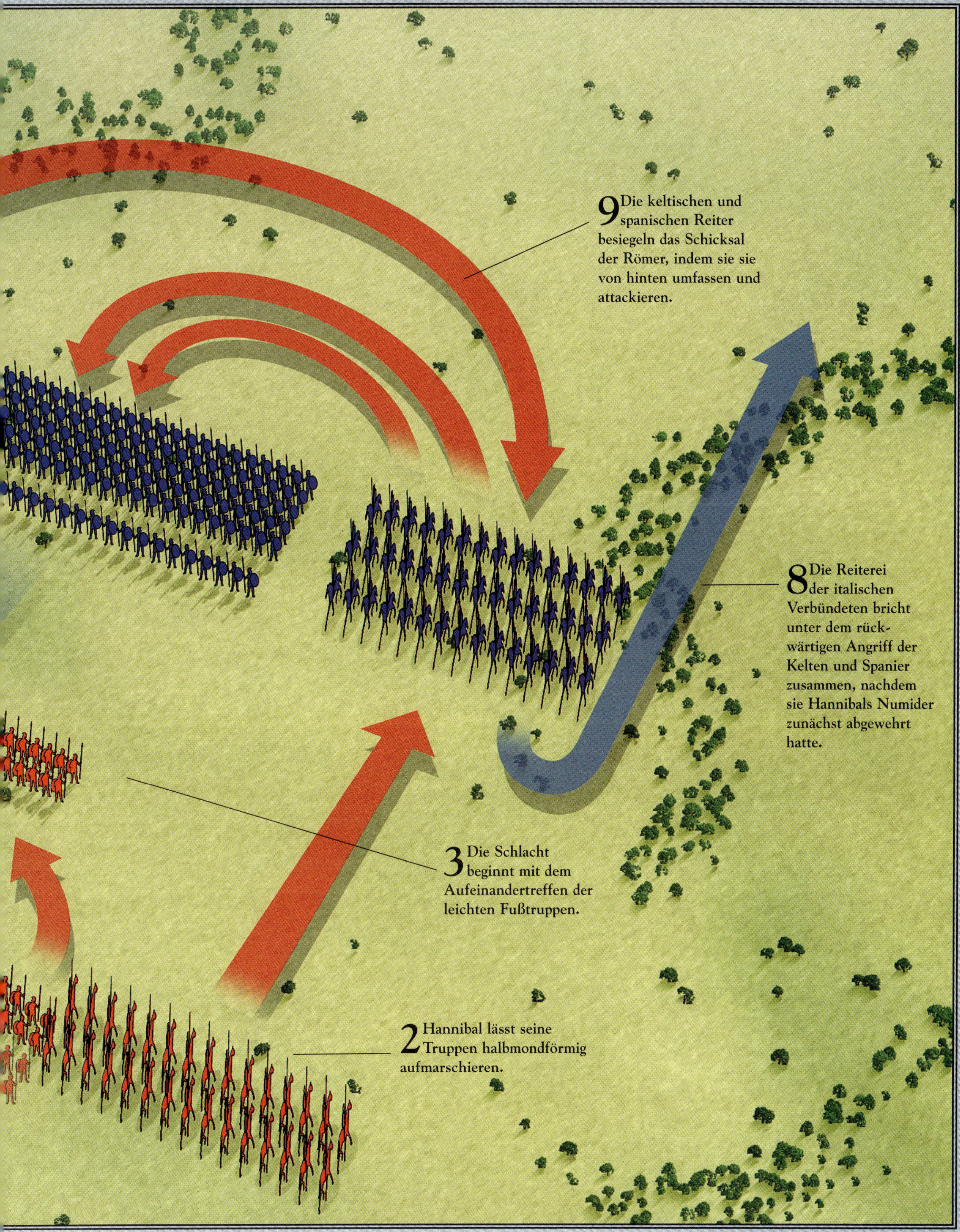
9 Die keltischen und spanischen Reiter besiegeln das Schicksal der Römer, indem sie sie von hinten umfassen und attackieren.
8 Die Reiterei der italischen Verbündeten bricht unter dem rückwärtigen Angriff der Kelten und Spanier zusammen, nachdem sie Hannibals Numider zunächst abgewehrt hatte.
3 Die Schlacht beginnt mit dem Aufeinandertreffen der leichten Fußtruppen.
2 Hannibal lässt seine Truppen halbmondförmig aufmarschieren.

ALESIA

52 v. Chr.

Caesars Sieg in Alesia über eine gewaltige gallische Armee, die ihren in der Stadt festsitzenden Stammesfürsten Vercingetorix befreien wollte, beruhte auf raffinierten Belagerungstechniken und sicherte die römische Herrschaft über Gallien. Doch der Sieg war hart erkämpft.

Im Jahr 59 v. Chr. wurde Gaius Julius Caesar in Rom zum Konsul gewählt. Gegen Ende seiner Amtszeit nutzte er seine Stellung und seine politischen Verbindungen, um sich zum Statthalter von Gallia cisalpina, der Narbonensis und von Illyricum ernennen zu lassen. Im Jahr darauf trat er dieses Amt an. Die bei den gallischen Verbündeten Roms durch die Wanderung der Helvetier gewachsene Angst nahm er zum Vorwand, in Gallien militärisch zu intervenieren. Eine Eroberung Galliens hatte Caesar anfangs wohl nicht beabsichtigt, doch sein Sieg über die Helvetier dürfte ihm diesen Gedanken näher gebracht haben. Caesar unternahm in den nächsten fünf Jahren einige erfolgreiche, wenngleich bisweilen schwer umkämpfte Feldzüge. Viele gallische Stämme mussten sich ihm zumindest vorübergehend unterwerfen. Außerdem überschritt er mehrmals den Rhein und fiel zweimal in Britannien ein.

DATEN UND FAKTEN

Wer: Gaius Julius Caesar (100–44 v. Chr.) belagerte mit ca. 45 000 Mann rund 70 000 Gallier unter dem Arverner Vercingetorix (gest. 46 v. Chr.), konfrontiert mit einem Entsatzheer von angeblich 250 000 Mann.

Was: Caesar nutzte die römischen Fertigkeiten im Belagerungskrieg – er ließ zwei Belagerungsringe errichten – und die gute Kampfmoral, um Gefahren von innen und außen abzuwehren.

Wo: In Alesia, knapp 50 km nordwestlich des heutigen Dijon.

Wann: Ende September – Anfang Oktober 52 v. Chr.

Warum: Caesar wollte Vercingetorix als Gefahr für die römische Herrschaft ein für allemal ausschalten.

Resultat: Die Schlacht war die letzte größere Erhebung der Gallier gegen Caesar. Die Niederlage des Vercingetorix bedeutete das Ende des gallischen Widerstandes gegen Rom.

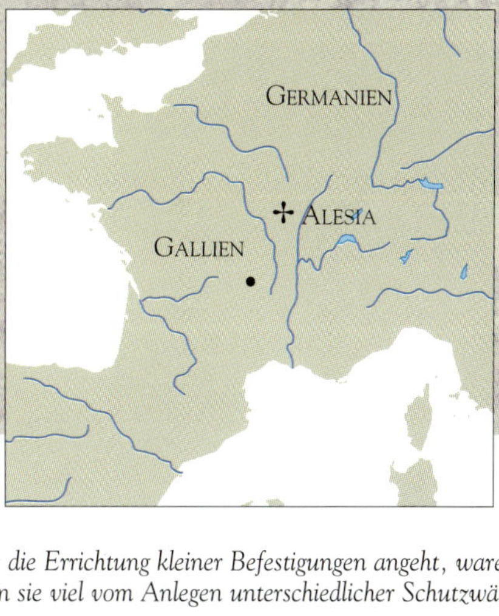

LEGIONÄRE BEIM BAU VON BEFESTIGUNGSWERKEN. Was die Errichtung kleiner Befestigungen angeht, waren die Römer in der Antike unerreicht. Außerdem verstanden sie viel vom Anlegen unterschiedlicher Schutzwälle.

Dennoch herrschte in Gallien Unruhe, die Ende 54 v. Chr. brisant wurde. Wegen schlechter Ernten musste Caesar seine Truppen auf in ganz Nordostgallien verstreute Winterquartiere verteilen; für die Verpflegung hatten die verschiedenen Stämme aufzukommen. Die anfänglichen Verstimmungen führten schließlich zum offenen Aufstand. Im Winter 54/53 v. Chr. wurden zwei römische Lager angegriffen. Eine unter dem Kommando von Quintus Titurius Sabinus und Lucius Aurunculeius Cotta stehende Legion aus zehn Kohorten und fünf weitere Kohorten, womöglich der Kern einer neuen Legion, wurden vernichtet, nachdem man sie aus ihrem befestigten Lager in einen Hinterhalt gelockt hatte. Es folgte der Angriff auf eine weitere Legion, die unter dem Kommando von Quintus Tullius Cicero stand, dem Bruder des berühmten Redners Marcus Tullius Cicero. Dieser war klugerweise in seinem befestigten Winterlager geblieben und konnte es trotz überaus schwerer Verluste halten, bis Entsatz kam. Caesar verbrachte den Rest des Jahres 53 v. Chr. damit, neue Truppen auszuheben, die Gallier einzuschüchtern und sich mit den Germanen auseinanderzusetzen.

FELDZUG UND HEERE

Anfang 52 v. Chr. planten die Gallier eine koordinierte Aktion, aus der schließlich ein allgemeiner Aufstand wurde – mit dem Ziel, die Römer zu vertreiben. Alles begann mit einem Massaker an römischen Bürgern, die in Cenabum lebten, der Hauptstadt der Carnuten. Dieses Signal regte die Gallier und den jungen, charismatischen Arvernerfürsten Vercingetorix dazu an, die einzelnen Stämme zu vereinen und ein gewaltiges Heer aufzustellen. Zuerst attackierte man die Hauptstadt der weiterhin mit Rom verbündeten Boier, doch Caesar kehrte aus Italien zurück und zwang die Gallier zum Rückzug. Inzwischen hatte Caesar seinerseits mehrere gallische Städte angegriffen, zweifellos, um sich in dieser schwierigen Jahreszeit Vorräte zu beschaffen. Vercingetorix erkannte, dass Caesars Schwachpunkt die Logistik war: So wählten die Gallier eine Hinhaltetaktik, indem sie den offenen Kampf mieden, dafür aber in ihren befestigten Städten Zuflucht nahmen, um den Römern den heiß begehrten Proviant zu verweigern.

Caesar, der inzwischen weitere gallische Städte angegriffen hatte, versuchte nun, eine Konfrontation zu erzwingen. Er drang in das Gebiet der Bituriger ein und attackierte ihre Hauptstadt Avaricum. Vercingetorix hatte vergeblich versucht, die Bituriger zur Aufgabe ihrer Stadt zu bewegen. Obwohl er außerhalb der Befestigungen lagerte, konnte er nicht verhindern, dass die Römer die Stadt einschlossen. Caesar griff unerwartet während eines Unwetters an und konnte die Stadt einnehmen, sodass sich Vercingetorix zurückziehen musste. Dann marschierte er mit sechs Legionen auf Gergovia, das größte Bollwerk der Arverner, das Vercingetorix unbedingt verteidigen wollte. Als Caesar die in einer hügeligen Region gelegene Stadt erreichte, besetzte er eine der Anhöhen und errichtete dort ein befestigtes Lager. Auf einem rasch eroberten zweiten Hügel schlug er ein kleineres Lager auf und verband beide mit zwei parallelen Gräben. Nun fiel ihm ein kleiner, nahezu

Rekonstruiertes Fort im heutigen Alesia. Der Doppelgraben und die aus der Wand ragenden spitzen Stangen (abatis) dienten weniger dazu, die Angreifer zu stoppen, sondern sollten ihnen vor allem den Schwung nehmen, um vom Fort aus Wurfgeschosse zielsicherer einsetzen zu können.

unverteidigter Hügel mit Zugang zur Stadt auf. Indem er mit einigen Truppen die Aufmerksamkeit des Feindes ablenkte, konnte er den Hügel ohne große Schwierigkeiten erobern. Die Truppen rückten indes bis zur Stadtmauer vor, sei es auf Caesars Befehl hin oder, wie er meinte, vom eigenen Erfolg beflügelt. Dort trafen sie auf erbitterten Widerstand und wurden unter schweren Verlusten – vor allem bei den Zenturionen – abgewehrt. Caesar sah sich gezwungen, die Belagerung abzubrechen.

Für Caesar bedeutete die Niederlage von Gergovia einen herben Rückschlag, für Vercingetorix jedoch war sie ein Segen, denn einige der ältesten gallischen Verbündeten Caesars liefen zum Feind über. Vercingetorix rekrutierte weitere Männer für den geplanten Aufstand und versuchte, mit einer großen Reitertruppe die römische Bevorratung zu unterbinden. Doch auch Caesar blieb nicht untätig. Um die durch die Überläufer vor allem bei der Reiterei entstandenen Verluste wettzumachen, warb er germanische Reiter und leichte Fußtruppen an. Vercingetorix erkannte klar, dass er es in einer offenen Schlacht nicht mit Caesar aufnehmen konnte. Daher beschloss er, in der befestigten Stadt Alesia Zuflucht zu nehmen; er hegte die Hoffnung, den Sieg von Gergovia wiederholen zu können. Caesar folgte ihm und traf Vorbereitungen für eine Belagerung.

DIE BALLISTE

Die *Balliste* war die römische Version der griechischen Steinschleuder *lithobolos*. Neu waren der stabilere Rahmen und ein Sockel. Die zunächst quadratischen Öffnungen für das Seil und die Befestigungsflansche wurden später oval ausgeführt. So konnten die Federn mehr Seil aufnehmen und straffer gespannt werden. Die Federn bestanden nun ausschließlich aus Sehnen und waren weit kräftiger als das früher verwendete Rosshaar. Dies ermöglichte eine größere Reichweite und Präzision.

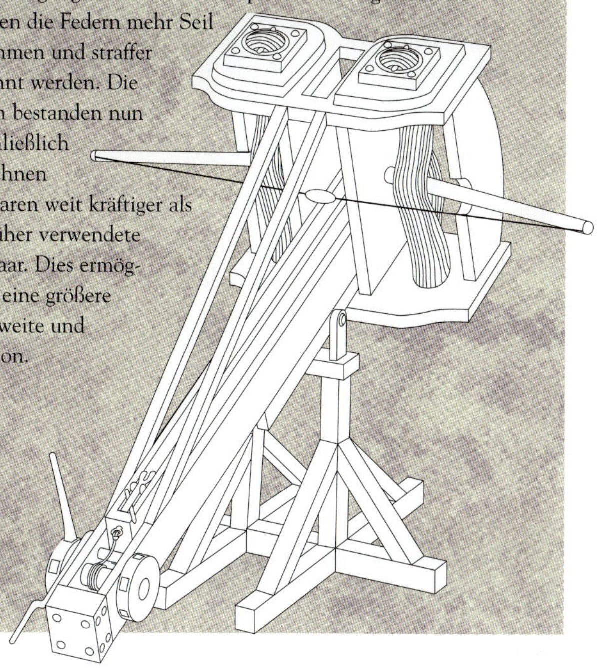

DIE SCHLACHTORDNUNG

Vercingetorix ließ neben Alesia ein Lager errichten, das durch einen Graben und einen 1,80 m hohen Schutzwall geschützt war. Caesar hielt Alesia und das gallische Lager für viel zu gut befestigt, um es erstürmen zu können. So beschloss er, die Stadt einzuschließen. Zunächst errichtete er sieben befestigte Lager mit 23 Feldschanzen zur Verteidigung der Schlüsselpositionen. Vercingetorix ließ seine Reiter ausschwärmen, um die Römer dabei zu stören. Es begann eine Reiterschlacht, bei der die Gallier vor allem von den unter Caesar kämpfenden Germanen übel zugerichtet wurden. Nun entschied Vercingetorix, dass seine Reiter des Nachts einen Ausbruch versuchen sollten. Die Gallier schlüpften durch Lücken in den römischen Linien und ritten heim, um ein Entsatzheer aufzustellen.

Angesichts dieser Flucht und des zu erwartenden Entsatzheers beschloss Caesar den Ausbau seiner Belagerungswerke. Zunächst ließ er einen sechs Meter breiten Graben mit senkrechten Wänden ausheben, damit die weiteren Arbeiten von Alesia aus nicht mehr gestört werden konnten. Dahinter folgten zwei weitere Gräben, den inneren ließ er mit Wasser füllen. Hinter diesen wurde aus dem Aushub ein 3,60 m hoher Schutzwall geschaffen, der von einer Palisade gekrönt und mit spitzen Stangen versehen war. Auf seiner gesamten Länge von fast 16 km wurden in regelmäßigen Abständen Türme errichtet.

*Wichtigste Waffe des Legionärs war das hinter dem Schutzschild geführte tödliche Schwert. Vor einem Angriff wurde der Feind zunächst zermürbt oder man stoppte seine Attacke mit einem Hagel von Speeren (*pilae*). Das als „Schusswaffe" geltende* pilum *sollte den Feind schwächen, damit der schockartige Angriff der Legionäre die feindlichen Formationen leichter erschüttern und auflösen konnte.*

Während der Arbeit an den Befestigungen unternahm Vercingetorix einige größere Ausfälle, die die Bautätigkeit behinderten. Caesar ließ drei Linien mit Fallgruben hinzufügen, um feindliche Angriffe zu behindern. Die erste bestand aus fünf Grabenreihen mit angespitzten Stämmen und starken Ästen. Vorgelagert waren 90 cm tiefe, schachbrettartig angeordnete Gruben mit spitzen Stöcken, vor denen Fußangeln aus in Holzblöcken verankerten Eisenhaken verstreut wurden.

Zum Schutz vor dem Entsatzheer wurde ein ähnlicher Außenring von 28 km Länge geschaffen. Zwischen beiden Befestigungen hatte Caesar genügend Raum für Truppenbewegungen. Zudem ließ er einen Vorrat an Nahrung für einen Monat anlegen. Die Gallier in Alesia erkannten, dass ihnen der Proviant ausgehen würde. Daher wiesen sie alle Kampfunfähigen aus der Stadt. Diese wurden jedoch auch von Caesar fortgeschickt und starben im Niemandsland den Hungertod.

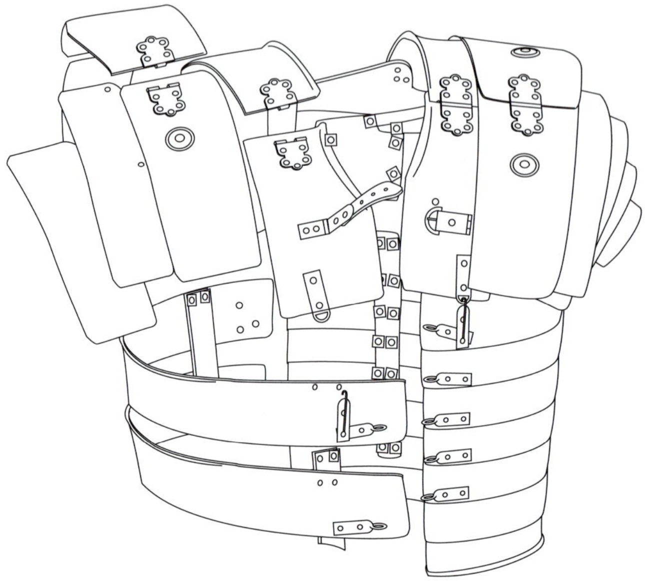

REKONSTRUKTION DER LORICA SEGMENTATA. *Die Eisenplatten wurden durch Haken und angenietete Lederriemen zusammengehalten, um einen beweglichen und zugleich schützenden Brustpanzer zu erhalten.*

DIE SCHLACHT

Die Schlacht begann, nachdem das Entsatzheer eingetroffen war, sein Lager aufgeschlagen und seine Reiter auf einer fast fünf Kilometer weiten Ebene aufgestellt hatte. Die gallische Reiterei war mit Bogenschützen und leichten Fußtruppen durchsetzt, während sich das Hauptheer formierte, um die als Elitetruppe geltende Reiterei zu beschützen. Als die Gallier in Alesia den Aufmarsch ihrer Reiter sahen, verließen sie die Stadt und begannen die römischen Gräben in Vorbereitung eines Ausfalls mit Reisigbündeln zu füllen. Caesar reagierte, indem er seine gesamten Fußtruppen zu den Schanzen schickte und die gallischen Verbündeten mit den

„VERCINGETORIX WIRFT SEINE WAFFEN CAESAR ZU FÜSSEN“. *Lionel-Noël Royer (1852–1926) wählte eine romantisierende Darstellung der Kapitulation des gallischen Heerführers. Caesar wirkt auf den Betrachter eher wie ein Politiker denn ein Soldat.*

germanischen Reitern gegen die feindliche Reiterei aussandte. Die Reiter lieferten sich einen erbitterten Kampf, wobei die Gallier von der für die Römer unerwarteten Präsenz ihrer Fußtruppen profitierten. Der Kampf dauerte von Mittag bis Sonnenuntergang. Schließlich gewannen die Römer die Oberhand, als Caesar seine germanischen Reiter zusammenfassen und durchstoßen ließ. Während die gallischen Reiter die Flucht ergriffen und bis zu ihrem Lager verfolgt wurden, gab es für die Fußsoldaten kein Entrinnen. Die Gallier in den Befestigungswerken zogen sich verzweifelt nach Alesia zurück.

Das gallische Entsatzheer verbrachte den folgenden Tag mit der Bereitstellung der für einen Großangriff benötigten Dinge wie Leitern, Enterhaken und Reisigbündel. Um Mitternacht rückten die Truppen leise vor. In der Nähe der Befestigungen angelangt, ließen sie die Belagerten durch Geschrei wissen, dass der Angriff begann. Auch Vercingetorix führte seine Truppen gegen die Römer, die nun von beiden Seiten angegriffen wurden. Obwohl die Gallier mit ihren Lanzen, Steinen und anderen Wurfgeschossen trafen, machten ihnen die Hindernisse, die die Römer errichtet hatten, das Vordringen äußerst schwer und führten zu erheblichen Verlusten. Da es den Galliern nicht möglich war, die römischen Linien zu durchbrechen, und sie einen Gegenangriff fürchteten, zogen sie sich wieder zurück.

Sie hielten Kriegsrat und beschlossen, mit ihrem Hauptheer gegen die Befestigungen anzutreten, während eine ausgewählte Streitmacht von 60 000 Mann ein Römerlager auf der Nordseite der Stadt attackieren sollte. Dieses Fort wurde von zwei Legionen bewacht, lag aber jenseits des äußeren Rings. Unterdessen würde Vercingetorix einen weiteren Ausfall starten, sodass die Römer gleichzeitig die innere und äußere Umwallung verteidigen müssten. Nach nächtlichem Marsch ruhten sich die gallischen Krieger bis zum Mittag aus. Als sie angriffen, attackierte Vercingetorix die nach innen gerichteten Befestigungen, sodass die Römer an mehreren Stellen bedrängt wurden. Caesar war nicht entgangen, dass die 60 000 Gallier erfolgreich gegen das isolierte Fort vorgingen. Daher entsandte er seinen zuverlässigsten Stellvertreter Titus Labienus mit sechs Kohorten. Er wies ihn an, das Fort zu verteidigen und, falls dies nicht gelänge, zum Gegenangriff überzugehen. Zwischenzeitlich hatten Vercingetorix' Truppen einen Abschnitt des inneren Walls durchbrochen.

Caesar sandte Verstärkung und konnte die Gallier schließlich zurückdrängen, nachdem er persönlich einige Truppen herangeführt hatte. Labienus befand sich inzwischen in einer verzweifelten Lage und rüstete sich zum Gegenangriff als letztem Mittel. An der Spitze von lediglich vier Kohorten eilte Caesar ihm zu Hilfe. Zugleich befahl er seiner Reiterei, auszuschwärmen und den Galliern in den Rücken zu fallen. Obwohl diese zähen Widerstand leisteten, war das Auftauchen der Reiter in ihrem Rücken einfach zu viel und sie ergriffen die Flucht. Die Fliehenden erlitten ungeheure Verluste durch die römischen Reiter. Die belagerten Gallier reagierten mit Entsetzen auf diese plötzliche Wendung und zogen sich nach Alesia zurück.

GALLISCHER KRIEGER

Urbild des Barbarenkriegers mit nackter Brust, üppigem Schnurrbart und karierter Hose. Römische Schriftsteller wie Tacitus rühmten Mut und Unbeirrtheit der gallischen Krieger. Die Gallier hatten das römische Heer bereits mehrfach besiegt, obwohl sie nicht gut organisiert waren. Während das römische Heer aus gedrillten und gehorsamen Soldaten bestand, war sein gallischer Gegner eher ein lockerer, durch persönliche, ethnische oder familiäre Bande bedingter Zusammenschluss aus stolzen, aggressiven Kämpfern. Auf einem kurzen Feldzug oder bei siegreichem Verlauf war dies kein Problem, doch sobald der Nachschub zum Problem wurde oder ein Sieg zweifelhaft war, machten sich im gallischen Heer gewisse Auflösungserscheinungen breit.

DIE FOLGEN

Nachdem das Entsatzheer in die Flucht geschlagen worden war, mussten die in Alesia festsitzenden Gallier kapitulieren. Vercingetorix wurde an Caesar ausgeliefert. Einige Gallier wurden von den Römern benutzt, um die Loyalität ihrer Stämme zu gewinnen, doch viele endeten als Sklaven. Die Niederlage von Alesia brach den gallischen Widerstand, wenngleich Caesar noch zwei Jahre brauchte, um seine Position zu festigen. Vercingetorix blieb sechs Jahre in Gefangenschaft. Caesar stellte ihn in seinem großen Triumphzug in Rom zur Schau und ließ ihn danach erdrosseln.

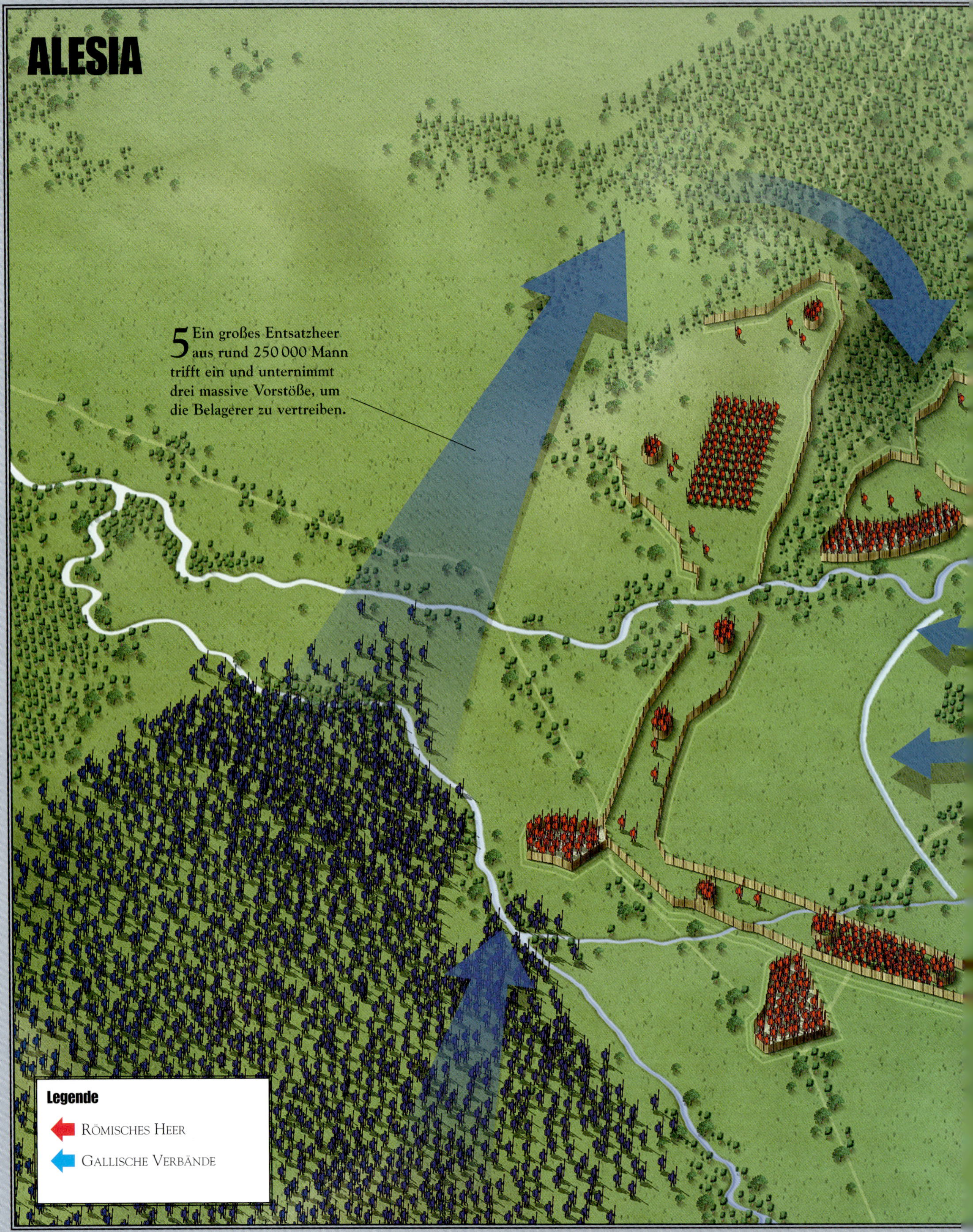
ALESIA
5 Ein großes Entsatzheer aus rund 250 000 Mann trifft ein und unternimmt drei massive Vorstöße, um die Belagerer zu vertreiben.
Legende
Römisches Heer
Gallische Verbände

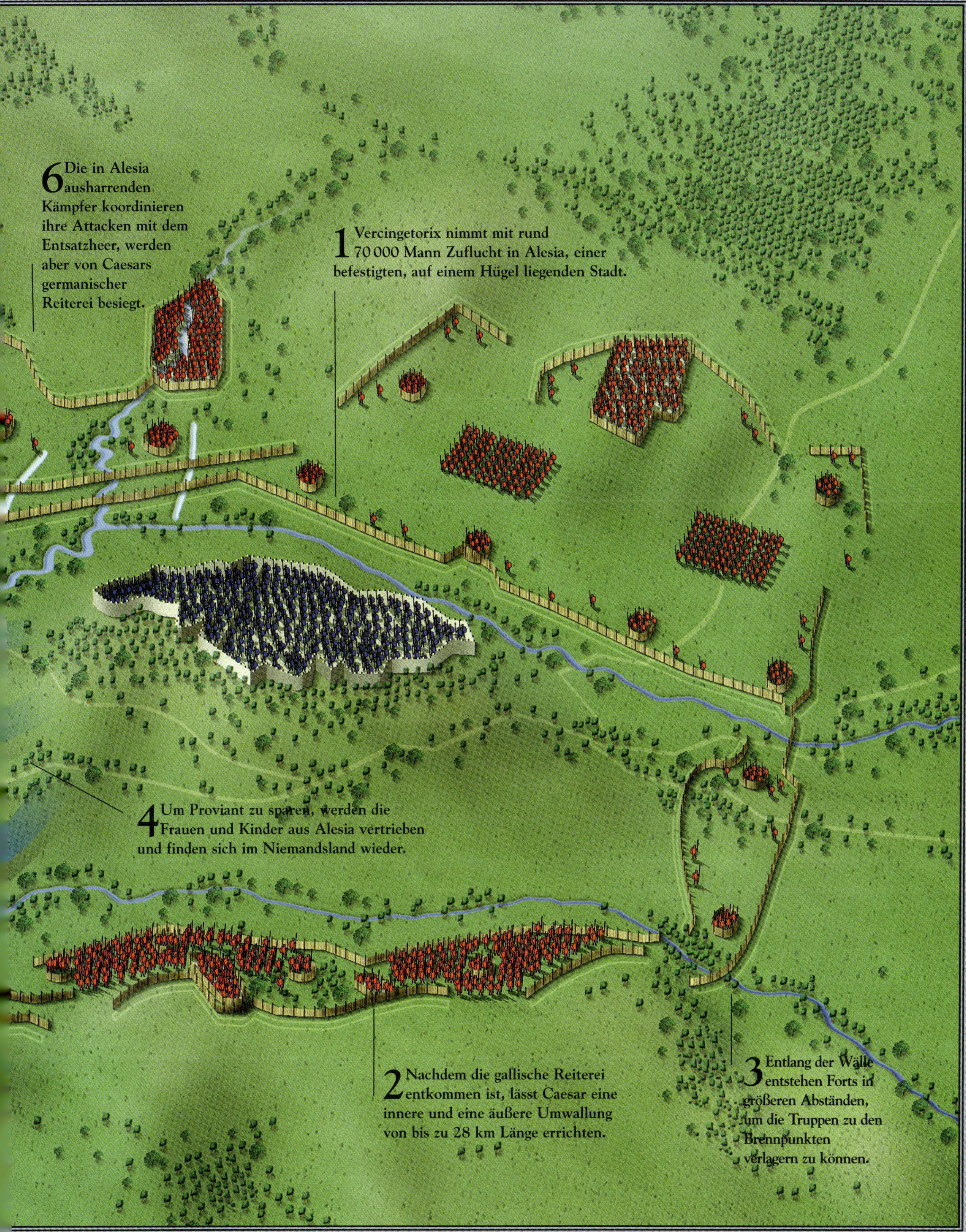
6 Die in Alesia ausharrenden Kämpfer koordinieren ihre Attacken mit dem Entsatzheer, werden aber von Caesars germanischer Reiterei besiegt.
1 Vercingetorix nimmt mit rund 70 000 Mann Zuflucht in Alesia, einer befestigten, auf einem Hügel liegenden Stadt.
4 Um Proviant zu sparen, werden die Frauen und Kinder aus Alesia vertrieben und finden sich im Niemandsland wieder.
2 Nachdem die gallische Reiterei entkommen ist, lässt Caesar eine innere und eine äußere Umwallung von bis zu 28 km Länge errichten.
3 Entlang der Wälle entstehen Forts in größeren Abständen, um die Truppen zu den Brennpunkten verlagern zu können.

ADRIANOPEL 378 N. CHR.

Die Schlacht von Adrianopel, die der Soldat und Historiker Ammianus Marcellinus als das größte militärische Desaster der Römer seit Cannae bezeichnete, endete mit dem Tod des oströmischen Kaisers und der fast völligen Vernichtung seines Feldheeres. Die Goten konnten diesen Erfolg dank der Befestigungen von Konstantinopel jedoch nicht voll auskosten.

Im Jahr 376 n. Chr. baten die westgotischen Stammesführer Fritigern und Alavivus den oströmischen Kaiser Valens, auf der römischen Seite der Donau siedeln zu dürfen. Der Grund hierfür lag im Osten: Die Goten und weitere germanische Stämme wurden nämlich von den westwärts ziehenden Hunnen vertrieben. Valens entsprach der Bitte, verlangte aber, dass die Westgoten ihre Waffen abliefern und zum Christentum übertreten sollten. Valens hatte dabei den Hintergedanken, dass die Goten der kaiserlichen Armee zu wertvollen Rekruten verhelfen und er die örtlichen Frondienste in dringend benötigte Tributzahlungen verwandeln könnte. Ende des Jahres waren rund 75 000 Goten über die Donau auf römisches Gebiet gelangt.

DATEN UND FAKTEN

Wer: Der oströmische Kaiser Valens (gest. 378 n. Chr.) mit einem Heer von 20 000 Mann gegen eine etwas kleinere westgotische Armee unter Fritigern.

Was: Die Goten nutzten das ungestüme Vorrücken der Römer und die rechtzeitige Rückkehr gotischer Reiterei vom Furagieren, um die Römer zwischen ihrer Wagenburg und den zurückkehrenden eigenen Reitern zu stellen.

Wo: Unweit von Adrianopel, dem heutigen Edirne, in Thrakien.

Wann: 9. August 378 n. Chr.

Warum: Die von den Hunnen vertriebenen Goten rebellierten, um sich die versprochenen Vorräte anzueignen, die ihnen von den Römern vorenthalten wurden.

Resultat: Die Römer verloren zwei Drittel ihres östlichen Feldheers.

LEBHAFTES DETAIL *am Ludovisi-Sarkophag (um 250–260 n. Chr.): Römische Soldaten im Kampf auf Leben und Tod mit den eingedrungenen „Barbaren".*

RÖMISCHE HILFSTRUPPEN

Zwischen der Blütezeit des Römischen Reichs und der Schlacht an der Milvischen Brücke (312 n. Chr.) erfuhr das Bild des römischen Soldaten eine nachhaltige Wandlung. Dieser Soldat ist mit einer Lanze bewaffnet und trägt ein Langschwert, das sich im Gegensatz zum *gladius* eher für Hiebe eignet, eine Technik, die von den in Diensten Roms stehenden germanischen Hilfstruppen favorisiert wurde. Der ovale Holzschild mit Metallfassung und Buckel ist mit Leder oder Leinen bezogen. Der schlichte Eisenhelm besitzt bewegliche Backenstücke. Sich allein mit dem Schild schützend, trägt der Soldat Nagelschuhe anstelle römischer Sandalen.

VERRAT AN DEN GOTEN

Valens ließ den Goten Ackerland zuteilen und ordnete an, sie zu versorgen, bis sie sesshaft gemacht werden könnten. Die lokalen römischen Verwalter hielten den zugesagten Proviant jedoch zurück. Sie werden oft als überaus habgierig dargestellt und sollen fast alle Besitztümer der Goten eingefordert haben, darunter sogar ihre Kinder, zum Ausgleich für eine karge Verpflegung, die auch aus Hundefleisch bestand. Wie zu erwarten war, führte dies bei den Goten zu großer Verärgerung. Während die Neuankömmlinge tiefer in das römische Thrakien einwanderten, trafen sie auf einige ostgotische Krieger, die die Donau unerlaubt überquert hatten, während die Römer mit den Westgoten beschäftigt waren. In Marcianopolis lud ein örtlicher römischer Befehlshaber Fritigern und Alavivus zu einem Festmahl, offenbar um die Stammesführer zu kidnappen oder zu ermorden. Fritigern ist anscheinend unversehrt zurückgekehrt, vielleicht als Dank für ein versprochenes Wohlverhalten seiner Männer. Alavivus, von dem man nie wieder etwas hörte, wurde indes vermutlich umgebracht.

Nach der sicheren Rückkehr Fritigerns beschlossen die Goten, den Römern mit Gewalt zu nehmen, was sie brauchten. Aus einzelnen Scharmützeln in und rund um Marcianopolis gingen die Goten als Sieger hervor. Danach wurden Fritigerns Truppen durch weitere gotische Stämme verstärkt, die schon vorher die Grenze hatten überschreiten dürfen. Das gotische Heer zog nach Adrianopel, um die Stadt anzugreifen, doch der Ansturm wurde blutig zurückgeworfen. Den Römern war indes klar geworden, dass diese ernste Lage weitere Truppen erforderte. Valens, der mit seinem östlichen Feldheer in Antiochien mit den Persern zu tun hatte, entsandte Verstärkung nach Thrakien.

Bald trafen Truppen des Westkaisers Gratian ein, eines Neffen von Valens. Im Jahr 378 n. Chr. fanden mehrere unentschiedene Gefechte statt, doch meist begnügten sich die Römer damit, die Goten in eher unwirtlichen Gegenden festzuhalten. Sie entschieden sich für eine Hinhaltetaktik, indem sie umfassende Kampfhandlungen vermieden und gotische Furagiertrupps attackierten, während sie auf Verstärkung aus dem westlichen und östlichen Feldheer warteten.

Unterstützt durch Alanen und Hunnen, ihre neuen Verbündeten, gelang es den Goten gegen Ende des Jahres, aus der Eingrenzung auszubrechen. Sie waren nun dazu bereit, die dichter bevölkerten fruchtbaren Regionen Thrakiens zu verwüsten. Zudem sah sich Gratian mit einigen alemannischen Übergriffen konfrontiert und konnte sein Heer daher vorerst nicht abstellen. Aus dem Überfall wurde eine Invasion, die letztlich zwar abgewehrt werden konnte, doch die Entsendung von Hilfstruppen noch weiter verzögerte.

FELDZUG UND HEERE

Valens hatte unterdessen Antiochien verlassen und im Mai 378 n. Chr. die Kaiserstadt Konstantinopel erreicht. Nachdem er auf der europäischen Seite des Hellespont sein Feldlager aufgeschlagen hatte, sandte er berittene Späher aus, um die feindlichen Stellungen zu erkunden. Valens begann, langsam auf die unweit von Adrianopel gelegene Stadt Nike vorzurücken. Die Goten zogen sich daraufhin zurück, dicht gefolgt von einem großen Trupp römischer Reiter. Die vorrückenden Römer konnten einige gotische Furiere unschädlich machen. Zwischenzeitlich war Gratian eilig bis nach Thrakien vorgerückt, wobei er einen Teil des Heeres per Schiff die Donau entlang beförderte. Valens beschloss, auf Adrianopel vorzurücken und in einem neuen Lager auf seinen Neffen und das westliche Feldheer zu warten. Den Goten gelang es jedoch, sich an Valens' Truppen vorbeizuschmuggeln und südöstlich von ihnen in Nike in Stellung zu gehen.

KAISER VALENS schließt ein Abkommen mit dem Anführer der Westgoten – nur zwei Jahre vor dem Massaker von Adrianopel.

Im Lager vor Adrianopel erfuhr Valens, dass Gratian mit seinem Heer kurz vor Thrakien stehe und bald zu ihm aufschließen werde. Auch teilten ihm seine Späher mit, dass sie das gotische Heer, ihrer Schätzung nach rund 10 000 Mann, geortet hätten. Valens musste nun entscheiden, ob er an Ort und Stelle auf Gratian warten oder die Goten angreifen sollte, deren genaue Position er nun ja kannte. Er berief einen Kriegsrat ein. Einige seiner vorsichtigeren Führungsoffiziere rieten zum Abwarten, da man zusammen mit Gratians Truppen zahlenmäßig haushoch überlegen sein würde. Die meisten Kommandeure sprachen sich jedoch für einen sofortigen Angriff aus. Sie schmeichelten dem Kaiser mit dem Hinweis, dass ihm der Siegesruhm ungeteilt zufiele, wenn er die Goten ganz allein schlüge. Sicher spielte auch eine Rolle, dass diese ihnen schon einmal entschlüpft waren und eine Offensive ratsam war, bevor sich dies wiederholte. Valens entschied sich für den unverzüglichen Angriff und ließ entsprechende Vorbereitungen treffen. Fritigern, der davon erfahren haben muss, wählte einen Geistlichen als Bevollmächtigten, um eine friedliche Vereinbarung auszuhandeln, doch Valens wies diesen ab und setzte seine Vorbereitungen fort.

Valens' östliches Feldheer umfasste schätzungsweise 20 000 Mann. Vor Ort war eine noch größere Zahl von Soldaten versammelt, doch Valens musste in Adrianopel ein paar Legionen als Garnison zurücklassen, um diesen bedeutenden Stützpunkt und auch seinen Tross zu bewachen. Und angesichts der Tatsache, dass das gotische Heer unweit der Kaiserstadt Konstantinopel stand, hatte er weitere Truppen abkommandiert, um die Stadt zu verteidigen. Valens konnte auf zahlreiche altgediente Einheiten zurückgreifen, die teilweise eigens für diesen Feldzug wieder einberufen worden waren. Das kaiserliche Feldheer war überdies eine ausgewogene Streitmacht, die Hilfstruppen wie Bogenschützen und anscheinend auch eine Reiterei umfasste.

Die römischen Späher hatten das gotische Heer auf 10 000 Mann geschätzt, doch dies scheint zu wenig. Man darf eher von einer Wagenburg aus 15 000 Kriegern ausgehen, allesamt Fußsoldaten. Die gotische Infanterie bestand aus Kämpfern, die mit Schild und Lanze ausgerüstet waren, und Bogenschützen. Den römischen Spähern war jedoch entgangen, dass die gesamte, vielleicht 4000 Mann zählende Reitertruppe, mehrheitlich Ostgoten mit einigen alanischen Verbündeten unter Alatheus und Saphrax, als Furiere unterwegs waren.

DIE SCHLACHTORDNUNG

Im Morgengrauen des 9. August ließ Valens seine Armee in Kolonnen abmarschieren. Wie es scheint, bestanden Vorhut

KAISER THEODOSIUS I. (reg. 379–395), früher ein erfolgreicher General, war der letzte Herrscher über ein vereintes Römisches Reich.

und Nachhut aus Reitern, während Fußsoldaten das Hauptheer bildeten und die Flanken sicherlich von Vorreitern gesichert wurden. Valens und seine Kommandeure waren offenbar noch immer besorgt über das, was die Späher über die Aufstellung des Feindes herausgefunden hatten. Deshalb sollten Reiter die Marschierenden vor Überraschungen schützen. Nach mehrstündigem Marsch bei großer Hitze sichteten sie schließlich die große Wagenburg des Feindes und machten sich kampfbereit. Die berittene Vorhut wurde weiter nach vorn verlagert, um in der Schlachtordnung die rechte Flanke zu bilden, unterstützt von den Fußsoldaten. Die berittene Nachhut besetzte die linke Flanke, doch da sie zunächst abwarten musste, bis die Truppen vor ihnen aufmarschiert waren, und sie bis zu ihrer Position eine beachtliche Strecke zurücklegen mussten, konnten sie sich bis zum Beginn der Schlacht nicht geordnet aufstellen.

Die Goten waren den Römern zahlenmäßig vermutlich unterlegen und besaßen – zumindest vorübergehend – keine eigene Reiterei. Daher beschlossen sie, sich in ihrer Wagenburg zu verschanzen. Fritigern ließ jedoch rasch Alatheus und Saphrax benachrichtigen, damit sie umgehend zurückkehrten. Um Zeit zu gewinnen, entsandte Fritigern Unterhändler, doch der Kaiser weigerte sich, diese auch nur zu empfangen, indem er sich auf ihren niederen Rang berief und verlangte, man möge stattdessen geeignete Anführer schicken. Fritigern reagierte mit der Entsendung eines Herolds und forderte, Valens solle einen Mann von gleichem Rang als Geisel abordnen. Valens willigte in dieses Tauschgeschäft ein, sicher weil er hoffte, die Verzögerung werde ihm Zeit geben, seine Truppen – vor allem den linken Flügel – ordnungsgemäß aufzustellen. Richomeres, einer der römischen Kommandeure, war schließlich bereit, Fritigerns Lager aufzusuchen. In sengender Hitze warteten unterdessen die römischen Reiter am rechten Flügel und die Fußsoldaten in der Mitte in Schlachtformation. Ihr Unbehagen wurde durch von den Goten entfachte Buschfeuer noch verschlimmert. Da die kampfbereiten Römer seit dem Abmarsch nichts zu essen bekommen hatten, forderten außer der Hitze auch Hunger und Durst ihren Tribut.

DIE SCHLACHT

Die Schlacht begann unerwartet, noch bevor Richomeres das Gotenlager erreicht hatte. Zwei römische Reitertrupps, darunter einer mit Bogenschützen, hatten sich mit den Goten ein Scharmützel geliefert und einen unbedachten Angriff gegen die Wagenburg gestartet. Diese Plänkler hatten sich vermutlich auf der rechten Seite formiert, doch waren sie für einen derartigen Angriff weder richtig aufgestellt noch mit den notwendigen Hilfstruppen ausgestattet und sahen sich deshalb zum Rückzug gezwungen. Genau in diesem Moment kehrte die gotische Reiterei auf das Schlachtfeld zurück und griff in einer ungestümen Attacke an, die wahrscheinlich auf die noch ungeordneten Reiter an der linken Flanke zielte. Die römischen Reiter wurden von den Goten schwer bedrängt. Jene, die bis zur gotischen Wagenburg vorstoßen konnten, waren ganz auf sich gestellt, da die übrigen Truppen die ihnen zugeteilten Positionen noch nicht eingenommen hatten. So erlitt die römische Reiterei rasch einen vernichtenden Schlag. Die römischen Fußsoldaten, die noch versuchten, sich in einer Schlachtlinie zu formieren, muss dies zutiefst verunsichert haben.

Die Niederlage der Reiterei hinterließ eine große Lücke auf der linken Seite, die von der gotischen Kavallerie umgehend genutzt wurde. Zu diesem Zeitpunkt nahmen auch die vordersten Infanterielinien den

WESTGOTISCHE REITEREI

Im Gegensatz zu den Steppennomaden, die auf berittene Bogenschützen vertrauten, kämpften die gotischen Reiter im griechisch-römischen Stil mit kurzen Stoßlanzen und Schwertern. Sie waren die am meisten gefürchtete Reiterei im gesamten oströmischen Reich.

Kampf auf. Die Goten hatten begonnen, aus ihrer Wagenburg auszuschwärmen und die römischen Fußtruppen zu bedrängen. Nach der Niederlage der Plänkler und des linken Reiterflügels wurden die römischen Fußsoldaten nicht nur von vorn, sondern auch an den Flanken von feindlichen Reitern attackiert. Trotz eines unglaublich verbissenen Kampfes konnten sich die ausgezeichneten römischen Fußsoldaten selbst dann behaupten, als die vordersten Linien derart zusammengedrängt waren, dass sie ihre Waffen kaum noch richtig einzusetzen vermochten.

Lange Zeit wogte der Kampf unentschieden vor und zurück. Nach wiederholten feindlichen Attacken und nicht nur vom Kampf erschöpft, sondern auch durch Hitze, Hunger und die schwere Rüstung, begannen die ersten römischen Linien nachzugeben. Valens stieß zu den Legionen der Lancearii und Mattiarii vor, die noch aushielten, bis schließlich sogar die römischen Reserven die Flucht ergriffen, darunter auch die batavischen Elitehilfstruppen. Als auch der letzte Widerstand brach, folgte die endgültige Niederlage. Die gotischen Verfolger vernichteten zwei Drittel der römischen Armee.

Während sich das Heer auflöste, wurde Valens durch einen Pfeil verwundet. Man nimmt an, dass er auf dem Schlachtfeld starb, wenngleich sein Leichnam nie gefunden wurde. Der Legende nach hat der verwundete Kaiser mit einigen Leibwächtern ein Bauernhaus mit einem gut befestigten Obergeschoss erreicht, wo man sich erbittert verteidigte, bis die Goten das Gebäude mitsamt Insassen niederbrannten. Mit dem Kaiser fielen mehrere hochrangige Offiziere und 35 Unteroffiziere.

DIE KATAPHRAKTEN

Wahrscheinlich verfügten die römischen wie auch die westgotischen Truppen in Adrianopel zumindest über eine kleine Zahl schwer gepanzerter Reiter, die auch unter dem Namen Kataphrakten bekannt waren. Auf Pferden, die neben der eigenen Rüstung auch die ihres bewaffneten Reiters zu tragen vermochten, konnten sie allein mit der Wucht ihres Anpralls die feindlichen Linien durchbrechen. Da die Pferde aufgrund ihres Panzers weniger anfällig für schwere Verletzungen waren, zeigten sich ihre Reiter eher zum Nahkampf bereit, um ihre bevorzugte Waffe, die Stoßlanze, mit verheerender Wirkung einzusetzen.

DIE FOLGEN

Die faktische Vernichtung des östlichen Feldheers erlaubte den Goten den Marsch auf Adrianopel, wo Valens seinen Tross mitsamt dem Staatsschatz und den kaiserlichen Insignien zurückgelassen hatte. Die Goten versuchten die Stadt einzunehmen, doch die von den zurückgelassenen Legionen verteidigten Mauern erwiesen sich erneut als zu stark. Dann zogen sie weiter nach Konstantinopel, wo ihnen die Befestigungen und die zur Verteidigung abgestellten Truppen ebenfalls einen Strich durch die Rechnung machten. Gratian kehrte mit seinem Westheer nach Gallien zurück, um die eingedrungenen Wandalen zu bekämpfen. Das Kommando über die östlichen Heere übergab er an seinen General Theodosius, den er am 19. Januar 379 n. Chr. zum Mitkaiser ernannte. Theodosius unternahm einige unentschiedene Feldzüge gegen die Goten, bis er 382 n. Chr. mit ihnen Frieden schloss. Die Goten waren fortan Verbündete und erhielten dafür Land in Thrakien.

GOLDMÜNZE mit dem Bildnis des römischen Kaisers Valens (reg. 364–378 n. Chr.), später in einen Anhänger umgewandelt. Valens war einer der letzten römischen Kaiser, die in ziviler Kleidung auf Münzen erschienen.

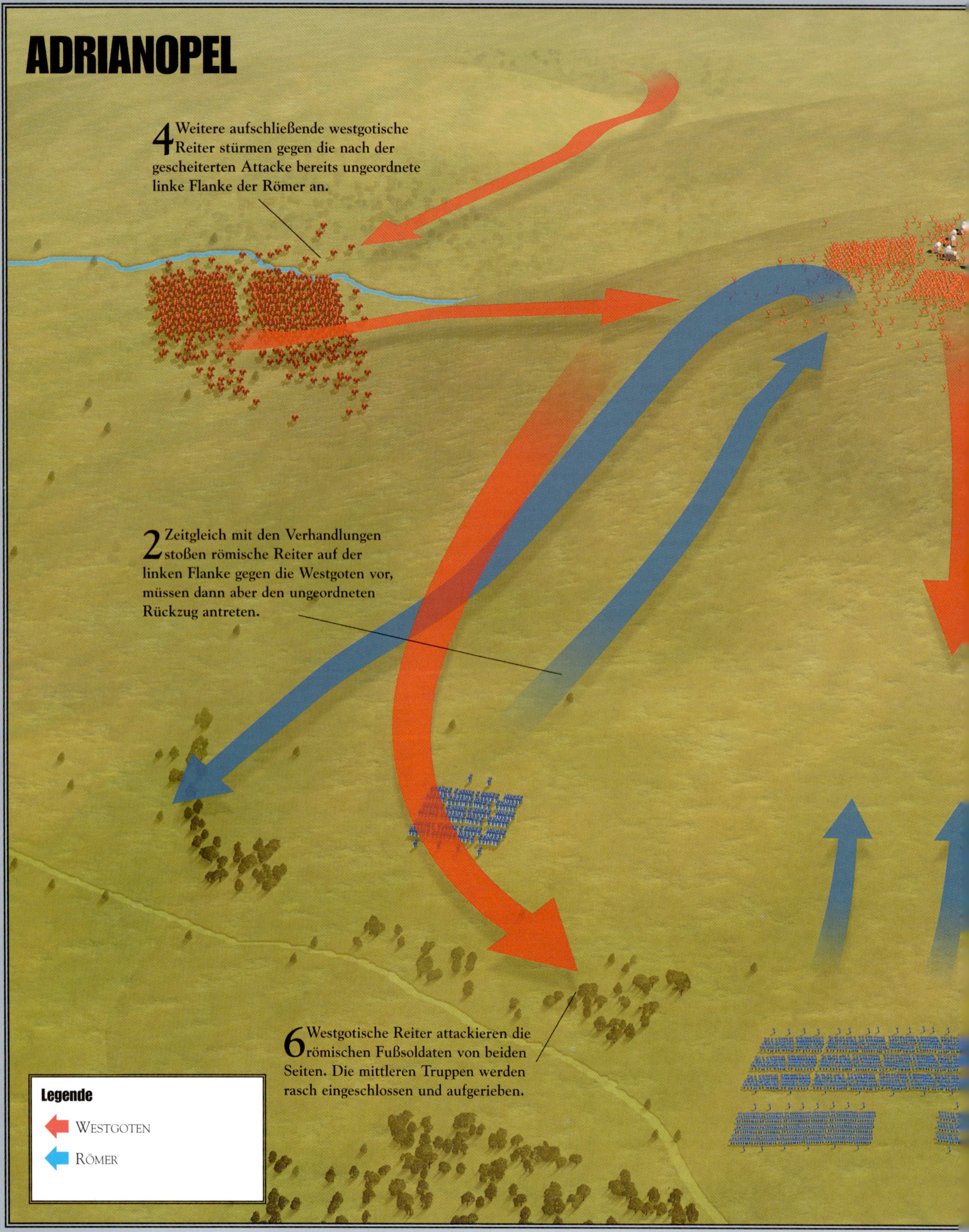
ADRIANOPEL
4 Weitere aufschließende westgotische Reiter stürmen gegen die nach der gescheiterten Attacke bereits ungeordnete linke Flanke der Römer an.
2 Zeitgleich mit den Verhandlungen stoßen römische Reiter auf der linken Flanke gegen die Westgoten vor, müssen dann aber den ungeordneten Rückzug antreten.
6 Westgotische Reiter attackieren die römischen Fußsoldaten von beiden Seiten. Die mittleren Truppen werden rasch eingeschlossen und aufgerieben.
Legende
Westgoten
Römer

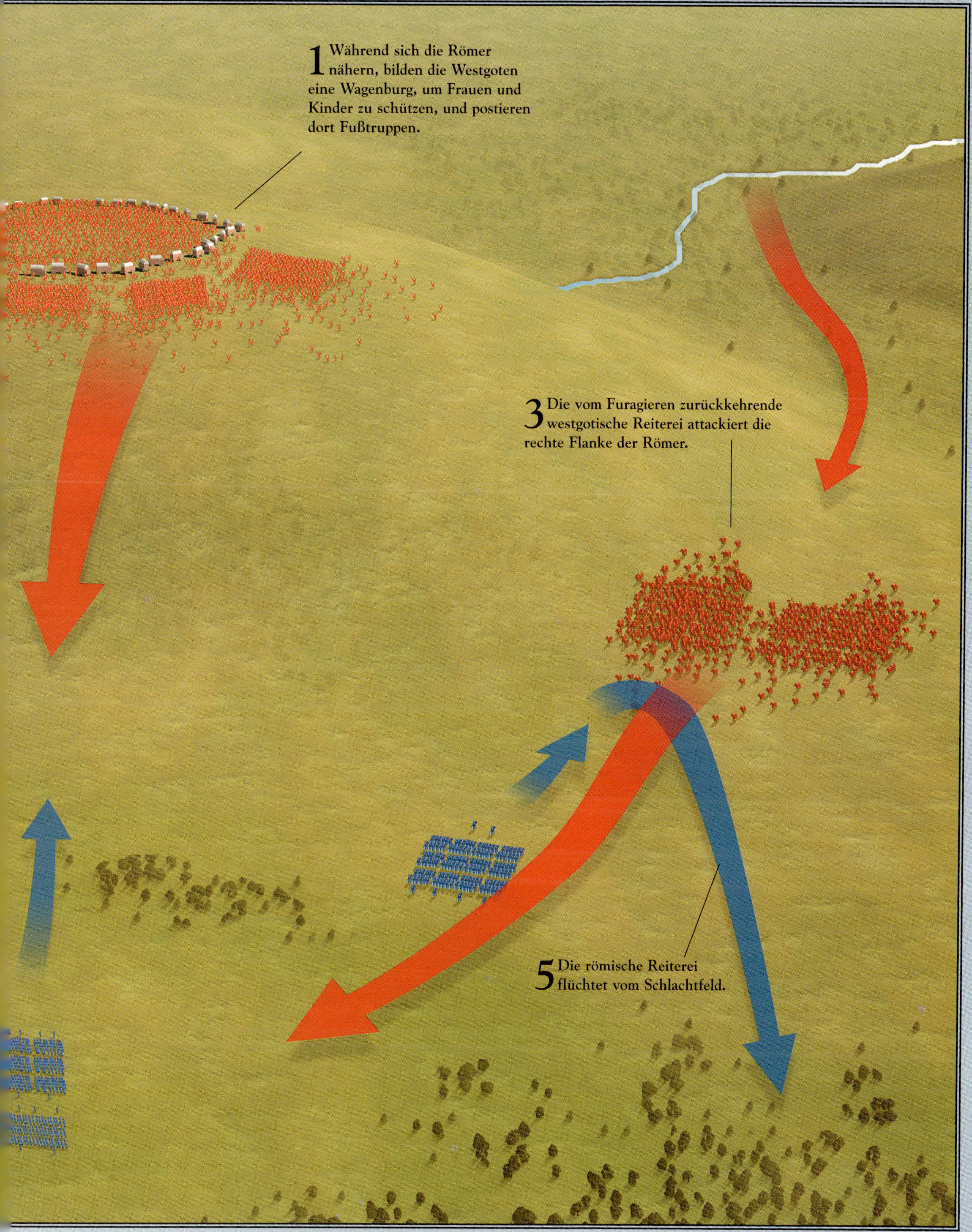
1 Während sich die Römer nähern, bilden die Westgoten eine Wagenburg, um Frauen und Kinder zu schützen, und postieren dort Fußtruppen.
3 Die vom Furagieren zurückkehrende westgotische Reiterei attackiert die rechte Flanke der Römer.
5 Die römische Reiterei flüchtet vom Schlachtfeld.

TOURS/POITIERS

732 N. CHR.

Die Schlacht bei Tours und Poitiers markiert einen Wendepunkt in der Weltgeschichte und war für das Schicksal Westeuropas entscheidend. Hier kam die Flut islamischer Eroberungen zum Stillstand – mit weitreichenden Folgen für die gesamte Welt.

Mit dem Niedergang des Weströmischen Reiches zerfiel Europa in zahlreiche kleine Königreiche und Stammesgebiete. Obwohl diese Zeit als „finsteres Mittelalter" in die Geschichte einging, blühten Kultur und Zivilisation in weiten Gebieten des Kontinents. Zugleich war es eine turbulente Zeit, in der die Nachfolger der römischen Zentralmacht sich gegenseitig bekriegten. Zu Beginn des 8. Jahrhunderts hatten sich einige wenige große Königreiche etabliert. Spanien lag mehr oder weniger in den Händen der Westgoten, die, aus dem Osten kommend, sich hier niedergelassen hatten. Das Herzogtum von Aquitanien beherrschte den

DATEN UND FAKTEN

Wer: Fränkische Truppen unter Karl Martell (Sohn Pippins II., um 688–741) gegen eine überlegene maurisch-muslimische Reiterarmee unter Emir Abd ar-Rahman (gest. 732).

Was: Fränkische Fußsoldaten in Verteidigungsstellung erwarteten den Ansturm der maurischen Reiterarmee. Aus den heftigen Kämpfen gingen die Franken siegreich hervor.

Wo: Zwischen den heutigen Städten Tours und Poitiers, Frankreich.

Wann: 25. Oktober 732.

Warum: Muslimische Truppen kamen nach ihrer Eroberung der Iberischen Halbinsel über die Pyrenäen, um weitere Teile Europas einzunehmen. Ihnen stellten sich die christlichen Franken entgegen.

Ergebnis: Ein entscheidender Sieg für die Franken. Der Heerführer der Mauren, Abd ar-Rahman, wurde getötet und die maurische Armee zog sich zurück.

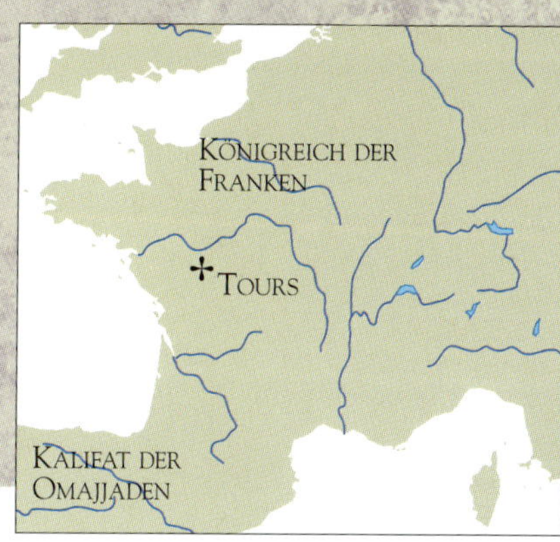

DAS GEMÄLDE VON CARL VON STEUBEN (1788–1856) zeigt Karl Martell in der Schlacht bei Tours/Poitiers. Es vermittelt, wenn auch dramatisiert, die verzweifelte Lage im Nahkampf.

Südwesten Frankreichs. Der größte westeuropäische Staat war das Königreich der Franken, das sich von Ärmelkanal und Nordseeküste bis zum Mittelmeer sowie von der nördlich von Aquitanien gelegenen, schmalen Region an der Atlantikküste bis nach Bayern und Sachsen erstreckte.

Das fränkische Reich war ein christliches Staatengebilde und konnte eine mächtige Armee aufbieten, deren Zentrum eine gepanzerte Eliteinfanterie bildete, die durch Eid und Familienbande eng an ihren Feldherrn gebunden war. Der Rest der Armee bestand aus leicht bewaffneten Fußsoldaten. Gepanzerte Reiter waren noch wenig verbreitet in der europäischen Kriegsführung.

Im Jahr 700 geriet das Königreich der Westgoten in Not: Als in Teilen des Reichs Hungersnöte herrschten und der Adel sich gegenseitig bekämpfte, brach die Zentralgewalt zusammen und die Rivalen König Roderichs hielten die Zeit für einen Putsch für gekommen. Sie suchten Unterstützung bei dem Kalifat der Omajjaden. Das muslimische Reich erstreckte sich um die gesamte nordafrikanische Mittelmeerküste und reichte bis nach Mesopotamien. Im Jahr 711 landete mit Hilfe der westgotischen Verbündeten der Heerführer Tariq ibn Ziyad mit seiner arabisch-berberischen Armee von rund 10 000 Männern auf Gibraltar und begann die Eroberung der Iberischen Halbinsel. Die muslimische Armee besiegte Roderich und eroberte zügig das ganze Land.

DIE FRANKEN erstürmten erst spät das arabische Lager. Bei der Schwächung des muslimischen Angriffs auf die fränkischen Stellungen spielten die Unterwanderung und Plünderung des Lagers eine große Rolle.

EXPEDITIONEN NACH EUROPA

Nach der Einnahme der Iberischen Halbinsel wurde Tariq ibn Ziyad von einem Mitglied der Omajjaden-Dynastie abgelöst. Unter dessen Führung kam eine noch größere Armee ins Land und machte aus Iberia eine Provinz des Kalifats. Einige Regionen behielten ein gewisses Maß an Autonomie. Andere wiederum, besonders die Region Asturien, versuchten, dem maurischen Ansturm so gut es ging zu widerstehen oder rebellierten gegen die Omajjadenherrschaft.

Auch Regionen in den Pyrenäen hielten den Eroberern lange stand. Deshalb sandten die Mauren Expeditionen in die Königreiche jenseits der Berge, da man sie im Verdacht hatte, die Rebellen zu unterstützen. 720 suchten sie mit Angriffen bis ins Rhônetal ihre Kontrolle zu erweitern.

Interne Auseinandersetzungen und Revolten führten in den folgenden Jahren zur Verlangsamung der maurischen Expansion. Im Jahr 730 jedoch unternahm der neue Anführer, Abd ar-Rahman, einen Vorstoß nach Aquitanien, um die Nordgrenze seines Einflussgebietes zu sichern. Nach seinem Sieg bei Bordeaux wüteten die arabischen Reiterheere im Land und brachen die Macht des aquitanischen Fürstentums endgültig.

Im Fränkischen Königreich gab es eine Reihe von Prinzen unterschiedlichen Ranges, der bedeutendste unter ihnen war Karl, ein Sohn des Hausmeiers Pippin II. Er wurde nach dem Tod seines Vaters zunächst gefangen gehalten, der Versuch, ihn bei der Regelung der Nachfolge zu übergehen, da er aus einer Nebenehe stammte, gelang jedoch nicht. Karl floh und entwickelte im darauf folgenden Bürgerkrieg das, was man heute als „Logistik“ bezeichnet. Nach einem unsicheren Start entpuppte er sich als ein gewiefter Feldherr. Er lernte den Wert unerwarteter Angriffe zu schätzen, ebenso, dass es von Vorteil sein kann, sich über bestehende Abkommen hinwegzusetzen. Seine militärischen Fähigkeiten verhalfen ihm zu einem vereinigten Königreich – wenn auch nicht zu dem entsprechenden Titel. Seit 732 war Karl Martell in Europa eine mächtige, auch von der Kirche als Verfechter des Christentums geschätzte Persönlichkeit.

Niemand war daher besser geeignet als er, die christlichen Franken im Kampf gegen die Invasoren zu führen. Während er zwischen 720 und 732 in eine Reihe von

Kämpfen verwickelt war, hatte er die Bedrohung erkannt, die aus dem Südosten herannahte, und begonnen, eine Armee gegen sie aufzustellen. Karl schuf als Kern seiner Armee ein stehendes Heer schwer bewaffneter Fußsoldaten, die das ganze Jahr hindurch trainiert wurden. Ein derartiges Heer von „Berufssoldaten“ war zu seiner Zeit unüblich – es gab höchstens kleinere Gruppen von Leibwächtern. Das Gros der Kämpfer wurde normalerweise kurz vor einem Feldzug ausgehoben und kehrte danach auf die Höfe zurück.

Karl rüstete sein Berufsheer mit Waffen und mit Schutzpanzern bestens aus. Er befehligte auch einige Reitereinheiten, die jedoch noch keine Steigbügel benutzten, eine regelrechte Kavallerie war in Europa bisher nicht üblich. Diese berittenen Soldaten konnten gegen die exzellenten Reiter des maurischen Kalifats jedoch kaum etwas ausrichten, zumal sie eher als mobile Reservetruppe dienten und im Kampf vom Pferd stiegen und wie Fußsoldaten kämpften.

DER FELDZUG BEGINNT

Die maurischen Truppen waren nur allzu siegessicher. Bisher hatten sie jeden in Europa, der sich ihnen in den Weg gestellt hatte, mit Leichtigkeit geschlagen und in den „Barbaren“ sahen sie keineswegs Kämpfer, geschweige denn eine Armee. Auch wenn einer ihrer jüngsten Feldzüge vor den Mauern der Stadt Toulouse mit einer Niederlage geendet hatte, rechneten die muslimischen Kämpfer weiterhin nicht mit nennenswertem Widerstand.

Der Sieger von Toulouse, Herzog Odo von Aquitanien, traf an der Garonne erneut auf die Mauren und versuchte, die Eindringlinge zurückzudrängen. Diesmal jedoch sollte es keinen europäischen Sieg geben: Reitertruppen der Araber und Berber aus Nordafrika stießen in großer Zahl in seine Fußarmee hinein und ritten sie nieder. Nach heftigen Verlusten stellten Odos Truppen keinen ernsthaften Gegner mehr dar und die Mauren drangen weiter vor.

Siege wie der an der Garonne bestärkten die Mauren in ihrer Selbstüberschätzung. Sie führte dazu, dass neues Gelände kaum mehr ausgekundschaftet wurde und man den Sieg von vornherein erwartete. Das ermöglichte es Karl, Ort und Zeit der Konfrontation selbst zu bestimmen und das Überraschungsmoment auszuspielen. Der Gegner rechnete darüber hinaus nicht damit, einer Armee entgegentreten zu müssen, die sich durch eine derartige Größe und Qualität auszeichnete. So fing Karls Armee die maurischen Heere auf ihrem Weg zum Angriff auf Tours ab.

Die römischen Straßen hätten sich als Wegstrecke für seine Soldaten angeboten, doch um nicht vorzeitig entdeckt zu werden, schlug Karl eine Route ein, die den Weg des Gegners kreuzte. Wo genau die Truppen aufeinander trafen, ist nicht bekannt, mit Sicherheit aber war es zwischen Tours und Poitiers; daher bezeichneten Historiker später den Ort der Schlacht mit beiden Städtenamen.

Die vorwärts galoppierenden muslimischen Reiterheere stolperten regelrecht in Karls Einheiten hinein und zeigten

EINE MUSLIMISCHE REITERSCHAFT war seit der Invasion der Iberischen Halbinsel im 8. Jh. bis hin zur Schlacht bei Nikopolis im Jahre 1396 in der Regel leichter ausgerüstet als ihre christlichen Gegner; sie suchte den Kampf eher in einzelnen Gefechten als in frontalen Truppenattacken.

EINE FRÄNKISCHE SCHILDWAND. Diese phalanxähnliche Formation, bei der die Speere stachelartig aufgerichtet wurden, war zur Verteidigung äußerst effektiv – jedoch nur, solange ihr Zusammenhalt gewahrt blieb. Brach sie auseinander, war oftmals ein Gemetzel die Folge.

sich mehr als überrumpelt: Ihre Kundschafter hatten keinerlei Nachricht über eine herannahende Truppe gebracht. Der Maurenführer zögerte mit einem Angriff und suchte zunächst möglichst viel über den neuesten Gegner zu erfahren. In den folgenden Tagen beobachtete Emir Abd ar-Rahman den Feind und zog seine Kundschafter sowie die zerstreuten Einheiten zusammen, doch die Zeit arbeitete auch zugunsten der Franken. Sie bewegten sich zudem in gewohnter Umgebung, die Mauren jedoch befanden sich in einem ungewohnt kalten Klima. So war es offensichtlich, dass Abd ar-Rahman entweder als erster einen Angriff wagen oder sich zurückziehen musste. Die Franken dagegen standen bereit: Sie hatten eine Verteidigungsstellung eingenommen, wo sie sehr lange ausharren konnten.

DER ANGRIFF DER MAUREN

Abd ar-Rahman führte eine Armee von 40 000–60 000 Reitern an, die bei ihren Angriffen bisher jeden Feind vor sich her getrieben hatte. Viele dieser besiegten Gegner waren fränkische Fußsoldaten gewesen, gleich denen, die sich jetzt vor ihnen aufgereiht hatten.

DER FRÄNKISCHE KRIEGER

Ein fränkischer Krieger mit Schild und Schwert – wer ihn sich leisten konnte, trug einen Panzer; die meisten jedoch mussten mit einem Helm auskommen und auf das Führen ihres Schwerts vertrauen.

Jeder mögliche Zweifel Abd ar-Rahmans gegenüber einem Ansturm gegen eine solide Verteidigungsformation – noch dazu auf einer Anhöhe – wurde durch das unerschütterliche Vertrauen in seine Kavallerie schon im Keim erstickt. Eine Erkenntnis der Zeit lautete, dass eine Armee von Fußsoldaten keinerlei Chancen gegen ein Reiterheer habe.

Die fränkischen Truppen formierten sich zur Verteidigung als großes Geviert, die Reserveeinheiten dazwischen. Die Tauglichkeit einer solchen Formation war vor Tours bereits erprobt worden.

Die maurische Reiterei ritt mehrere Attacken gegen Karls Truppen; und trotz ihrer schweren Rüstungen und des Gefälles, auf dem sie kämpfen mussten, erzwangen sie mehrere Einbrüche in die Linie der Franken.

DER ENTSCHEIDENDE AUGENBLICK

Und so gelang es den maurischen Reiterverbänden mehrere Male, sich bis in das Zentrum der fränkischen Aufstellung vorzukämpfen. Wenn sie dort ihre Stellung hätten ausbauen und halten können, wäre alles vorbei gewesen: Angriffe von innen und von außen hätten die Aufstellung gesprengt und die Fußsoldaten wären auseinandergejagt und niedergeritten worden. Doch die maurischen Reiter trafen auf Reserveeinheiten im Zentrum, Fußtruppen, die beherzt die maurischen Reiter angriffen und sie zurücktrieben oder töteten.

Für eine Weile blieb die Situation unentschieden, da die fränkische Armee von allen Seiten attackiert wurde; doch dann ließ der Druck nach. Die Mauren zogen sich in ihr Lager zurück und hinterließen ein angeschlagenes, doch insgesamt intaktes Frankenheer.

ABD AR-RAHMANS TOD

Einigen von Karl Martells Kundschaftern war es gelungen, während des Gefechts in das Lager des Feindes einzudringen.

Dort befreiten sie alle Gefangenen und richteten schwere Verwüstungen an. Die darauffolgende Verwirrung im Lager, zusammen mit der Befürchtung, ihre gesamte bisher erkämpfte Beute könne von den Franken gestohlen werden, führte dazu, dass maurische Einheiten kurz entschlossen zum Lager zurückritten und auf diese Weise den Kampf gegen die fränkischen Stellungen massiv schwächten. Abd ar-Rahman versuchte, das Zurückfluten seiner Truppen ins Lager zu stoppen. Ohne eine ausreichende Zahl Leibwachen war er jedoch zu schlecht geschützt und wurde von fränkischen Soldaten getötet. Die Mauren zogen sich entsetzt und völlig ungeordnet zurück. Die Franken jedoch stellten ihre Formationen wieder her und blieben wachsam in Stellung.

Da nicht sogleich ein Nachfolger für Abd ar-Rahman zur Stelle war, zogen sich die maurischen Truppen in wildem Durcheinander in Richtung Iberische Halbinsel zurück. Dies war jedoch für die Franken zunächst nicht erkennbar, und so gingen sie stattdessen nur von einem vorgetäuschten Rückzug aus und erwarteten einen weiteren Angriff, der sie von der Anhöhe vertreiben sollte. Obwohl die Mauren noch immer in der Lage gewesen wären, die Franken zu besiegen, war ihr Wille nun gebrochen. Da die verschiedenen Unterführer sich jedoch nicht einigen konnten, wer das Heer nach Abd ar-Rahmans Tod führen sollte, beschlossen sie den kompletten Rückzug hinter die Pyrenäen – zumal sie noch immer reichlich Beute mit sich führten.

DIE FOLGEN

Der Ausgang der Schlacht bei Tours/Poitiers wurde zeitweise als der entscheidende Anlass gefeiert, aufgrund dessen Europa nicht zu einem muslimischen Gebiet und Teil des arabischen Imperiums wurde. Auch wenn dies heute als Übertreibung erscheinen mag: Karl Martell erhielt seinerzeit seinen Beinamen „der Hammer“ mit einigem Recht, denn er hatte den muslimischen Eroberern eine empfindliche Niederlage bereitet.

Tours/Poitiers markiert zugleich den Höhe- und Wendepunkt der islamischen Eroberungen in Europa. Auch nach der Schlacht gab es einzelne muslimische Feldzüge über die Pyrenäen, denen Karl Martell bis zu seinem Lebensende begegnen musste. Er begründete beizeiten den Aufstieg der karolingischen Dynastie, aus der Karl der Große hervorgehen sollte, der als der Vater des europäischen Rittertums gilt.

Die islamische Besatzung der Iberischen Halbinsel dauerte indes noch viele Jahrhunderte, in denen die Machtverhältnisse im Südwesten Europas zwischen Muslimen und Christen oft wechselten. Der Sieg Karl Martells beendete weder die maurischen Invasionsbestrebungen noch verhinderte er weitere Eroberungen an anderen Orten. Doch er setzte der zuvor nahezu widerstandslosen Einverleibung christlicher Gebiete in das muslimische Kalifat ein Ende und war der Ausgangspunkt für einen langwierigen, zähen Kampf.

EINE AQUARELLZEICHNUNG zeigt Karl Martells Sieg bei Tours/Poitiers. Sein Sieg markierte nicht nur den Wendepunkt der muslimischen Eroberungen in Europa, sondern legte auch den Grundstein für den Aufstieg der Karolinger.

ANDALUSISCHER BERITTENER BOGENSCHÜTZE

Dank ihrer außerordentlichen Beweglichkeit und Kampfkraft konnten berittene Bogenschützen Zeit und Ort eines Gefechtes bestimmen. Armeen, die hauptsächlich aus Fußsoldaten bestanden, hatten angesichts der Überraschungstaktik der berittenen Bogenschützen kaum Erfolgsaussichten.

TOURS/POITIERS
3 Immer wieder entwickeln sich einzelne Stellungsgefechte. Wo die Mauren fränkische Blöcke durchstoßen, werden sie von den Reservekräften im Inneren eingeschlossen und bekämpft.
4 Während ihre Attacken zunehmend fehlschlagen, erreicht die Muslime die Nachricht vom fränkischen Überfall auf das maurische Lager.
6 Demoralisiert und ohne Führung ziehen sich die muslimischen Reiterheere nach Spanien zurück und lassen die Franken als Sieger der Schlacht zurück.

1 Die Franken machen sich die ungenügende Vorausschau des Feindes zunutze und postieren sich auf gut zu verteidigendem Terrain. So bieten sie sich den allzu siegessicheren muslimischen Reiterheeren als ein verlockendes Angriffsziel dar.
2 Die Mauren starten mehrere Angriffe gegen die fränkischen Blöcke – bergan und auf für sie ungünstigem Gelände.
5 Abd ar-Rahman versucht, die Rückzugsbewegung seiner Truppen ins Lager zu stoppen; dabei wird er getötet. Danach klingen die Angriffe auf die Franken ab.
Legende:
Fränkische Truppen
Maurische Reiterheere

HASTINGS 1066

In der längsten, am heftigsten umkämpften und bedeutendsten Schlacht des frühmittelalterlichen England trafen normannische schwere Reiter auf einen angelsächsischen Schildwall. Der Sieg von Wilhelm dem Eroberer veränderte die englische Geschichte und läutete in der europäischen Kriegführung die Vorherrschaft des Ritters ein.

In alten Chroniken hatte König Harold den Ruf des Eidbrechers, während andere in Wilhelm den Schurken sahen. Man wird indes behaupten dürfen, dass beide bemerkenswert talentiert wie rücksichtslos waren. Wilhelm, der illegitime Sohn des normannischen Herzogs Robert I., musste seine Stellung als Herzog ab 1035 wiederholt verteidigen. Als er Pläne für eine Invasion Englands schmiedete, hatte er bereits das mächtigste Herzogtum im nordwestlichen Europa geschaffen und die Bretagne wie auch Maine zu Vasallenstaaten herabgestuft. In Paris beherrschte er den jungen König Philipp I. und mit Flandern hatte er durch die Ehe mit Matilda, der Tochter Herzog Balduins V., einen wichtigen Verbündeten gewonnen.

DATEN UND FAKTEN

Wer: Wilhelm, Herzog von der Normandie (1028–1087), fiel mit ca. 7000 Mann in England ein, um seinen Anspruch auf den Thron von Harold II. Godwinson (1022–1066) zu untermauern, der sich ihm mit ca. 6300 Mann entgegenstellte.

Was: Normannische Reiter und Bogenschützen konnten den angelsächsischen Schildwall schließlich aufbrechen.

Wo: Bei Senlac Hill, gut elf Kilometer nördlich von Hastings.

Wann: 14. Oktober 1066.

Warum: Wilhelm wollte England erobern.

Ergebnis: Harold II. Godwinson und ein Großteil des angelsächsischen Adels wurden getötet. Wilhelm wurde König von England.

MITTELPUNKT DIESER DRAMATISCHEN Darstellung der Schlacht von Hastings durch R. Caton Woodville ist König Harold Godwinson, der sich auf Senlac Hill bis zum Letzten gegen die Normannen verteidigt.

Der Ausschnitt aus dem Wandteppich von Bayeux zeigt das Heer der Normannen. Aus anderen zeitgenössischen Quellen geht hervor, dass es viel mehr Reiter gab als Bogenschützen, deren Rolle beim Tod von König Harold Godwinson sicher für die übertrieben häufige Darstellung verantwortlich ist.

Wilhelms Anspruch auf den englischen Thron war dürftig und ohne solide Rechtsgrundlage, denn er hatte seinen Rivalen Harold Godwinson 1064 zu einem Eid gezwungen, ihm den Thron Eduard des Bekenners zu überlassen. Harold hatte jedoch gar nicht die Absicht, sich an diesen Eid zu halten, der ihm aufgezwungen worden war. Als Graf von Wessex, Schwager des ältlichen Königs und Vizeregent unter Eduard seit 1064, zweifellos befähigt und von gutem Charakter, besaß er einen denkbar legitimen Anspruch auf den englischen Thron. Nach Eduards Tod am 5. Januar 1066 wurde Harold in Westminster Abbey gekrönt.

STAMFORD BRIDGE

Harold war nicht dumm und wusste, dass der von Ehrgeiz getriebene Wilhelm den „Eidesbruch" als vorgeschobenen Anlass für eine Invasion nutzen würde. Im Frühsommer 1066 startete Wilhelm ein ambitioniertes Schiffbauprogramm, um sein rund 7000 Mann starkes Heer aus Normannen, Bretonen, Franzosen und Flamen auf 500 Schiffen über den Ärmelkanal zu befördern.

Harold mobilisierte daraufhin seine königliche Garde, die 4000 Mann der sogenannten „Huscarle" und die angelsächsische Miliz (Fyrd). Wenn Zeit und Geld keine Rolle spielten, konnte der Fyrd aus 15 000 bis 20 000 Mann bestehen, doch im Sommer 1066 waren es vermutlich nicht mehr als 4000. In Erwartung der Normannen postierte Harold seine 8000 Kämpfer entlang der Südküste. Am 8. September ließ er den Fyrd auflösen, damit die Männer heimkehren und die Ernte einbringen konnten. Harold hatte jedoch übereilt gehandelt, denn er musste erfahren, dass sein Bruder Tostig, Graf von Northumbria, sich mit König Harald Hardrada von Norwegen verbündet hatte und in Nordengland eingefallen war. Während Harold seine Männer sammelte und nach Norden eilte, wurde das von Tostig angeführte angelsächsische Nordheer am 20. September bei Gate Fulford geschlagen. Fünf Tage später überraschte und vernichtete er die norwegischen Invasoren in Stamford Bridge; Tostig und der norwegische König fielen.

DIE NORMANNISCHE INVASION

Widrige Winde hatte Wilhelm unterdessen in der Normandie festgehalten. Erst am 12. September konnte er mit seiner Armada nach Saint-Valéry-sur-Somme aufbrechen. Von diesem kleinen Hafenort aus konnte er innerhalb eines Tages über den Ärmelkanal nach England gelangen. Erst am 27. September jedoch erlaubte Südwind der Flotte, nach Norden aufzubrechen. Wilhelm landete am nächsten Morgen in Pevensey Bay und begann sogleich, sein Lager zu befestigen.

Die Nachricht von Wilhelms Landung erreichte Harold am 1. Oktober in York, mitten in den Feiern nach Stamford Bridge. Nach London eilend, nahm Harold unterwegs den Fyrd und weitere Truppen auf. Am 11. Oktober verließ er die Hauptstadt mit 6000 bis 7000 Mann in südlicher Richtung. Viele von ihnen zogen mit Pferden in die Schlacht, würden aber als Fußsoldaten kämpfen. Am späten Nachmittag des 13. Oktober erreichte Harold Senlac Hill, den er als mögliches Schlachtfeld ausgewählt hatte, basierend auf seinen Erfahrungen im Kampf gegen die Waliser (1064) und seiner Vertrautheit mit der Umgebung von Hastings.

Senlac war ein sanft ansteigender Hügel mit Sumpfland im Süden rund um den Astenbach. Die westliche und östliche Flanke wurde durch tiefe Schluchten mit dichtem Unterholz geschützt. Ein steilerer Kamm bildete die Nordseite und würde so einen rückwärtigen Angriff der Normannen verhindern. Wilhelm erfuhr rasch von Harolds Truppenbewegungen und dem Eintreffen seiner Armee. Da die Angelsachsen spät angekommen waren, würden sie erst am nächsten Morgen einen Angriff starten. Wilhelm wollte die Partie indes selbst eröffnen. Er ließ seine Männer kurz nach fünf Uhr morgens wecken und um sechs Uhr marschierten die Normannen dem Feind entgegen. Zuvor hatte Wilhelm ihnen Folgendes gesagt: „Ihr kämpft nicht nur für den Sieg, sondern auch ums Überleben."

Dies mag melodramatisch erscheinen, war aber nichts als die nackte Wahrheit. Falls ihnen kein Sieg gelänge, würden sie wahrscheinlich nicht mehr lebend in die Normandie zurückkehren. Wilhelm ließ sein Heer in drei Abteilungen abmarschieren, mit den Bretonen als Vorhut, gefolgt von den französisch-flämischen Truppen und den von ihm angeführten Normannen am Schluss. Nach einem Marsch von etwa anderthalb Stunden Dauer trafen die Bretonen am von Wilhelm ausgewählten und für den Feind nicht einsehbaren Sammelpunkt Blackhorse Hill an der Straße von Hastings nach London ein. Wilhelm ließ seinen Tross zurück und wies seine Männer an, ihr Kettenhemd anzulegen. Zu allem Unglück streifte sich Wilhelm sein Kettenhemd verkehrt herum über. Seine abergläubischen Männer sahen dies als böses Omen, was Wilhelm mit zynischem Gelächter quittierte.

NORMANNISCHER RITTER

Im 11. Jh. dominierten normannische Reiter gleich fünf Kriegsschauplätze: England, Nordfrankreich, Süditalien, Sizilien und das Heilige Land. Sie trugen ein einteiliges Kettenhemd (Haubert), das meist bis zu den Knien reichte und vorn und hinten geschlitzt war, um Bewegungsfreiheit und Tragekomfort zu erhöhen. Helm und spitzovaler Schild ergänzten das Bild. Hauptwaffe des normannischen Reiters war die lange Lanze, während im Nahkampf ein Schwert eingesetzt werden konnte.

DIE SCHLACHTORDNUNG

Unter päpstlichem Banner und den normannischen Leopardenstandarten verharrte Wilhelm auf einer abseitigen kleinen Kuppe, die einen guten Blick auf das Schlachtfeld erlaubte. Er konnte beobachten, wie die Bretonen unter Graf Alain von Bretagne dem Bach folgten, um sich gegenüber Harolds rechter Flanke zu postieren. Zu seiner Linken führte Graf Eustace von Boulogne seine französischen und flämischen Söldner zum Talgrund. In der Mitte stand die größte und schlagkräftigste Formation: Wilhelms Normannen mit Hilfstruppen aus Anjou und Maine, angeführt von Bogen- und Armbrustschützen, gefolgt von schwerer bewaffneten Fußsoldaten und schließlich Wilhelms schweren Reitern.

Harold wusste seit dem Morgen, dass die Invasoren in Bewegung waren, denn seine Späher meldeten ihm, dass die Normannen Blackhorse Hill verlassen hatten. Bei feuchter Witterung wäre Wilhelm gezwungen gewesen, seinen Angriff um ein paar entscheidende Stunden zu verschieben und Harold hätte Zeit gehabt, sich oben auf Senlac Hill zu verschanzen. Doch es regnete nicht und der Boden war fest. Harold ließ seine Männer wecken und in Form eines 500 m langen Schildwalls aufmarschieren, der von dem Bach bis zur Kreuzung der Straßen nach Hastings und Seddlescombe reichte. Die angelsächsische Phalanx war zehn Reihen tief bei einer Breite von gut einem halben Meter für jeden Krieger, sodass wohl rund 6300 Mann unter seinem Kommando standen. Auch Harold platzierte mit den erfahrenen Huscarlen seine stärkste Truppe im Zentrum. Die leichter bewaffneten und gerüsteten Männer des Fyrd postierte er an den Flanken. Spitze Stangen bildeten die erste Verteidigungslinie.

ENGLISCHER SCHILDWALL. *Lanzenträger beherrschen das Bild, wenngleich auch einige Streitäxte und Schwerter vorkommen. Eine solche Formation war nur dann schlagkräftig, wenn man sich gegenseitig unterstützte.*

Wilhelm der Eroberer auf einem Porträt aus dem 19. Jh. Geboren als illegitimer Sohn des Normannenherzogs Robert I., wurde Wilhelm zu einem herausragenden Feldherrn, der zunächst eine Rebellion in seinem Herzogtum vereitelte, um dann Maine, Teile der Bretagne und England zu erobern.

DIE SCHLACHT BEGINNT

Der Morgen des 14. Oktober, am Festtag des hl. Calixtus, begann unter einer leichten Wolkendecke, jedoch ohne Anzeichen für Regen. Harold (44) und Wilhelm (38) waren ebenso talentierte wie erfahrene Befehlshaber in der Blüte ihrer Jahre. Sie kommandierten zwei der besten Heere mit hervorragender Kampfmoral – die Normannen wurden von der Aussicht auf Beute beflügelt, die Angelsachsen durch ihre Liebe zur Heimat und den jüngsten spektakulären Sieg von Stamford Bridge. Die Normannen, die den ersten Zug tun mussten, befanden sich 15 Meter unterhalb des knapp 140 Meter entfernten angelsächsischen Schildwalls. Schwächstes Glied in Wilhelms Armee waren die unerfahrenen Bretonen. Beim Gegner war dies der Fyrd, doch Harold vertraute darauf, dass sein Schildwall dem Ansturm der normannischen Reiter standhalten würde. Zum ersten Mal überhaupt trat ein vorrangig aus Reitern bestehendes Heer in dieser Weise gegen Fußtruppen an. Das Ergebnis sollte die Art der mittelalterlichen Kriegführung nachhaltig beeinflussen.

Um neun Uhr kündeten Trompetensignale vom Beginn der Schlacht, während Wilhelms Abteilungen den Hang zu erklimmen begannen. Seine Bogenschützen überzogen den Feind mit einem Pfeilhagel, doch die Geschosse gingen über das Ziel hinaus oder blieben in dem Schildwall stecken. Die angelsächsische Abwehr mit Speeren, Spießen und Streitäxten erwies sich gegen die anstürmenden Normannen als weitaus effektiver. Wegen des leichteren Aufstiegs prallten die nervösen Bretonen als Erste gegen den Schildwall, wurden aber durch erbitterte Gegenwehr zurückgeworfen. Daraufhin zogen sich die Bretonen stark verunsichert zurück – auch ihre Bogenschützen waren nicht in der Lage gewesen, den Schildwall zu schwächen. Aus dem Rückzug wurde eine Flucht, als die undisziplinierte Fyrd-Miliz die Verfolgung der Bretonen aufnahm.

WILHELMS ATTACKE

Wilhelm kommandierte einen Teil der normannischen Reiter ab, den hart bedrängten Bretonen zu helfen. Die angelsächsische Miliz hatte nicht mit dem Angriff der schweren Reiter gerechnet. Die nur leicht gepanzerten Fußsoldaten wurden in dem freien Gelände bis auf den letzten Mann niedergemetzelt. Wilhelms rechtzeitige und ungestüme Reiterattacke hatte das Unheil abwenden können. Mit der Kampfmoral stand es jedoch vor allem bei den geschlagenen Bretonen nicht zum Besten. Wilhelm rief seine beiden anderen Abteilungen zurück und ließ sie nach halbstündiger Rast neu formiert nochmals angreifen.

Eine gefürchtete Taktik im Mittelalter war die Reiterattacke, hier in Gestalt einer normannischen Formation. Die gemeinen Fußsoldaten mussten viel Disziplin aufbringen, um einem derartigen Ansturm standzuhalten.

Diesmal würde man langsamer und bedächtiger vorrücken, angeführt von der Reiterei, die von den nachfolgenden Bogenschützen und Fußsoldaten unterstützt werden sollte. Die zweite, von Wilhelm persönlich angeführte Attacke begann um elf Uhr.

Zwei Stunden lang folgte eine Angriffswelle auf die andere. Die Normannen konnten einige kleine Breschen in den Schildwall schlagen. Harold und seinen Kommandeuren gelang es, diese zu schließen und den Feind mit Wurfgeschossen einzudecken. Um seine Männer zu ermutigen, hatte er im Zentrum der Linien seine „Fighting Man"-Standarte und den Drachenwimpel von Wessex platziert.

HALS ÜBER KOPF

Gegen Mittag begannen Wilhelms flämische und französische Truppen zu weichen. Eustace, ihr Befehlshaber, ergriff die päpstliche Standarte und ermahnte die Flüchtenden, den Kampf wieder aufzunehmen. Wilhelm hatte sein Schlachtross verloren und kämpfte zu Fuß weiter, als er von dem Gerücht hörte, dass er gefallen sei. Auf einem herbeigeschafften Pferd zeigte Wilhelm sich seinen Männern. Er riss sich den Helm vom Kopf und rief: „Seht mich genau an. Ich lebe noch und werde, so Gott mir gnädig ist, dennoch als Sieger hervorgehen!" In Wahrheit jedoch blickte Wilhelm einer Niederlage ins Auge. Wenn die Angelsachsen ihre Stellung behaupten könnten, wäre er gezwungen, sich zurückzuziehen und über den Ärmelkanal heimzukehren.

Um 14 Uhr versammelte Wilhelm seine erschöpften Männer unterhalb des Hügelkamms. Harold nutzte diese Kampfpause, um seine ausgedünnte Verteidigungslinie zu kürzen. Die Angelsachsen hatten beträchtliche Verluste zu verzeichnen und Harold sorgte sich, bald nicht mehr genügend Männer zu haben, um Lücken zu schließen. Zumindest aber waren seine Männer besser ausgeruht als die Normannen, die sich einem mit Hindernissen übersäten Hang gegenübersahen, als sie sich zu einem weiteren Angriff formierten.

Nach fünfstündigem Kampf hatte Wilhelm ein Viertel seiner Armee, also 1800 bis 1900 Mann verloren, zudem eine gewaltige Zahl an Pferden, sodass viele seiner schweren Reiter nun zu Fuß weiterkämpften. Wilhelm beschloss, sämtliche Waffengattungen in einer einzigen Formation attackieren zu lassen.

Dieser dritte und letzte Angriff startete gegen 15 Uhr, indem das gesamte Heer mit nachfolgenden Bogenschützen langsam vorrückte. Wilhelm hatte die Bogenschützen angewiesen, so hoch wie möglich zu zielen, während Fußtruppen, abgesessene Ritter und Reiter sich bemühten, den Schildwall zu durchbrechen – mit Erfolg. Nachdem eine erste Lücke geschaffen war, stießen die normannischen Reiter hindurch, um dem nun ziemlich schutzlosen Feind mit ihren Lanzen, Schwertern und Speeren zuzusetzen. Ab 16 Uhr war die Bresche nicht mehr zu schließen und die Schlacht entartete in einzelne Scharmützel und Handgemenge. Mit unvermindertem Ungestüm kämpfte man bis 17.30 Uhr um das nackte Überleben. Der Fyrd trat den Rückzug an und floh in die Wälder, während die Huscarle bis zum Tod weiterkämpften. Eine größere Gruppe versammelte sich bei Harolds Standarte, während Wilhelm zu seinen Männern auf dem Hügel stieß, wobei sein drittes und letztes Pferd den Tod fand. Harold führte seine Männer mit gewohnter Hartnäckigkeit und Courage, um den Huscarle ein Vorbild zu geben. Diese aber waren zu wenige, um die Normannen zurückzudrängen. Gyrth und Leofwin fielen an der Spitze ihrer eigenen Huscarle.

Das endgültige Aus kam mit dem Tod Harolds, während er seine wenigen verbleibenden Huscarle anführte. Einige kleinere angelsächsische Gruppen kämpften weiter, bis sie sich im Schutz der Abenddämmerung davonmachen konnten. Neu formiert lauerten sie den sie verfolgenden Normannen bei Oakwood Gill, einem kleinen Wasserlauf nördlich von Senlac Hill, auf und konnten Eustace von Boulogne niederstrecken – ein schwacher Trost angesichts ihres toten Königs.

DIE FOLGEN

Beide Seiten hatten rund 2000 Mann verloren. Das normannische Heer sah sich somit um etwa ein Viertel dezimiert. Für Wilhelm führte der Sieg zu seiner Krönung zum König von England am 25. Dezember 1066. Die Angelsachsen sollten sich den normannischen Eindringlingen noch jahrzehntelang widersetzen, wurden aber schließlich besiegt.

ANGELSÄCHSISCHER HUSCARL

Die Huscarle waren Leibwachen der anglodänischen Aristokraten, die England vor der Eroberung von 1066 regierten. Die langstielige Streitaxt hatte eine solche Wucht, dass man damit ein Pferd enthaupten konnte. Den spitzovalen Schild trug man über der Schulter, um beidhändig geführte Hiebe austeilen zu können.

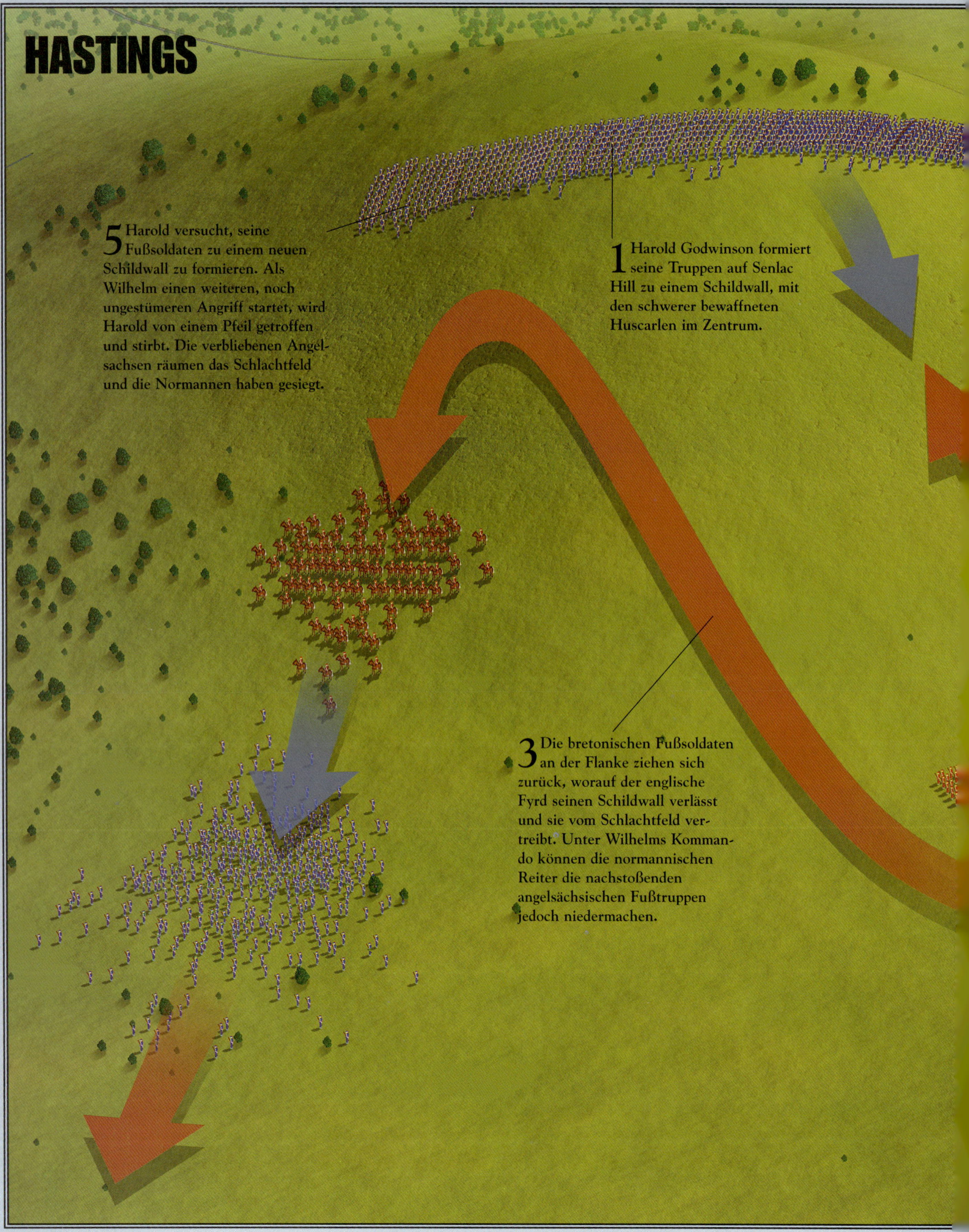
HASTINGS
5 Harold versucht, seine Fußsoldaten zu einem neuen Schildwall zu formieren. Als Wilhelm einen weiteren, noch ungestümeren Angriff startet, wird Harold von einem Pfeil getroffen und stirbt. Die verbliebenen Angelsachsen räumen das Schlachtfeld und die Normannen haben gesiegt.
1 Harold Godwinson formiert seine Truppen auf Senlac Hill zu einem Schildwall, mit den schwerer bewaffneten Huscarlen im Zentrum.
3 Die bretonischen Fußsoldaten an der Flanke ziehen sich zurück, worauf der englische Fyrd seinen Schildwall verlässt und sie vom Schlachtfeld vertreibt. Unter Wilhelms Kommando können die normannischen Reiter die nachstoßenden angelsächsischen Fußtruppen jedoch niedermachen.

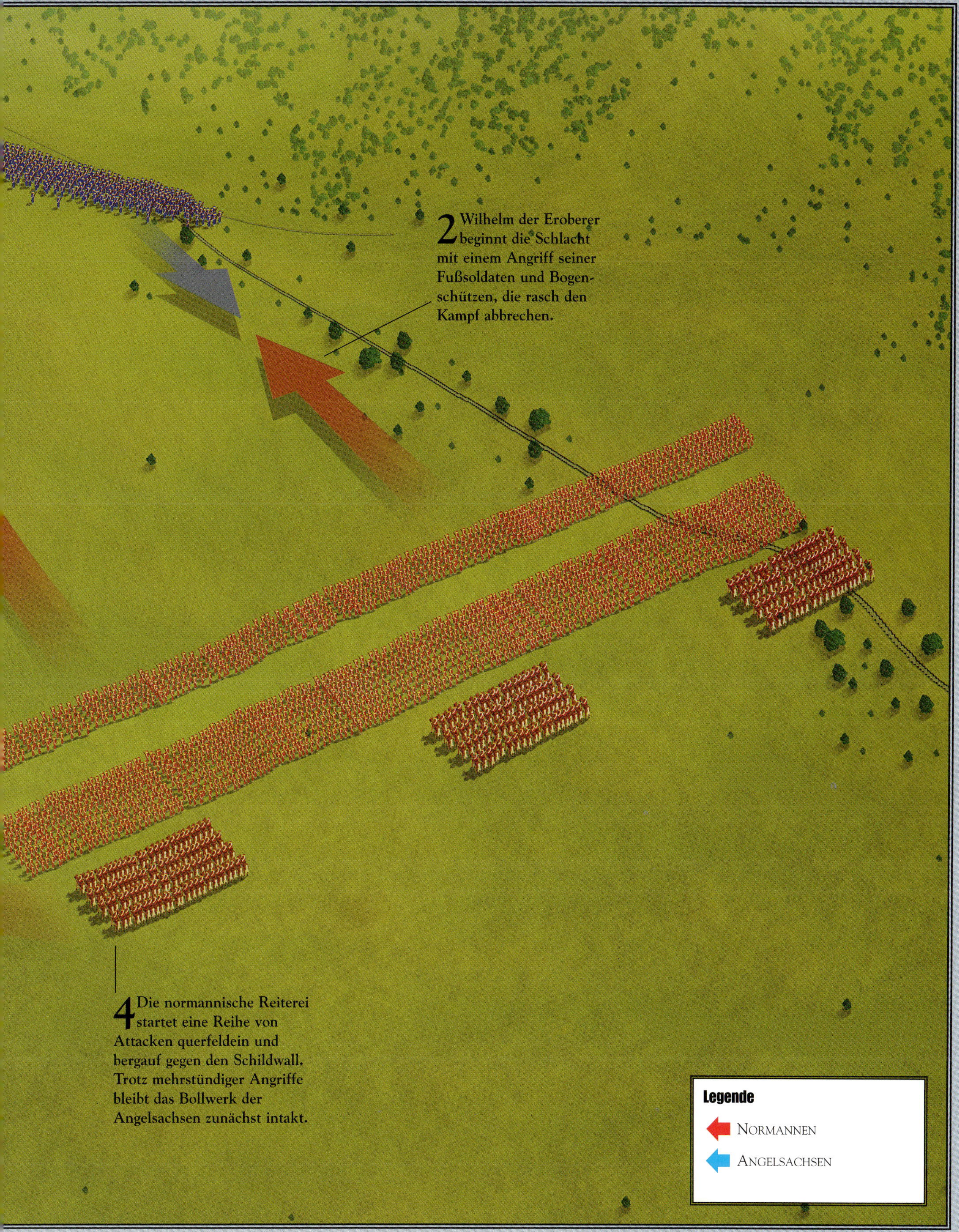
2 Wilhelm der Eroberer beginnt die Schlacht mit einem Angriff seiner Fußsoldaten und Bogen-schützen, die rasch den Kampf abbrechen.
4 Die normannische Reiterei startet eine Reihe von Attacken querfeldein und bergauf gegen den Schildwall. Trotz mehrstündiger Angriffe bleibt das Bollwerk der Angelsachsen zunächst intakt.
Legende
Normannen
Angelsachsen

HATTIN

1187

Hattin wurde zum Triumph für Sultan Saladin, der seine schnellen Reiter vorteilhaft einsetzte. Den Sieg verdankte er vor allem seinem Feind, Jerusalems König Guido von Lusignan: Dieser führte seine Truppen durch eine wasserarme Region zur heißesten Zeit des Jahres.

Die Kreuzzüge führten dazu, dass zwei völlig verschiedene militärische Systeme gegeneinander antraten. Auf christlicher Seite war die entscheidende Waffe ein schwer gepanzertes Ritterheer, das eine gegnerische Formation aufbrechen und deren Überreste niederreiten konnte – wenn es an diese herankam. Die Kavallerie wurde von Fußsoldaten unterstützt, vor allem von Lanzenträgern und Armbrustschützen. Der Kampfstil der Christen war eher undiszipliniert und schlecht koordiniert, dafür jedoch mutig und aggressiv.

Gegen dieses mächtige, doch schwerfällige Instrument trat die leichtere, bewegliche und sehr gut ausgebildete muslimische Miliz an. Sie bestand aus leicht bewaffneten Einheiten, die besser diszipliniert und organisiert waren als ihr Gegenüber. Diese Reiterheere wurden meist in Ägypten und Syrien rekrutiert und mit

DATEN UND FAKTEN

Wer: Etwa 19 000 Kreuzfahrer unter Guido von Lusignan, König von Jerusalem (reg. 1186–1192), gegen eine Armee von rund 30 000 unter Sultan Saladin (reg. 1174–1193).

Was: Die bis zur Erschöpfung von weitaus beweglicheren Sarazenen in die Enge getriebenen Kreuzfahrer ergaben sich schließlich.

Wo: An den „Hörnern von Hattin", einem Hochplateau etwa 7 km westlich des Sees Genezareth, Galiläa (Israel).

Wann: 4. Juli 1187.

Warum: Auf dem Weg zur Befreiung der Stadt Tiberias traf das Heer der Kreuzritter auf Saladins Truppen.

Ergebnis: Das Heer der Kreuzritter wurde nahezu vernichtet.

EINE VERKLÄRENDE DARSTELLUNG der nach der Schlacht bei Hattin verbliebenen Führer der Kreuzritter, die sich Saladin ergeben (Gemälde von S. Tahssin). Kurz darauf wird Rainald von Châtillon, der Mann, der zuvor den Waffenstillstand gebrochen hatte, zusammen mit überlebenden Rittern hingerichtet.

ANHAND DIESER FUSSSOLDATEN *eines Kreuzfahrerheers vom Ende des 12. Jh. wird deutlich, wie die Lanzenträger ihre Waffen am Boden abstützten und sich hinter ihren Schild knieten, um Reiterattacken abzuwehren. So hatten die Armbrustschützen ausreichend Zeit, ihre Waffen zu laden.*

Kettenhemden und Bogen, Lanze und Schild ausgestattet. Es waren geschickte Kämpfer, die sich im Nahkampf ebenso wie bei Blitzangriffen bewährten. Sie wurden durch Berittene unterstützt, angeworben bei Beduinen, Kurden und Türken. Das Sarazenenheer verfügte auch über ein großes Kontingent Fußsoldaten, vor allem Bogenschützen und Lanzenträger. Einen weiteren Vorteil besaßen die muslimischen Truppen in ihrer einheitlichen Leitung, während die Kreuzritter aus ganz Europa mehreren rivalisierenden Führern folgten. Wegen Sprachproblemen konnten sie sich außerdem nur schlecht untereinander verständigen.

DIE KREUZZÜGE

Anlass für die Kreuzzüge gaben die Eroberungen des Byzantinischen Reiches und Syriens durch türkische Seldschuken. Dadurch fielen die heiligen Stätten der Christen in die Hand der Muslime, denen viele dieser Orte gleichfalls heilig waren. Papst Urban II. rief zum Kreuzzug auf, um die heiligen Orte wieder unter christliche Kontrolle zu bringen. Daraufhin wurden in den folgenden zwei Jahrhunderten sieben Kreuzzüge unternommen, dazu einzelne kleinere Feldzüge. Manche geschahen aus religiösem Eifer, andere waren wenig mehr als Beutezüge, die meisten lagen irgendwo dazwischen.

Diese bewaffneten Expeditionen ins „Heilige Land" führten zu Konflikten mit den jeweiligen Oberherren der Region – und so kam es vielfach zu spontanen Auseinandersetzungen. Zeitweise konnten die Kreuzritter die christlichen Königreiche im Nahen Osten verteidigen, zu anderen Zeiten wurden sie nahezu vertrieben. Vielfach wurden Verträge und Abkommen geschlossen und ebenso häufig gebrochen, da die fehlende Koordination der Kreuzfahrer ein einheitliches Vorgehen verhinderte. Die Schlacht an den Hörnern von Hattin wurzelte in solch einer Übertretung, in diesem Fall war es ein Waffenstillstandsabkommen zwischen Guido von Jerusalem und Saladin. Rainald von Châtillon, Herr Transjordaniens, überfiel eine Karawane und machte dabei Gefangene und Beute. Die Anordnung Guidos und gleichzeitige Forderung Saladins, Beute und Gefangene zurückzugeben, wurde von Rainald ignorierte. Saladin erklärte daraufhin den Kreuzrittern den Krieg und begann, seine Truppen zu versammeln.

EINE ZUFÄLLIGE NIEDERLAGE

Ein Aufklärungstrupp der Sarazenen, etwa 6500 Mann, wurde ausgesandt, um möglichst viel über Ausrüstung, Vorkehrungen und Pläne der Kreuzritter in Erfahrung zu bringen. Dank einer Kombination von Glück einerseits und Dummheit der Kreuzritter andererseits erreichten sie wesentlich mehr.

Templer und Hospitaliter gehörten zu den wichtigsten und mächtigsten Orden der Kreuzritter, obwohl deren Großmeister zu der Zeit zusammen nur etwa 140 Ritter und 350 Fußsoldaten unter sich hatten. Ihre Aufgabe war es, einen Streit zwischen König Guido und Raimund von

SALADIN, HIER DARGESTELLT *als weise und freundliche Vaterfigur, die sich um Arme und Kranke sorgt, galt als klug und erbarmungslos – eine notwendige Kombination für einen Herrscher seiner Zeit.*

Tripolis zu beenden, doch sie wandten sich bald gegen die Sarazenen: 140 Kreuzritter, obwohl zahlenmäßig unterlegen und ohne Begleitung ihres Fußvolks, attackierten die 6500 Mann starke Armee: Nur drei Ritter überlebten, darunter der Großmeister des Templerordens. Die Sarazenen setzten daraufhin ihre Aufklärungsmission fort; dabei wurde die christliche Garnison in Nazareth überwältigt.

Inzwischen versuchten die Kreuzritter, sich zu organisieren. Obwohl Rainald den Waffenstillstand gebrochen hatte, stellten sich die Kreuzritter auf seine Seite.

Die Mobilmachung des Kreuzfahrerheers erfolgte in Akko. Rund 1200 Ritter machten sich dorthin auf den Weg, darunter die letzten Ritter der Hospitaliter und Templer, etwa 40 bzw. 80 Mann, und weitere 650 bis 750 Ritter aus anderen christlichen Königreichen. Die übrigen Mitglieder des Ritterkontingents waren Söldner und Opportunisten, die im „Heiligen Land" ihr Glück suchten. Sie erhielten Unterstützung durch weitere rund 4000 leicht bewaffnete Reiter aus den lokalen christlichen Königreichen, sogenannte Turkopolen – darunter zahlreiche Muslime, die zum Christentum konvertiert waren – sowie etwa 13 800 Fußsoldaten.

Zudem führten die Ritter das „wahre Kreuz" mit sich – jenes, an dem angeblich Jesus Christus gekreuzigt worden war –, das weitere fromme Christen mobilisierte. Denn eine dem „Kreuz" folgende Armee, so glaubte man, sei unbesiegbar.

DIE UNGEDULD DER KREUZRITTER

Bald belagerten die Sarazenen Tiberias, in dessen Festung die Frau des Grafen Raimund von Tripolis eingeschlossen wurde. Die Stadt wurde geplündert, doch der Graf wusste seine Frau dort in der Festung in Sicherheit. Die Christen konnten sich daher die Zeit nehmen und den Feind auf sich zukommen lassen.

Dieser Rat Raimunds wurde ignoriert. Stattdessen war König Guido entschlossen, den Kampf zu eröffnen und die Sarazenen so schnell wie möglich zu besiegen. Die christliche Armee stand bei Saffuriya, etwa 10 km vor Tiberias, in einer wasserarmen Ebene. Eine Armee mit mehreren tausend Pferden und schwer bewaffneten Soldaten durch ein derart trockenes Gebiet zu führen, war Wahnsinn – es im Angesicht des Feindes zu tun, kam einem Selbstmord gleich. Doch Guido entschied, die Truppen voranzutreiben.

In seiner Entscheidung ließ sich Guido vor allem von Rainald von Châtillon und Gérard de Ridefort beeinflussen. Beide forderten ihn auf, den Angriff zu wagen, wie es christlichen Rittern anstand. Guidos einzige Bedingung war, den Umweg über das Wadi Hamman zu nehmen, wo er hoffte, noch ausreichend Wasser für sein Heer zu finden. Doch Saladins Späher berichteten ihrem Herrn rechtzeitig von der eingeschlagenen Route, sodass er das Heer abfangen konnte. So war das Schicksal der Kreuzritter entschieden.

Während das Christenheer in das Wadi einrückte, wurden die Vorhut unter der Führung Raimunds und die Nachhut gleichzeitig von muslimischen Reiterverbänden attackiert. Die einzigen, die ihnen entgegentreten konnten, waren die Turkopolen, da sie dank ihrer leichten Ausrüstung zu schnellen Gegenangriffen im Stande waren. Saladin konzentrierte sich daher zunächst auf diese, um anschließend den Rest der Kreuzritter zu vernichten.

Als die Turkopolen vertrieben oder vernichtet waren, wussten sich die Kreuzritter der heranstürmenden Sarazenen nicht mehr zu erwehren, deshalb umgaben sie die wertvollen Ritter und deren Pferde im Zentrum ihrer Reihen mit einem Schutzschirm aus Fußsoldaten. Etwa zwei Kilometer vor dem vorgesehenen Schlachtfeld kam die Kolonne der Christen zum Stehen und traf Vorbereitungen für ein Lager. Hier gab es zwar kein Wasser, doch die Truppen waren zu müde, um weiter zu marschieren. Die Hitze sowie wie Attacken der Sarazenen hatten die christlichen Reihen zermürbt, vor allem die Nachhut war in einem schrecklichen Zustand.

Nachdem sie die Nacht ohne Wasser verbracht hatten, sahen sich die Kreuzritter in einer verzweifelten Lage. Zurück konnten sie nicht, erst recht nicht durch die Einöde, in der ihnen Berittene auf Schritt und Tritt folgten. Nur

DEN KERN DES FATIMIDENHEERES in Ägypten bildeten türkische Sklaven, sogenannte Mamelucken. Sie trugen einen kurzen Reiterbogen (links), wie ihn auch Saladin für seine Armee bevorzugte. Mit diesem ließ sich das Christenheer erfolgreich bedrängen und aufmischen. Mitglieder der Leibwache (rechts) eines Emirs hingegen waren mit einer langen Lanze bewaffnet.

DAS HOCHPLATEAU VON HATTIN HEUTE. Die Abbildung zeigt deutlich das felsige Gelände. Für die Reiter der Kreuzritter war es schwer gangbar, nicht jedoch für die berittenen Bogenschützen Saladins.

wenige Kilometer voraus lag ihr Ziel – und die Beschaffung von Wasser war lebenswichtig. Es gab nur eine Möglichkeit: weitergehen.

So brachen sie bei Morgengrauen auf, um die nächste Wasserquelle in der Nähe des Dorfes Maskana zu erreichen. Das erschöpfte Christenheer wurde jedoch ein gutes Stück vor ihrem Ziel durch muslimische Verbände gestoppt. Diese hatten sich während der Nacht mit Hilfe von Kamelkarawanen mit ausreichend Wasser versorgt und waren ausgeruht und kampfbereit.

DIE SCHLACHT BEGINNT

Gemäß der uralten Weisheit, sich nicht eher in einen Kampf einzulassen, bis man ihn bereits gewonnen habe, hatte Saladin zunächst den Gegner sich verausgaben lassen und ihm dann den Rückweg abgeschnitten, bevor er ihn durch eine relativ kleine Schar überraschend zu einem unorganisierten Halt zwang. Und noch immer entschied sich Saladin nicht für den entscheidenden Angriff. Klug und geduldig wie er war, benötigte er keine dramatischen Erfolge, um zu erkennen, dass er gesiegt hatte. Er begnügte sich stattdessen mit einer Taktik, die ihn sein Ziel ohne Anstrengungen erreichen ließ – seine langfristige Strategie behielt er dabei stets im Auge.

Saladins Truppen näherten sich in Halbkreisformation, hielten kurz vor dem direkten Aufeinandertreffen jedoch an und ließen einen wahren Pfeilregen auf den erschöpften und ungeordnet stehenden Gegner niederprasseln. Das versetzte die Kreuzritter in ein Dilemma: Zwar konnten sie ihre schwer gepanzerten Ritter ins Feld schicken, die – obwohl ebenfalls geschwächt – noch immer eine immense Schlagkraft an den Tag legen konnten. Voraussichtlich würden diese jedoch wenig ausrichten, da die Sarazenen sich blitzschnell zurückziehen und dennoch ihren Beschuss fortsetzen konnten. Andererseits drohte der Untergang durch den ständigen Pfeilhagel. Und während sie eine Entscheidung suchten, wurden sie durch Hitze und Durst ihrer Kräfte und durch die zielsicheren Pfeile ins Zentrum ihrer Reihen zusätzlich auch der Pferde beraubt, ihrer wirksamsten Waffe.

Das war zuviel für die längst überforderten Fußsoldaten: Zum Verzweifeln durstig, mit der Einöde im Rücken und des nicht endenden Pfeilregens überdrüssig drangen sie weiter in Richtung auf den See Genezareth vor, der bereits in Sicht war. Doch die ungeordneten Haufen, aus denen sich das christliche Fußheer zusammensetzte, vermochten es nicht, das Seeufer zu erreichen. Stattdessen wurden sie von muslimischen Einheiten umgelenkt, bis sie an den Hängen des östlichen der beiden nahegelegenen Hügel, die Hörner von Hattin genannt, Zuflucht suchten. Dort verharrten sie und verweigerten jeglichen Appell oder Befehl, auf das Schlachtfeld zurückzukehren. Die meisten von ihnen wurden in der folgenden Schlacht massakriert oder anschließend als Sklaven verkauft.

DER ANGRIFF DER RITTER

Nun hatten die Kreuzritter keine andere Wahl: Sie mussten versuchen, die muslimischen Einheiten zu durchbrechen. Und so unternahm Raimund von Tripolis mit etwa 200 Rittern der Vorhut einen wackeren, wenn auch letztlich ausweglosen Vorstoß gegen den Feind.

Die Sarazenen verweigerten die Annahme der Schlacht und lösten ihre Formationen auf – um anschließend die Ritter von allen Seiten erneut mit ihren Pfeilen zu beschießen. Raimund wurde mehrfach verletzt, ohne dass er direkt mit dem Feind in Kontakt gekommen war. Seine Pferde waren geschwächt und nicht mehr zu gebrauchen, und es bestand keinerlei Aussicht auf Erfolg, dafür auf einen ziemlich unrühmlichen Tod. Und so führte er den Rest seiner Truppe aus der tödlichen Falle heraus und floh Richtung Tyrus – und Saladin ließ ihn ziehen.

Die anderen Kreuzritter unternahmen ebenfalls Angriffe auf die Sarazenen, mit ähnlichem Ausgang: Die überaus beweglichen muslimischen Reiter sprengten bei jeder schwerfälligen Ritterattacke auseinander, beschossen sie und ihre Pferde und umringten kleinere Gruppen, um sie zu isolieren und anschließend mühelos zu überwältigen.

Etwa 300 Rittern gelang es, sich bis nach Akko durchzuschlagen. Der Rest wurde auf das westliche „Horn" von Hattin gedrängt, wo es ihnen nicht besser erging als den

Fußsoldaten auf dem östlichen Hügel. König Guido schlug sein Zelt auf der Hügelspitze auf und markierte so das Zentrum ihrer Verteidigungsstellung.

Saladin hatte die Schlacht bereits gewonnen; hätte er entschieden, den Kreuzrittern eine blutige Niederlage zu bereiten und ihre Verteidungsstellung anzugreifen – sie hätten noch manche Lücke in seine Einheiten schlagen und zahlreiche muslimische Kämpfer töten können. Er begnügte sich damit, den Gegner ohne Wasser auf den Hügeln festzuhalten.

Die Kreuzritter verteidigten ihre Stellungen, so lange sie dazu in der Lage waren, und starteten von Zeit zu Zeit aussichtslose Gegenangriffe. Sogar als die Sarazenen das Unterholz in Brand steckten und sie neben dem Durst auch erstickendem Rauch aussetzte, hielten die Kreuzritter durch, so gut sie konnten. Doch schließlich waren ihre Kräfte erschöpft und das Königszelt wurde vom Gegner gestürmt. Die Überlebenden ergaben sich, unter ihnen König Guido, Rainald von Châtillon und Gérard de Ridefort sowie 150 weitere Ritter – die Zahl der Gefangenen war immens.

MUSLIMISCHE SOLDATEN werfen sich auf einen gestürzten Kreuzritter: War er erst einmal vom Pferd gezogen, hatte die Gegner meist die überlegene Position.

HOSPITALRITTER (UM 1190)

Der Orden vom Spital des Heiligen Johannes zu Jerusalem, auch Hospitaliterorden genannt, entstand Mitte des 11. Jh. zur Versorgung der Pilger und Kranken und wurde 1113 vom Papst als Orden bestätigt. Sie übernahmen auch den Schutz der Pilger und des Heiligen Landes. Ihre Mitglieder (Brüder) rekrutierten sich aus christlichen Soldaten, Turkopolen und konvertierten Arabern. Ritter wurden von zwei Schildträgern begleitet, ein Sergeant nur von einem. Die obersten Ränge bekleideten der Großmeister und der Marschall. Ein Standartenführer konnte in Abwesenheit des Marschalls ebenfalls eine Truppe führen, in diesem Fall wurde die Standarte von einem Schildträger getragen.

SALADINS SIEG

Seine unerbittlichsten Feinde ließ Saladin töten: Rainald und jeden Tempel- und Hospitalritter, ebenso die Turkopolen, die als Verräter galten. Tausende aus dem christlichen Heer wurden als Sklaven verkauft, sodass das Überangebot zu einem Preissturz führte. Doch Saladin zeigte auch Gnade: König Guido sowie Raimunds Frau blieben verschont, allerdings musste sie ihm die Festung übergeben, und Guido konnte sich freikaufen. Saladins Sieg beruhte auf Fehlern in Logistik, Planung sowie fehlendem gesunden Menschenverstand auf Seiten der Christen – doch zugleich war er auch Ergebnis äußerster Geduld und Raffinesse auf Seiten Saladins. Eines der großen militärischen Axiome lautet: „Falle dem Feind nicht in den Arm, während er einen Fehler macht." Und Saladin war klug genug, den Feind in eine Sackgasse laufen zu lassen, bevor er überhaupt an eine Schlacht dachte. Als er sie dann aufnahm, tat er dies mit einer gut durchdachten Taktik und ebensolcher Logistik – eine wirksame Kombination auf jedem Schlachtfeld.

DIE FOLGEN

Hattin bedeutete den Anfang vom Ende für die Kreuzritter. Zwar wurden weitere Kreuzzüge geführt – und dabei so mancher Sieg errungen –, doch die Tage der Kreuzfahrerstaaten im Nahen Osten waren gezählt. Rund 30 Kreuzritterfestungen fielen im Lauf des folgenden Jahres, und auch Jerusalem ergab sich Saladin. Zuvor waren ihm bereits elf Städte als Lösegeld für König Guido übergeben worden.

Der Kampf um das „Heilige Land" ging weiter; doch an den Hörnern von Hattin vergaben die Kreuzritter all ihre Vorteile – und damit vielleicht auch die Chancen für einen Sieg auf lange Sicht.

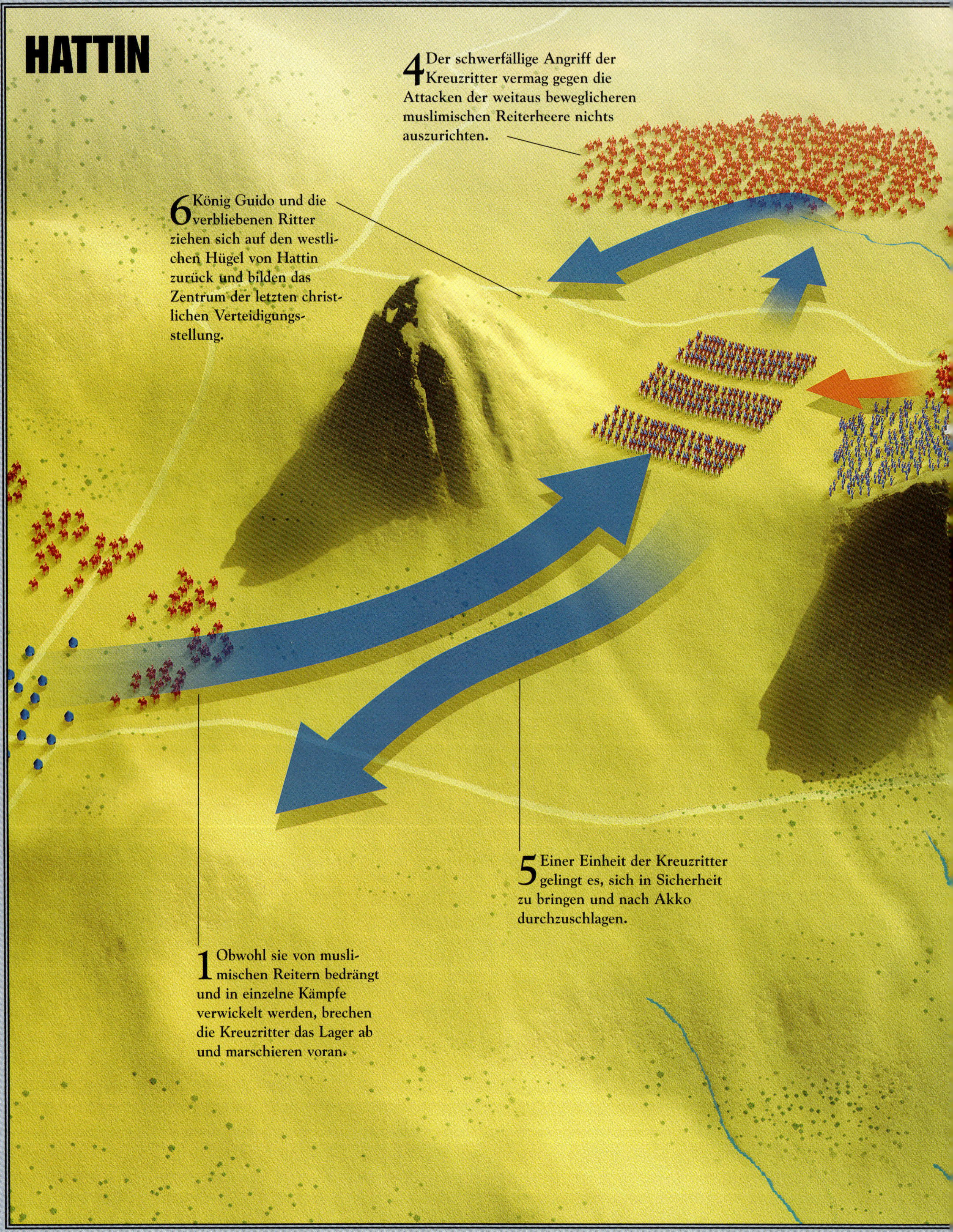
HATTIN
4 Der schwerfällige Angriff der Kreuzritter vermag gegen die Attacken der weitaus beweglicheren muslimischen Reiterheere nichts auszurichten.
6 König Guido und die verbliebenen Ritter ziehen sich auf den westlichen Hügel von Hattin zurück und bilden das Zentrum der letzten christlichen Verteidigungsstellung.
5 Einer Einheit der Kreuzritter gelingt es, sich in Sicherheit zu bringen und nach Akko durchzuschlagen.
1 Obwohl sie von muslimischen Reitern bedrängt und in einzelne Kämpfe verwickelt werden, brechen die Kreuzritter das Lager ab und marschieren voran.

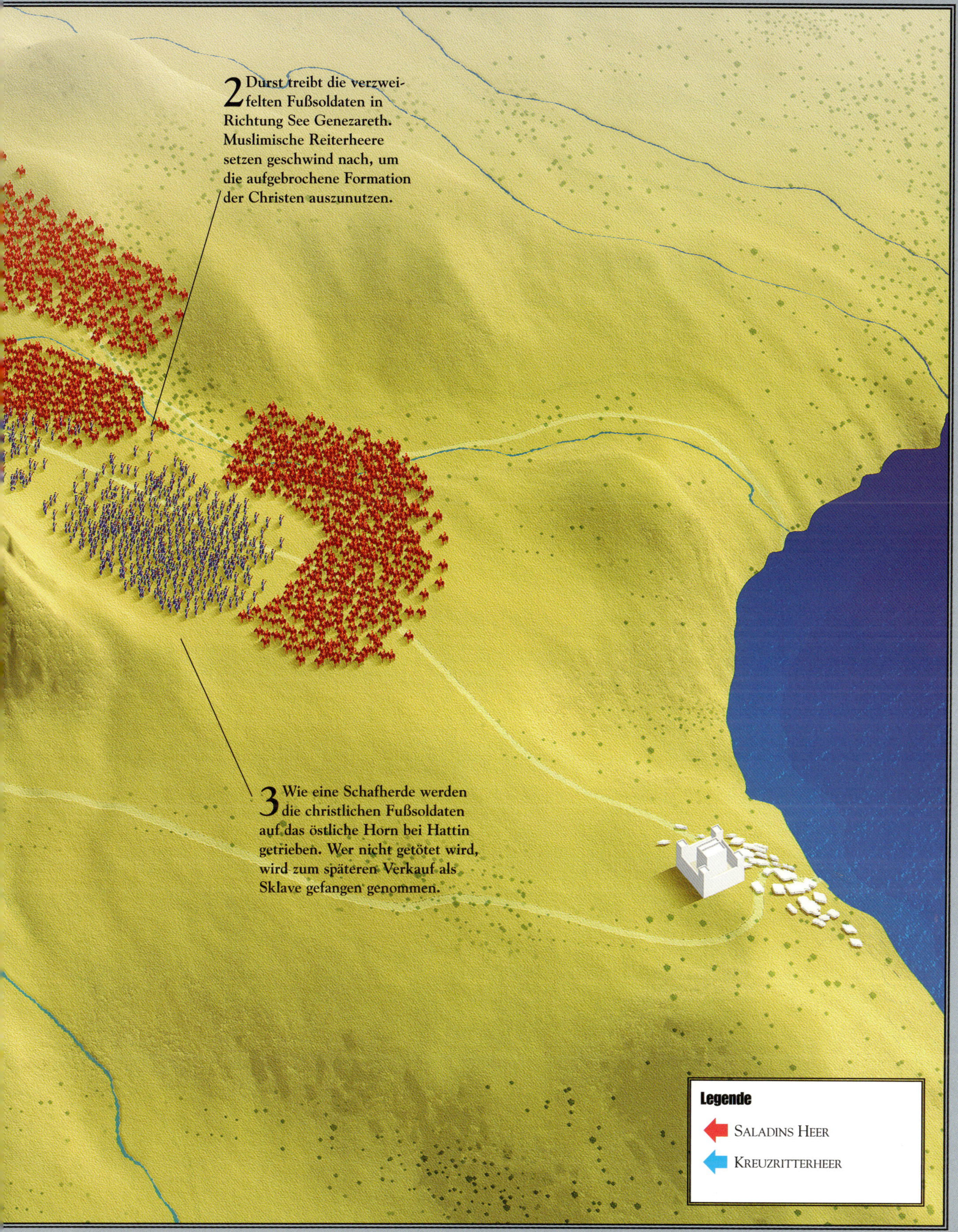
2 Durst treibt die verzweifelten Fußsoldaten in Richtung See Genezareth. Muslimische Reiterheere setzen geschwind nach, um die aufgebrochene Formation der Christen auszunutzen.
3 Wie eine Schafherde werden die christlichen Fußsoldaten auf das östliche Horn bei Hattin getrieben. Wer nicht getötet wird, wird zum späteren Verkauf als Sklave gefangen genommen.
Legende
Saladins Heer
Kreuzritterheer

TANNENBERG 1410

Die Schlacht bei Tannenberg zwischen der Armee des Deutschen Ordens und der königlichen Armee Polen-Litauens brachte die nach Osten gerichtete Expansion eines bis dahin unbesiegbaren militärischen Ordens zum Stillstand und sicherte zugleich die Unabhängigkeit Polen-Litauens.

Zunächst als Pilgerorden 1190 in Akko gegründet, stand der Deutsche Orden seit 1198 in religiöser und militärischer Hinsicht den Orden der Templer und Hospitalritter in nichts nach. Doch anders als seine Rivalen im Kampf gegen Heiden verlagerte er seinen Sitz und seine Kreuzzüge an die Küste der Ostsee. Das benachbarte Polen, einst ein geeintes Königreich, war in unabhängige Fürstentümer zerfallen und litt unter Attacken benachbarter Heidenvölker. Litauen, das sich durch Eroberung des von Mongolen besetzten Westteils Russlands bereits weite Gebiete einverleibt hatte, wurde schließlich christianisiert und Polens Verbündeter.

Die seit Jahren im Kulmerland marodierenden heidnischen Pruzzen konnten jedoch nicht besiegt werden. Daher wandte sich Herzog Konrad von Masowien auf der Suche nach Unterstützung vermutlich im Jahr 1226 an den Deutschen Orden.

DATEN UND FAKTEN

Wer: Die Armee des Deutschen Ordens unter Hochmeister Ulrich von Jungingen (gest. 1410) kämpfte gegen die königliche Armee Polen-Litauens unter König Wladislaw II. Jagiello (1348–1434).

Was: Die königliche Armee Polen-Litauens vernichtete mit Unterstützung von Tartaren und russischen Hilfstruppen die weitaus erfahrenere und schwer bewaffnete Armee des Deutschen Ordens.

Wo: In der weiten Ebene Masurens zwischen den ostpreußischen Dörfern Tannenberg und Grunwald.

Wann: 15. Juli 1410

Warum: Die königliche Armee war zunächst überrumpelt, als die Armee des Deutschen Ordens sie herausforderte. Diese vergab jedoch ihre Siegeschancen, indem sie anschließend nicht als erste angriff.

Resultat: Der polnisch-litauische Sieg beendete die Expansion des Deutschen Ordens.

DAS GEMÄLDE DES POLNISCHEN MILITÄRMALERS *Wojciech Kossak (1857–1942) vermittelt einen Eindruck von dem blutigen Kampf zwischen der königlich polnischen Armee und dem Heer der Deutschordensritter: die Schreie der Verwundeten, das Wiehern der Pferde, das Klirren der Waffen, dazu Staub, Hitze und – der Tod.*

Der Orden war über das Gesuch mehr als erfreut. Ein Jahrzehnt später war die Pruzzengefahr gebannt; nur wenige Widerstandnester waren übrig geblieben. Doch schon bald bereute Konrad, die habgierigen Deutschen in Gebiete geholt zu haben, die Polen als abhängige Vasallenstaaten betrachtete.

ÖSTLICHE EXPANSION

Im Jahr 1283 kontrollierte der Deutsche Orden Ost- und Westpreußen, einschließlich der bedeutenden Hafenstadt Danzig (Gdańsk). Lange zuvor (1237) hatte er den Schwertbrüderorden in die eigenen Reihen integriert: Dieser ebenfalls deutsche Kreuzritterorden hatte die baltischen Gebiete, darunter die Hafenstadt Riga, unter seine Kontrolle gebracht. Damit war der Deutsche Orden die dominante militärische und politische Kraft in der Region und eine wachsende Bedrohung für die Nachbarn, zumal dem Kreuzritterstaat eine der besten Armeen, einschließlich eines hervorragenden Reiterheeres, unterstand. Polen, Litauer sowie Nowgorod-Russen fühlten sich gleichermaßen bedroht; allerdings hatte Nowgorod durch seinen Sieg in der Schlacht auf dem Eis des Peipussees im Jahr 1242 den Deutschen Orden erfolgreich abgewehrt. Inzwischen hatte dieser nicht nur Preußen erobert, sondern deutsche Siedler zur Gründung von 1400 neuen Dörfern in dem Gebiet ermuntert. Jetzt kam Polen an die Reihe: Gewiss lag es im Interesse des Deutschen Ordens, Polen und Litauen nicht nur zu besetzen, sondern zu kolonisieren – obwohl beide Nationen dem Christentum treu ergeben waren.

Im Jahr 1320 erlangte Polen unter König Wladislaw I. (reg. 1320–1333) die Einheit wieder. Bürgerkrieg drohte jedoch erneut, als König Ludwig I. (1326–1382) keinen männlichen Erben hinterließ und seine Tochter Hedwig (1373–1399) nach seinem Tod die Krone übernahm. Sie heiratete 1386 den Großfürsten Jagiello von Litauen, und vereinte so Polen und Litauen.

DIESE SCHLACHTSZENE zeigt Großfürst Jagiello, als er einem Ritter des Deutschen Ordens die Standarte entreißt und so dessen Niederlage signalisiert.

DIE BEWAFFNUNG LITAUISCHER FUSSSOLDATEN des 15. Jh. war uneinheitlich, darunter langstielige Äxte (wie hier gezeigt), kegelförmige Helme nach Wikingerart und Kettenhemden. In Litauen flossen militärische und kulturelle Einflüsse aus Russland und dem Norden zusammen.

Damit hatte Polen einen mächtigen Verbündeten gegen den Deutschen Orden und für sein Ziel gewonnen, Preußen und Danzig wieder unter seine Kontrolle zu bringen. Litauen brachte eine ausgezeichnete Armee mit in die Ehe, die nach dem Sieg gegen die Mongolen deren überlegene Taktiken ebenso übernommen hatte wie ihre Ausrüstung und die Kunst des Blitzangriffs. So wurde mit der Ehe zwischen Hedwig und Jagiello auch der Staatenbund Polen-Litauen gegründet. Als der Deutsche Orden versuchte, dem Großfürsten die litauische Provinz Samogitien zu entreißen, wurde Polen bereits von Jagiello regiert. Damit wurde der Krieg unvermeidlich; doch Jagiello war klug genug, den Gegner den ersten Schritt machen zu lassen.

DIE BEIDEN ARMEEN

Dem Deutschen Orden den Krieg zu erklären, war kein einfaches Vorhaben für Jagiello: Die Armee der Kreuzritter war seit ihrem Auftauchen im Baltikum im Jahr 1230 aus bewaffneten Auseinandersetzungen als Sieger hervorgegangen. Ihre 2000 bis 3000 schwer bewaffneten Ritter, in weiße Mäntel mit schwarzem Kreuz gekleidet, waren wahrscheinlich die besten in ganz Europa und bildeten das Herzstück einer außergewöhnlichen Militärmaschinerie. Die Ritter des Deutschen Ordens waren hervorragend diszipliniert, ausgerüstet und kampferprobt: Niemand in Europa konnte es mit ihnen aufnehmen. Im Zuge der technischen Fortschritte im 14. Jahrhundert hatte der Deutsche Orden aufgerüstet und seine Ritter durch Söldner und Spezialisten ergänzt, darunter englische Langbogenschützen und Armbrustschützen aus Genua sowie durch deutsche und schweizerische Infanterie und französische Artillerie: So war er ein überaus gefährlicher Feind.

Im Gegensatz dazu waren die Polen und Litauer wesentlich schwächer. Polens Armee war typisch für das mittelalterliche Europa und hatte bisher keine nennenswerten Erfolge erzielt. Wie in Frankreich bestand die Infanterie aus zwangsverpflichteten, weder disziplinierten noch motivierten Bauern. Im Angesicht einer überlegenen deutschen Truppe würden sie entweder mit Mut kämpfen oder aber bei erstbester Gelegenheit davonlaufen. Die polnische Kavallerie hingegen war sehr gut ausgerüstet sowie hoch motiviert – ihr gehörten vornehmlich die Mitglieder des stolzen und bisweilen bis zum Wahnwitz mutigen polnischen Adels an. Im Kampf Mann gegen Mann konnten sie mit den Deutschen durchaus mithalten, jedoch fehlten ihnen deren Erfahrung und Disziplin.

MITTELALTERLICHE PANZERKLEIDUNG bestand häufig aus Kettengliedern oder Metallschuppen. Kettenhemden, wie in Westeuropa üblich, bestanden aus Tausenden kleiner Metallringe. Schuppenwesten, wie sie in Osteuropa und Byzanz getragen wurden, wurden aus zahllosen Metallschuppen hergestellt, die mit Draht oder Lederband aneinander befestigt wurden.

Das litauische Heer hingegen war in Ausrüstung und Taktik eher asiatisch als europäisch geprägt, da es seit Jahrhunderten in Russland gegen die Mongolen gekämpft hatte. Deshalb verließen sie sich eher auf Plänkeleien, Gewandtheit und geschicktes Lavieren mit einer leicht bis mittelschwer bewaffneten Reiterei, als sich auf eine frontale Konfrontation mit schwer gepanzerter Kavallerie und

AUF DIESEM GEMÄLDE von Jan Matejko (1838–1893) setzt die polnisch-litauische Armee zum Vorstoß gegen die Truppen des Deutschen Ordens an – mit einem triumphierenden Jagiello im Zentrum des Geschehens.

DEUTSCHORDENSRITTER

Ursprünglich waren die Mitglieder des Deutschen Ordens christliche Ritter, die das Mönchsgelübde ablegten. Sie trugen einen einfachen weißen Mantel mit schwarzem Kreuz als einzigem Dekor auf Schild, Uniform und Pferd. Im Zentrum der Macht des Ordens standen die Ritter, die als Angriffseinheit agierten. Sie trugen Ketten- oder Schuppenhemden. Tannenberg war vor allem eine Schlacht zu Pferde, in der jedoch Fußsoldaten und Hilfstruppen eine wesentliche Rolle bei der Niederlage des Deutschen Ordens spielten.

massierter Infanterie einzulassen. Wenn diese Kämpfer zu einem offenen Schlagabtausch mit den Deutschen auf eingegrenztem Gebiet gezwungen würden, war nicht sicher, ob sie ihnen würden standhalten können.

DER FELDZUG

Im Dezember 1409 beschlossen Jagiello, der polnische Oberbefehlshaber, und sein Vetter Witold, der seit 1401 den Titel des Großfürsten von Litauen inne hatte, ihre Armeen bei Czerwinsk an der Weichsel zusammenzuführen. Von hier aus konnte man nach Preußen einmarschieren, um den Orden auf eigenem Boden zu schlagen. In einem Sonderfrieden (1409) mit dem Landmeister des Deutschen Ordens hatte sich Jagiello die Neutralität Livlands gesichert; und auch der König von Ungarn hatte Polen Neutralität zugesagt, obwohl er mit dem Orden eine Allianz geschlossen hatte. So brauchten die polnisch-litauischen Verbündeten keine Ablenkungsattacken an ihren südlichen und nordöstlichen Grenzen befürchten und konnten ihre militärische Schlagkraft auf den Ritterorden konzentrieren.

Um die Ordenstruppen entlang der Grenze in Bewegung zu halten, ordnete Jagiello zunächst Ablenkungsangriffe in Pommern und im Memelland an. Die am 30. Juni am Brückenkopf Czerwinsk unter Einsatz einer 600 m langen Schiffsbrücke vereinigten Heere marschierten inzwischen gen Norden. Ulrich von Jungingen, Großmeister des Deutschen Ordens, hatte es versäumt, seine Truppen zu sammeln, da er die Polen und Litauer unterschätzte und ihnen den Bau einer Behelfsbrücke nicht zutraute. Seine Arroganz sollte ihn nicht nur das Leben kosten, sondern auch das Ansehen und die Existenz seiner Armee. In nur acht Tagen legte die königliche Armee 90 km zurück – eine gewaltige Strecke für eine Armee des Mittelalters – und überquerte die preußische Grenze am 2. Juli 1410. Noch einmal wurde der Großmeister überrascht und musste seine Truppen eiligst bei Kurzetnik zusammentrommeln, wo Jagiello am 3. Juli eintraf.

DIE SCHLACHTORDNUNG

Ulrich von Jungingen ließ einige Brücken über die Drewenz bauen, damit seine Armee an das Ostufer gelangen konnte. Zwischen den drei Dörfern Ludwigsdorf, Grunwald und Tannenberg lag das einer flachen Suppenschale von etwa drei Kilometern Durchmesser ähnelnde Schlachtfeld.

Jagiellos vereinte Streitkräfte bestanden aus etwa 8000 bis 10 000 Infanteristen und 24 000 bis 29 000 Reitern, einschließlich einer tartarischen Hilfstruppe, während der Großmeister mit 21 000 Kavalleristen und nur 6000 Infanteristen aufmarschierte. Die königliche Armee schlug ihr Lager etwa sieben Kilometer östlich von Grunwald am Lubiensee auf; der Deutsche Orden wählte ein Lager innerhalb des Kampffeldes. Bei Sonnenaufgang des 15. Juli informierte Hanko, ein polnischer Ritter und Kundschafter, seinen König darüber, dass Ulrich schon in Kampfaufstellung wartete. Diesmal hatte Ulrich seinen Gegner überrascht, doch anstatt sofort mit allen Kräften den Angriff zu starten, ordnete er den Aushub von Gräben und die Aufstellung in zwei Gefechtsreihen an. Diese Entscheidung war umso fataler, als hier das Feld übersichtlich und für einen massiven Kavallerieangriff sehr gut geeignet war.

DIE SCHLACHT

Zunächst geschah nichts, da Ulrich wollte, dass der Gegner den ersten Zug tat, doch der – allen voran der vorsichtige und gewiefte Jagiello – zögerte. Als die Stunden vergingen und seine Männer ungeduldig wurden, beschloss Ulrich, die Polen und Litauer herauszufordern. Er sandte Graf Kasimir von Stettin und den kaiserlichen Herold hinüber zu Jagiello. Dieser empfing die beiden Ritter höflich, wurde jedoch mit der Aufforderung brüskiert, seine Soldaten sollten gefälligst herauskommen und wie echte Männer auf dem Schlachtfeld kämpfen. Darauf antwortete er den Rittern im gleichen Ton, dass sie ihre Worte schon bald bereuen und ebenso wie der Großmeister weit mehr blutigen Kampf als gewünscht erhalten würden. Dann gab er seinem Vetter Witold das Signal zum Angriff.

Auf diesem verklärenden Gemälde des polnischen Malers Maksymiljan Piotrowski (1813–1875) bereiten sich Polen und Litauer, angeführt von ihrem König Wladislaw II. Jagiello, auf die Schlacht vom 15. Juli 1410 vor.

Die Polen marschierten auf der linken Seite auf die Reihen des Ordens zu, während die Litauer, Russen und Tartaren sich nicht beherrschen konnten und in wildem Ansturm auf die Deutschen zustürzten, die davor zurückwichen. Daraufhin gingen die Deutschritter zum Gegenangriff über und schlugen auf den Feind ein, dass die litauischen Truppen der Mut verließ. Sie zogen sich zurück, während die Tartaren flüchteten – oder dies vielleicht auch nur vortäuschten. Einzig Witolds Regiment im Zentrum hielt seine Stellung.

Jagiello schickte seine letzten Reserven, und diesen gelang es, den deutschen Vormarsch einzudämmen. Doch als der Staub sich legte, entdeckte Ulrich den polnischen König allein und ungeschützt auf einer Anhöhe. Er sandte sofort eine kleine Truppe aus, die ihn töten oder gefangen nehmen sollte. Einige polnische Ritter jedoch eilten den Deutschen entgegen und verhinderten so das Attentat auf ihren König. Witold sammelte inzwischen seine Männer im Zentrum des Schlachtfelds. Jetzt trafen Tartarenpfeile, russische Streitäxte und litauische Schwerter die Deutschen unvorbereitet. Die standfesten polnischen Reihen zwangen die Ordenritter nun zum Rückzug und kreisten sie ein. Ulrich – stolz, stur und wagemutig zugleich – entschloss sich, gleich seinen Männern, keinen Zentimeter zu weichen und den Kampf zu erwidern, und so wurden sie alle niedergestreckt. Als gegen Abend die Schlacht zu Ende ging, hatten nur wenige überlebt: Mehr als 14 000 Ordensritter und -soldaten wurden gefangen genommen, während der Rest tot oder sterbend auf dem staubigen Schlachtfeld lag.

DIE FOLGEN

Statt sofort nach Westen zur Marienburg zu eilen, der Hauptstadt des Deutschordensstaates, blieb die völlig erschöpfte polnisch-litauische Armee auf dem Schlachtfeld, um auszuruhen und die Beute zu teilen. Als sie endlich aufbrach, war es zu spät: Die Marienburg, ein immenser Festungskomplex mit Steinmauern von mehr als acht Metern Höhe und sieben Metern Breite, wurde von Heinrich von Plauen und 3000 mit Wasser und Nahrung ausreichend versorgten Soldaten gehalten und erwies sich als uneinnehmbar für die Angreifer. Jagiello, der am 25. Juli eingetroffen war, erzielte auch nach zwei Monaten Belagerung keinerlei Fortschritte. Der Deutsche Orden erholte sich schließlich, sodass der Krieg noch Jahre fortdauerte.

TANNENBERG

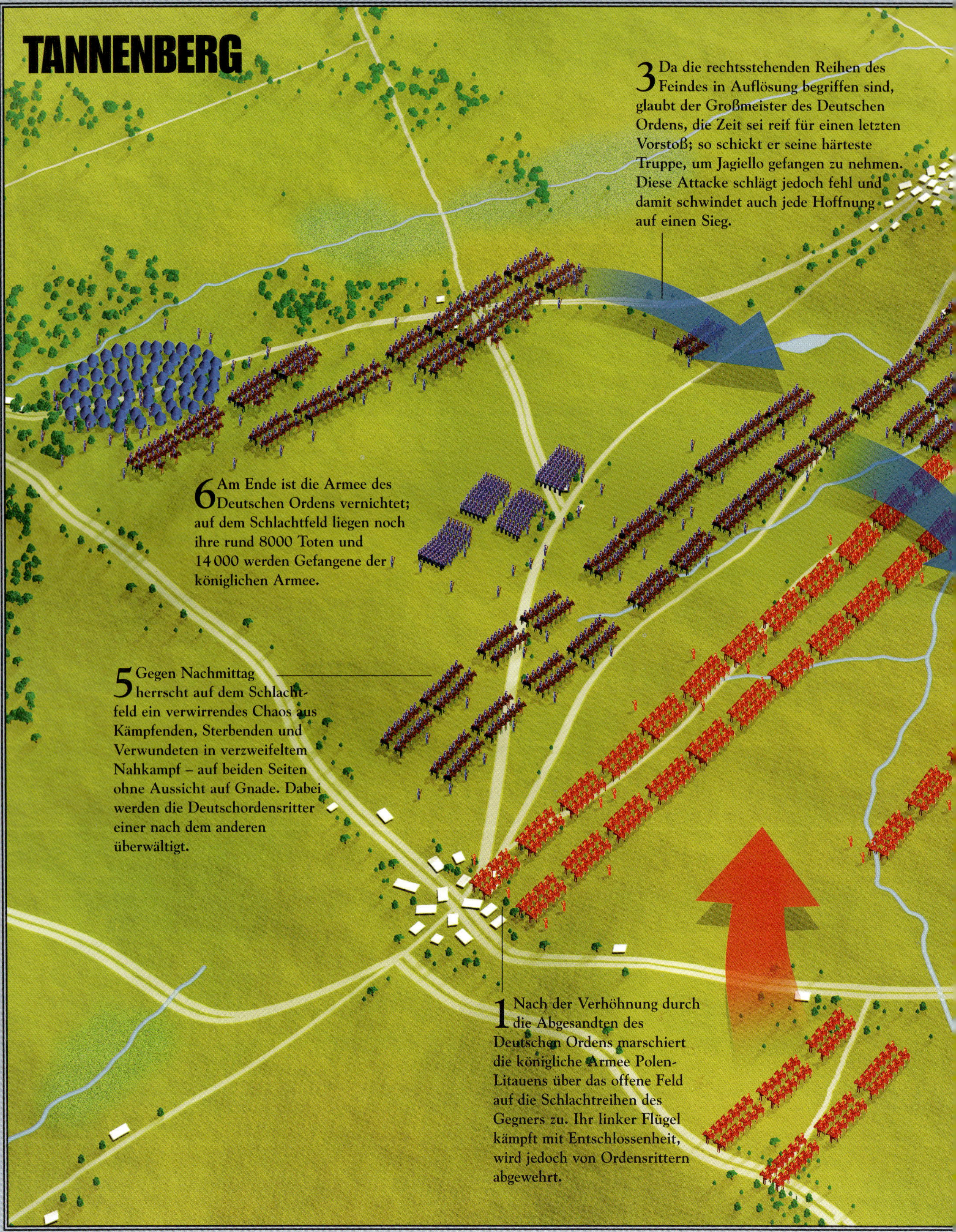

1 Nach der Verhöhnung durch die Abgesandten des Deutschen Ordens marschiert die königliche Armee Polen-Litauens über das offene Feld auf die Schlachtreihen des Gegners zu. Ihr linker Flügel kämpft mit Entschlossenheit, wird jedoch von Ordensrittern abgewehrt.

3 Da die rechtsstehenden Reihen des Feindes in Auflösung begriffen sind, glaubt der Großmeister des Deutschen Ordens, die Zeit sei reif für einen letzten Vorstoß; so schickt er seine härteste Truppe, um Jagiello gefangen zu nehmen. Diese Attacke schlägt jedoch fehl und damit schwindet auch jede Hoffnung auf einen Sieg.

5 Gegen Nachmittag herrscht auf dem Schlachtfeld ein verwirrendes Chaos aus Kämpfenden, Sterbenden und Verwundeten in verzweifeltem Nahkampf – auf beiden Seiten ohne Aussicht auf Gnade. Dabei werden die Deutschordensritter einer nach dem anderen überwältigt.

6 Am Ende ist die Armee des Deutschen Ordens vernichtet; auf dem Schlachtfeld liegen noch ihre rund 8000 Toten und 14 000 werden Gefangene der königlichen Armee.

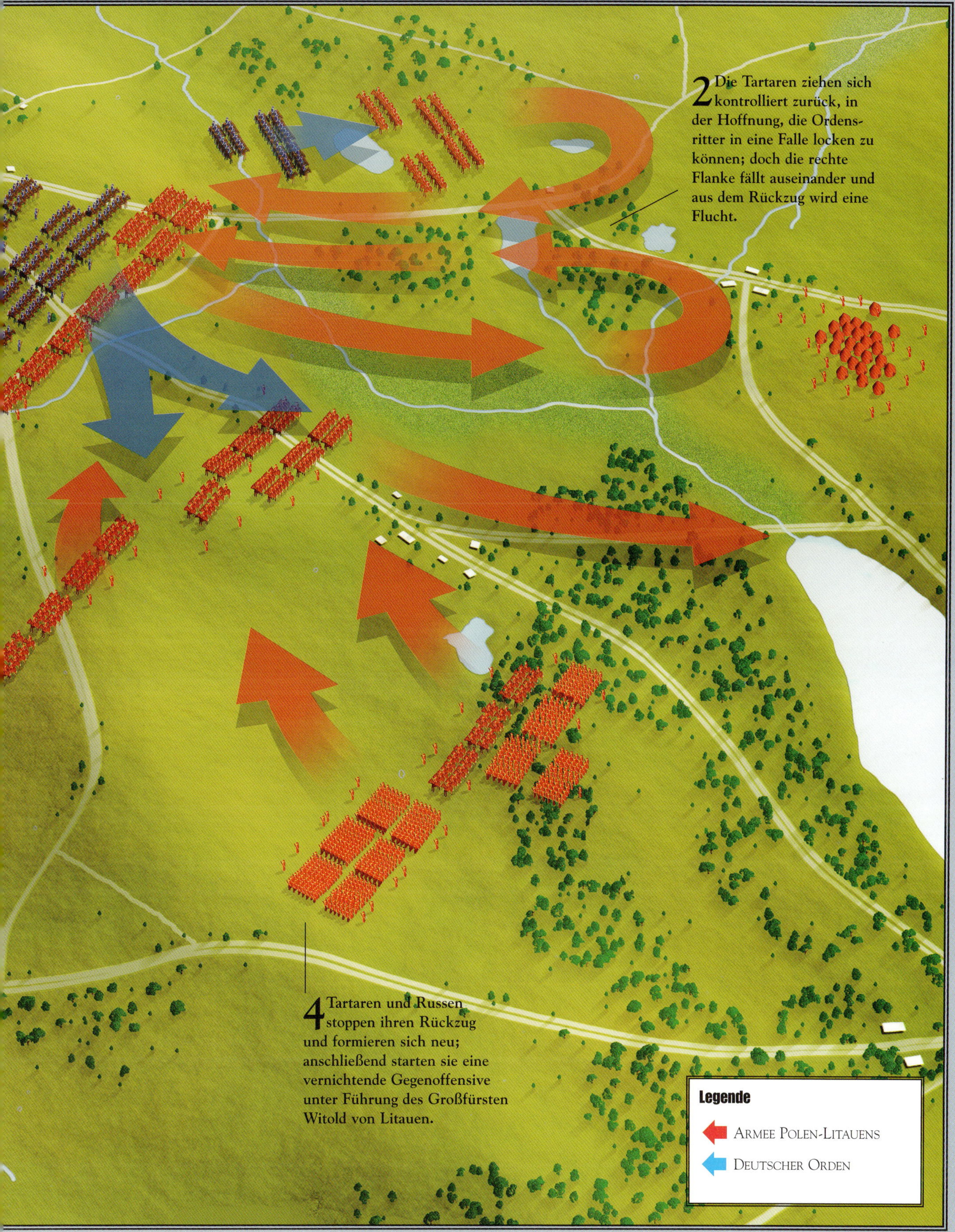
2 Die Tartaren ziehen sich kontrolliert zurück, in der Hoffnung, die Ordensritter in eine Falle locken zu können; doch die rechte Flanke fällt auseinander und aus dem Rückzug wird eine Flucht.
4 Tartaren und Russen stoppen ihren Rückzug und formieren sich neu; anschließend starten sie eine vernichtende Gegenoffensive unter Führung des Großfürsten Witold von Litauen.
Legende
Armee Polen-Litauens
Deutscher Orden

AZINCOURT 1415

Der Sieg der kleinen, erschöpften und ausgehungerten Armee Heinrichs V. gegen einen weitaus größeren, französischen Gegner bedeutete den größten Triumph der englischen Langbogenschützen während des Hundertjährigen Krieges.

Als Heinrich V. im Jahr 1413 mit 25 Jahren den englischen Thron bestieg, hatte er bereits Nordfrankreich im Visier. Anfang Juli 1415 formierte er bei Winchester unter strengster Geheimhaltung ein vielleicht 12 000 Mann starkes Heer, während er Schiffe zusammenzog, die seine Truppen nach Frankreich bringen sollten. Am 11. August legten 1500 Schiffe von der englischen Südküste ab, um zwei Tage später die Spitze der Halbinsel nördlich der Seine zu erreichen. Am frühen Morgen des 14. August gingen die ersten Engländer an Land. Zu ihrem Glück hatte Charles d'Albret, Connétable de France, damit gerechnet, dass Heinrich mit seiner Armee am Südufer der Seine landen würde, um nach Paris zu marschieren. Doch Heinrichs Ziel war nicht Paris: Er hatte sein Auge vielmehr auf Harfleur geworfen,

DATEN UND FAKTEN

Wer: Eine englische Armee aus 6000 Mann unter König Heinrich V. (1387–1422) gegen ein französisches Heer mit 36 000 Soldaten unter dem Kommando von Charles d'Albret, Connétable de France (1369–1415).

Was: Eine kleine, disziplinierte und gut postierte englische Armee besiegte einen weit größeren französischen Gegner durch massiven Pfeilbeschuss.

Wo: Unweit von Schloss Azincourt etwa auf halber Strecke zwischen Calais und Abbeville.

Wann: 25. Oktober 1415.

Warum: Heinrich suchte den englischen Anspruch auf den französischen Thron wiederzubeleben.

Ergebnis: Azincourt (engl. Agincourt) bedeutete den größten englischen Sieg während des Hundertjährigen Kriegs gegen Frankreich.

AM CRISPIANSTAG HÄLT *König Heinrich V. eine flammende Rede, um seine Männer für die vor ihnen liegende Schlacht aufzumuntern. Am Abend hatten die Engländer einen ihrer größten Siege errungen.*

KÖNIG HEINRICH V. *hatte in Azincourt angeordnet, jeder Bogenschütze solle einen Pfahl anspitzen und zur Abwehr von Reiterattacken mitführen. Dies trug nicht unwesentlich zum Sieg über die Franzosen bei.*

eine große, befestigte Hafenstadt, die rund 1,5 km oberhalb der Lézarde, einem Zufluss der Seine, lag und durch Salzmarschen und einen See geschützt war. Harfleur wurde von 400 Rittern unter dem Kommando des erfahrenen und tapferen Raoul de Gaucourt verteidigt.

Am 19. August hatten die Engländer die Stadt eingeschlossen. Im Osten blockierte der Herzog von Clarence den Zugang und ein etwaiges Entsatzheer aus Rouen, während Heinrich auf der Westseite lagerte. Er ließ Belagerungslinien errichten, während Clarences walisische Bergleute die Mauern untertunnelten und die englische Artillerie Tag und Nacht auf die Stadt feuerte. Nach einem Monat litten beide Seiten unter den Auswirkungen der Ruhr („Blutfluss") und Nahrungsknappheit. Heinrich und Gaucourt trafen sich am 17. September, doch der starrsinnige Franzose weigerte sich zu kapitulieren, obwohl er während der vierwöchigen Belagerung ein Drittel seiner Garnison verloren hatte.

Gaucourts einzige Hoffnung war, dass ihm der Dauphin, Prinz Ludwig von Valois, zu Hilfe eilte. Dieser träge und geckenhafte Achtzehnjährige war jedoch kaum jemand, der ein gefährliches Entsatzkommando riskieren würde. Das Volk befürchtete ein Massaker durch die siegreichen Engländer und flehte Gaucourt an zu kapitulieren, was er am 22. September auch tat – eine süße Rache für Heinrich, den er fünf Tage vorher noch hatte schmoren lassen.

DER MARSCH AUF CALAIS

Heinrichs Berater, darunter auch Clarence, drängten den König, als strahlender Sieger nach England zurückzukehren und Frankreich seinen eigenen Bürgerkriegen zu überlassen.

SCHLACHT VON AZINCOURT: *Ein englischer Fußsoldat führt einen gefangen genommenen französischen Edelmann ab – ein Symbol für die mögliche Überlegenheit des gemeinen Infanteristen gegenüber dem sozial Höherstehenden.*

Als Heinrich sich weigerte, kehrte Clarence gekränkt heim, sodass der König nun auf sich gestellt war. Im Verhältnis zu dem großen Aufwand war Harfleur ein bescheidener Triumph und Heinrich wollte sich nicht auf den Lorbeeren ausruhen. Er beabsichtigte, die Franzosen zu einer richtigen Schlacht zu verleiten und vernichtend zu schlagen – alles andere wäre ein Misserfolg.

Auf Gott und seine Männer – 5000 Bogenschützen und 900 gepanzerte Reiter – vertrauend, verließ er Harfleur am 6. Oktober. Die knapp 250 km bis Calais wollte er in nur acht Tagen zurücklegen. Doch es sollte viel länger dauern und für seine durch die aufreibende Belagerung von Harfleur bereits halbierte Armee eine schwere Prüfung bedeuten. Die von dem fähigen d'Albret angeführten Franzosen folgten den Engländern wie ein Schatten. Bei der Furt Blanche Taque blockierten 6000 Franzosen die Überquerung der Somme durch die Engländer, die nun entlang des Südufers weiterziehen mussten. Am 15. Oktober, als sie nach Heinrichs übertrieben optimistischer Rechnung bereits in Calais hätten sein sollten, schlichen sich die Engländer vorbei an Amiens. Heinrichs Soldaten wie auch seine Berater fragten sich allmählich, ob sie die Somme je überschreiten würden.

Vier Tage nachdem sie den Franzosen in Péronne ausgewichen waren, indem sie eine Biegung der Somme querfeldein abgekürzt hatten, erreichten die Engländer Nesle, wo sie zwei unverteidigte Übergänge vorfanden. In nur einem Tag hatten sie die Somme sicher überquert und konnten am 21. Oktober geordnet nach Norden vorrücken, wenngleich sie täglich mit einem Angriff rechneten.

Doch klugerweise warteten die Franzosen ab. D'Albret und auch der Herzog von Berry schlugen vor, eine direkte Konfrontation zu vermeiden: Heinrich würde wenig vorzuweisen haben, wenn er nach Calais zurückkehrte, ohne eine Schlacht gewonnen zu haben. Auch Harfleur könnte zurückerobert werden. Einige der königlichen Herzöge wollten indes nichts von d'Albrets Einwänden wissen, sondern die Engländer im Feld vernichten und für sich und Frankreich den dringend benötigten Kriegsruhm ernten.

AZINCOURT

Am 24. Oktober traf jene Nachricht ein, der die Engländer mit gespannter Erwartung entgegengesehen hatten: Das französische Heer hatte in einer Ebene zwischen den Orten Azincourt, Tramecourt und Maisoncelle Aufstellung bezogen. Heinrich forderte Dafyd Gam, seinen walisischen Vasallen, auf, die gewaltigen Massen zu schätzen. Dieser erwiderte kühl: „Sire. Da sind genügend zum Töten, genügend zum Gefangennehmen und genügend zum Davonlaufen". Mit insgesamt 36 000 Mann waren die Franzosen in der Tat sechsfach überlegen. An der Straße nach Calais, die die Ebene von Azincourt durchschnitt, errichteten sie eine starke Verteidigungslinie. Waldungen schützten die Flanken und nur ein kleines, flaches Tal trennte sie von der englischen Armee.

In der Nacht befahl Heinrich seinen Männern, sich absolut still zu verhalten. Die unheimliche Stille verunsicherte die Franzosen, die darin eine List des Gegners erblickten, ihrem unausweichlichen Schicksal doch noch zu entrinnen. Um eine Flucht der Engländer zu verhindern, wurde an der Straße eine Postenlinie mit Feuern errichtet. Heinrich wiederum erwartete einen nächtlichen Angriff und hielt seine Männer einen Großteil der Nacht gefechtsbereit, während er Vorbereitungen traf und Späher aussandte, die ihm meldeten, dass der Boden einem Schlammbrei gleiche.

DIE SCHLACHTORDNUNG

Heinrich beschloss, zwischen den Wäldern und Hecken bei Maisoncelle und Tramecourt Aufstellung zu nehmen. Der morastige Boden vor der englischen Linie, vor der man eine Reihe aus spitzen Pfählen eingerammt hatte, würde die angreifenden Franzosen verlangsamen, sodass sie ein vortreffliches Ziel für seine Bogenschützen abgeben würden. Die Bedingungen waren ideal und Heinrich platzierte die abgesessenen schweren Reiter in der Mitte und die

FRANZÖSISCHER RITTER

Im 15. Jh. führten die zahlreichen kriegerischen Auseinandersetzungen zu einigen drastischen Veränderungen. Ab etwa 1400 trugen die Reiter einen solideren, einteiligen Brustharnisch. Am Ende des Jahrhunderts waren verbundene Metallplatten hinzugekommen, die Rücken, Hals, Arme, Beine und Füße schützten, ergänzt durch einen eng anliegenden Helm mit Visier. Darüber trug man gewöhnlich einen Wappenrock. Die Bewaffnung bestand aus Lanze und Schwert.

IN DIESER AUS DEM 19. JH. stammenden Darstellung von Azincourt steht der Ritter im Mittelpunkt. Bis heute wird vielfach fälschlich angenommen, allein der adlige Ritter habe das mittelalterliche Kriegshandwerk ausgeübt.

Bogenschützen an den Flanken der Schlachtlinie. Das Zentrum würde unter seinem persönlichen Kommando stehen, während der Herzog von York die rechte und Thomas, Lord Camoys, die linke Flanke befehligte. Heinrich besaß keine Reserven, keinen Rückzugsraum und keine nahe Zufluchtsstätte. Die Franzosen konnten seine Einzellinie umgehen, indem ein Teil der Truppen ihm in den Rücken fiel.

Die Franzosen hatten wenige Tage zuvor einen Schlachtplan entworfen. Boucicaut, Marschall von Frankreich, und Connétable d'Albret kommandierten die erste Division, bestehend aus 8000 abgesessenen schweren Reitern, sowie 4000 Bogen- und 1500 Armbrustschützen. Die ähnlich starke zentrale Hauptdivision stand unter den Kommandos von Alençon und Prinz Charles von Orléans, die schweren Reiter an den Flügeln befehligten Richemont und Bourbon. Außerdem gab es eine Nachhut aus 1000 Rittern sowie einen Trupp aus 200 Rittern, der die Wälder umgehen und den englischen Tross attackieren sollte.

Der Plan kam jedoch nicht zur Ausführung, denn die gepanzerten Reiter verdrängten Bogen- und Armbrustschützen aus dem ersten Glied in die hinteren Reihen. Nun sollten die edlen Ritter voranstürmen, um den Feind zu zermalmen.

DIE ENGLISCHEN GEPANZERTEN Reiter konnten jederzeit auch zu Fuß neben den sozial unter ihnen stehenden Bogenschützen kämpfen. Diese waren mit ihren Langbögen meist an den Flanken oder in unebenem Gelände postiert, um die abgesessenen Reiter beim Zweikampf mit schwerer bewaffneten Gegnern zu unterstützen.

DER TAG DES HEILIGEN CRISPIAN

Nach einer langen, kalten Nacht mit sintflutartigem Regen erschien der Boden noch schlammiger, als die Sonne am Freitag, den 25. Oktober 1415, dem Festtag des hl. Crispian aufging. Die Engländer hatten die Nacht im Freien verbracht, während die Franzosen in Zelten genächtigt hatten, zuvor reich verpflegt worden waren und dem Wein zugesprochen hatten.

Die Stunden vergingen, da jeder darauf wartete, dass der Andere den ersten Zug tat. Die Franzosen hatten allen Grund zu warten. Mit jeder Stunde würden sie stärker und die Engländer schwächer. Diese Erkenntnis bewegte Heinrich schließlich, die Initiative zu ergreifen. In der Hoffnung, den Feind zum Angriff zu verleiten, wies er seine Männer an, ihre Pfähle zu nehmen, unter den Augen des Gegners vorzurücken und in der Lücke zwischen den Wäldern, dichter am Feind, eine neue Pfahllinie zu errichten. Dass die Frontlinie hierdurch erheblich schmaler wurde, kam den Engländern zugute und machte den Plan der Franzosen zunichte. Eigentlich hatten die Franzosen geplant, mit ihren Reitern die feindlichen Flanken zu attackieren, doch nun waren sie zu einem Frontalangriff gezwungen – gerade das hatten sie vermeiden wollen. Die Franzosen erkannten, dass der Boden leicht abschüssig war und sich das Schlachtfeld bis zur Pfahllinie trichterförmig verengte.

Doch sie hielten an ihrem Plan fest – mit verheerenden Konsequenzen. Die Franzosen eröffneten die Schlacht mit einer Reiterattacke. Diese erwies sich jedoch als zu dürftig,

HEINRICH V. auf dem Porträt eines unbekannten Malers. Heinrichs Ruhmestaten in Azincourt und Harfleur würden ihm auch dann einen Platz in der englischen Heldenchronik garantiert haben, wenn Shakespeare ihn nicht verewigt hätte.

denn nur 420 Ritter nahmen teil. Ihre adligen Gefährten zu Fuß wurden von ihren schweren Rüstungen in den Schlamm gezogen. Während sie knietief im Schlamm versanken, ließ Sir Thomas Erpingham, Kommandeur der Bogenschützen, das Feuer eröffnen.

Tausende Pfeile schwirrten durch die Luft, um ihr Ziel zu treffen oder im Schlamm zu landen. Genügend stählerne, panzerbrechende Bodkin-Pfeilspitzen trafen ins Schwarze, um den französischen Vorstoß zu vereiteln. Unter den schlecht geschützten Pferden richteten sie verheerende Verluste an. Blutende, aufgeregt wiehernde Schlachtrösser rannten zurück in die französischen Linien und trampelten die abgesessenen Ritter nieder.

Diese waren nun mit einem weiteren Hindernis aus unzähligen toten oder sterbenden Pferden und Kämpfern konfrontiert. Trotz des Pfeilhagels, der gewaltigen Verluste und der allgemeinen Verwirrung drängten die abgesessenen Ritter mit heldenhaftem Mut voran. Sehen konnten sie wenig, denn wegen der Pfeile war es gefährlich, den Kopf zu heben, selbst mit Helm, denn die englischen Bogenschützen zielten direkt auf das Visier. Die Ritter sahen sich in der eigenen Rüstung gefangen und Beweglichkeit, Sicht und Atmung waren in gefährlichem Maß eingeschränkt.

WILDES HANDGEMENGE

Den größten Beitrag zur Rettung der englischen Armee vor der Vernichtung durch die abgesessenen französischen Reiter leisteten jene wenigen gepanzerten Reiter, die den bis zu den eigenen Linien reichenden Vorstoß des Feindes stoppten. Ergänzt wurden sie durch Schildknappen, Marketender und eine zunehmende Zahl von Bogenschützen, denen die Pfeile ausgegangen waren und die dem strauchelnden Feind nun mit allen zu Gebote stehenden Waffen zusetzten, mit Streitäxten, Dolchen und auch den zum Eintreiben der Pfähle benutzten Hämmern. Unter den Franzosen herrschte eine solche drangvolle Enge, dass die Ritter ihre Waffen nicht mehr vernünftig einsetzen konnten. Der Feind stand nun derart nah, dass die englischen Bogenschützen ein wahres Blutbad anrichteten.

Bei diesem wilden Handgemenge gab es kein Pardon. Die englischen Bogenschützen wussten, dass man sie umgehend töten würde, da sie als Bürgerliche nicht zum Erpressen von Lösegeld taugten. Die Engländer kämpften buchstäblich um ihr Leben und umso heftiger gegen die französischen Ritter, die man gefangen nehmen konnte, um sie nach einer Geldzahlung freizulassen. Dieser simple psychologische Unterschied könnte bereits den Ausgang der Schlacht erklären.

Drei grausige Stunden lang ging das Gemetzel weiter, und vor den englischen Linien wurden die Haufen aus toten französischen Kämpfern immer größer. Die Engländer wurden ihres blutigen Handwerks allmählich überdrüssig. Unter den Franzosen hatte es in letzter Minute einen Hoffnungsschimmer gegeben, nachdem der Herzog von Brabant am Nachmittag eingetroffen war. Er wurde jedoch mitsamt seinen Männern getötet. Die Sorge, dass die zahllosen Gefangenen im Fall eines weiteren Angriffs erneut zu den Waffen greifen könnten, war für Heinrich jedoch Anlass genug, entgegen alle Regeln des Rittertums die Gefangenen an Ort und Stelle hinrichten zu lassen.

DIE FOLGEN

Der befürchtete zweite Angriff der Franzosen fand nie statt. Wer konnte, hatte vielmehr die Flucht angetreten. Tausende Tote, Verwundete und Gefangene sahen sich den nicht sonderlich gnädigen Engländern ausgeliefert. Die Engländer hatten nur 112 Mann verloren (zu zwei Dritteln Bogenschützen) und zugleich, entgegen aller Erwartung, einen überaus wundersamen Sieg errungen. Einen Monat später war Heinrich zurück in England, ließ seine Männer reich entlohnen und England feierte den wunderbaren Crispianstag. Die traumatisierten Franzosen indes sollten viele Generationen lang von „jenem Unglückstag“ sprechen. Und der Hundertjährige Krieg sollte noch fast 40 Jahre fortdauern.

AZINCOURT
6 Die berittene französische Reserve unternimmt einen letzten aussichtslosen Angriff. In den Wirren werden zahlreiche gefangene Franzosen hingerichtet.
3 Die Reiter flüchten sich in die abgesessene zweite Linie und stiften dort Verwirrung.
2 An den Flanken reiten französische Kavallerie-einheiten Attacken gegen die englischen Bogenschützen, werden aber mit Pfeilen und Pfählen abgewehrt.

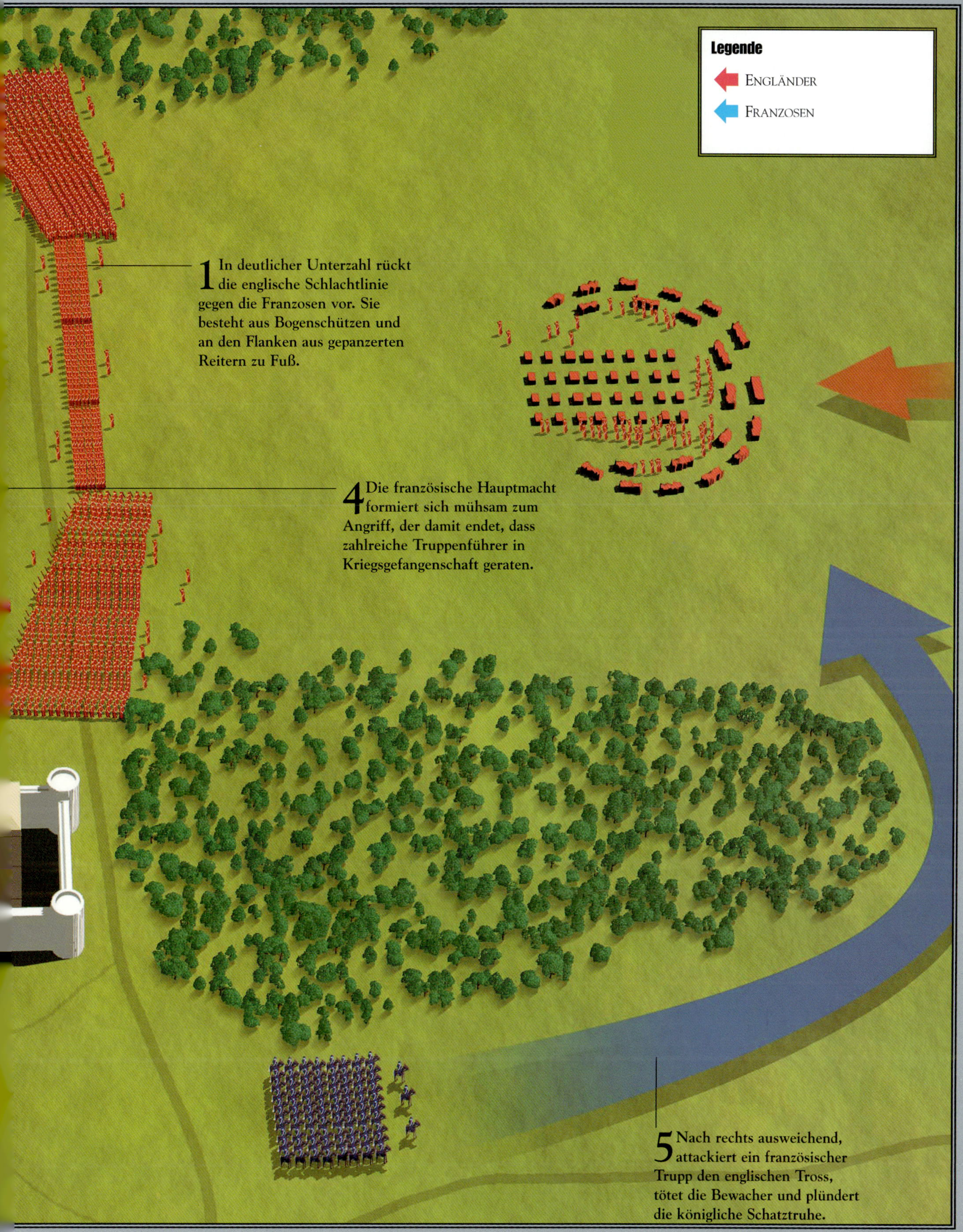
Legende
Engländer
Franzosen
1 In deutlicher Unterzahl rückt die englische Schlachtlinie gegen die Franzosen vor. Sie besteht aus Bogenschützen und an den Flanken aus gepanzerten Reitern zu Fuß.
4 Die französische Hauptmacht formiert sich mühsam zum Angriff, der damit endet, dass zahlreiche Truppenführer in Kriegsgefangenschaft geraten.
5 Nach rechts ausweichend, attackiert ein französischer Trupp den englischen Tross, tötet die Bewacher und plündert die königliche Schatztruhe.

KONSTANTINOPEL

1453

Der Fall Konstantinopels im Jahr 1453 bedeutete das Ende des Byzantinischen Reiches. Das siegreiche Osmanische Imperium wurde in den kommenden zwei Jahrhunderten zu einer wachsenden Bedrohung des Christentums im Mittelmeerraum und in Osteuropa.

Das Byzantinische Reich war im Jahr 1071 bei Mantzikert von den Seldschuken besiegt worden; 1389 besiegten ihre Nachfahren, die Osmanen, eine serbische Armee auf dem Kosovo polje, dem Amselfeld. Um 1400 lag der größte Teil Kleinasiens in osmanischer Hand und es schien nur eine Frage der Zeit, wann auch Konstantinopel, einst die blühende Reichshauptstadt von rund 700 000 Einwohnern, erobert werden würde. Der Einfall Timur Lenks, latinisiert Tamerlan (reg. 1360–1405), ins Osmanische Reich und dessen Sieg über Sultan Bajasid I. im Jahr 1402 bei Angora (Ankara) verschaffte Byzanz nur eine kurze Pause. 1422 belagerte Sultan

DATEN UND FAKTEN

Wer: Sultan Mehmed II. Fatih (reg. 1451–1481) belagerte Konstantinopel mit einer Armee von 120 000 Mann, der 10 000 Soldaten unter Kaiser Konstantin XI. (reg. 1449–1453) gegenüberstanden.

Was: Die Osmanen brachen durch die im 4. Jh. errichtete Theodosianischen Mauer, indem sie – erstmals in der Geschichte – Festungsartillerie massiv einsetzten.

Wo: Konstantinopel war die Hauptstadt des Byzantinischen Reiches (395–1453). Die Stadt wurde auf einer Halbinsel am Goldenen Horn errichtet, die in den Bosporus und ins Marmarameer ragt.

Wann: 5. April bis 29. Mai 1453

Warum: Das Osmanische Reich hatte sich seit Mitte des 14. Jh. ausgebreitet. Seine Herrscher wollten Konstantinopel als neue Hauptstadt und die Vernichtung dieser christlichen Festung auf ihrem Gebiet.

Ergebnis: Die Stadt wurde eingenommen und Hauptstadt des Osmanischen Reichs.

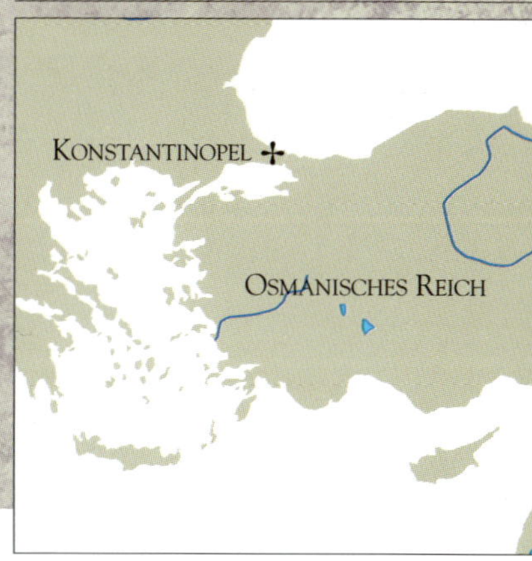

DIE TÜRKEN EROBERTEN KONSTANTINOPEL am 29. Mai 1453. Konstantin XI. wurde getötet. Sultan Mehmed II. überließ die Stadt drei Tage lang der Zerstörung und Plünderung durch seine Truppen.

Murad II. (reg. 1421–1451) Konstantinopel; als sein Angriff jedoch abgewehrt werden konnte, zog er sich zurück.

DIESE KANONE MEHMEDS II. aus dem Jahr 1464 wurde zur Kontrolle der Meerenge am Bosporus eingesetzt. Der Lauf wog 18 Tonnen und war 5,25 m lang; er bestand aus zwei Teilen, sodass er besser transportiert werden konnte.

MEHMED DER EROBERER

Murad starb 1451 und überließ den Thron seinem angriffslustigen 19-jährigen Sohn Mehmed II.; er sollte für die kommenden 30 Jahre zum Schrecken seiner Nachbarn werden, Muslimen wie Christen. Mehmed begann bald, ganz Kleinasien und den Balkan zu erobern.

Der Schlüssel zur Eroberung Konstantinopels lag in der Überwindung der massiven, sechs Kilometer langen Theodosianischen Mauer mit ihrem dreifachen Mauerring, ihren Wassergräben und Türmen, die die Stadt seit über tausend Jahren erfolgreich schützte.

DAS DETAIL DIESER Freskomalerei aus dem 16. Jh. zeigt die osmanische Kavallerie während der Belagerung Konstantinopels.

Mehmed II. fand in Urban von Transsilvanien, einem abtrünnigen Christen, einen willigen Helfer. Urban baute eine Kanone von über acht Metern Länge: Dieses Ungetüm konnte eine Steinkugel von einer Tonne Gewicht mehr als 1,5 km weit schleudern. Die Kanone war im Januar 1453 fertig. 700 Männer waren nötig, um die gewaltige Waffe zu bedienen – sie sollte sich als äußerst wirksam gegen die Theodosianische Mauer erweisen.

Anders als sein Vater fühlte sich Mehmed II. in keiner Weise an die mit den Christen geschlossenen Verträge gebunden. Er okkupierte die byzantinischen Gebiete jenseits des Bosporus und schnitt die Bevölkerung der Stadt von den lebenswichtigen Kornlieferungen aus Rumänien und

Südrussland ab. In nur fünf Monaten, von April bis August 1452, baute er eine Festung am Bosporus, die den Hafen von Konstantinopel blockierte; ihr Name „Bogazkesen“ – Halsabschneider – spricht für sich. Als im November ein Schiff aus Genua Mehmeds Blockade ignorierte, wurde es mit nur einem Kanonenschuss von Bogazkesen aus versenkt.

BETEILIGTE UND GEGNER

Das Schicksal Konstantinopels wurde im Winter 1452/53 endgültig besiegelt. Zunächst versäumte es der katholische Westen, die orthodoxe Kirche gegen den gemeinsamen Feind zu unterstützen. Papst Nikolaus V. versuchte vergeblich, einen Kreuzzug gegen die Bedrohung durch die Türken ins Leben zu rufen; doch Genua, das auf der anderen Seite des Bosporus den befestigten Stadtteil Pera kontrollierte, verweigerte die Aufgabe seiner lukrativen, wenn auch zweifelhaften „Neutralität“. Einzig Venedig, das wertvolle Ländereien auf dem Balkan besaß, war bereit und in der Lage, Konstantinopel zu unterstützen.

Innerhalb der Stadt beendeten angesichts des nahenden Feindes die slawischen, griechischen und italienischen Christen ihre Zwistigkeiten. Konstantin XI., der erst vor vier Jahren den Thron bestiegen hatte, erwies sich nicht nur als großer Redner, sondern auch als begnadeter Anführer: Sie hätten von Mehmed keinerlei Gnade zu erwarten, das zeige das Beispiel des genuesischen Schiffes, verkündete er; doch schließlich müsste Hilfe aus dem Westen eintreffen.

Dies waren zwar ehrliche Worte, doch sie konnten die Befürchtungen der mit nur 10 000 Männern weit unterlegenen und von feindlichen Truppen umzingelten Verteidiger der Stadt nur unzureichend beschwichtigen. Allein Mehmeds Elitetruppe, die Janitscharen, bestand aus 12 000 Soldaten, sein gesamtes Heer zählte gewiss zehnmal so viele Männer, schätzungsweise 100 000 bis 150 000. Bedrohlicher jedoch war seine Galeerenflotte – die erste in der Geschichte des Osmanischen Reichs, die Mehmed hatte bauen lassen. Zur Überraschung der Verteidiger Konstantinopels erschien die Flotte im März 1453 im Marmarameer; damit musste zusätzlich die dem Meer zugewandte Seite der Stadtmauer bemannt werden.

DIE BELAGERUNG BEGINNT

Die Vorhut der osmanischen Truppen erschien am 1. April unterhalb der Landmauer. Daraufhin gab Konstantin das Signal, die Tore zu schließen sowie Türme und Mauern zu bemannen. Fünf Tage später erschien Mehmed II. mit dem Hauptheer und schlug sein Lager unterhalb der Mauern auf. Die byzantinischen Truppen hatten inzwischen die Schwachstellen der Stadtmauer verstärkt. Die Mauern zum Marmarameer und zum Goldenen Horn hin beließen sie im Verhältnis dazu relativ schwach, da sie davon ausgingen, dass Mehmed sich bei seinem Angriff auf die Landmauer konzentrieren würde. Am 9. April schlug ein erster Versuch der osmanischen Flotte fehl, die Sperrkette über das Goldene Horn zu durchbrechen, die sich von der Seemauer hinüber nach Pera zog. Währenddessen attackierte die Armee zwei byzantinische Festungen außerhalb der Stadtmauern, die ihnen zwei Tage lang Widerstand leisteten. Auf Mehmeds Befehl wurden ihre Verteidiger gepfählt – als grausame Warnung an die Verteidiger der Stadt. Daraufhin beschlossen die Belagerten, lieber bis zum Tod zu kämpfen, als vor solch einem blutrünstigen Tyrannen zu kapitulieren. Die Truppen einer dritten Festung auf der vorgelagerten Insel Prikipo starben im selbst gelegten Brand, bevor sie Mehmed in die Hände fallen konnten.

Drei Tage später begann die osmanische Artillerie mit dem Beschuss der Landmauer, der sechs Wochen andauern sollte. Urbans Kanone wurde täglich sieben Mal abgefeuert, doch ihre Einschläge wurden jedes Mal von den Verteidigern repariert. Am 18. April brach die schwächste Stelle, die Mauer über den Lykosbach – doch eine Truppe konnte sie reparieren. Daraufhin ließ Mehmed den Graben zuschütten und schickte seine Soldaten in das erste Gefecht. Es kostete 400 Osmanen das Leben, während die Christen unter Führung General Longos unbeschadet daraus hervorgingen.

VERSTÄRKUNG AUS ITALIEN

Zwei Tage später durchbrach eine kleine Flotte bewaffneter italienischer Handelsschiffe die osmanische Seeblockade

JANITSCHAREN (UM 1450)

Die 1330 aufgestellte Fußtruppe rekrutierte sich aus versklavten Kriegsgefangenen und aus der Knabenlese in den christlichen Balkangebieten und erwies sich als die erfolgreichste militärische Einheit des Osmanischen Reiches. Im 16. Jh. nahmen sich westliche Armeen ein Beispiel an der Disziplin der Janitscharen – hier ein Truppenmitglied mit dem für die Zeit typischen Krummschwert und kurzen Bogen. Die Bogenschützen der Janitscharen zeigten ihr Können erstmals in der Schlacht von Nikopolis (1396), wo sie, hinter Pfählen postiert, erfolgreich gegen die Kavallerie eingesetzt wurden. Zur Zeit der Eroberung Konstantinopels gehörten sie zur Elite des osmanischen Heers.

SULTAN MEHMED II. FATIH, *„der Eroberer"; der italienische Maler Gentile Bellini (1429–1507) wurde 1479 nach Konstantinopel berufen und malte dieses Porträt im Jahr vor Mehmeds Tod.*

DAS TRÉBUCHET *war im Mittelalter eine der wichtigsten Belagerungswaffen. Sein langer hölzerner Arm wurde hinuntergezogen und dort festgehalten; am dünneren Ende hing eine Schlinge für das Geschoss, meistens ein großer Stein. Am anderen Ende wurde ein Gegenwicht angebracht, z. B. eine Kiste mit Felsbrocken. Beim Lösen sank das Gewicht zu Boden, der Arm schwang nach oben, die Schlinge herum und schleuderte das Geschoss kraftvoll ins Ziel.*

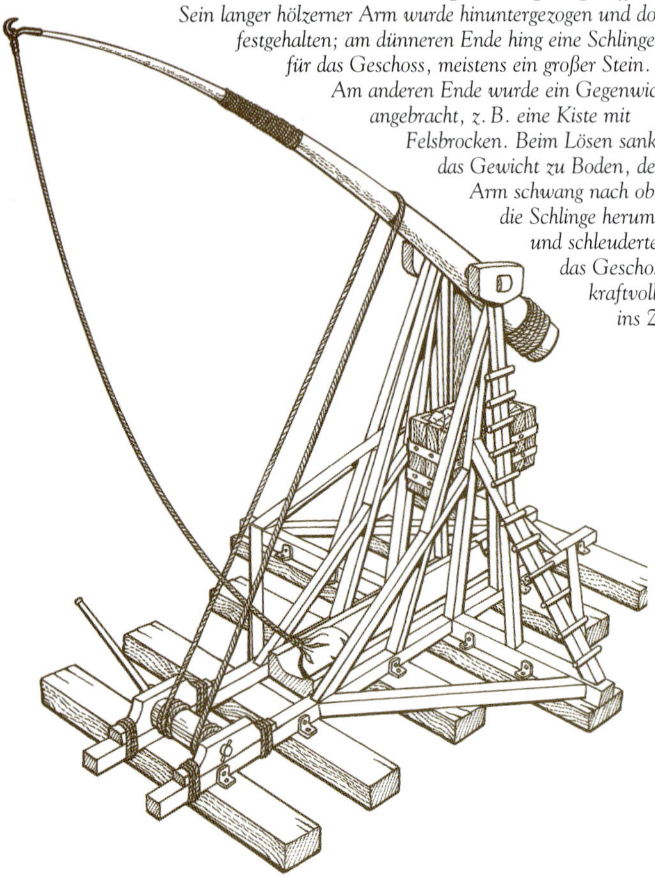

ohne größere Schwierigkeiten. Das Eintreffen der Schiffe stärkte die Verteidigungsmoral Konstantinopels zusätzlich.

Als es dem osmanischen Herrscher jedoch gelang, seine Galeeren auf Baumstämmen über die Landseite von Pera zum Goldenen Horn zu ziehen, begann das Glück die Verteidiger zu verlassen. Konstantinopel wurde nun zusätzlich aus dem Norden bedroht. Eine zwar mutige, aber ungeschickt ausgeführte nächtliche Schiffsattacke schlug fehl, woraufhin sich die Genueser und die Venezianer gegenseitig des Verrats bezichtigten. Konstantin XI. war entsetzt über ihr Verhalten: „Als wenn der Krieg vor unseren Toren nicht genug wäre! Fangt um Gottes willen keinen Krieg unter Euch an!"

Am 7. und am 12. Mai attackierten die osmanischen Truppen in der Nacht den Abschnitt im Lykostal – beide Angriffe schlugen fehl. Mehmed begann den Mut zu verlieren und auch sein Großwesir, Halil Pascha, drängte ihn, die Belagerung zu beenden. Daraufhin erhielt er jedoch eine barsche Abfuhr mit dem Versprechen, er, Mehmed, werde den „goldenen Apfel" (Konstantinopel) pflücken – was es auch koste und wie lange es auch dauere.

Eine der Hauptbedrohungen für belagerte Städte oder Festungen in dieser Epoche lag in der Untertunnelung. Die Osmanen machten sich serbische Erfahrungen auf diesem Gebiet zunutze und begannen, eine Reihe von Tunneln zu graben, mit dem Ziel, die Landmauer zu sprengen. Das Glück wollte es, das die byzantinischen Verteidiger ebenfalls fremde Erfahrungen zur wirksamen Verteidigung nutzen konnten: Dem schottischen Kreuzritter John Grant gelang es, die Bedrohung durch Flutung der osmanischen Tunnel zu neutralisieren.

Das ermutigte die Christen am 18. Mai zu einem weiteren nächtlichen Angriff, diesmal auf die osmanischen Belagerungstürme, die in Flammen aufgingen. Fünf Tage später gelang es ihnen, den serbischen Tunnelbauer gefangen zu nehmen, der Lage, Tiefe und Beschaffenheit der restlichen Tunnel der Osmanen preisgeben musste. Diese Freudenbotschaft erhielt jedoch einen erheblichen Dämpfer, als eine einzelne venezianische Galeone mit der Nachricht eintraf, dass es dem Papst nicht gelungen sei, eine Entsatzarmee zu schicken.

SCHLECHTE VORZEICHEN

Schlechte Witterungsverhältnisse am 23. und 24. Mai ließen die Moral in der Stadt noch tiefer sinken, mit verheerenden Folgen. Es bestand seit jeher die Angst, die Stadt sei dem Untergang geweiht, sollte die Unterstützung des Westens ausbleiben. Außerdem gab es eine alte Prophezeiung, Konstantinopel werde zu Zeiten eines Herrschers mit Namen Konstantin fallen – und der derzeitige hieß Konstantin XI. Während einer Prozession mit der Ikone der heiligen Mutter Gottes fiel diese aus Unachtsamkeit und unter Ausrufen des Entsetzens zur Erde; als man die Ikone wieder aufgehoben hatte und die Prozession durch die Stadt fortgesetzt werden sollte, wurde sie durch die Nachricht einer plötzlichen katastrophalen Flutwelle abermals unterbrochen. Am folgenden Tag, dem 24. Mai, lag die Stadt unter einer ungewohnt dicken Nebeldecke, die, so flüsterten sich die Byzantiner entsetzt zu, das Verschwinden von Gottes Schutz aus der Stadt verhülle.

Doch auch die Kampfmoral der Belagerer ließ zu wünschen übrig, und Halil Pascha forderte seinen Sultan erneut auf, einer letzten schweren Attacke in der Nacht zum 29. Mai zuzustimmen. Würde die Attacke fehlschlagen, dann sollte die Belagerung aufgegeben werden. Diesem stimmte der ehemals so überhebliche Sultan zu. In der Nacht vom 28. Mai beendeten Mehmed und seine Generäle ihre Vorbereitungen, während sich die christlichen Verteidiger für ihre letzte Schlacht rüsteten. In dieser Nacht wurde in der Hagia Sophia ein ökumenischer Gottesdienst unter Anwesenheit Kaiser Konstantins XI. abgehalten, bei dem Orthodoxe und Katholiken Schulter an Schulter beteten.

DIE LETZTE ATTACKE

Um 1.30 Uhr stürmten 20 000 osmanische Freischärler unter lautem Gebrüll auf die Landmauern zu; doch nach einem zweistündigen Gefecht ließen die schwer gepanzerten Verteidiger jenseits ihrer Mauern Berge von Toten zurück. Die anatolischen Truppeneinheiten blieben ähnlich erfolglos und osmanische Angriffe auf die Seemauer endeten gleichfalls in einem Fiasko. Dann stießen einige Angreifer auf das Nebentor Kerkaporta zwischen dem Blachernaepalast und der Theodosianischen Mauer, das – sei es aus Verrat oder Unachtsamkeit – nur angelehnt war. Mehrere hundert Osmanen stürmten durch die Pforte und drängten zwischen die ersten beiden Mauern. Den wenigen Verteidigern dort war es unmöglich, die eindringenden Feinde aufzuhalten.

In den nachfolgenden Kämpfen auf der Außenmauer wurde General Longo tödlich verwundet; doch anstatt an der Seite der kämpfenden Venezianer und Byzantiner zu bleiben, ordnete er an, dass man ihn evakuierte und zum Hafen brachte. Das hatte fatale Folgen, denn die Genueser, die bis dahin Konstantinopel mit außergewöhnlicher Entschlossenheit verteidigt hatten, sahen ihren Kommandanten auf einer Bahre die Stadt verlassen – und flohen daraufhin ebenfalls zum Hafen. Konstantins verzweifelte Bitten, Longo solle in der Stadt verbleiben, verhallten ungehört, und einmal mehr warfen die venezianischen Truppen den Genuesern Verrat vor.

Die Osmanen hatten inzwischen das Haupttor geöffnet und strömten zu Tausenden in die Stadt; dabei wurden die kleinen Verteidigungstrupps – unter ihnen Kaiser Konstantin – niedergemacht.

DIE FOLGEN

Mehr als 4000 Verteidiger starben bei den Kämpfen; der größte Teil der Bevölkerung wurde versklavt, die Kirchen, Klöster und Häuser in Brand gesteckt oder niedergerissen. Die Hagia Sophia wandelte Mehmed in eine große Moschee um. Der Fall Konstantinopels markierte das Ende des Byzantinischen Reiches, und die osmanischen Herrscher galten fortan als eine Gefahr für Europa, die bis zur fehlgeschlagenen Belagerung Wiens im Jahr 1683 andauern sollte.

ARMBRUSTSCHÜTZEN ERWIESEN SICH bei einer Belagerung als sehr wirksam, und einige Söldner aus Genua und Aragón wurden bei der Verteidigung Konstantinopels eingesetzt. Zu dieser Zeit war die Plattenpanzerung bereits so schwer geworden, dass die Ritter aus dem Westen keine Schilde mehr trugen.

KONSTANTINOPEL
1 Mehmed II. schlägt in den ersten Apriltagen des Jahres 1453 vor der Landmauer Konstantinopels sein Heerlager auf; es beginnt die fortdauernde Beschießung der Theodosianischen Mauer.
4 In der Nacht zum 29. Mai 1453 dringen osmanische Einheiten durch ein kleines Nebentor und über die Mauern ein.
5 Konstantin XI. wird getötet; anschließend wird die Stadt drei Tage lang geplündert und gebrandschatzt.

Legende
Osmanische Truppen
Christen
3 Mehmed II. schickt einen Teil seiner Flotte mithilfe von rollenden Baumstämmen über die Landzunge um Pera herum ins Goldene Horn; jetzt ist Konstantinopel komplett eingeschlossen.
2 Einer kleinen italienischen Flotte gelingt der Durchbruch ins Goldene Horn und sie verschafft der belagerten Stadt eine kurze Atempause.

PATRONA REALE
MONS DE LEGNA DE SAVOIA
CARACOZA
CAVRALICO

LEPANTO 1571

In der letzten großen Galeerenschlacht im Mittelmeer besiegten die in der Heiligen Liga verbündeten christlichen Seestreitkräfte die osmanische Flotte. Von ihren Verlusten bei Lepanto sollte sich die Flotte des Osmanischen Reichs nicht mehr erholen.

Am 1. August 1571 fiel Zypern endgültig in die Hände der Osmanen. Als Reaktion auf die osmanische Bedrohung bildeten Venedig, der Heilige Stuhl, Spanien, Genua sowie der Malteser Ritterorden am 25. Mai 1571 die „Heilige Liga" und mobilisierten ihre Seestreitkräfte. Die akute osmanische Bedrohung nötigte Venedig zur Allianz mit seinen Erzfeinden Genua und Spanien; zudem musste es einen Spanier, Juan de Austria, als Großadmiral der vereinten Seestreitkräfte akzeptieren. Juan war ein 26 Jahre alter illegitimer Halbbruder König Philipps II. von Spanien.

Sultan Selim II. befahl seinem Großadmiral Ali Pascha, die aus über 270 Schiffen (davon etwa 220 Galeeren) bestehende osmanische Flotte in den befestigten Hafen von Lepanto zu führen. Gleichzeitig sandte Ali Pascha seinen Kommandanten Uludsch Ali, den Statthalter von Algier, aus, die Außenposten Venedigs in der Adria

DATEN UND FAKTEN

Wer: Philipp II. von Spanien und Papst Pius V. gründeten die Heilige Liga, um die osmanische Flotte unter Sultan Selim II. zu besiegen. Die Flotte der Heiligen Liga wurde von dem spanischen Feldherrn Juan de Austria (1547–1578) kommandiert; die osmanische Flotte unterstand Admiral Ali Pascha (gest. 1571).

Was: Lepanto war der größte Sieg über die Flotte des Osmanischen Reiches; diese Seeschlacht war zugleich die letzte, in der ausschließlich Galeeren eingesetzt wurden.

Wo: Im Golf von Patras, an der Westküste Griechenlands, benannt nach dem Hafen von Lepanto (griech. Naupaktos).

Wann: 7. Oktober 1571

Warum: Die Zerschlagung der osmanischen Seemacht.

Ergebnis: Die christlichen Armada zerstörte die osmanische Flotte und brach die Seemacht des Osmanischen Reiches.

Die Schlacht bei Lepanto, dargestellt auf einem Gemälde aus der Venezianischen Schule, das detailreich die Beengtheit dieser Seeschlacht festhält: Die Schiffe lagen Seite an Seite und die Besatzungen lieferten sich Feuergefechte und enterten bei Gelegenheit das gegnerische Schiff, um Mann gegen Mann zu kämpfen.

WIE EIN PROJEKTIL greift eine Galeere eine andere an, indem sie mit ihren Rammsporn in den Rumpf des Gegners hineinstößt. Heftige Kämpfe folgen, wenn die Mannschaft des angreifenden Schiffes versucht, an Bord zu gelangen.

zu überfallen. Die Heilige Liga kam daher im August 1571 bei Messina zusammen: Als Erste erschienen die Malteser mit drei Galeeren; die Ritter hatten 1556 die Osmanen von ihrer Heimatinsel vertrieben. Kommandiert wurden sie von dem päpstlichen Admiral Marcantonio Colonna.

DIE FLOTTEN

Seit der Antike wurden in den Gewässern des Mittelmeeres Seeschlachten zwischen mit Rudern versehenen Kriegsschiffen geschlagen, sogenannten Galeeren. Die wendigen Schiffe hatten Segel und wenig Tiefgang; im Gefecht wurden sie von Rudern angetrieben, die von Sklaven oder Kriegsgefangenen bewegt wurden.

Die Heilige Liga verfügte über die größten und technisch ausgereiftesten Galeeren, und ihre Kommandanten führten eine Reihe von Erneuerungen ein. Eine davon war, sich ganz auf Feuerwaffen zu verlassen, daher wurde der Ausleger am Bug entfernt, der als Enterbrücke diente. Stattdessen wurden an den Seiten Netze angebracht, die das Entern der Schiffe verhindern sollten. Außerdem wurde die Flotte durch sechs schwere venezianische Galeassen mit jeweils 50 Kanonen und gut 500 Arkebusieren ergänzt.

Juan de Austria verließ Barcelona am 20. Juli mit 47 spanischen Galeeren und vereinigte sich sechs Tage später mit dem genueser Geschwader unter Admiral Giovanni Andrea Doria. Die Flotte erreichte Messina am 23. August, wo sie der Venezianer Sebastiano Venier mit seinen 100 Schiffen bereits erwartete. Unglücklicherweise war seine Flotte nur spärlich bemannt und schlecht ausgestattet; deshalb stimmte Venier widerwillig zu, 4000 spanische Soldaten an Bord zu nehmen. Diese wurden zur Verteidigung seiner Schiffe oder beim Entern feindlicher Galeeren benötigt. Mit über 200 Galeeren, sechs Galeassen und weiteren großen Segelschiffen sowie einer Mannschaft von insgesamt 43 000 Ruderern und etwa 13 000 Matrosen bot die Flotte der Heiligen Liga ein imposantes Bild. Vor allem aber führten die Christen eine große Armee mit – beinahe 28 000 Soldaten. Die stärkste Truppe mit der besten Bewaffnung, größten Erfahrung und strengsten Disziplin bildeten 10 000 Spanier. Diesen Truppen war es zu verdanken, dass sich in der bevorstehenden Schlacht das Gleichgewicht zugunsten der Christen verschieben sollte.

Doch auch die osmanische Flotte war beachtlich, zumal etwa vier Fünftel der Schiffe Galeeren waren. Diese waren jedoch mit relativ kleinen Mannschaften besetzt, schlecht ausgerüstet und nur unzureichend bewaffnet. Dieser Mangel – gepaart mit dem gänzlichen Fehlen von Artillerie – sollte sich für die Osmanen als verhängnisvoll herausstellen.

KRIEGSRAT

Die christliche Flotte segelte am 27. September in den Hafen von Korfu. Die Insel war erst vor kurzem überfallen und von osmanischen Truppen geplündert worden; die Zustände dort zeigten, was Italien bevorstand, sollte es den Osmanen je gelingen, an die ungeschützten Küsten zu gelangen. Am Tag darauf erfuhr Juan, dass die feindliche Flotte im Hafen von Lepanto vor Anker lag.

DIE FRÜHESTE *Hinterlader-Seekanone spuckte rund um den Verschluss Feuer, was für die Kanoniere furchtbare Folgen haben konnte. Man füllte Schießpulver in den Hohlraum des Verschlusses, dann lud man das Rohr. Um die Waffe beim Schuss zusammenzuhalten, benötigte man Keile, Gewichte – und Gebete.*

Beide Seiten hielten nun Kriegsrat. Der genuesische Admiral Doria war vor Jahren vom gefürchteten Uludsch Ali vor Tripolis besiegt worden; seither war sein Selbstvertrauen erschüttert. Er warnte Juan, keinesfalls eine offene Seeschlacht zu riskieren. Dorias Kollegen hingegen, unter ihnen Colonna und der spanische Admiral Don Álvaro de Bazán, drängten zum Angriff.

Ali Paschas Kommandanten rieten ebenfalls zur Zurückhaltung; sie hielten die Flotte der Liga für äußerst stark und vermuteten, dass die christlichen Soldaten nach Rache für den Verlust Zyperns dürsteten. Einzig Uludsch Ali hielt die Osmanen für stärker.

DIE SCHLACHTORDNUNG

Am 5. Oktober verließ die Flotte der Heiligen Liga den Hafen. Juan teilte seine Flotte in drei Abteilungen und beschloss, mit einer Schlachtlinie zu kämpfen: Auf der linken Seite platzierte er das venezianische Geschwader mit 64 Galeeren, das unter weißer Flagge fuhr, dazu zwei Galeassen: Sie sollten den osmanischen Angriff mit einem Feuerhagel brechen. Rechts reihten sich unter ihrer grünen Flagge die genuesischen Galeeren Admiral Dorias auf. An Bord der spanischen *Marquesa* befand sich ein junger, etwas weltfremder Freiwilliger namens Miguel de Cervantes, der später als Autor des „Don Quijote" berühmt werden sollte. Die 30 Galeeren starke Reserve sollte die Kampflinie von hinten stützen, wo immer ein Durchbruch der osmanischen Flotte drohte. Juan bildete mit 64 Schiffen das Zentrum der Aufstellung, angeführt von seiner *Real*. Dieser zentrale Abschnitt war zweigeteilt; der linke Flügel stand unter dem Kommando des streitsüchtigen 70-jährigen Venezianers Sebastiano Venier, der rechte, mit den Kriegsschiffen der Malteser und des Papstes, unter Colonna.

DER TAG DER SCHLACHT

Am 7. Oktober, einem Sonntag, wurde die Messe an Bord der Schiffe mit besonderer Feierlichkeit abgehalten, da der Kampf unmittelbar bevorstand. Die Flotte der Heiligen Liga umsegelte die nördliche Küste des Golfs von Patras. Von Osten her näherte sich Ali Paschas Flotte.

Uludsch Ali drängte Ali Pascha, einer Schlacht auszuweichen; doch der Kapudan berief sich auf den Befehl des Sultans: den Feind zu treffen und zu vernichten, wo immer man ihn fände. Die Kriegsschiffe erbebten unter dem Klang aufwühlender Kampfgesänge und dem Lärmen der Flöten, Trommeln und Zimbeln.

Im Gegensatz dazu herrschte an Bord der christlichen Flotte äußerste Stille; Juan hatte selbst das Fluchen und Lästern strengstens untersagt. Während die Galeassen eine halbe Seemeile vor der Hauptkampflinie in Position geschleppt wurden, fiel kein einziger Schuss. Juan fuhr mit seiner *Real* die Flotte entlang und ermahnte seine Männer eindringlich, bis zum Tode zu kämpfen.

Die osmanische Flotte zog in einem riesigen Halbkreis auf, der von einer Küste bis zur anderen reichte, und damit gut einen Kilometer länger als die christliche Formation war. Ali plante, den Gegner an den Flanken anzugreifen und von dort her aufzurollen. Von seinem imposanten Flaggschiff *Sultana* aus befehligte er die 92 Galeeren im Zentrum der osmanischen Kampflinie, während Mohammed Scirocco mit seinen 56 ägyptischen Galeeren die venezianischen Schiffe umfahren sollte, indem er sie so dicht wie möglich an die Küste heran rudern ließ. Auf der linken Seite stand Uludsch Ali mit 63 algerischen und türkischen Galeeren seinem alten Kontrahenten Doria gegenüber.

JUAN DE AUSTRIA, *Großadmiral der Heiligen Liga, wählte mit der* Real *ein vergleichsweise leichtes Flaggschiff für die Seeschlacht. Damit konnte er schnell manövrieren, was die Übermittlung von Anordnungen an die Flotte erleichterte und entscheidend zum Sieg über die Osmanen beitrug.*

DAS ZENTRUM

Als der Wind sich drehte, betrachteten die Christen dies als ein Zeichen, dass Gott heute auf ihrer Seite stand, und so feuerte die *Real* einen Schuss direkt in Richtung auf die *Sultana* ab: Die Schlacht konnte beginnen. Tatsächlich hatte sie bereits begonnen, denn als osmanische Schiffe die Galeassen passierten, wurden sie unter starken Beschuss genommen, sodass einige bereits sanken und andere durch Kanonen- und Arkebusenschüsse so stark beschädigt wurden, dass sie nicht weiterfahren konnten. Juan hatte Order gegeben, dass die Osmanen nur aus nächster Nähe beschossen werden dürften. Waren die Schiffe soweit heran gekommen, attackierten die Christen jedes mit drei Salven. Die Schüsse trafen in die Wasserlinien der Schiffe mit verheerenden Folgen, während das osmanische Feuer nur die Takelage traf oder ganz daneben ging.

Der Bug der *Sultana* rammte das Vorderdeck der *Real*, während von beiden Seiten Enterhaken ausgeworfen wurden. Die Janitscharen waren verbittert, weil die Netze sie am Entern der *Real* hinderten, während spanische und sardische Truppen ungehindert auf die *Sultana* schwärmten. Dort begann ein brutales, hin und her wogendes Handgemenge.

Dabei zog sich Juan eine Beinverletzung zu; Ali hingegen wurde von der Kugel einer Arkebuse am Kopf getroffen. Noch bevor er wieder aufstehen konnte, hieb ihm ein spanischer Soldat den Kopf ab und spießte ihn auf. Beim Anblick ihres toten Großadmirals brach die Kampfmoral der osmanischen Truppen zusammen. Als sich die *Sultana* ergab, war das osmanische Zentrum ausgeschaltet.

DIE LINKE FLANKE

Juans Kollegen auf beiden Seiten hatten es derweil nicht ganz so leicht. Sciroccos Geschwader war größer als das der Venezianer und Admiral Agostin Barbarigos Flaggschiff wurde von acht ägyptischen Galeeren gleichzeitig attackiert; dabei wurde Barbarigo verwundet und übergab das Kommando an seinen Stellvertreter, Federigo Nani, der jedoch getötet wurde. Das tat der Kampfmoral der individualistischen Italiener jedoch keinen Abbruch – sie kämpften unerschrocken weiter. Etwa sechs venezianische Galeeren wurden versenkt und es schien, als ob die Ägypter siegen würden, doch dann revoltierten die christlichen Galeerensklaven auf Sciroccos Flaggschiff und er wurde im Handgemenge enthauptet. Ähnlich wie im Zentrum der Flotte wurden auch die ägyptischen Mannschaften beim Anblick ihres toten Kommandanten entmutigt. Sie flohen an Land und wurden dort von ihren Feinden verfolgt und getötet, bevor sie ins Inland flüchten konnten. Der 70-jährige Venier gab währenddessen seinen Männern ein Beispiel an Wagemut und erklärte, dies sei ein glorreicher Tag, um im Kampf zu sterben. Er legte seine Armbrust an

„Die Seeschlacht von Lepanto“ – das riesige Gemälde von Andrea Micheli (1539–1614) feiert den Sieg der christlichen Heiligen Liga über die osmanisch-muslimische Flotte; heute hängt es im Dogenpalast in Venedig.

und schoss mit geübter Hand und Zielgenauigkeit – das alles mit Pantoffeln an den Füßen: für einen besseren Halt auf dem rutschigen Deck, wie er behauptete.

DIE RECHTE FLANKE

Weiter im Süden verliefen die Kämpfe für die Christen nicht so günstig und dies hätte aufgrund von Dorias Furchtsamkeit und Defätismus den Sieg möglicherweise gefährden können. Wie seine genuesischen Kollegen hatte er sich geschworen, seine Galeere nicht im Kampf zu verlieren – und dementsprechend verhielt sich der gerissene Kommandant. Doria hatte gehofft, Uludsch Ali ausmanövrieren zu können, ohne kämpfen zu müssen. Doch sein ebenso gerissener Gegner hatte dieses vorausgesehen und, da er über weit mehr Schiffe als Doria verfügte, die eigene Kampflinie bis nahe an die Küste des Peloponnes ausgedehnt. Doria war dadurch gezwungen, seine Linie bis an die Grenze des Möglichen zu strecken. Juan de Austria beobachtete dieses Manöver und befahl Doria, die Ausdehnung seiner Kampflinie nach Süden sofort zu stoppen, damit keine Lücke zwischen seinem Geschwader und dem Zentrum der Flotte entstünde.

Doch Doria, der ebenso arrogant wie Uludsch Ali war, ignorierte Befehle von Männern, die er für weniger intelligent hielt; daher reagierte er auf Juans Warnung nicht. Uludsch Ali konnte die Geschwindigkeit seiner Piratengaleere erhöhen, dann wendete er sein Schiff und stieß in die gut 900 m umspannende Lücke, die sich aufgetan hatte. Noch bevor de Bazán oder Juan sie schließen konnten, hatte er sie kurzfristig zu seinem Vorteil genutzt. Wenn der gefürchtete Selim II., „der Trunkene", ihm nicht bei der Rückkehr nach Konstantinopel den Kopf abschlagen sollte, brauchte Uludsch eine „Siegestrophäe". Und so griff er mit sieben eigenen drei Galeeren der Malteser mit 90 Rittern an. Dabei konzentrierte er sich auf das Flaggschiff *Capitana* unter Kapitän Pietro Giustiniani, während die restlichen 16 Schiffe seines Geschwaders die acht Galeeren unter Don Juan de Cardona attackierten. Auf zwei Schiffen, der *San Giovanni* und der *Piemontese*, die Leihgaben des Herzogs von Savoyen waren, verlor Cardona 450 seiner 500 spanischen Soldaten. Uludsch Ali kaperte auch die *Capitana*, doch Kapitän Ojeda von der *Guzmana*, die den Gegenangriffs de Bazáns anführte, konnte sie zurückerobern. An Bord fand er nur noch drei Männer lebend vor, doch die 30 Malteserritter hatten 300 Türken und Algerier mit in den Tod genommen.

DIE FOLGEN

Uludsch Ali konnte mit der Flagge der Malteser fliehen – doch seine 13 Galeeren waren alles, was von der einst so stolzen osmanischen Flotte geblieben war.

Gegen vier Uhr nachmittags war die Schlacht vorüber. Juan de Austria hielt Doria sein Verhalten und seine Fehler niemals öffentlich vor, auch Philipp II. mochte seinem Admiral im Nachhinein vergeben; der Papst aber war blind vor Wut und untersagte dem Genueser, jemals wieder einen Fuß auf römischen Boden zu setzen, sonst lasse er ihn hängen. Am Ende hatten die Christen gesiegt, doch der Preis war hoch: Die Heilige Liga hatte 7000 Männer und 12 Galeeren verloren, doch gleichzeitig 12 000 christliche Galeerensklaven befreit. Nur 10 000 Osmanen überlebten die Schlacht, 25 000 starben, 180 Galeeren waren gesunken. Das osmanische Reich benötige Jahre, um sich von dieser schweren Niederlage zu erholen und die europäische Seefront im Mittelmeer war nicht mehr gefährdet.

DIE GALEASSE

Die hastig in tödliche Waffen umgebauten sechs Galeassen des venezianischen Arsenals dienten vorher als Handelsgaleeren auf den lukrativen Gewürzfahrten nach Südostasien. Diese Giganten waren nach ihrem Umbau mit Kastell und Kanonen derart belastet, dass sie nahezu unbeweglich waren. Sie waren im Vergleich zu anderen Segelschiffen weitaus unhandlicher und schwerfälliger; bei Windstille oder ungünstigen Windverhältnissen allerdings konnten sich diese Eigenschaften vorteilhaft auswirken.

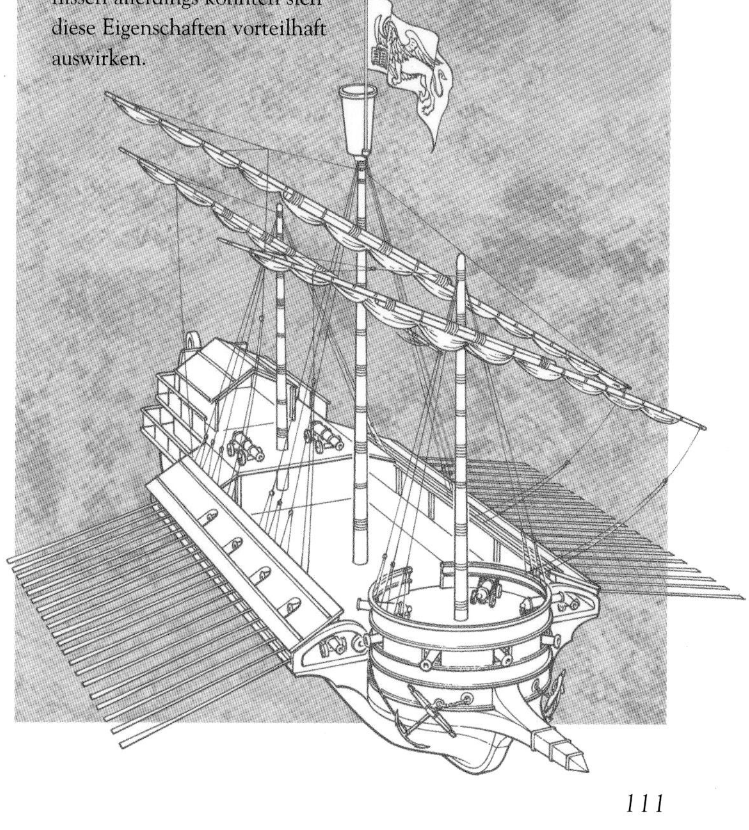

LEPANTO
1 Zum Kampf entschlossen zieht die christliche Flotte in den Golf von Patras und der osmanischen Flotte entgegen, die hier unter dem Schutz von Küstenartillerie vor Anker liegt.
Legende
Flotte der Heiligen Liga
Flotte des Osmanischen Reiches

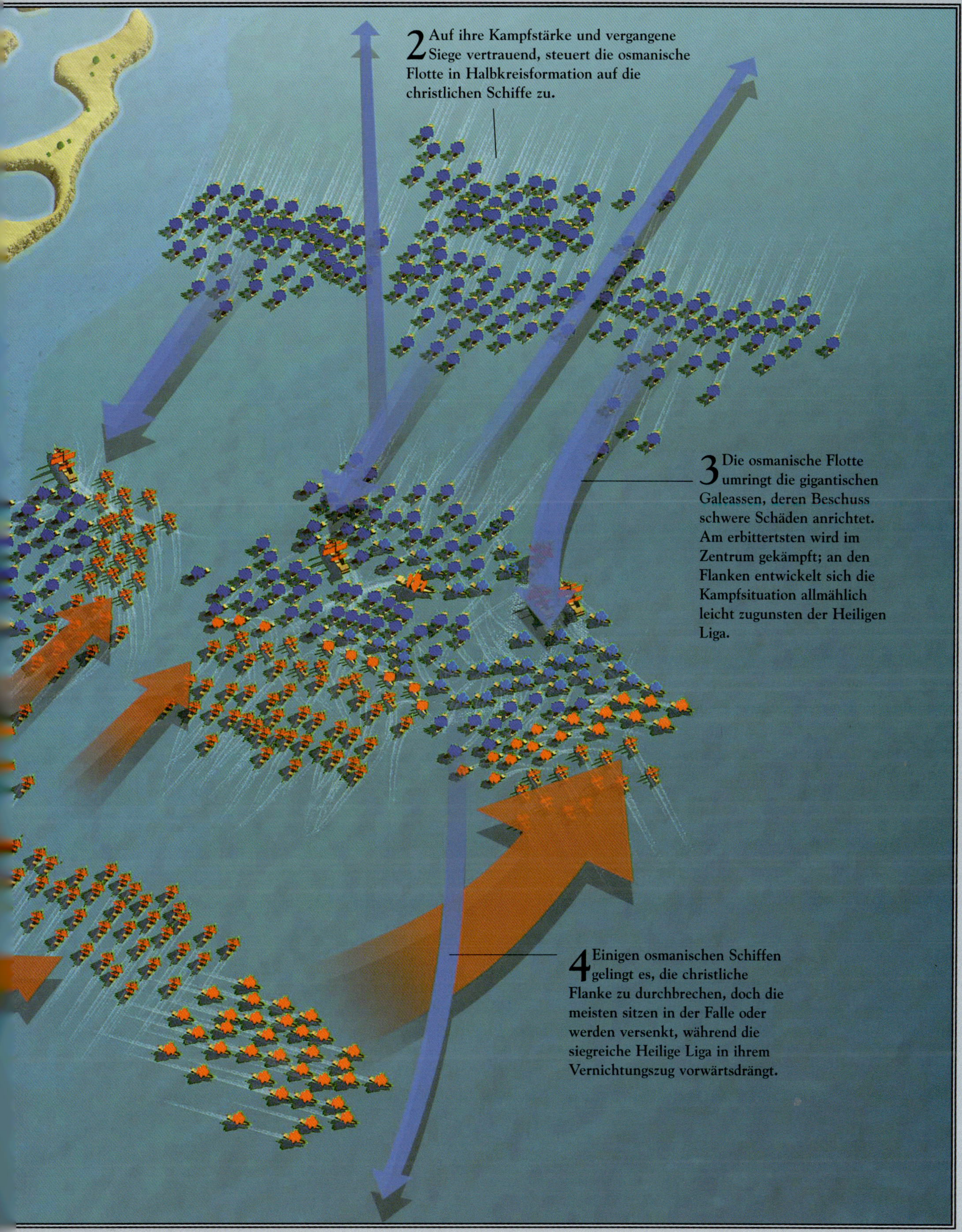

2 Auf ihre Kampfstärke und vergangene Siege vertrauend, steuert die osmanische Flotte in Halbkreisformation auf die christlichen Schiffe zu.

3 Die osmanische Flotte umringt die gigantischen Galeassen, deren Beschuss schwere Schäden anrichtet. Am erbittertsten wird im Zentrum gekämpft; an den Flanken entwickelt sich die Kampfsituation allmählich leicht zugunsten der Heiligen Liga.

4 Einigen osmanischen Schiffen gelingt es, die christliche Flanke zu durchbrechen, doch die meisten sitzen in der Falle oder werden versenkt, während die siegreiche Heilige Liga in ihrem Vernichtungszug vorwärtsdrängt.

DIE ARMADA 1588

Die Zerschlagung der spanischen Armada zählt zu den legendären Siegen der englischen Geschichte. Mit ihren Geschützen waren die Engländer der für Entermanöver ausgerüsteten spanischen Flotte überlegen. Doch erst bei Calais konnten sie die Armada durch eine Attacke mit brennenden Schiffen zerstreuen und so verhindern, dass sie die spanische Armee durch den Ärmelkanal geleitete.

Im Jahr 1585 überfiel Sir Francis Drake die spanische Küste, während die mit den aufständischen Niederlanden verbündeten Engländer mit 4000 Mann in Holland landeten. De facto war dies eine Kriegserklärung Englands an Spanien. Der Herzog von Parma schlug vor, mit 30 000 Soldaten seiner Flandernarmee an der Küste von Kent zu landen, während Don Álvaro de Bazán von Spanien aus 510 Schiffe mit 95 000 Soldaten entsenden wollte. Er hatte die portugiesischen Azoren erobert und am Sieg der Heiligen Liga über die türkische Flotte 1571 bei Lepanto mitgewirkt. Der

DATEN UND FAKTEN

Wer: Philipp II. von Spanien entsandte den Herzog von Medina Sidonia (1550–1615) mit der „unbezwingbaren Armada" gegen die Flotte Königin Elisabeths I. von England unter ihren Kommandeuren Baron Howard von Effingham (1536–1624) und Sir Francis Drake (um 1540–1596).

Was: In dieser historischen Seeschlacht operierten die Engländer erstmals mit Schlachtlinien, die Breitseiten abfeuerten, um die Spanier mit ihrer „Galeerentaktik" auszustechen.

Wo: Im Ärmelkanal zwischen Cornwall und Gravelines an der belgischen Küste.

Wann: 31. Juli bis 9. August 1588.

Warum: Philipp II. plante, in England einzufallen und seinen Feind zu bezwingen.

Ergebnis: Die Engländer konnten die Armada vor Calais zersprengen. Nachdem die Spanier auch bei Gravelines eine Niederlage erlitten, mussten sie die Britischen Inseln umsegeln, um zu entkommen.

ÄRMELKANAL, AUGUST 1588: *Spanier und Engländer treffen aufeinander. Ausschnitt aus einem handkolorierten Stich (National Maritime Museum, London).*

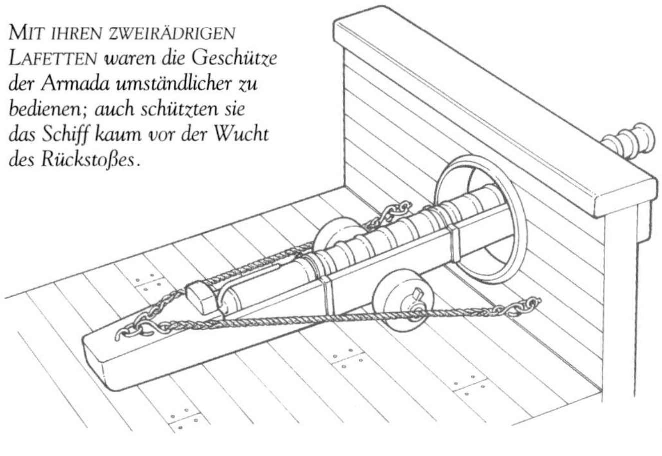

MIT IHREN ZWEIRÄDRIGEN LAFETTEN waren die Geschütze der Armada umständlicher zu bedienen; auch schützten sie das Schiff kaum vor der Wucht des Rückstoßes.

vorsichtige Philipp II. entschied sich für einen Kompromiss: Er würde die Armada in den Ärmelkanal entsenden, damit diese Parma von den Niederlanden aus nach England geleite. Diesem strategischen Kompromiss im Vorfeld der Kampagne muss das Misslingen angelastet werden. Um Zeit für die englischen Abwehrmaßnahmen zu gewinnen, lief Sir Francis Drake mit 22 Schiffen aus: Am 19. April 1587 attackierte er Cádiz, wo er 36 vor Anker liegende Schiffe in Brand setzte oder erbeutete, und im Mai überfiel er die Azoren. Diese Bedrohung zwang Philipp, den Aufbruch der Armada auf das folgende Frühjahr zu verschieben.

Philipp II. hatte Santa Cruz zum Oberbefehlshaber ernannt, doch der Marquis starb im Februar 1588 mitten in den Vorbereitungen. An seine Stelle trat der 38-jährige Don Alonso Pérez de Guzmán, der 7. Herzog von Medina Sidonia, ein begabter Organisator. Fehlende Kampferfahrung machte er mit taktischen und strategischen Fertigkeiten, gesundem Menschenverstand, strenger Disziplin und Entschlossenheit wett. Und er ging mit Energie ans Werk, die Schäden durch Drakes Überfälle und das von Santa Cruz hinterlassene Chaos zu beheben.

AUFBRUCH DER ARMADA

Am 1. April erhielt der Herzog die Weisungen Philipps II.: Er solle nach Margate aufbrechen, um Parma zu unterstützen, der die Themse hinauffahren solle, um London einzunehmen. Dann würde Philipp die englische Königin zu Konzessionen zwingen. Philipp war umsichtig genug, Medina Sidonia zu warnen, dass die Engländer den Nahkampf vermeiden würden, um mit ihren überlegenen Geschützen die spanischen Schiffe zumindest zu beschädigen.

Mit 130 Schiffen, über 2400 Geschützen, 8000 Matrosen und 19 000 Soldaten brach die Armada am 30. Mai 1588 in Lissabon auf. Ihr Anblick mag imposant gewesen sein. In Wahrheit war sie indes weitaus schwächer, denn die Spanier betrachteten den Seekrieg als bloße Variante des Landkriegs. Ihre Erfahrungen beschränkten sich auf die Bekämpfung der Türken im Mittelmeer – dies jedoch mit Galeerenflotten, deren Schiffe schwer bewaffnete Soldaten an Bord hatten. Auch jetzt schickten die Spanier viele Kämpfer in die Schlacht, da sie hofften, an die englischen Schiffe heranzukommen und diese entern zu können.

DIE ENGLISCHE FLOTTE

Ganz anders die Engländer: Sie hatten gelernt, schnelle Galeonen mit zahlreichen mittleren und schweren Geschützen zu bauen. Sie würden ganz auf ihre Feuerkraft und Wendigkeit vertrauen, um die schwerfälligen Schiffe der Spanier auszuschalten. Und die Engländer besaßen noch weitere Vorteile: Sie traten an, um ihr Land gegen einen Eindringling zu verteidigen. Hinzu kam, dass sie gleichsam vor der eigenen Haustür kämpften und den Ärmelkanal gut kannten. Mit diesem kalten, grauen Gewässer waren die Spanier nicht vertraut – und als Angreifer waren sie nicht so hoch motiviert.

Außerdem besaßen die Engländer nahezu professionelle, spezialisierte Mannschaften und Offiziere. Jeder Kapitän hatte auf seinem Schiff das Oberkommando; bei den Spaniern hingegen war die Befehlsgewalt zweigeteilt,

DIESES PORTRÄT (UM 1620) zeigt Lord Howard von Effingham, Graf von Nottingham (1536–1624), der die britische Flotte in die Schlacht gegen die spanische Armada führte.

weshalb Militärs und Zivilisten nicht selten stritten, wer den Vorrang habe. Das Verhältnis zwischen Offizieren und Mannschaften wurde dadurch ebenfalls getrübt. Die Engländer hatten gut ausgebildete Schützenkorps an Bord. Das Laden, Feuern und Nachladen ging ihnen auch bei hohem Seegang leicht von der Hand, während die spanischen Geschütze von Feldartilleristen bedient wurden. Aus diesem Grund erreichten die Engländer eine drei- bis viermal höhere Schussfrequenz.

Auch die Schiffe unterschieden sich stark voneinander. Da sich nicht einmal Philipp II. eine stehende Flotte vom Ausmaß der Armada leisten konnte, hatte man die meisten Schiffe geliehen oder gemietet. Das Aufgebot der Spanier war für eine Seeschlacht weder geeignet noch ausgerüstet. Die größten Schiffe der Hilfsflotte besaßen außerdem keine angemessene Bewaffnung. Im Gegensatz dazu waren die englischen Schiffe von Grund auf als wendige Kriegsschiffe für die heimischen Gewässer und für das schnelle Gefecht ausgelegt. Im Jahr 1588 besaß die Royal Navy 24 neue oder umgerüstete Schiffe, die durch Kaperschiffe und Kauffahrer ergänzt werden konnten. Charles Baron Howard von Effingham, dessen Hauptflotte in Plymouth vor Anker lag, standen insgesamt 105 Schiffe zur Verfügung. Der 52-jährige Howard besaß kaum Erfahrung im Seekrieg oder als Oberkommandierender, im Gegensatz zu altgedienten Freibeutern wie Drake und Frobisher. Drake hatte – wie auch immer – geahnt, dass die Armada in den Ärmelkanal vordringen und versuchen würde, den englischen Feind zu neutralisieren, bevor Parma in England landete.

Für die Engländer waren dies keine schlechten Voraussetzungen, doch sie wussten nicht, wo der Herzog von Parma landen würde. In der Überzeugung, dass der Feind Essex ansteuern würde, hatte Elisabeth ihren Günstling Robert Dudley mit dem Gros der englischen Armee – 14 000 bis 20 000 Mann – dort postiert. So verblieben nur 4000 schlecht ausgerüstete, dienstverpflichtete Truppen zur Bewachung der Küste von Kent, wo Parmas Veteranen tatsächlich landen wollten.

DER ERSTE TAG

Durch einen Sturm aufgehalten, der die riesige Flotte zerstreute, segelte die Armada langsam durch die Biskaya in den Ärmelkanal. In der Nacht auf den 31. Juli querte Howard mit seinen 64 Schiffen den Pfad der vorrückenden Armada, während Drakes Geschwader in Küstennähe blieb. Medina Sidonia formierte seine Flotte zu einem gewaltigen Halbkreis, dessen Mitte aus 90 Schiffen er kommandierte. Die linke Flanke mit 20 Schiffen stand unter dem

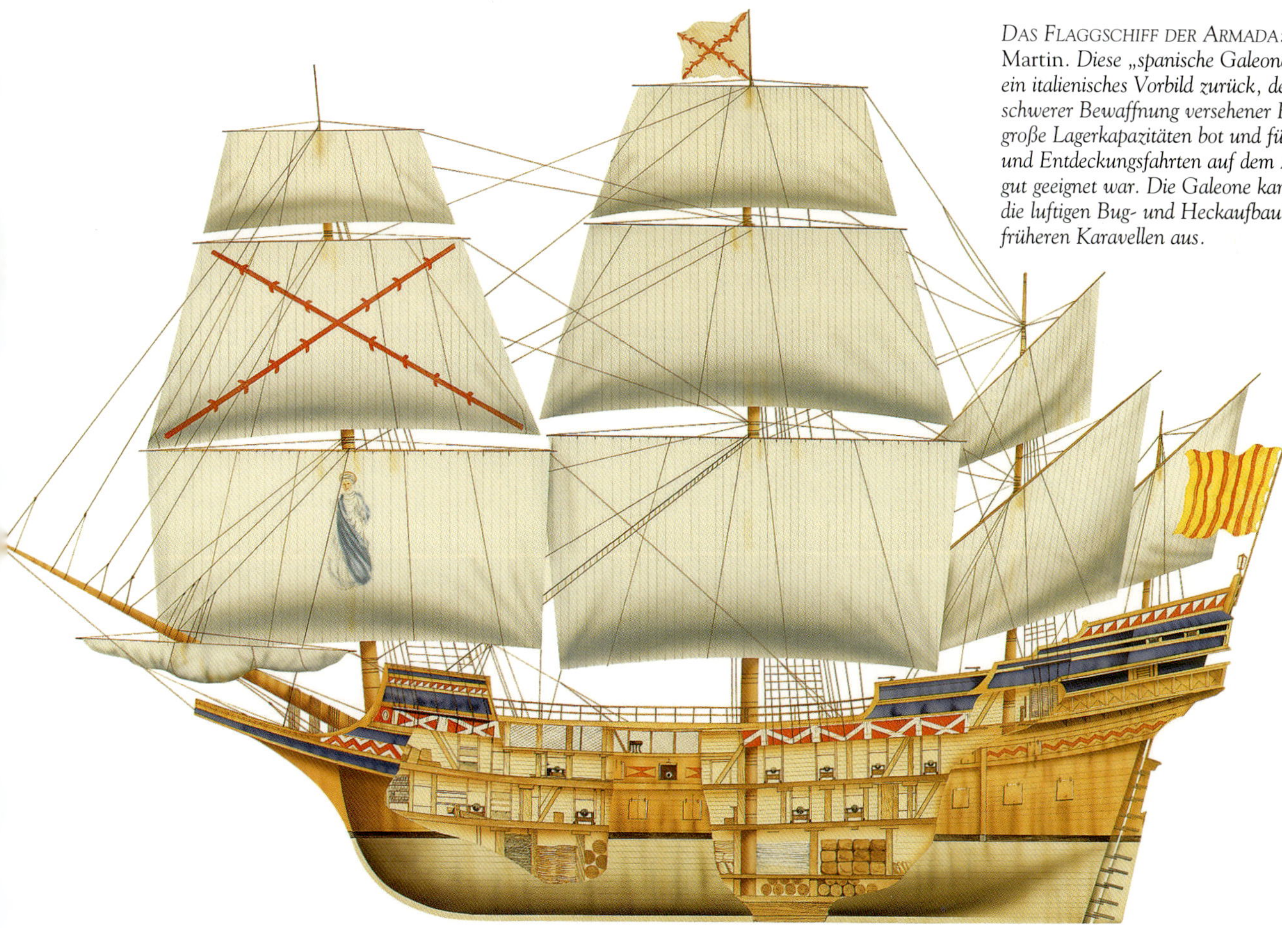

DAS FLAGGSCHIFF DER ARMADA: *die* San Martin. *Diese „spanische Galeone" geht auf ein italienisches Vorbild zurück, dessen mit schwerer Bewaffnung versehener Rumpf große Lagerkapazitäten bot und für Kriege und Entdeckungsfahrten auf dem Atlantik gut geeignet war. Die Galeone kam ohne die luftigen Bug- und Heckaufbauten der früheren Karavellen aus.*

ABGESEHEN VON SEINEM *militärischen Ruhm war Sir Francis Drake auch als Pirat bekannt, der es auf spanische Schiffe abgesehen hatte. Als Entdeckungsreisender war er der erste englische Seefahrer, der die Erde umsegelte.*

Kommando von Don Alonso Martinez de Leiva, die gleich starke rechte unter Don Juan Martinez de Recalde. Mit einer Spanne von gut drei Kilometern bot diese Formation einen wahrhaft furchterregenden Anblick.

Da eine förmliche Kriegserklärung ausgeblieben war, ließ Howard die *Defiance* einen Warnschuss auf die heranrückende Armada abgeben. Dies war das Startsignal. Als sich Howards Flotte zum Gefecht rüstete, bekamen die Spanier Anlass zur Sorge, denn die Engländer formierten sich zu einer Linie: Mit diesem neuen, flexiblen System konnte man den Feind durch Abfeuern von Breitseiten attackieren. Die Engländer waren vorsichtig und vermieden es, den spanischen Schiffen zu nahe zu kommen, denn hier warteten unzählige Kämpfer auf Gelegenheit zum Entern.

WEITERE KAMPFHANDLUNGEN

Auf der beschädigten, von der Armada aufgegebenen *Nuestra Señora del Rosario* war Don Pedro de Valdés am folgenden Tag, dem 1. August, gezwungen, sich Drake an Bord der *Revenge* zu ergeben. Drakes Kritiker glaubten, dass er in der Nacht abgeschwenkt sei, um die *Nuestra Señora* zu kapern.

Während der Kämpfe vom Vortag hatten einige spanische Kommandanten gezögert, ihre Position in der starren Gefechtsordnung zu halten, weshalb Medina Sidonia Order gab, jeden ausscherenden Schiffskapitän wegen Feigheit zu hängen. Dann teilte er das Kommando: Er würde die Vorhut anführen, während Leiva die Nachhut befehligte. Um seine Mannschaften zu beruhigen, schuf er aus den am besten bewaffneten Schiffen zwei schwere Gefechtsgruppen.

Als sich die Armada am 2. August westlich von Portland befand, attackierte Howard erneut, doch die Engländer mussten feststellen, dass ihr Feuer kaum Wirkung zeigte. Die 500 Schuss, die sie auf die *San Martin* abgaben, verursachten keine größeren Schäden. Howard brach das Gefecht ab, da die Munition knapp wurde, und vermerkte, dass die Armada anscheinend doch unbezwingbar war. Am Abend erwog Medina Sidonia, in den Meeresarm Solent zu segeln, um Portsmouth zu erobern und als Stützpunkt zu nutzen. Fest entschlossen, dies zu vereiteln, gliederte Howard seine Flotte in vier Geschwader, mit Drake, Hawkins und Frobisher als weiteren Kommandeuren. Während die übrigen drei Geschwader die Armada aufhielten, stieß Drake in den Ärmelkanal, wendete und lancierte einen unerwarteten Angriff. Die Armada musste ihren Vorstoß auf Portsmouth

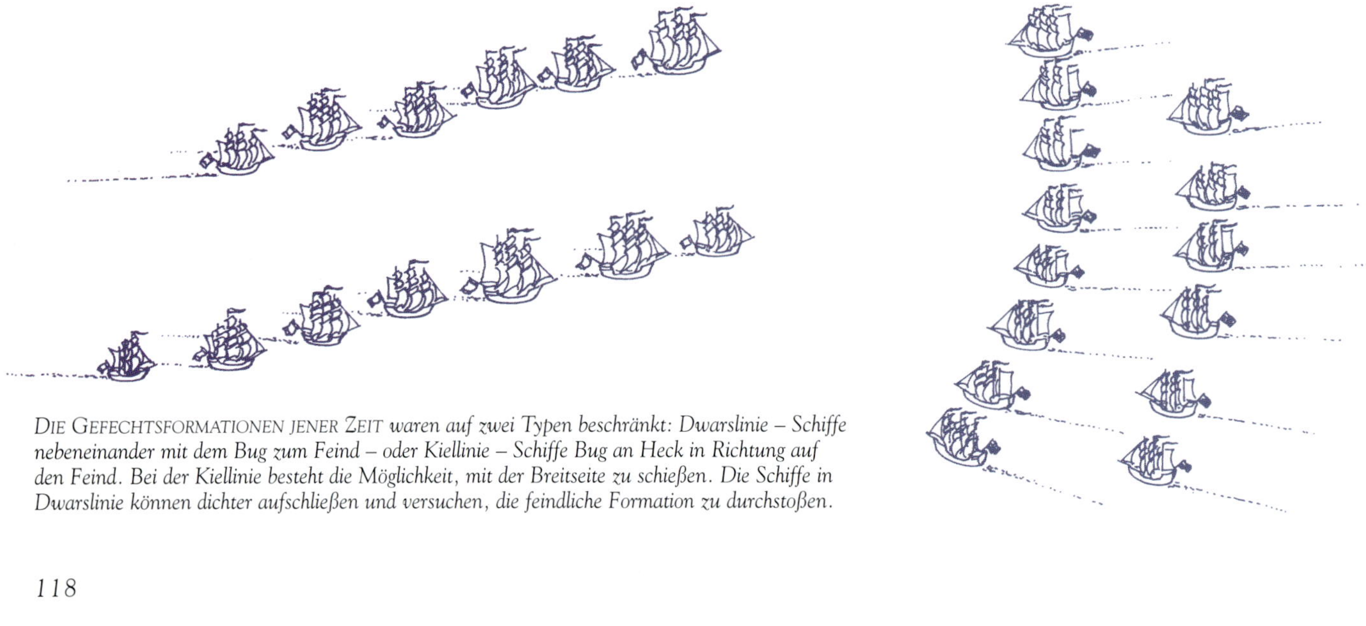

DIE GEFECHTSFORMATIONEN JENER ZEIT *waren auf zwei Typen beschränkt: Dwarslinie – Schiffe nebeneinander mit dem Bug zum Feind – oder Kiellinie – Schiffe Bug an Heck in Richtung auf den Feind. Bei der Kiellinie besteht die Möglichkeit, mit der Breitseite zu schießen. Die Schiffe in Dwarslinie können dichter aufschließen und versuchen, die feindliche Formation zu durchstoßen.*

aufgeben und sich zurückziehen. Trotz dieser Wende blieb die Armada zwei Tage lang unbehelligt und erreichte Calais am Nachmittag des 6. August.

BRENNENDE SCHIFFE (BRANDER)

Für die schwer bedrängten Spanier war Calais alles andere als ein sicheres Refugium, denn der seichte, offene Hafen bot kaum Schutz vor einem Angriff. Doch in Frankreich tobte ein Glaubenskrieg zwischen Katholiken und Protestanten, und der Hafen von Calais befand sich in katholischer Hand. Als eifriger Katholik begrüßte der französische Gouverneur die Armada mit offenen Armen. Am gleichen Abend brachte ein Kurier die schlechte Nachricht aus Parmas Hauptquartier, dass dieser noch weitere sechs Tage brauchen würde. Medina Sidonia begriff, dass die Engländer und ihre mit 140 Schiffen vor der Küste lauernden niederländischen Verbündeten wohl kaum so lange warten würden.

Damit hatte er recht, denn Howard hatte am Morgen des 7. August an Bord seines Flaggschiffs *Ark Royal* Kriegsrat gehalten, wo man beschloss, acht Brander gegen die ankernde Armada zu entsenden. Dies sollte Verwirrung stiften und es den Engländern ermöglichen, die spanischen Schiffe aus nächster Nähe zu vernichten. Sein Plan sollte letztlich aufgehen. Medina Sidonia hatte mit einer Branderattacke gerechnet, weshalb in der folgenden Nacht tatsächlich zwei der brennenden Schiffe unschädlich gemacht werden konnten. Doch sechs Brander kamen durch. Die Engländer hatten die Geschützrohre mit Doppelgeschossen geladen, sodass die gewaltigen Explosionen zusammen mit Rauch und Feuer große Panik verbreiteten. Die meisten spanischen Kapitäne verloren die Nerven und kappten die Taue, um ihr Leben zu retten, obwohl der Herzog befohlen hatte, erst nach überstandener Attacke die Anker zu lichten und auf die alten Positionen zurückzukehren.

Am frühen Morgen des 8. August blieben dem Herzog nur mehr sein Flaggschiff und vier Geleitschiffe. Nur allmählich kehrten die spanischen Schiffe zurück, um sich neu zu formieren, während schwer bewaffnete Galeonen die versprengte Nachhut schützten. Jetzt hatten die Engländer die Armada dort, wo sie sie haben wollten: aufgefächert in den seichten, flandrischen Küstengewässern. Endlich konnten die Engländer aus kürzester Entfernung die verheerende Wirkung ihrer überlegenen Feuerkraft erproben. Die am gleichen Tag in den Untiefen zwischen Gravelines und Ostende ausgetragene Schlacht von Gravelines dauerte neun Stunden. Die *San Martin* wurde durch 200 Treffer schwer beschädigt und leck geschlagen, während ihr portugiesisches Schwesterschiff, die *San Mateo*, ebenfalls von feindlichen Geschossen durchsiebt wurde. Beide liefen zwischen Nieuwpoort und Ostende auf Grund und fielen mitsamt ihrer Besatzung in holländische Hände. Die *El Gran Grifon* und ein weiteres Schiff liefen ebenfalls auf Grund, während die *Maria Juan* als einziges Schiff tatsächlich versenkt wurde.

DIE FOLGEN

Angesichts von 1000 Toten und 800 Verwundeten brach die Moral der Spanier zusammen. Medina Sidonia bemühte sich verzweifelt, seine verbliebenen Kapitäne um sich zu sammeln. Ihre Rechtfertigungen, warum sie nicht in die geschlossene Formation zurückgekehrt waren, vermochten den Herzog nicht zu überzeugen. Mit eisiger Stimme wandte er sich einfach an den Marineprofoss und befahl, die Verräter zu hängen. Schließlich wurden fast alle verschont, ausgenommen Don Cristobal de Ávila, den man an einer Rahe hängte. Sein Leichnam wurde in einem Beiboot zur Schau gestellt, um Ruhe und Ordnung wiederherzustellen.

Die Armada hatte die Schlacht gegen England verloren. Nachdem wieder Disziplin eingekehrt war, brach man zu der beschwerlichen Umsegelung Englands und Schottlands auf, um schließlich nach Spanien zurückzukehren. Es spricht für Medina Sidonias Führungsqualitäten und die Moral und Robustheit seiner Männer, dass es überhaupt so viele Schiffe bis nach Hause schafften.

LAFETTE EINES SCHIFFSGESCHÜTZES

Die Räder dieser Geschützlafette gestatteten die Umwandlung des Rückstoßes in Bewegungsenergie; so konnten Schäden am hölzernen Rumpf vermieden werden. Durch Verstellen des Holzkeils unter dem Verschlussstück ließ sich die Flugbahn beeinflussen. Derartige Lafetten trugen dazu bei, dass die Briten in der Schlacht gegen die Armada eine höhere Schussfrequenz erreichten.

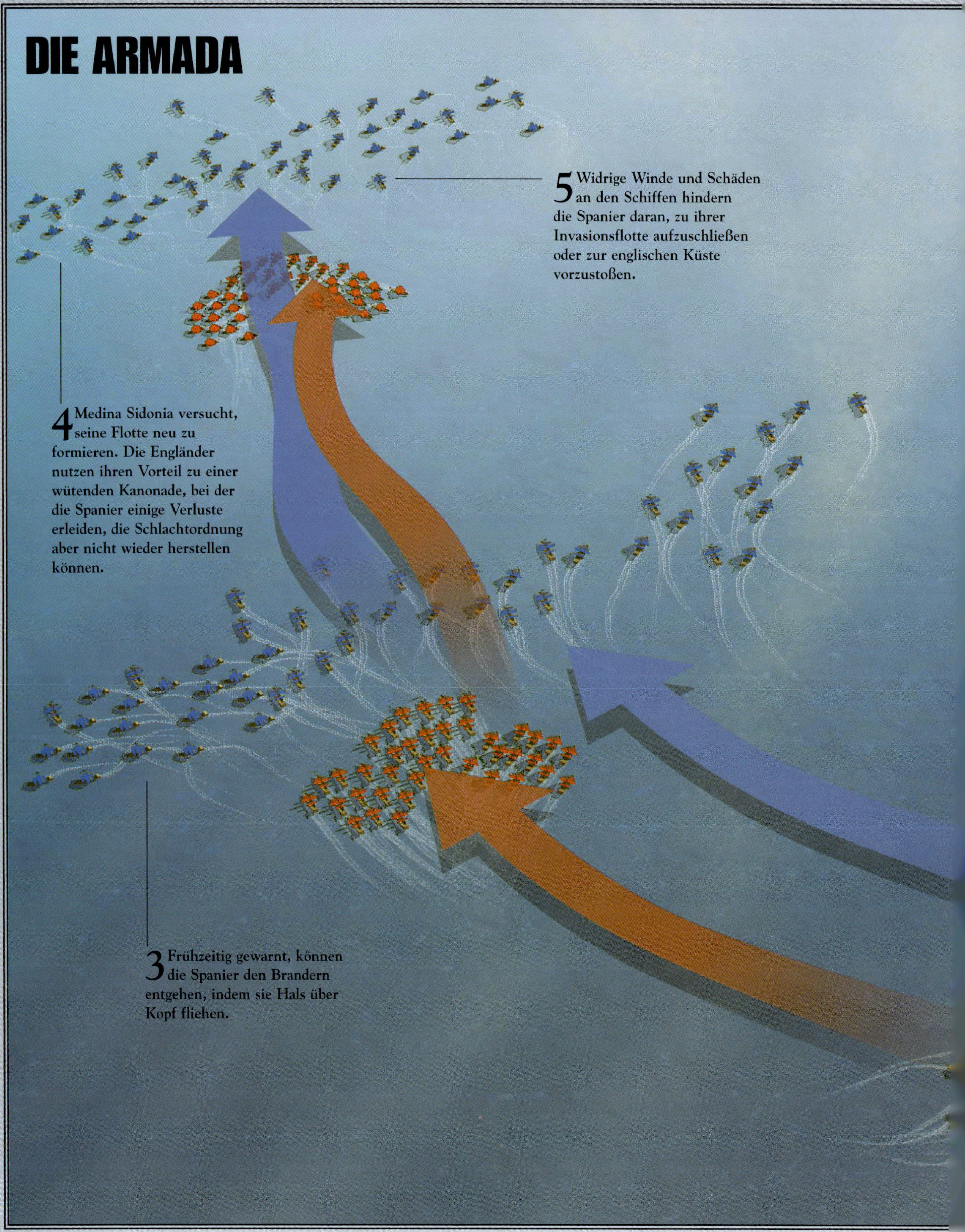
DIE ARMADA
5 Widrige Winde und Schäden an den Schiffen hindern die Spanier daran, zu ihrer Invasionsflotte aufzuschließen oder zur englischen Küste vorzustoßen.
4 Medina Sidonia versucht, seine Flotte neu zu formieren. Die Engländer nutzen ihren Vorteil zu einer wütenden Kanonade, bei der die Spanier einige Verluste erleiden, die Schlachtordnung aber nicht wieder herstellen können.
3 Frühzeitig gewarnt, können die Spanier den Brandern entgehen, indem sie Hals über Kopf fliehen.

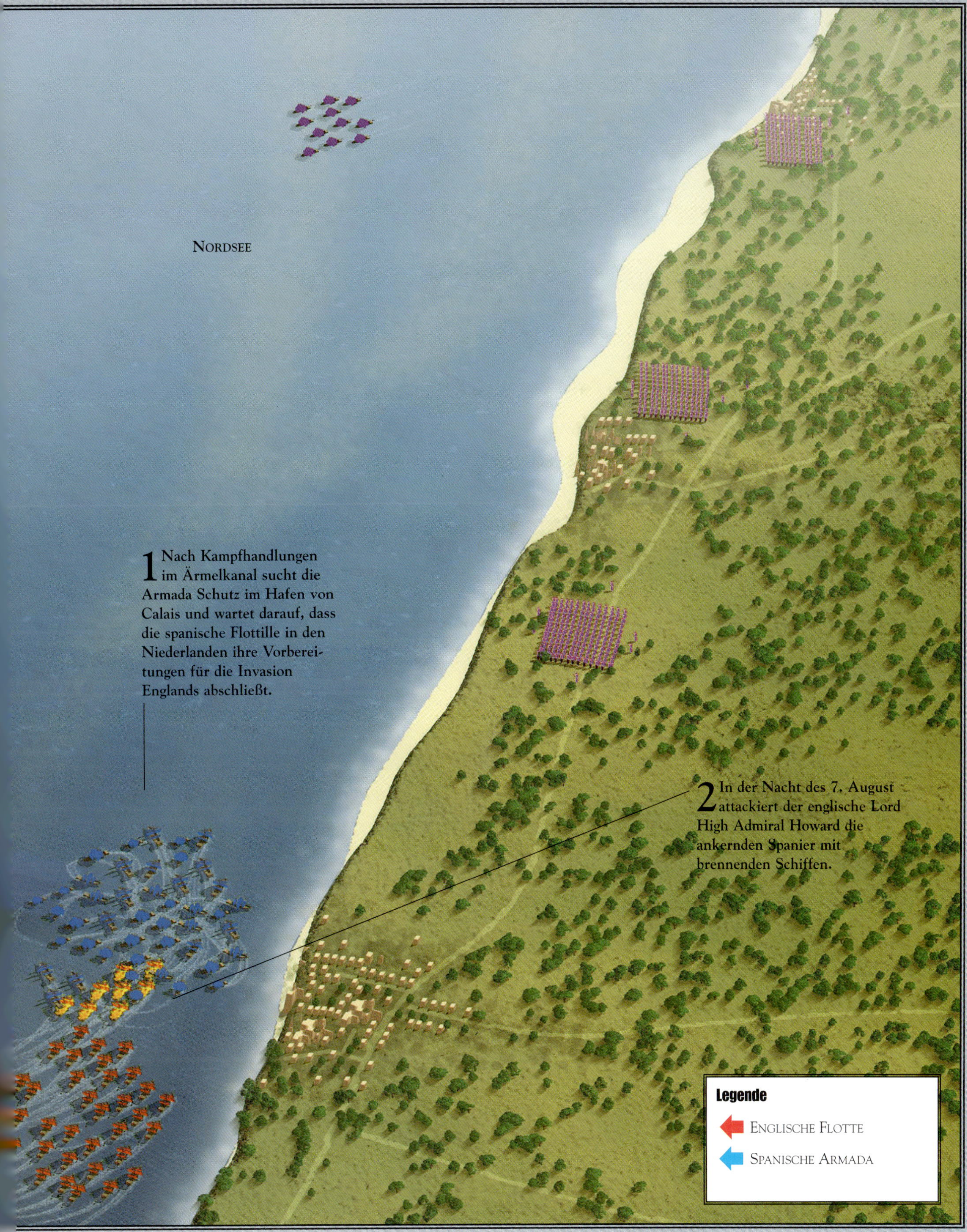
NORDSEE
1 Nach Kampfhandlungen im Ärmelkanal sucht die Armada Schutz im Hafen von Calais und wartet darauf, dass die spanische Flottille in den Niederlanden ihre Vorbereitungen für die Invasion Englands abschließt.
2 In der Nacht des 7. August attackiert der englische Lord High Admiral Howard die ankernden Spanier mit brennenden Schiffen.
Legende
ENGLISCHE FLOTTE
SPANISCHE ARMADA

LÜTZEN 1632

In einer der großen Schlachten des Dreißigjährigen Krieges stand Gustav Adolf von Schweden in Lützen einer erneuerten kaiserlichen Armee unter Wallenstein gegenüber. Der schwedische König fiel, doch seine Truppen sammelten sich und besiegten nach heftigem Gefecht einen Gegner, der aus seinen Niederlagen gelernt hatte.

Jenen böhmischen Patrioten, die zwei kaiserliche Statthalter aus den Fenstern des Prager Hradschins geworfen hatten, war schwerlich bewusst, dass ihr Handeln den längsten Krieg in der jüngeren europäischen Geschichte auslösen würde. Ferdinand II., Kaiser des Heiligen Römischen Reiches, hatte das Kommando über die kaiserliche Armee an Albrecht von Wallenstein übertragen, einen ränkevollen tschechischen Adeligen. Zusammen mit Feldmarschall Tilly hatte er die Dänen vertrieben, Norddeutschland unterworfen und für Ferdinand II. gesichert. Er belohnte Wallensteins Siege jedoch mit dessen plötzlicher Entlassung. Der Zeitpunkt hierfür war denkbar ungünstig, denn die Kaiserlichen standen kurz davor, den Schweden, ihrem mächtigsten Feind, zu begegnen und von ihnen vernichtet zu werden.

DATEN UND FAKTEN

Wer: König Gustav II. Adolf von Schweden (1594–1632) als Kommandeur der schwedischen Armee gegen Albrecht von Wallenstein, Herzog von Friedland und Mecklenburg (1583–1634) als Generalissimus der kaiserlichen Armee.

Was: In der erbittert geführten Schlacht zeigten die Kaiserlichen, dass sie aus ihrer früheren Niederlage gegen die Schweden gelernt hatten. Gustav fiel, doch die Schweden siegten.

Wo: Vor Lützen bei Leipzig (Sachsen).

Wann: 16. November 1632..

Warum: Wallenstein bedrohte das mit Schweden verbündete Sachsen.

Ergebnis: Die Schlacht rettete Sachsen, doch der Dreißigjährige Krieg (1618– 1648) schleppte sich trotz dieses schwer erkämpften Siegs der Protestanten weiter dahin.

BLICK AUF DIE TRUPPENBEWEGUNGEN *während der Schlacht bei Lützen. Die von Gustav Adolf favorisierten Infanteriekolonnen formieren sich zum Angriff.*

DIE SCHWEDISCHE ARMEE

Gustav II. Adolf war 1611 mit 17 Jahren König von Schweden geworden und hatte zwischen 1611 und 1630 im Kampf gegen die Russen und Polen wertvolle Erfahrungen gewonnen. Der junge König modernisierte die schwedische Armee und schuf Europas erstes professionelles stehendes Heer. Seine Artillerie folgte dem niederländischen Vorbild, verwendete aber leichtere, beweglichere Geschütze mit Standardkalibern, die von Berufssoldaten bedient wurden. Die Artillerie kam in enger Kooperation mit der Infanterie zum Einsatz.

Die Pikeniere erhielten eine leichtere Rüstung und kürzere Piken und die Musketiere leichtere Musketen. Beide wurden in gemischten Brigaden oder Kolonnen angeordnet, um die Mobilität zu erhöhen. Den Tross reduzierte man auf ein absolutes Minimum mit Blick auf ein erhöhtes Marschtempo und größere Beweglichkeit. Anders als die kaiserlichen Kürassiere war die Kavallerie nur leicht geharnischt und konnte unter dem Feuerschutz der Artillerie die feindlichen Flanken in hohem Tempo attackieren.

BREITENFELD

So schickte sich im Jahr 1630 eine neue, noch unerfahrene Armee an, erstmals auf das europäische Festland vorzudringen. Die Schweden fürchteten, dass Wallenstein Stralsund einnehmen, mit der Hilfe von Freibeutern die Ostsee beherrschen und womöglich sogar Schweden bedrohen könnte.

ALS SICH DER SCHWEDISCHE KÖNIG in das Gefecht gestürzt hatte, um eine geschwächte Brigade zu unterstützen, wurde er von seiner Eskorte abgeschnitten. Er wurde auf seinem verwundeten Pferd umzingelt und getötet.

Anfang Juli 1630 traf Gustav Adolf mit 13 000 Mann in Norddeutschland ein. Während der neue kaiserliche Feldherr Johann Graf von Tilly (1559–1632) Magdeburg plünderte, marschierte Gustav auf Berlin und zwang Kurfürst Georg Wilhelm, sich ihm anzuschließen, wenn er seiner Hauptstadt das Schicksal Magdeburgs ersparen wolle. Als Tilly mit der kaiserlichen Armee in Sachsen einfiel, blieb Kurfürst Johann Georg I. kaum etwas anderes übrig, als zu einem „Verbündeten" der Schweden zu werden. Die 47 000 Mann starke sächsisch-schwedische Armee marschierte Richtung Leipzig und stieß am 17. September unweit der Ortschaft Breitenfeld auf Graf zu Pappenheim (1594–1632), der die kaiserliche Reiterei befehligte.

Tilly war bereits 72 und praktizierte weiterhin die „spanische" Kriegführung in Form gewaltiger Karrees aus 1500 bis 2000 Mann mit Musketen und Piken, beidseits flankiert von schwerer Kavallerie. Seine 40 000 Mann stellte er in Form von 17 Karrees auf, mit 10 000 Mann schwerer Kavallerie in kleineren Gevierten an den Seiten. Gustav platzierte Schweden und finnische Elitetruppen in der Mitte, unterstützt durch drei Brigaden aus schottischen Söldnern. Zur Linken stand Gustaf Graf Horn mit einer gemischten Truppe, während die gesamte rechte Flanke aus kurfürstlichen Sachsen bestand. Die schwedische Artillerie konnte mit einer dreimal höheren Schussfrequenz aufwarten als die Kaiserlichen.

Tillys rechter Flügel missdeutete Pappenheims eigenmächtigen Angriff als Signal für einen allgemeinen Vorstoß gegen die Sachsen, die die Flucht ergriffen, angeführt vom Kurfürsten. Auf einen Schlag war damit ein Drittel der

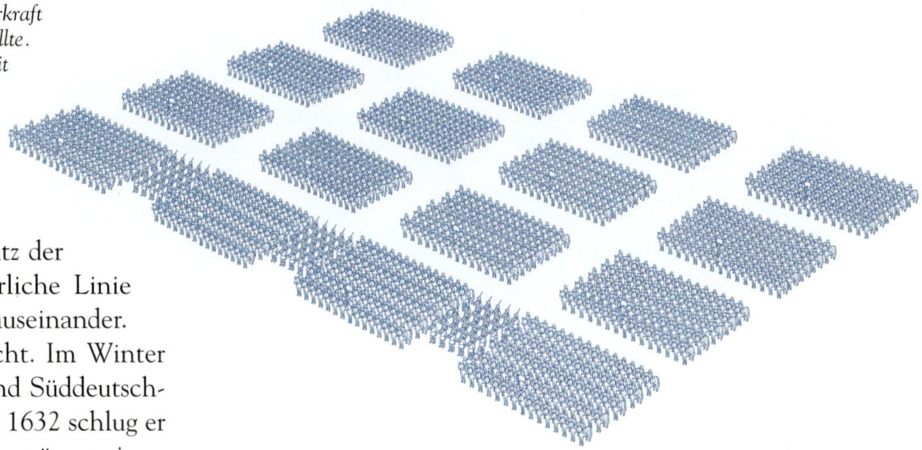

GUSTAV ADOLF hatte begriffen, dass seine Kavallerie Feuerkraft benötigte, wenn sie die feindlichen Reihen durchbrechen wollte. So kopierte er das niederländische System, die Kavallerie mit Musketiertrupps zu durchsetzen.

alliierten Armee weggefallen. Da Gustavs Truppen jedoch doppelt so wendig waren wie die Tillys, konnten die Verbündeten den Platz der Sachsen rasch besetzen. Die gesamte kaiserliche Linie begann einzuknicken und brach schließlich auseinander.

Gustav hatte den Krieg neuerlich entfacht. Im Winter 1631/32 besetzte er weite Teile von West- und Süddeutschland und bedrohte sogar Wien. Am 15. April 1632 schlug er Tilly bei Rain am Lech, der zwei Wochen später seinen Verletzungen erlag. Der Not gehorchend, sah sich Ferdinand II. gezwungen, Wallenstein zurückzurufen – den einzigen Befehlshaber, der willens und fähig war, den Schweden Einhalt zu gebieten.

DER FELDZUG VON LÜTZEN

Es sah gut aus für die Kaiserlichen, denn Wallenstein war ein kluger, berechnender Stratege, der es darauf anlegte, Gustav die Initiative zu überlassen. Am 3. September unternahm die alliierte Armee einen erfolglosen Angriff auf Wallensteins befestigte Stellungen in Fürth, bei dem sie 3000 Mann verlor. Wallenstein entzog sich und fiel in Sachsen ein. Anfang November machte er jedoch den Fehler, ins Winterquartier zu gehen und Pappenheim mit der Kavallerie (8000 Mann) nach Halle zu schicken.

Gustav nutzte das zu seinem Vorteil und eilte am 15. November Richtung Pergau, um sich mit den Sachsen zusammenzuschließen. Nach 15 Kriegsjahren waren die Felder verwüstet und konnten die Soldaten nicht ernähren. Was Gustav brauchte, war eine Vernichtungsschlacht, damit wieder Ruhe einkehrte. Der alliierte Vorstoß wurde an jenem Tag an der Rippach durch kaiserliche Kavallerie stundenlang blockiert. Gustav blieb keine andere Wahl, als Richtung Lützen zu ziehen. Die aus Schweden, Finnen, Deutschen und Schotten bestehenden alliierten Truppen verbrachten eine kalte, trostlose Nacht im Freien, während die kaiserliche Armee nur fünf Kilometer entfernt biwakierte.

Wallenstein litt derart unter der Gicht, dass man ihn in einer Sänfte tragen musste. Er war entschlossen, in der Defensive zu bleiben, da er sein Bestes getan hatte, eine Schlacht überhaupt zu vermeiden. Lützen lag in der norddeutschen Tiefebene und wurde von Südwesten nach Nordosten von der Hauptstraße nach Leipzig durchschnitten. Diese dammartig erhöhte Straße bildete eine

DER NIEDERGANG der geharnischten Kavallerie und die Rückkehr des Infanteristen ins Zentrum des Schlachtfeldes ging mit einer Wiederbelebung des militärischen Drills einher. Dargestellt ist eine Einheit exerzierender Pikeniere.

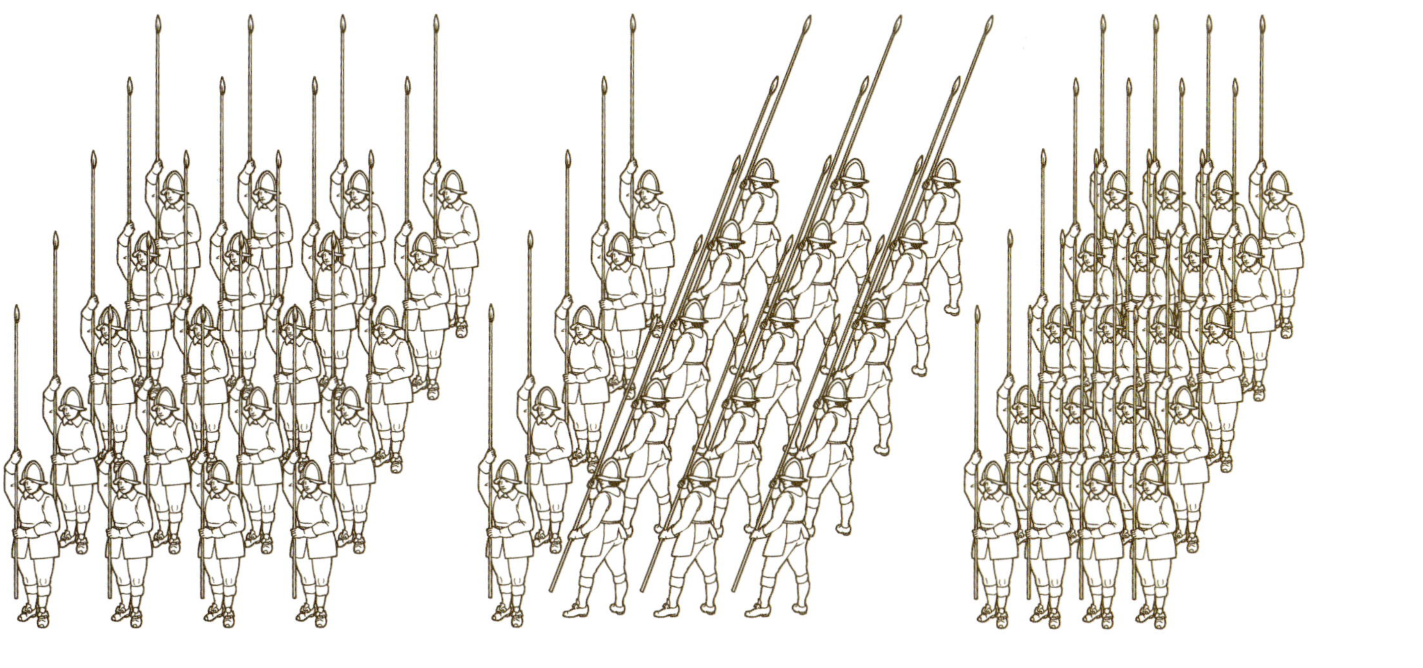

Die ersten in Europa verwendeten Geschütze waren überaus schwerfällig und bedurften größerer Ochsen- oder Pferdegespanne. Monarchen und Generäle suchten ständig nach leichteren und doch stärkeren Geschützen, die problemloser transportiert und zugleich vielseitiger eingesetzt werden konnten.

natürliche Verteidigungslinie für die Kaiserlichen. Wallensteins Männer verbrachten den 15. November und die folgende Nacht damit, aus dem beidseits der Straße gelegenen Floßgraben eine Reihe von Schützengräben für die Musketiere zu schaffen.

DIE SCHLACHTORDNUNG

Wallenstein verfügte über ca. 25 000 Mann – gegenüber 19 000 Alliierten – mit Pappenheims 8000 als Verstärkung, die er in einer Linie nördlich der Leipziger Straße aufzustellen gedachte. Die rechte Flanke rastete auf dem Windmühlenhügel, einer Kuppe nördlich von Lützen, während die linke im offenen Gelände lagerte. Doch Wallenstein hatte aus dem Desaster von Breitenfeld gelernt: Seine Infanterie bewegte sich nun in flacheren, wendigeren Formationen mit eigener leichter Artillerie. Die drei kaiserlichen Batterien mit insgesamt rund 60 Geschützen waren gut platziert und geschützt, während die Kavallerie Taktiken und Ausrüstungen der Schweden übernommen hatte. Wallenstein platzierte sich selbst mitsamt Infanterie in vier Abteilungen im Zentrum, mit Colloredos Kavallerie zur Linken und Octavio Piccolominis Kavallerie zur Rechten. Dann ließ er Lützen anzünden, um einen Sichtschutz zu schaffen und den Feind daran zu hindern, sich in den Häusern zu verschanzen.

Beim ersten Licht eines trüben Morgens brachten sich die Schweden und ihre Verbündeten gegenüber den Kaiserlichen in Stellung. In der Mitte standen Brahe und Knyphausen mit je vier Infanteriebrigaden. Die rechte, vor allem aus Schweden und Finnen bestehende Flanke stand unter Gustavs persönlichem Kommando, die linke wurde von Herzog Bernhard von Sachsen-Weimar (1604–1639) befehligt.

DIE SCHLACHT BEGINNT

Da sich der Nebel im Laufe des Morgens verdichtete, musste Gustav den für 8 Uhr geplanten Angriff auf 11 Uhr verschieben, bis sich der Nebel vorübergehend lichtete. Durch geschickt koordiniertes Geschütz- und Musketenfeuer der Kaiserlichen kam der Vorstoß links und in der Mitte zum Erliegen. Ein Durchbruch gelang nur rechts, doch zu einem hohen Preis. Der schwedischen und der „Gelben Brigade" gelang es, die Musketiere in den Schützengräben auszuschalten, die Straße zu überwinden und die nördlich gelegenen Batterien zu erobern.

Als sich der Nebel erneut auf das Schlachtfeld senkte, entstand ein mörderisches Patt. Gerade als die kaiserliche Linke zerfiel, traf Pappenheim ein und bewahrte die kaiserliche Armee davor, vom Feind überrannt zu werden. In dem nun entstehenden Gemetzel verlor die schwedische Brigade 70 Prozent ihrer Pikeniere und 40 Prozent ihrer Musketiere. Doch auch die Gegenseite wurde nicht minder übel zugerichtet: Piccolomini wurden fünf Pferde getötet, während er selbst ebenso häufig verwundet wurde. Die auf versprengte Grüppchen beidseits des Straßendamms reduzierte schwedische Kavallerie begann zu verzagen und konnte erst durch Jakob Fabricius, den obersten Feldkaplan, beruhigt und in die Schlacht zurückgeführt werden.

Albrecht von Wallenstein, Generalissimus der kaiserlichen Armee während des Dreißigjährigen Krieges, in einem Harnisch aus beweglich verbundenen Eisenplatten, wie er bei der Kavallerie jener Zeit verwendet wurde.

DER TOD GUSTAV ADOLFS

Für den König hatte sich die Situation inzwischen verschlimmert. Er übernahm das Kommando über die Småland-Kavallerie und ritt nach Norden, um die schwer bedrängten schwedischen und finnischen Truppen nördlich der Straße zu unterstützen. Als diese vorzurücken begannen, senkte sich dichter Nebel herab. Zugleich stießen kaiserliche Kürassiere in das Småland-Regiment hinein.

Eine Kugel traf Gustav in seinen linken Arm, wodurch er gezwungen wurde, das Schwert aus der Hand zu legen und die Zügel seines Pferdes in die Rechte zu nehmen. Von den Smålandern abgeschnitten, erhielt er von dem kaiserlichen Offizier Moritz von Falkenberg, der dann selbst vom Pferd geschossen wurde, einen Schuss in den Rücken. Einer seiner Leibwächter versuchte den verwundeten König im Sattel aufzurichten, doch Gustav fiel vom Sattel, wobei sich ein Fuß im Steigbügel verfing. Nach einigen Metern blieb er, noch lebend, am Boden liegen. Als Piccolomini eintraf, um dem Gerücht nachzugehen, der Todfeind liege im Sterben, gab er Order, den König zu töten.

Die Schweden und ihre Verbündeten hatten bereits erfahren, dass der König gefallen war, und fürchteten nun, alles sei aus. Bernhard versammelte die zaudernden Männer zu einem Gegenangriff. Beim Vorrücken stießen sie auf den verstümmelten und entblößten Leichnam ihres heldenhaften Königs. Wie Bernhard es vorausgesehen hatte, dürsteten seine Mannen nun nach Rache für Gustavs unwürdigen Tod. Der schwedische Generalangriff hatte die kaiserliche Linie halbmondartig verbogen, doch inzwischen waren beide Seiten des Kämpfens müde und überdrüssig. Es ging einfach nicht weiter. Bernhard gelangte zu dem Entschluss, dass sich diese elende Schlacht nur auf eine Art beenden ließe: Angriff auf den Windmühlenhügel, Ausschalten der restlichen 13 Geschütze Wallensteins und Durchbruch zwischen Zentrum und linker Flanke des Feindes.

Die schwedischen Batterien entfachten ein derartiges Kanonenfeuer, dass die feindlichen Geschütze auf dem Hügel verstummten. Um 15 Uhr marschierten Schweden, Finnen und weitere Truppen im Takt der Trommeln und mit wehenden Fahnen geschwind den Hang hinauf. Durch schweren Beschuss zurückgeworfen, sammelten sie sich und attackierten erneut, bis sie den Hügel und die umliegenden, mit Toten und Sterbenden gefüllten Schützengräben unter Kontrolle hatten. Nach zweistündigem schwerem Kampf wurde oben auf dem Hügel schließlich die schwedische Flagge gehisst. Die Schlacht war gewonnen.

DIE FOLGEN

Walleinstein hätte weiterkämpfen können, doch seine Truppen waren nun überaus erschöpft und demoralisiert. Dieses Gemetzel hatte 7000 Leben gekostet – unter den 4000 gefallenen Kaiserlichen befand sich auch Wallensteins Sohn Bertold.

Lützen bedeutete einen knappen Sieg der Schweden und ihrer Verbündeten, den sie Bernhard verdankten. Nicht einmal zwei Jahre später wurde Wallenstein ermordet, während Bernhard 1634 in Nördlingen den Spaniern und Kaiserlichen unterlag. Erstaunlicherweise zog sich der Krieg hin, bis die erschöpften Kombattanten am 24. Oktober 1648 endlich die Waffen ruhen ließen und den Westfälischen Frieden schlossen.

KAISERLICHER KÜRASSIER

Im Dreißigjährigen Krieg setzten die Kürassiere zum optimalen Schutz weiterhin auf den Harnisch, hatten jedoch die Lanze gegen Pistolen eingetauscht. Ihre Rüstung war meist von guter Qualität und hielt Schwerthieben wie Pistolenkugeln stand. Gelenkverbindungen erlaubten eine große Bewegungsfreiheit, trugen dem Träger aber auch Spitznamen wie „Hummer" ein.

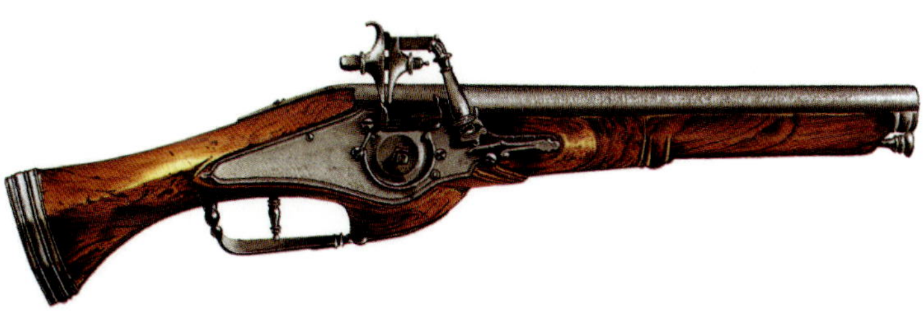

Reiter, die in die Schlacht zogen, bevorzugten die Radschlosspistole. Diese ließ sich leichter handhaben als die älteren Modelle. Vor allem entfiel die umständliche Verwendung einer Lunte.

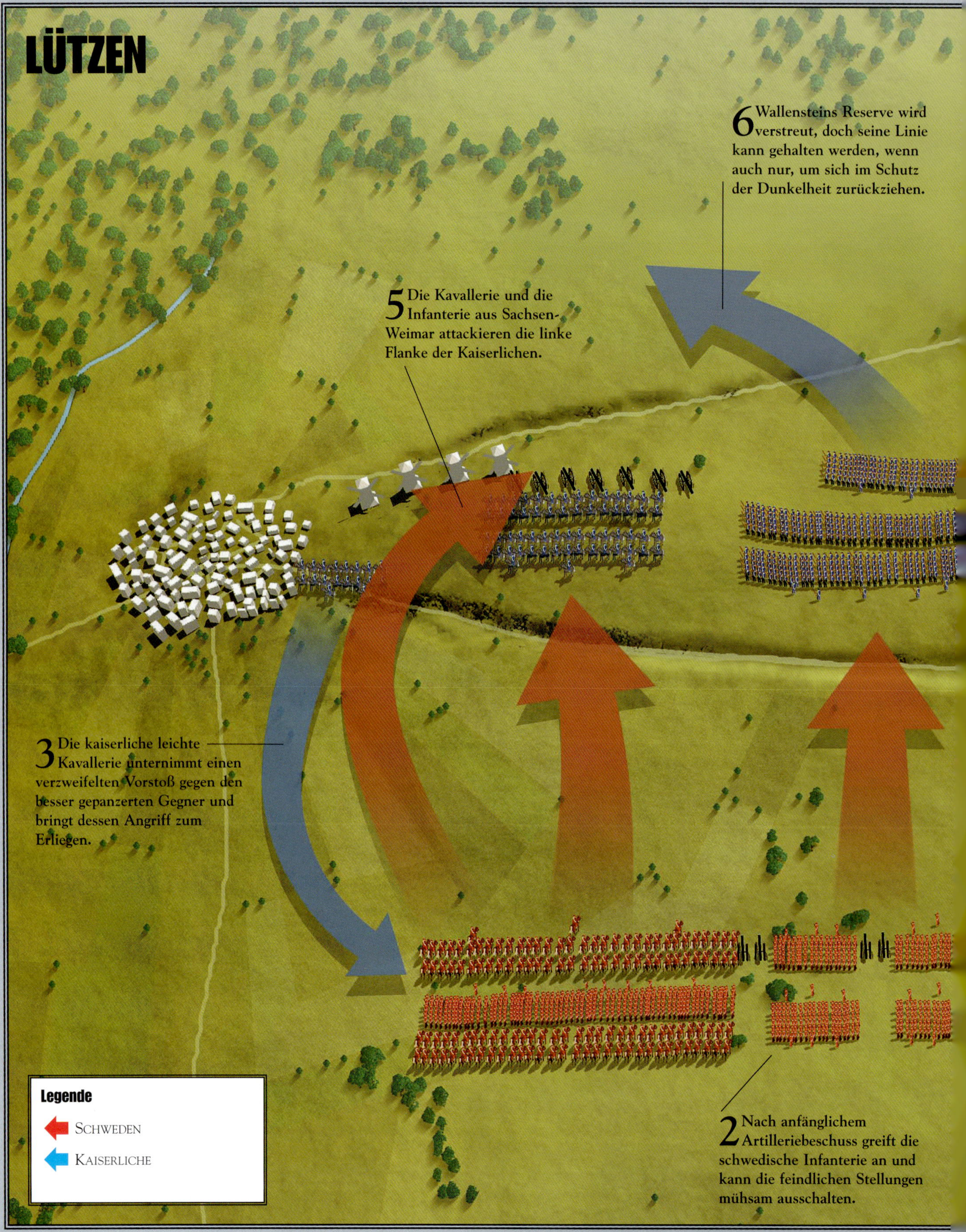
LÜTZEN
6 Wallensteins Reserve wird verstreut, doch seine Linie kann gehalten werden, wenn auch nur, um sich im Schutz der Dunkelheit zurückziehen.
5 Die Kavallerie und die Infanterie aus Sachsen-Weimar attackieren die linke Flanke der Kaiserlichen.
3 Die kaiserliche leichte Kavallerie unternimmt einen verzweifelten Vorstoß gegen den besser gepanzerten Gegner und bringt dessen Angriff zum Erliegen.
2 Nach anfänglichem Artilleriebeschuss greift die schwedische Infanterie an und kann die feindlichen Stellungen mühsam ausschalten.
Legende
Schweden
Kaiserliche

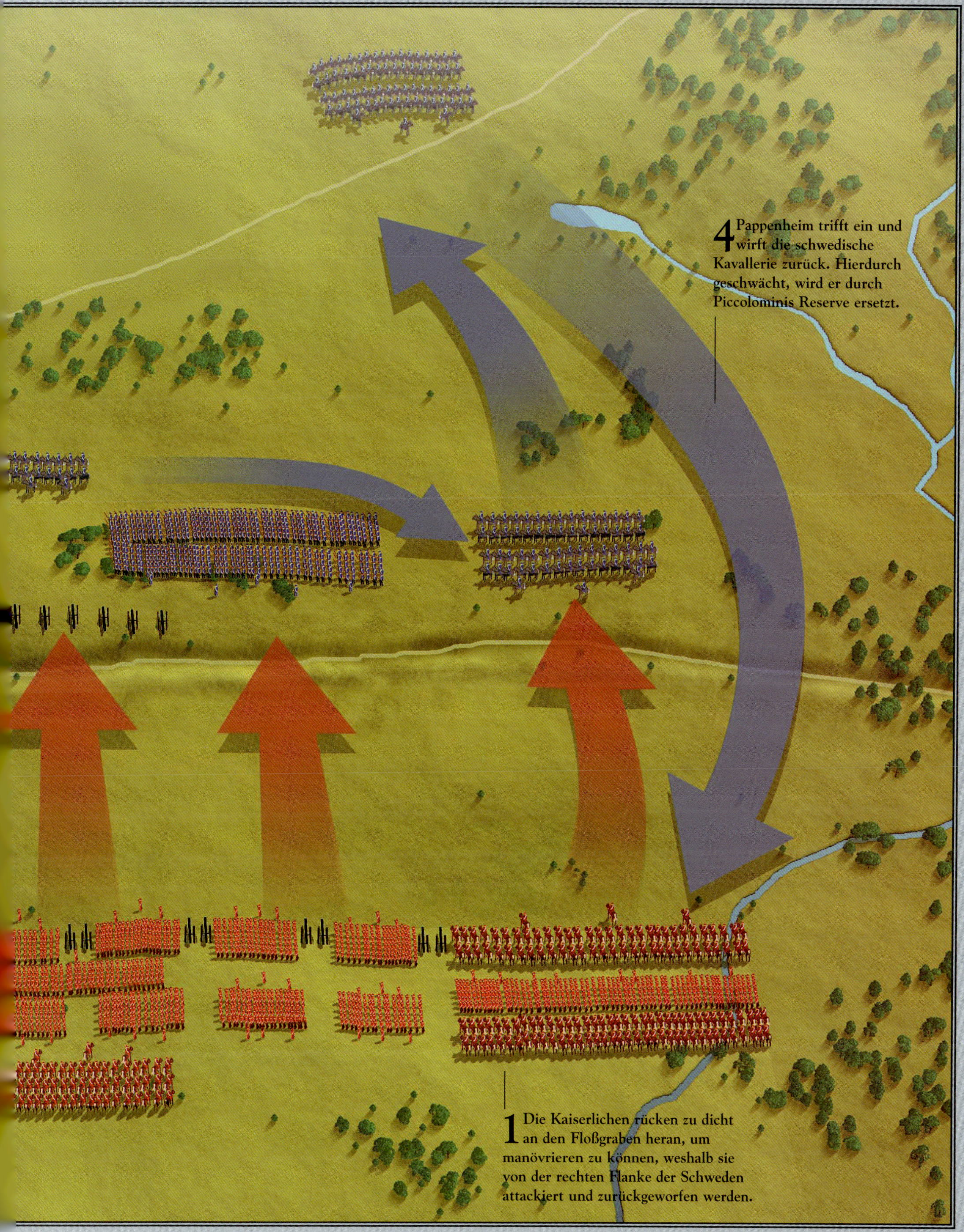
4 Pappenheim trifft ein und wirft die schwedische Kavallerie zurück. Hierdurch geschwächt, wird er durch Piccolominis Reserve ersetzt.
1 Die Kaiserlichen rücken zu dicht an den Floßgraben heran, um manövrieren zu können, weshalb sie von der rechten Flanke der Schweden attackiert und zurückgeworfen werden.

HÖCHSTÄDT 1704

Während des Spanischen Erbfolgekrieges besiegte der Herzog von Marlborough bei Höchstädt an der Donau einen überlegenen französisch-bayerischen Gegner. Damit war die Sicherheit der habsburgischen Kapitale Wien garantiert, und zugleich auch Marlboroughs Reputation als einer der größten Feldherren aller Zeiten.

Am 1. November 1700 starb der spanische König Karl II. Sein gewaltiges Reich, das ungeteilt bleiben sollte, vermachte er dem Enkel Ludwigs XIV., Philipp von Anjou. Das wollte die antifranzösische Große Allianz unbedingt verhindern. Ludwig XIV. war nicht darauf aus, einen weiteren Krieg zu provozieren, doch zugleich konnte er nicht zusehen, dass mit Erzherzog Karl ein österreichischer Habsburger König von Spanien werden sollte – Frankreich wäre dann von feindlichen Staaten umgeben. Ludwig handelte jedoch sehr ungeschickt. Im Februar 1701 ließ er die Spanischen Niederlande mitsamt einigen niederländisch kontrollierten Festungen besetzen. Damit verstieß er gegen mehrere internationale Abkommen und zog seinen gefährlichsten Feind, Wilhelm III. von Oranien, in einen Konflikt hinein, den beide

DATEN UND FAKTEN

Wer: Eine französisch-bayerische Armee unter Marschall Tallard (1652–1728) gegen eine alliierte Armee unter dem Herzog von Marlborough (1650–1722) und Prinz Eugen von Savoyen (1663–1736).

Was: Marlboroughs aggressive und kluge Taktik, vereint mit überlegener Feuerkraft der Infanterie, stärkerer Artillerie und Überraschungsangriffen der Kavallerie, markierte das Ende der militärischen Überlegenheit Frankreichs während des Spanischen Erbfolgekriegs.

Wo: Bei Höchstädt an der Donau.

Wann: 13. August 1704.

Warum: Die Große Allianz strebte einen Sieg über die Franzosen und Bayern an, um deren politischen Einfluss zu begrenzen.

Ergebnis: Marlborough und Prinz Eugen besiegten die französisch-bayerischen Truppen und retteten Österreich vor einer Invasion.

VON RANGNIEDRIGEN OFFIZIEREN ANGEFÜHRT *liefert sich die britische Infanterie einen Schusswechsel mit ihrem französischen Gegner, bevor das Handgemenge beginnt. Im frühen 18. Jh. war es noch üblich, dass Unteroffiziere und rangniedrige Offiziere mit Piken bewaffnet waren.*

nicht angestrebt hatten. Bereits im September 1701 hatte dieser die Große Allianz, bestehend aus Österreich, den Niederlanden und England, wiederbelebt.

„CORPORAL JOHN"

Wilhelm von Oranien starb infolge eines Unfalls am 19. März 1702, Thronfolgerin wurde seine Schwägerin, Königin Anne (1665–1714). Das englisch-niederländische Bündnis sollte von Sir John Churchill, dem 1. Herzog von Marlborough, angeführt werden. Er bewies herausragenden Fähigkeiten als Feldherr, Politiker und Diplomat.

„Corporal John", so sein Spitzname bei seinen Truppen, hatte erkannt, dass die neuen Steinschlossgewehre zusammen mit dem Ersatz der Pike durch das Tüllenbajonett den Infanterieeinheiten neue Offensivkraft verliehen. Auch die Kavallerie sollte in massierter Formation eingesetzt werden, in Form von Überraschungsangriffen mit gezogenen Schwertern. Nach dem Vorbild von Gustav II. Adolf vermied Marlborough überflüssige Manöver. Er suchte eine rasche Entscheidung durch die direkte Konfrontation, um den Feind mit einem mächtigen Schlag zu besiegen.

Der Wandteppich „The Battle of Blenheim" im Grünen Schreibzimmer von Blenheim Palace bei Oxford, mit dem Herzog von Marlborough in Feldherrenpose auf einem Schimmel.

DER FELDZUG

Anfang 1704 war der seit drei Jahren ergebnislose Krieg in eine für die Alliierten überaus kritische Phase eingetreten. Eine große französisch-bayerische Armee bereitete sich für einen Marsch auf die kaiserliche Hauptstadt Wien vor. Kaiser Leopold I. sah sich gezwungen, Prinz Eugen von Savoyen, seinen brillantesten und erfahrensten Kommandeur, mit seinen Truppen aus Italien zurückzurufen. Dazu rief Österreich seine englisch-niederländischen Verbündeten zu Hilfe.

Marlborough wusste, dass die exponierten Niederlande und der Krieg verloren wären, falls der Feind die kaiserliche Armee schlagen und Wien einnehmen würde. Doch die niederländischen Generalstaaten forderten ihn auf, ihre Armee nicht von der niederländischen Grenze zu entfernen. Marlborough beschwichtigte sie, indem er vorgab, seine Armee nur bis zur Mosel verlagern zu wollen. 70 000 Mann als Bewacher zurücklassend, marschierte Marlborough mit weiteren 70 000 Mann und 48 Geschützen den Rhein

Das Abfeuern einer Kanone *erforderte einige Vorbereitungen: Das Rohr mit einem feuchten Schwamm auswischen, Pulver ins Rohr laden, die Ladung per Ladestock eintreiben, die Kanone per Visierstange ausrichten und schließlich mit einem Zündstab abfeuern.*

entlang nach Süden. Ihm standen 60 000 Franzosen in Straßburg und die ebenso starke französisch-bayerische Armee gegenüber. Um die Erfolgsaussichten der Alliierten zu wahren, mussten diese beiden Heere unbedingt getrennt bleiben. Daher bezog Prinz Eugen mit 30 000 Mann Stellung in Baden, um Marschall Villeroi in Schach zu halten. Marlborough, der am 1. Juli Donauwörth erreicht hatte, kümmerte sich derweil um Marschall Marsin und Maximilian II. Emmanuel, Kurfürst von Bayern.

Marlborough musste diese strategisch bedeutende, befestigte Stadt ohne zeitaufwendige Belagerung einnehmen, wenn er die Donau unbeschadet überqueren und den französisch-bayerischen Gegner besiegen wollte. Der bayerische Kurfürst hatte 14 000 Soldaten unter dem Kommando von Marschall von Arco entsandt, um außerhalb Donauwörths die Festung Schellenberg zu errichten und diese Furt gegen den vorrückenden Marlborough zu halten. Inzwischen durch Ludwig Wilhelm I., Markgraf von Baden, verstärkt, hatten die Alliierten am Mittag des 2. Juli unweit der Festung Stellung bezogen. Marlborough ließ Zelte aufstellen, um den Eindruck zu erwecken, man greife am nächsten Tag an. Das Täuschungsmanöver funktionierte.

Um 17 Uhr eröffnete die Artillerie das Feuer auf Schellenberg. Unterstützt von Kavallerie griffen um 18.15 Uhr 6000 britische Infanteristen in drei Kolonnen an und unternahmen drei zunächst erfolglose Vorstöße auf die Befestigungen. Da von Arcos Garnison nun gefesselt war, erhielt der Markgraf von Baden Gelegenheit, um 19.30 Uhr mit einem zweiten Trupp die nordwestliche Seite der Festung anzugreifen. Alliierte und bayerische Truppen lieferten sich einen heftigen Nahkampf. Die Verteidiger verloren 10 000 Mann und wurden von dem ungestümen Angriff überwältigt. Marlborough hatte 1400 Gefallene und 3800 Verwundete zu beklagen.

DIE SCHLACHTORDUNG

Diese Verluste schienen hinnehmbar, denn nun war der Weg zur Donau über Nördlingen frei. Am 8. Juli überquerte Marlborough den Lech und begann mit einer rücksichtslosen, systematischen Verwüstung des Landes. Am 11. August forderte Marlborough Prinz Eugen auf, sich ihm anzuschließen, vor allem weil der erfahrene französische Marschall Camille de Tallard in Bayern das Kommando übernommen hatte.

Tallards französisch-bayerische Truppen bezogen am 12. August Stellung westlich des Weilers Blindheim. Ihr Lager befand sich auf einer sanften Anhöhe gut 1,5 km westlich des sumpfigen Nebelbachs, der wie eine Art moderiger Graben zwischen ihnen und dem von Norden heranrückenden Feind lag. Der Kurfürst hatte mit seinen Truppen um Lutzingen Stellung bezogen, Marsin in Oberglauheim und Tallard in Blindheim. Die linke, westliche Flanke erstreckte sich über eine Reihe bewaldeter Hügel, während sich die rechte, östliche Flanke an die Donau anlehnte.

Tallard und Gefährten fühlten sich in dieser festungsähnlichen Stellung recht sicher. Sie konnten sich nicht vorstellen, dass Marlborough und Eugen so tollkühn

KORNETT

Als Kornett bezeichnete man früher den jüngsten Offizier einer Reiterstaffel, der die Standarte trug. Bis heute hat sich dieser Zusammenhang in der Bundeswehr bei den Dienstgraden der Offiziersanwärter – Fahnenjunker und Fähnrich – erhalten.

DIE TYPISCHE DREIREIHIGE AUFSTELLUNG der Infanterie, wie sie im 18. Jh. üblich war. Die erste Reihe kniet, um die Reiter mit dem Bajonett abzuwehren, während die zweite und dritte Reihe feuert.

sein würden, einen Angriff zu wagen, vor allem nicht bei zahlenmäßiger Unterlegenheit. Doch die feindlichen Befehlshaber und vor allem Marlborough waren rücksichtslos und verwegen. Und die Einnahme von Donauwörth hatte gezeigt, dass nicht einmal eine ausgebaute Festung es mit „Corporal John“ und seinen wilden „Redcoats“ aufnehmen konnte.

Im Morgengrauen des 12. August erkundete Marlborough persönlich die feindlichen Stellungen in und um Blindheim. Tags darauf um 2 Uhr früh zog die alliierte Armee in vier Kolonnen gen Westen, überquerte um 3 Uhr den Kesselbach und stand drei Stunden später auf der Anhöhe von Wolperstetten. Als sich der Morgennebel lichtete, mussten die französisch-bayerischen Truppen erkennen, wer ihnen in Steinwurfweite gegenüberstand. Alarmsignale ertönten und Soldaten, Reiter und Wagen stürzten in alle Richtungen davon, um ihre Gefechtsstellungen einzunehmen.

Die alliierten Befehlshaber konnten zufrieden feststellen, dass sie ihre Feinde überrumpelt hatten. Und der Herzog wie auch der Prinz waren aus jenem Holz geschnitzt, dass sie sich eine solche Gelegenheit nicht entgehen ließen. Rund 56 000 britische, badische, kaiserliche und niederländische Soldaten standen 60 000 Franzosen und Bayern gegenüber.

DIE SCHLACHT

Die Schlacht konnte nun endlich beginnen, und zwar mit massivem Sperrfeuer der französischen Artillerie, das um 8.30 Uhr von den rund 90, nicht minder ohrenbetäubenden, englischen Geschützen beantwortet wurde. Im Schlummer erwischt, hatte Tallard keine Zeit für einen raffinierten Schlachtplan. Die Franzosen und Bayern würden in der

LEICHTGESCHÜTZ AUS DEM 18. JH. Gelenkverbindungen und ein geringeres Gewicht erhöhten die Mobilität, verglichen mit den Geschützen des vorangehenden Jahrhunderts.

Defensive bleiben, doch würden beide Heere getrennt kämpfen: Marsin in der Mitte, der Kurfürst zur Linken und Tallard selbst rund um Blindheim bis zur Donau. Marsin und der Kurfürst sollten Stellungen bis direkt zum Ufer des Nebelbachs behaupten und Tallard knapp einen Kilometer weiter südlich. Tallard hoffte, dass Marlborough über den Nebelbach vorrücken, ins Kreuzfeuer aus Oberglauheim und Blindheim geraten und es ihm so gestatten würde, die Briten mit einer Konterattacke in das Sumpfland entlang des Nebelbachs zu treiben.

Marlborough hatte bemerkt, dass die rechte Flanke des Feindes stärker war als die linke. Er beschloss, diese stärkere Flanke anzugreifen. Marlborough ahnte Tallards Kriegslist und entsandte Eugen, um den Kurfürsten festzusetzen, während er selbst vorrückte, um die französischen Garnisonen in Blindheim und Oberglauheim zu neutralisieren. Während sich die britische und die französische Artillerie ein vierstündiges Duell lieferten, überquerte Lord Cutts' Kolonne auf fünf Behelfsbrücken den Nebelbach und errichtete am südlichen Ufer einen Brückenkopf. Marlborough wartete indes ungeduldig auf die Nachricht, dass Eugen, der aber auf dem Weg nach Lutzingen unwegsames Terrain vorfand, die kurfürstlichen Bayern attackiert habe und festhielte, dann wollte er selbst angreifen.

Nachdem Eugens Adjutant schließlich mit der frohen Kunde eingetroffen war, befahl Marlborough seinen Generälen um 12.30 Uhr, ihre Stellungen zu beziehen. Eine Viertelstunde später attackierte General Rowe mit seiner britischen Brigade Blindheim, wo sich ohne taktischen Nutzen 12 000 französische Soldaten drängten. Zwei Angriffe, bei denen Rowe und ein Drittel seiner Männer fielen, wurden zurückgeschlagen, hatten jedoch ihren Zweck erfüllt. In der Mitte hatte Prinz Holstein-Beck Probleme beim Angriff auf Oberglauheim, bis Marlborough von Eugen österreichische Kavallerie erhielt, um die französische Reiterei unter schweren Verlusten zurückzuwerfen. Holstein-Beck drängte die Franzosen in die Ortschaft zurück und hielt sie dort bis zum Ende in Schach.

Bis 15 Uhr konnte man verhindern, dass der Kurfürst zu den Franzosen aufschloss und die Ortschaften Tallards Gegenangriff unterstützten. Eine Stunde später überschritt Marlborough mit seiner restlichen Armee den Nebelbach. Um 16.30 Uhr erhielt er die erfreuliche Nachricht, dass Eugen den Kurfürsten aus Lutzingen vertrieben hatte. Tallard hatte schließlich erkannt, dass Marlborough ihn überlistet hatte, so ließ er neun Bataillone anrücken, um die Stellung bei Oberglauheim zu halten. Die Bataillone leisteten erbitterten Widerstand, wurden aber bis zum letzten Mann niedergemacht, während die französische Kavallerie sich in die Donau und ihre sumpfigen Ufer flüchtete. Um 17.30 Uhr war die Schlacht vorbei: Tallard war den Briten in die Hände gefallen und von einer geordneten französisch-bayerischen Armee konnte nicht mehr die Rede sein. Zu ihrer Ehre sei angemerkt, dass die französischen Garnisonen in Blindheim und Oberglauheim bis 21 Uhr aushielten, dann jedoch ebenfalls des Gemetzels überdrüssig waren.

DIE FOLGEN

Es war weder ein leichter noch ein unblutiger Sieg. Mit 4500 Gefallenen und 7500 Verwundeten war ein Fünftel der alliierten Armee vernichtet. Höher fielen die Verluste bei den Franzosen und Bayern aus, die 15 000 Mann als Gefangene verloren und 13 600 Tote und Verwundete zu beklagen hatten.

Marlborough war 400 km tief in das Kernland des Feindes eingedrungen, ohne dass die Franzosen ihn hatten aufhalten konnten. Er hatte einen großen Siege in der europäischen Militärgeschichte errungen.

BRITISCHE OFFIZIERE

Um sich den Unterhalt großer Armeen leisten zu können, veräußerten die Monarchen nicht selten Offizierspatente. Je höher der Rang, desto teurer war auch der Preis. Obwohl Uniformen im 18. Jh. bereits allgemein verbreitet waren, durften anfangs noch Verzierungen angebracht werden. Links ist ein britischer General abgebildet, in der Mitte ein Pionieroffizier und rechts ein britischer Feldmarschall, der offenbar eine weniger auffällige Rangbekundung bevorzugte.

HÖCHSTÄDT
3 Prinz Eugen attackiert alle Positionen des bayerischen Kurfürsten, was diesen daran hindert, Tallard zu unterstützen.
6 Der Zusammenbruch von Tallards Stellungen zwingt den bayerischen Kurfürsten, seinen Verbündeten aufzugeben und die eigenen Truppen zurückzuziehen.
5 Tallards Kavallerie attackiert Marlboroughs Truppen, während sie den Nebelbach überqueren. Sie wird jedoch unter schweren Verlusten zurückgeworfen, da die Briten ihren Angriff auf die zahlenmäßig unterlegene französische Kavallerie konzentrieren.

2 Holstein-Becks Bataillone attackieren Oberglauheim. Im zweiten Anlauf gelingt ihnen die Einnahme der Ortschaft.
4 Marlboroughs Hauptangriff zielt auf Tallards Mitte. Der französische Marschall ließ zwei Linien Kavallerie aufmarschieren und hatte nur wenig Infanterie als Reserve.
1 Marlborough attackiert Blindheim mit 20 Bataillonen. Große Teile der in und rund um den Weiler postierten Infanterie Tallards sind damit gebunden.
Legende
Alliiertes Heer
Französisch-bayerisches Heer

SARATOGA 1777

Im Herbst 1777 führte der britische Generalmajor John Burgoyne seine Truppen als Hauptkontingent einer dreigliedrigen Offensive durch die aufständische Kolonie New York nach Süden in Richtung auf Albany. Statt eines Sieges blieb ihm jedoch nach Frustration, Mühsal und zahlreichen Kämpfen bei Saratoga schließlich nur die Kapitulation.

Drei Jahre schon währte die Rebellion der Kolonien, doch bisher hatte die Kontinentalarmee unter Führung General George Washingtons (1732–1799) wenig gegen die Briten erreicht. Die „Rotröcke" besetzten die Stadt New York und hatten damit die Initiative ergriffen. Lediglich die kleineren Siege bei Trenton und Princeton vermochten es, den Widerstandsgeist wieder anzufachen und den Erinnerungen an die Rückschläge auf dem Schlachtfeld und das raue Winterlager bei Morristown, New Jersey, etwas entgegenzusetzen. Doch was die Briten von außen nicht zerstören konnten, drohte durch Rivalität und Eifersüchteleien unter den amerikanischen Kommandanten zerstört zu werden. John Adams (1735–1826), ein

DATEN UND FAKTEN

Wer: Der britische General John Burgoyne (1722–1792) und seine 8000 Mann starke Armee standen 7000 amerikanischen Kolonisten unter dem Oberbefehl von General Horatio Gates (1726–1806) gegenüber.

Was: Nach Niederlagen in den Schlachten bei Freemans Farm sowie in der Nähe von Bemis Heights war Burgoyne gezwungen, mit den Resten seiner Armee zu kapitulieren.

Wo: Im östlichen Teil der Kolonie New York, im Tal des Hudson River, nördlich von Albany.

Wann: 19. September und 7. Oktober 1777.

Warum: Die Briten versuchten, die Staaten Neuenglands, das Herz der Unabhängigkeitsbewegung, vom Rest der Kolonien auf dem nordamerikanischen Kontinent abzuspalten.

Ergebnis: Nach diesem Wendepunkt im amerikanischen Unabhängigkeitskrieg, der Kapitulation einer britischen Armee auf dem Schlachtfeld bei Saratoga, trat Frankreich auf Seiten der amerikanischen Kolonisten in den Konflikt ein.

SCHARFSCHÜTZE IN AKTION: *Soldaten anderer Einheiten schauen zu, während ein Scharfschütze in Wildlederkleidung aus Morgans Truppe bei einer Übung sein Können demonstriert.*

Unter den Elitesoldaten der britischen Armee gehörten die Gardegrenadiere mit ihren verlässlichen Musketen vom Typ „Brown-Bess" zu den gefürchtetsten Einheiten. Britische Kampftaktiken wurden jedoch von dem unkonventionellen Gegner in der Wildnis Nordamerikas vielfach auf die Probe gestellt.

Führer der Unabhängigkeitsbewegung, nannte das Jahr 1777 „das Jahr des Henkers", weil das Aussehen der drei Siebenen drei Galgen gliche. Dennoch blieb der Kampf um Unabhängigkeit lebendig. Aus britischer Perspektive schien die Zeit reif zu sein für einen entscheidenden Schritt, mit dem die Kolonien gespalten und erobert werden sollten.

BRITISCHE STRATEGIE

Einige Zeit lang favorisierten britische Strategen einen Angriff von ihren kanadischen Nachschubstationen aus in das New Yorker Hudsontal. Gelang dies, so konnten die Staaten Neuenglands vom Rest der aufsässigen Kolonien getrennt und deren Niederlage beschleunigt werden. Generalmajor John Burgoyne, der seinen Rang und seine Privilegien vor allem einer klugen Eheschließung verdankte, unterbreitete für diese Unternehmung ein taktisches Szenario, indem er einen koordinierten Vorstoß aus drei Richtungen vorsah.

Er hatte vor, eine Truppe aus mehr als 4000 britischen Soldaten, 3000 deutschen Söldnern sowie mehreren hundert französisch-kanadischen Milizionären und Indianern unter sein persönliches Kommando zu stellen. Da es entlang der geplanten Route keine geeigneten Straßen gab, wollte er von der Montrealer Gegend aus per Boot über den Champlainsee setzen und dann über Land bis nach Albany ziehen. Eine zweite britische Streitmacht, 800 Rotröcke und Kanadier unter Oberst Barry St. Leger, sollte gleichzeitig über den Sankt-Lorenz-Strom und den Ontariosee nach Südwesten vordringen und anschließend durch das Tal des Mohawkflusses bis nach Albany marschieren, wo sie auf Burgoynes Truppen treffen sollte. Ein dritter Trupp mit einem Teil der 16 000 Mann starken Garnison in New York City stand unter Führung von General William Howe (1729–1814). Howe sollte entlang des Hudson nach Norden ziehen und alle amerikanischen Einheiten ausschalten, die sich Burgoyne widersetzten. Jedoch wurde nicht erwartet, dass er die gesamte Strecke bis Albany, etwa 320 km, abdeckte.

FORT TICONDEROGA

Am 13. Juni 1777 startete Burgoyne seinen Vorstoß über den Champlainsee; drei Wochen später traf seine Armee auf den ersten bedeutenden Widerstand. Die Franzosen hatten 1755 das Fort Ticonderoga errichtet. Im Frühjahr 1775 hatten amerikanische Truppen unter dem Kommando von Ethan Allen und Benedict Arnold das Fort erobert; jetzt erwartete eine Garnison von 2500 Soldaten unter General Arthur St. Clair die britische Offensive.

Obwohl das Fort ein nicht unerhebliches Hindernis darstellte, erkannten Kommandeure auf beiden Seiten seine Verwundbarkeit durch Artillerieangriffe von den umliegenden Hügeln aus. St. Clairs Soldaten reichten nicht aus, um Ticonderoga ausreichend zu verteidigen, geschweige denn die Hügel in der Umgebung. Als Burgoyne den Befehl gab, Artilleriegeschütze auf den nahen Mount Defiance zu ziehen, blieb St. Clair nur die Evakuierung.

Am 6. Juli fiel Fort Ticonderoga, ohne dass auch nur ein einziger Schuss gefallen war. Am nächsten Tag wurden drei

LADEN UND FEUERN

In den letzten Jahrzehnten des 17. Jahrhunderts wurden zunehmend Muskete und Patrone eingesetzt: Die Papierpatrone enthielt sowohl das Schießpulver als auch die Kugel. Der Musketier riss das Papier mit den Zähnen auf, schüttete das Pulver ins Rohr, und stopfte anschließend die Kugel und dann das Papier hinein.

AMERIKANISCHE INFANTERIE

Infanteriesoldaten der noch jungen Kontinentalarmee legten unter guter Führung eine bemerkenswerte Entschlossenheit an den Tag, obwohl sie unerfahren und häufig unzureichend ausgerüstet waren. Ihr Durchhaltevermögen war enorm, und schließlich siegten sie mit Unterstützung der Freiwilligenmilizen sowie der Intervention der französischen Armee.

Regimenter der amerikanischen Nachhut unter Oberst Seth Warner südöstlich des Forts von britischen Einheiten unter General Simon Fraser bei Hubbardton überrascht. Die Kolonisten nahmen Aufstellung und kämpften in kleinen Gruppen aus der Deckung des Waldes heraus. Als Fraser ein Flankenmanöver befahl, erkannten die Amerikaner die Gefahr, in eine Falle zu geraten; Warner gab seinen Männern daraufhin den Befehl sich abzusetzen und sich einzeln nach Manchester durchzuschlagen.

Burgoyne setzte seinen Marsch nach Süden fort, zunächst entlang des Wood Creek nach Fort Anne, dann bis Fort Edward am Ufer des Hudson. Wegen ständiger Überfälle benötigten die Briten für diese Strecke fast vier Wochen.

BENNINGTON

Die britische Armee war erschöpft und hatte kaum noch Proviant, als sie Fort Edward erreichte. Oberstleutnant Friedrich Baum, der die Braunschweiger Dragoner, eine Söldnereinheit, kommandierte, schlug vor, in der Gegend der New Hampshire Grants zu furagieren. Burgoyne rechnete nicht mit nennenswertem Widerstand gegen Baums 800 Mann starke Truppe; es hatten sich jedoch bereits 1500 Kolonisten um Oberst John Stark bei Bennington (Vermont) versammelt.

Als Baum davon erfuhr, befahl er seinen Soldaten, sich zu verschanzen, und forderte Verstärkung an. Stark war fest entschlossen anzugreifen und entwickelte eine komplizierte Strategie, um die feindlichen Positionen doppelt zu umfassen. Am 16. August befahl Stark den Angriff auf die britischen Flanken und feuerte seine Soldaten mit den Ruf an: „Da sind sie! Wir schlagen sie, bevor es Nacht wird – oder Molly Stark wird Witwe!“

Dann setzte er mit mehr als 1000 Soldaten zum Frontalangriff auf die Schützengräben an. Die beiden britischen Flanken wurden erfolgreich zurückgedrängt. Doch die Braunschweiger Dragoner im Zentrum hielten stand und zogen ihre Säbel, nachdem ihnen die Munition ausgegangen war. Als jedoch eine Kugel Baum niederstreckte, ergriff seine Männer Panik und sie wichen zurück. Zwar hatte Burgoyne 600 deutsche Söldner zu Baums Unterstützung abkommandiert, doch sie kamen zu spät, um ihre Kameraden zu retten. Bei der Verfolgung war die amerikanische Truppe selbst in Verwirrung geraten, sodass es den Deutschen fast gelungen wäre, die Rollen zum Nachteil Starks zu vertauschen.

Rechtzeitig aber erschien Warner mit weiteren 300 Kolonisten, sodass die Amerikaner erneut angreifen konnten. Die deutschen Truppen brachen zusammen und flohen; zurück blieben 200 Tote, knapp 700 gerieten in Gefangenschaft. Die Amerikaner hingegen hatten nur 30 Tote und 40 Verwundete zu beklagen. Burgoynes gesamte Strategie war damit gefährdet.

ORISKANY

Während Burgoyne mit seiner Truppe durch die wilde Landschaft New Yorks zog, schiffte sich St. Leger am 25. Juli

Typische Verteidigungsstellungen dieser Zeit waren Schanzen aus abgeschrägten Erdwällen, die mit Holzpalisaden und zackenförmig davor eingebauten Baumstämmen und Dorngestrüpp verstärkt wurden.

von Fort Oswego aus ein. Acht Tage später erreichten seine Truppen Fort Stanwix, das verstärkt und mit Vorräten für mehrere Wochen ausgestattet worden war. St. Leger forderte die Kapitulation; als der amerikanische Kommandant, Oberst Peter Gansevoort, dies ablehnte, richteten sich die Briten auf eine Belagerung ein.

Daraufhin eilten zwei Entsatzeinheiten der Kolonisten nach Fort Stanwix: Der erste Trupp bestand aus 900 Soldaten unter Benedict Arnold, der zweite war eine Miliz aus 800 Freiwilligen, die Oberst Nicholas Herkimer in der Umgebung ausgehoben hatte. St. Leger sandte 400 Irokesen und Loyalisten aus, um Herkimer in einer bewaldeten Schlucht zu überfallen, knapp zehn Kilometer vom Fort entfernt. Gleichzeitig ließ Gansevoort das britische Lager angreifen.

Am Morgen des 6. August wurde Herkimers Truppe von der indianisch-britischen Einheit eingekreist und angegriffen. Etwa eine Stunde lang behielten diese die Oberhand, doch dann begann es heftig zu regnen. Die Kolonisten konnten sich neu formieren und einen Gegenangriff starten, sodass sich die Angreifer zurückzogen. In dem später „Schlacht bei Oriskany" genannten Scharmützel verloren beide Seiten mehr als 150 Männer.

Als Gansevoort seine Abteilung gegen die britischen Truppen aussandte, war ein großer Teil von St. Legers Armee dabei, die Ufer des Wood Creek vom Unterholz zu befreien, um sichere Nachschubwege bis Fort Oswego anlegen zu können. Eine Abteilung der Kolonisten zerstörte einen Großteil des britischen Lagers, vor allem das der Indianer, die sich daraufhin zurückzogen. St. Legers Truppen waren jetzt dezimiert; da er außerdem wusste, dass sich Arnold mit seinen Soldaten Fort Stanwix näherte, musste er die Belagerung abbrechen und nach Fort Oswego zurückkehren. Damit war eine Spitze der britischen Offensive abgebrochen.

In New York City sah sich unterdessen Sir William Howe keineswegs verpflichtet, Burgoynes Plan buchstabengetreu zu erfüllen. Statt den Hudson entlang in Richtung auf Albany zu marschieren, beschloss er, sich George Washingtons Armee bei Philadelphia entgegenzustellen. Sir Henry Clinton (ca. 1738–1795), Kommandant unter Howe, sandte eine Botschaft an Burgoyne, in der er anbot, mit einer kleinen Truppe den Hudson entlang aufzurücken.

Auf seinem Weg nahm Clinton zwei amerikanische Forts ein, durchbrach eine Barriere, die die Amerikaner über den Fluss gelegt hatten, und zwang seinen Gegner, eine kleine, stromaufwärts versammelt Flotte in Brand zu stecken. Mit der Eroberung eines dritten Forts hatte Clinton jedoch sein Äußerstes getan: Die Wegstrecke selbst hatte sich als das größte Hindernis erwiesen, denn es war bereits Oktober, Burgoyne aber noch immer mehr als 160 km entfernt.

AUF EINEM AST sitzend erschießt ein Kolonist einen britischen Soldaten mit seiner Kentucky Long Rifle. Amerikanische Scharfschützen gehörten zu den ersten, die als Heckenschützen gegen feindliche Formationen vorgingen.

FREEMANS FARM

Die Schlacht bei Bemis Heights am Westufer des Hudson vom 7. Oktober sowie das Gefecht bei Freemans Farm am 19. September 1777 gehören zu den entscheidenden Aktionen des Saratoga-Feldzugs. Mitte August hatte Horatio Gates den bisherigen Kommandeur der amerikanischen Truppen im Norden, General Philip Schuyler, ersetzt. Burgoyne hatte herbe Verluste bei Bennington einstecken müssen, während die Zahl von Gates' Einsatzkräften wuchs: Benedict Arnold kehrte mit seinen Einheiten von Fort Stanwix zurück; außerdem ließen sich viele Freiwillige anwerben, die durch die Nachrichten von Gräueltaten aufgeschreckt worden waren, die die indianischen Alliierten der Briten verübt hatten.

Gates hatte mit den Bemis Heights eine strategisch günstige Position besetzt. Er ahnte, dass Burgoyne im September den Hudson überquert hatte und nach Süden zog. Deshalb postierte er seine Truppen nahe am Fluss. Zu seiner Rechten standen drei Infanteriebrigaden und Artillerie, das Zentrum bildeten 2000 Soldaten unter Brigadier Ebenezer Learned, und die vereinigten Truppen von Benedict Arnold und Daniel Morgan, ebenfalls rund 2000 Soldaten, hielten die linke Flanke. Es bestand die Gefahr, dass es der britischen Armee gelang, die amerikanische linke Flanke zu umgehen und ein höher liegendes Gelände in der Nähe zu erreichen, und die Amerikaner von dort aus durch Artilleriebeschuss aus ihren Stellungen zu vertreiben.

Daher bat Arnold Gates dringend um die Erlaubnis, die britischen Truppen als Erster angreifen zu dürfen; Gates wartete jedoch, bis auch Burgoyne gefechtsbereit war. Als dieser am 19. September drei Divisionen zum Angriff führte, gab Gates Morgans Scharfschützen den Befehl zum Angriff.

Der Maler John Trumbull hielt in diesem Gemälde die Kapitulation General John Burgoynes und der britischen Armee vor der Kontinentalarmee unter General Horatio Gates fest. Links von Gates steht General Daniel Morgan in Wildlederkleidung, dem bei diesem Sieg eine Schlüsselrolle zukam.

Während diese sich auf die Offiziere konzentrierten, verwickelten Morgans andere Soldaten die Rotröcke in ein Gefecht. Arnold wies seine Reserve an, die britische Linie zu bedrängen. Als er um Verstärkung rief, verweigerte Gates diese und beorderte Arnold und seine Truppe stattdessen zurück in die amerikanischen Reihen. Arnold ignorierte jedoch den Befehl und griff weiter an. Erst die Ankunft von 1100 frischen Soldaten unter Führung des deutschen Generals Friedrich Adolf Riedesel zwang ihn zum Rückzug. Am Abend beliefen sich Burgoynes Verluste auf 600 Tote – doppelt so viele wie auf amerikanischer Seite.

BEMIS HEIGHTS

Burgoynes Bilanz aus den Kämpfen bei Freemans Farm sah beunruhigend aus: Die Vorräte gingen zur Neige, seine Truppen waren durch Kämpfe, Krankheiten und Desertion dezimiert, und es bestand keine Aussicht auf Verstärkung. Doch noch konnte ein entscheidender Schlag gegen Gates die Lage zugunsten der Briten ändern. So rückten 1500 Soldaten unter dem Kommando von Simon Fraser aus ihrem Lager vor Freemans Farm gegen die amerikanischen Stellungen auf den Bemis Heights vor. Gates entdeckte Frasers Bewegung rechtzeitig und schickte ihm Morgan entgegen. Dieser traf auf Frasers rechte Flanke; gleichzeitig schlug die Brigade unter Enoch Poor Frasers Linke. Beide Flanken brachen zusammen, sodass Riedesels deutsche Truppen im Zentrum Learneds Attacken ausgesetzt waren.

Die zunehmenden Spannungen zwischen Gates und Arnold war unterdessen in offene Verachtung umgeschlagen, sodass der Oberbefehlshaber seinen Untergebenen entließ und durch General Benjamin Lincoln ersetzte. Während der Kämpfe um Bemis Heights hatte Arnold kein offizielles Kommando inne, dennoch rief er vom Sattel aus Learneds angreifenden Truppen zu, ihm zu folgen. Unter diesem Angriff brach Riedesels Linie zusammen, und Fraser wurde bei dem Versuch getötet, eine zweite Verteidigungslinie aufzustellen. Als Frasers Aufklärungseinheiten zerstört waren, rief Arnold seine Männer dazu auf, zwei britische Befestigungsanlagen bei Freemans Farm zu attackieren. Die eine – die Bastion Balcarre – wurde umgangen und eingenommen, nachdem die Verteidiger sich ergeben hatten. Kurze Zeit später fiel auch Breymanns Bastion.

Als die Kämpfe endeten, hatten die Briten weitere 600 Soldaten verloren; die amerikanischen Verluste blieben mit 150 Toten vergleichsweise gering.

DIE FOLGEN

Die britischen Truppen ließen alle Toten und Verwundeten auf dem Gefechtsfeld zurück und marschierten auf das höher gelegene Dorf Saratoga zu. Zunächst stimmte Burgoyne mit seinen Offizieren in der Einschätzung überein, dass ein kämpfender Rückzug bis Fort Edward zu schaffen sei. Später änderte er seine Haltung und bot den Amerikanern Verhandlungen an. Mit Burgoynes Kapitulation bei Saratoga am 17. Oktober 1777 erfuhr der amerikanische Unabhängigkeitskrieg eine entscheidende Wendung.

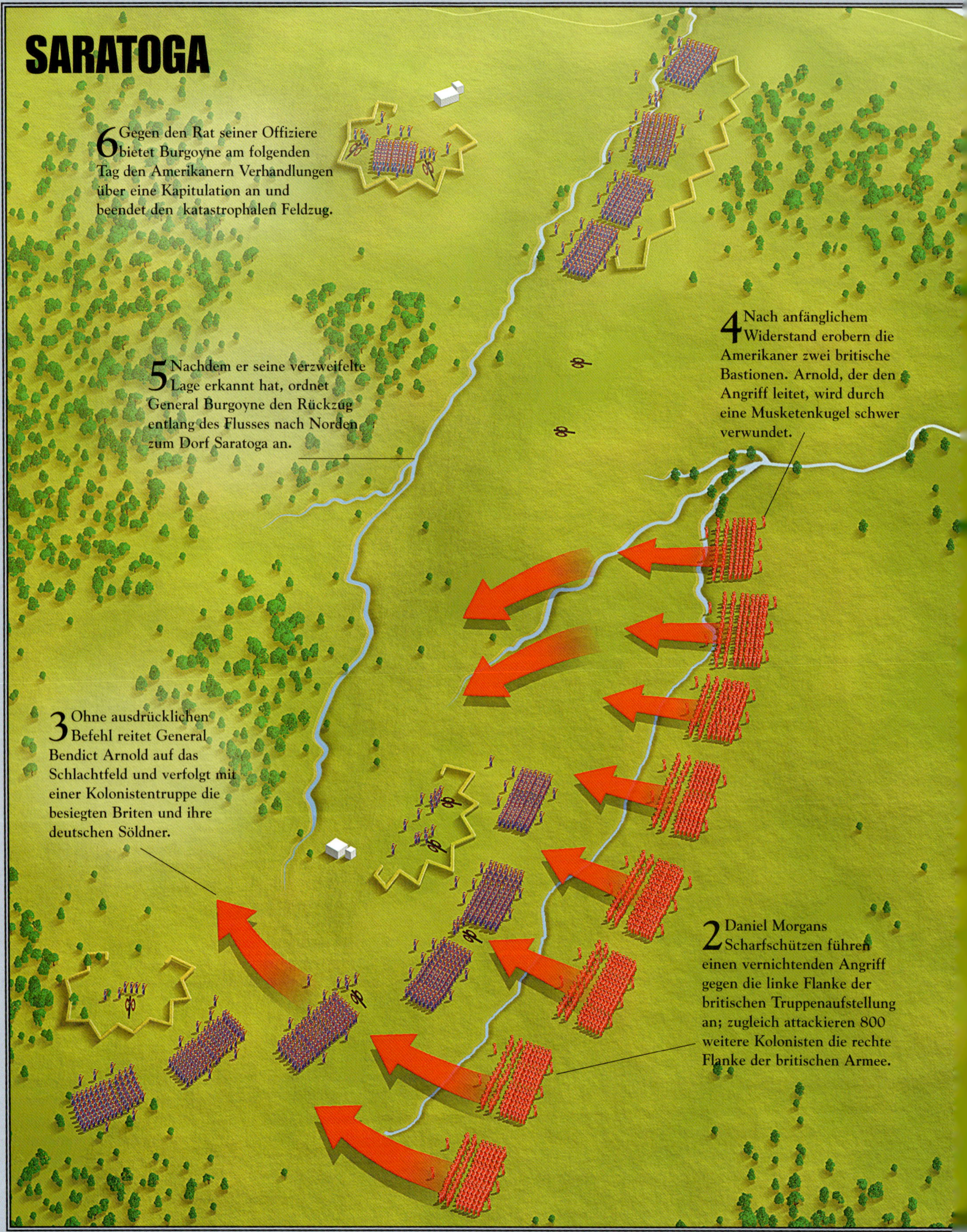
SARATOGA
6 Gegen den Rat seiner Offiziere bietet Burgoyne am folgenden Tag den Amerikanern Verhandlungen über eine Kapitulation an und beendet den katastrophalen Feldzug.
5 Nachdem er seine verzweifelte Lage erkannt hat, ordnet General Burgoyne den Rückzug entlang des Flusses nach Norden zum Dorf Saratoga an.
4 Nach anfänglichem Widerstand erobern die Amerikaner zwei britische Bastionen. Arnold, der den Angriff leitet, wird durch eine Musketenkugel schwer verwundet.
3 Ohne ausdrücklichen Befehl reitet General Bendict Arnold auf das Schlachtfeld und verfolgt mit einer Kolonistentruppe die besiegten Briten und ihre deutschen Söldner.
2 Daniel Morgans Scharfschützen führen einen vernichtenden Angriff gegen die linke Flanke der britischen Truppenaufstellung an; zugleich attackieren 800 weitere Kolonisten die rechte Flanke der britischen Armee.

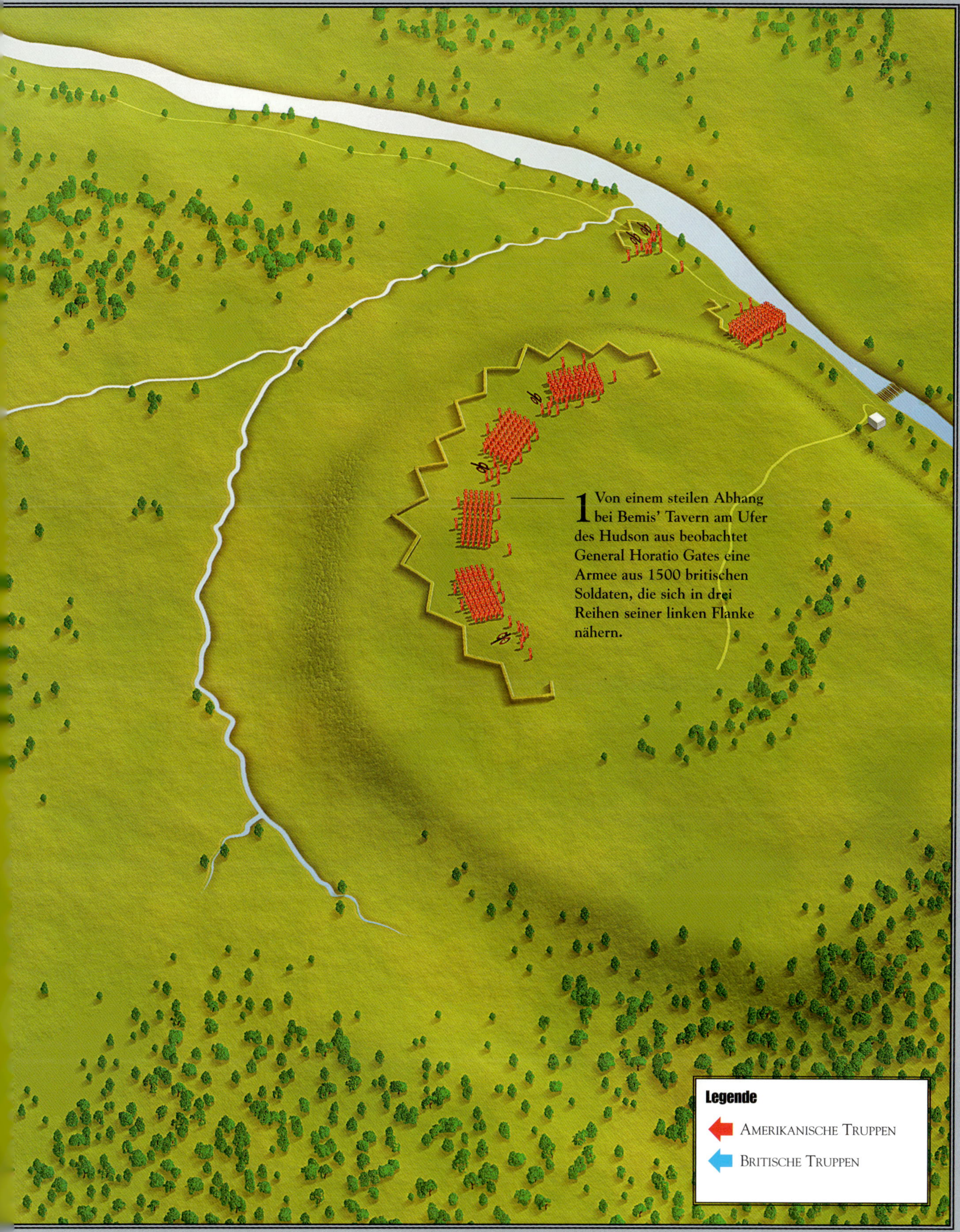
1 Von einem steilen Abhang bei Bemis' Tavern am Ufer des Hudson aus beobachtet General Horatio Gates eine Armee aus 1500 britischen Soldaten, die sich in drei Reihen seiner linken Flanke nähern.
Legende
Amerikanische Truppen
Britische Truppen

TRAFALGAR 1805

Bei Trafalgar wendete Nelson die Gefahr einer französischen Invasion in Großbritannien ab und sicherte der Royal Navy die Seeherrschaft für die nächsten 100 Jahre. Im Moment seines Triumphs wurde Großbritanniens Seeheld jedoch auf seinem Flaggschiffs HMS Victory *getötet.*

Nelsons Sieg bei Trafalgar beendete die berühmteste Seeschlacht aller Zeiten. Ihr Anlass war Napoleons Absicht, in Großbritannien einzufallen. Im Frühjahr 1805 hatte Napoleon rund 2000 Kanonenboote und Transportschiffe im Ärmelkanal versammelt, um eine Armee aus 167 000 Veteranen zur Küste von Kent zu bringen. Damit die Invasion auch gelang, musste er die Royal Navy aus dem Ärmelkanal herauslocken, um von Boulogne und Calais aus mit seiner Flotte starten zu können.

Napoleon schätzte seine eigene Marine nicht sonderlich, doch diesmal war er auf sie angewiesen. Bei der Besetzung der für einen Seekrieg entscheidenden Positionen hatte der Kaiser keine glückliche Hand. So auch mit der Wahl von Admiral Pierre de Villeneuve. Nicht nur, dass dieser seit der Seeschlacht bei Abukir (1798) eine

DATEN UND FAKTEN

Wer: Die französisch-spanische Flotte mit 33 Linienschiffen unter Admiral Pierre de Villeneuve (1763–1806) kämpfte gegen die britische Flotte mit 27 Linienschiffen unter Vizeadmiral Lord Horatio Nelson (1758–1805).

Was: Nelsons Frontalangriff durchbrach die gegnerische Schiffsformation, sodass die überlegenen britischen Geschütze dem Feind keine Chance ließen.

Wo: Am westlichen Eingang der Straße von Gibraltar, vor Kap Trafalgar (Spanien).

Wann: 21. Oktober 1805.

Warum: Nelson hatte die französisch-spanische Flotte verfolgt und schließlich an der Straße von Gibraltar gestellt. Villeneuve wollte aus persönlichen Gründen lieber kämpfen als fliehen.

Ergebnis: Trotz heldenhaften Widerstands wurde die vereinigte Flotte vernichtet und Großbritannien hatte die Gefahr einer französischen Invasion für immer gebannt.

Dieser Druck nach dem Gemälde „Trafalgar" von William Overend erschien 1905 in der Illustrated Sporting and Dramatic News *unter dem Titel „Der Held von Trafalgar: Nelson an Bord der Victory, 21. Oktober 1805". Nelson (ganz rechts) wirkt trotz des ihn umgebenden Kampfgetümmels wie entrückt.*

LORD HORATIO NELSON in einer Darstellung des englischen Landschafts- und Porträtmalers Sir William Beechey (1753–1839).

lebenslange Furcht vor Nelson entwickelt hatte – Villeneuve verachtete auch Napoleon als Person und seine Politik. Im Hinblick auf die vagen und verworrenen Vorstellungen Napoleons zur Strategie des Seekriegs sah er sich in seinem Urteil bestätigt, vor allem angesichts des Planes, Nelson mit Villeneuves Geschwader, das am 30. März Toulon verlassen hatte, nach Westindien zu locken. Zu dieser Zeit befand sich Nelson im Mittelmeer zwischen Sardinien und Sizilien und wartete darauf, dass Villeneuve nach Ägypten aufbrach. Erst am 18. April erfuhr er, dass die französische Flotte im Atlantik mit Kurs nach Westen unterwegs war. Am 12. Mai startete Nelson mit zehn Linienschiffen und drei Fregatten nach Westindien.

Villeneuve erreichte vier Tage später Martinique, wo er auf Admiral Ganteaume wartete, der mit 21 Linienschiffen in Brest gestartet war. Spätestens am 22. Juni würde Villeneuve nach Europa zurücksegeln müssen, um die Landung zu unterstützen. Am 26. Mai schlossen sich ihm sechs spanische Linienschiffe unter dem Kommando von Admiral Federico Gravina (1756–1806) an.

KAP FINISTERRE

Inzwischen war Nelson nochmals falsch informiert worden. Nachdem er Westindien erreicht hatte, segelte er südwärts nach Trinidad statt nach Norden, sodass ihm der Feind erneut entschlüpfte. Mehr Glück hatte der Kommandeur der Kanalflotte, Admiral Robert Calder (1745–1818), der am 22. Juli bei Kap Finisterre mit 15 Linienschiffen und einigen kleineren Einheiten auf die vereinigte Flotte mit 21 Linienschiffen und sieben Fregatten stieß. In dichtem Nebel lieferte man sich ein unentschiedenes Gefecht. Calder erbeutete zwei spanische Schiffe und beschädigte vier weitere, während vier seiner Schiffe Schaden nahmen. Am 27. Juli segelten beide Flotten in entgegengesetzte Richtungen davon.

Obwohl Calder glaubte, dass er sich gut geschlagen habe, wurde er zu Hause stark kritisiert: Er hätte die vereinigte Flotte vernichten müssen. Deshalb verlangte er nach dem Kriegsgericht, um seinen guten Ruf wiederherzustellen. Sein einziger Trost war, dass Villeneuve noch schlechter beurteilt worden war.

Der französische Kommandeur machte Gravina und die Spanier für die Niederlage von Finisterre verantwortlich. In Wahrheit hatten die Spanier bravourös gekämpft, wie selbst Napoleon einen Monat später zugab.

WAFFEN AUF PLATTFORMEN wie Coehoorn-Mörser, aber auch Scharfschützen konnten die oberen Decks eines feindlichen Kriegsschiffs von oben her beschießen.

NELSON IN CÁDIZ

Eigentlich hatte auch Nelson nichts vorzuweisen, als er am 19. August ein letztes Mal nach England zurückkehrte. Er hatte mit Buhrufen und Pfiffen gerechnet, doch er wurde von allen Seiten gefeiert und gelobt. Sogar William Pitt, der stoische Premierminister, stand hinter ihm. Am 29. September 1805, seinem 47. Geburtstag, traf Nelson in Cádiz ein, um das Kommando über das britische Blockadegeschwader zu übernehmen. Mit fast weißen Haar, dem eingefallenen Gesicht und seinem schmächtigen, verstümmelten Körper wirkte er indes mindestens zehn Jahre älter.

Doch Nelson war kämpferisch wie eh und je. Hinzu kam, dass Pitts Versprechen ziemlich unerwartet erfüllt wurde, sodass ihm am 15. Oktober 27 Linienschiffe und fünf Fregatten zur Verfügung standen. Die Fregatten standen unter dem Kommando von Kapitän Henry Blackwood (1770–1832) und lagen rund fünf Kilometer vor der Küste, um die vereinigte Flotte in Cádiz mit ihren 2600 Mann und 33 Linienschiffen im Auge zu behalten. Nelson dagegen kommandierte 27 Linienschiffe mit 2100 Mann Besatzung, jedoch waren die meisten – anders als beim Gegner – trotz der angeblichen Allgegenwart der gefürchteten Presspatrouillen unterbesetzt.

Sobald die vereinigte Flotte Cádiz verließ, wollte Nelson im rechten Winkel mit zwei Kolonnen angreifen, um die Feindlinie aufzubrechen und die hintersten Schiffe erst zu isolieren und dann zu vernichten, bevor die Vorhut ihnen zu Hilfe eilen könnte. Für Nelson mag dies ein „Geheimplan" gewesen sein, doch Villeneuve hatte seinen Gegner genau studiert und erkannte seine Absicht sofort. Villeneuve war vielleicht ein zaghafter Kommandeur, doch er war kein Narr und auch kein Feigling, wie er am 21. Oktober beweisen sollte.

DIE SCHLACHTORDNUNG

Die vereinigte Flotte hatte Cádiz in den frühen Morgenstunden des 19. Oktober, einem Samstag, verlassen, erreichte den Eingang der Straße von Gibraltar jedoch erst zwei Tage später. Die französisch-spanische Schlachtlinie bestand aus einem knapp 15 km langen Durcheinander von Schiffen. Der Morgen des 21. Oktober würde für beide Seiten schicksalhaft sein, denn die steigende Dünung kündigte an, dass sich ein atlantischer Sturm näherte.

Villeneuve ließ die gesamte, eigentlich ins Mittelmeer segelnde Flotte wenden, denn er war fest entschlossen, lieber im Kampf zu sterben, als sich wegen einer Flucht nach Neapel den Zorn des verhassten Korsen zuzuziehen. Gegen 10 Uhr hatte seine weit auseinandergezogene, einem unregelmäßigen Halbmond gleichende Formation die Kehrtwendung vollzogen. Admiral Le Pelleys Geschwader bildete nun die Vorhut, während Gravinas zähe Spanier sich nun unerwartet ganz hinten wiederfanden. Eine Stunde später konnte Villeneuve beobachteten, dass Nelson sich in zwei separaten Kolonnen näherte, die sich zum Kampf bereit machten.

Die Briten waren bereits seit 6 Uhr mit den Vorbereitungen beschäftigt, denn Nelson war entschlossen, den Feind zu jagen und einzuholen, um Napoleons Seestreitmacht zu vernichten. Zum Erstaunen aller machte diese jedoch um 8.40 Uhr kehrt und segelte erneut gen Westen – den Briten direkt entgegen! Wie gewohnt wollte sich Nelson mit seinem Flaggschiff, der

BATTERIEDECKS

Die großen Schiffe jener Ära waren mit drei Batteriedecks ausgerüstet. Auf dem obersten Deck sieht man eine Kanone, die auf der Lafette bis zur Stückpforte gerollt wurde, um den Feind unter Beschuss nehmen zu können. Auf dem mittleren Deck ist eine soeben abgefeuerte Kanone durch den Rückstoß nach hinten gerollt, wo man sie unverzüglich säubern und nachladen wird. Auf dem untersten Deck sieht man eine Kanone, die an der Stückpforte seetauglich verzurrt wurde – alles andere wäre bei hohem Seegang lebensgefährlich gewesen.

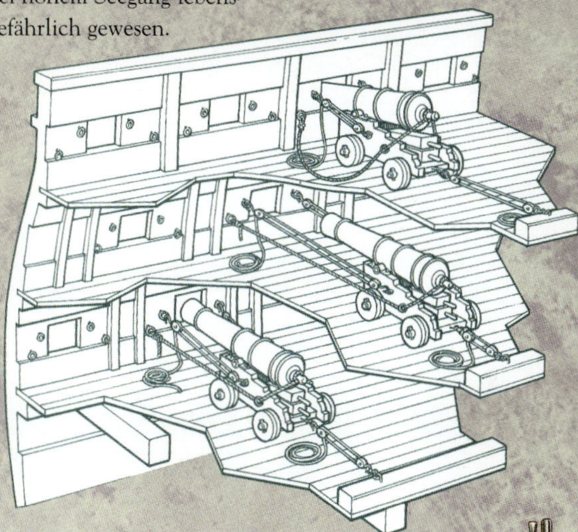

Zu jener Zeit hatten alle Kriegsschiffe Musketenschützen an Bord, die den Feind aus der Takelage heraus beschossen. Der für Nelson tödliche Schuss dürfte von der Redoutable *gekommen sein, als beide Schiffe sich aus nächster Nähe ein Feuergefecht lieferten.*

OBEN: *Die 1759 auf Kiel gelegte HMS Victory war mit 100 Kanonen und einer Besatzung von über 850 Mann ein Linienschiff ersten Ranges. Im Juli 1803 wurde sie zum Flaggschiff von Admiral Nelson, der bis zu seinem Tod angeblich nur 25 Tage nicht an Bord verbracht hat.*

HMS Victory und ihren 100 Kanonen, an die Spitze setzen. Seine Kommandeure warnten ihn, dass er damit ein leichtes Ziel abgeben würde. Aber den Vorschlag, sein Stellvertreter Admiral Collingwood solle mit seinem Geschwader die Führung übernehmen, verwarf er. Der aus Westnordwest kommende Wind begünstigte die Briten und die Entfernung zwischen beiden Flotten verringerte sich. Um 11 Uhr ließ Nelson seiner Flotte ein Flaggensignal geben: „England erwartet, dass jeder seine Pflicht erfüllt." Offiziere und Mannschaften reagierten mit wilder Begeisterung auf dieses Signal.

DIE SCHLACHT

Eine Dreiviertelstunde später donnerten die ersten Kanonenschüsse, während Villeneuve auf seinem Flaggschiff *Bucentaure*, die über 80 Kanonen verfügte, die Kriegsflagge hisste. Nelson indes stand auf dem Achterdeck der *Victory*, als er um 11.50 Uhr sein letztes Signal gab: „Näher ran an den Feind!" Um 12.04 Uhr wurde der Eichenrumpf der *Victory* heftig beschossen: von der *Bucentaure*, der *Redoutable* und der spanischen *Santissíma Trinidad*, dem mit 136 Kanonen bestückten Flaggschiff des spanischen Admirals Baltazar de Cisneros.

Während die Kanonen ihre Breitseiten gegen die *Victory* abfeuerten, belegten französische und spanische Scharfschützen die Decks der *Victory* mit Musketenfeuer. Das Steuerrad der *Victory* wurde zerschmettert, Nelsons Sekretär John Scott getötet, der Besanmast weggeschossen und alle übrigen Masten beschädigt. Als die *Victory* schließlich die *Bucentaure* rückwärtig passieren konnte, entsandte sie eine verheerende Breitseite aus ihren Heckgalerien, die 20 feindliche Kanonen aus den Lafetten riss und dutzende Matrosen tötete. Der Rest der Flotte folgte, sodass Nelson die feindliche Linie aufbrechen konnte. Aus der geordneten Schlacht wurde ein Gewirr von Einzelaktionen, bei denen sich die überlegene Schießkunst der Briten durchsetzen sollte.

Um 13.10 Uhr war die *Victory* in ein Gefecht mit der *Redoutable* verwickelt. Kapitän Jean-Jacques Lucas stachelte seine Männer gegen den britischen Feind auf, sodass die Franzosen innerhalb weniger Minuten 40 Briten getötet hatten. Der Schuss eines Scharfschützen an Bord der *Redoutable* durchschlug Nelsons Schulter und Lunge und zerschmetterte ihm das Rückgrat.

In den nächsten zwei Stunden war die Schlacht auf ihrem Höhepunkt. Nachdem die *HMS Téméraire* (98 Kanonen) hinzugestoßen war, stand die *Redoutable* auf beiden

GUSSEISERNE KANONEN *auf Holzlafetten waren eine preiswerte und funktionelle Waffe für Kriegsschiffe jeder Größe. Die Kanonen konnten auf ihren Rädern bewegt werden, während der Rückstoß mittels Trossen gemildert wurde. Die korkenzieherartige Schnecke (links) diente dazu, die Reste der Kartuschbeutel zu entfernen, Eimer und Schwamm zum Auswischen des Rohrs.*

„Der Tod Nelsons" von Daniel Maclise (1806–1870). Das Wandgemälde zeigt Nelson, nachdem er von einem Scharfschützen der Redoutable *getroffen wurde. Ungeachtet des starken Rauchs muss er in der Uniform eines Vizeadmirals ein deutliches Ziel abgegeben haben.*

Seiten unter Beschuss. Um 13.40 Uhr wurde die *Redoutable* von der *Téméraire* mit Breitseiten belegt, doch Lucas weigerte sich, die Flagge zu streichen, bis sich die *Téméraire* in einem ebenso miserablen Zustand befand wie das französische Schiff und man völlig erschöpft kapitulierte. Mit 487 Toten und 81 Verwundeten, darunter auch Lucas, hatte die *Redoutable* 88 Prozent der Besatzung verloren.

Um 14.30 Uhr war auch die *Santissíma Trinidad* nur mehr ein Wrack, doch ein spanischer Offizier teilte dem britischen Enterkommando mit, dass ihr stolzes Flaggschiff noch nicht kapituliert habe, auch wenn man keine einzige Kanone abfeuern könne. Erst Stunden später hatten die Briten das Schiff ganz erobert. Um 16.15 Uhr war auch die *Bucentaure* kampfunfähig; hier gab es 450 Opfer.

Villeneuve hatte während des Gefechts regungslos dagestanden. Doch er hatte nicht den geringsten Kratzer davongetragen, als der Kapitän der *Conqueror* die Kapitulation des Flaggschiffs entgegennahm. Unterdessen hatte Collingwood weit im Südwesten das spanische Geschwader weitgehend zerstört.

Um 16.30 Uhr, nachdem der Feldchirurg William Beatty nichts mehr hatte für ihn tun können, starb Nelson in der Gewissheit, dass die britische Flotte einen großen Sieg errungen hatte.

DIE FOLGEN

Am Ende der Schlacht befanden sich 17 Schiffe der vereinigten Flotte in britischer Hand, ein weiteres war nur noch ein loderndes Wrack. Vier der 15 entkommenen Schiffe gingen am 4. November in der Schlacht bei Kap Ortegal verloren, sodass nur elf Schiffe mit dem schwer verwundeten Gravina nach Cádiz zurückkehrten. Ein Sturm, der nach der Schlacht aufgezogen war, zwang die Briten, einen Großteil ihrer Beute zu versenken.

Die Nachricht von Nelsons Sieg erreichte England am 6. November, doch in die Freude mischte sich Trauer über den Tod des größten Helden der Nation. Die Seeschlacht von Trafalgar, eine der bedeutendsten der Geschichte, war der Beginn einer hundertjährigen, nahezu unangefochtenen Vorherrschaft der Royal Navy.

TRAFALGAR

1 Am frühen Morgen des 21. Oktober 1805 befiehlt der französische Kommandeur Admiral Villeneuve seiner Flotte, scharf nach Westen zu schwenken und Kurs auf die Briten zu nehmen.

5 Die *Bucentaure*, Villeneuves Flaggschiff, wird in Stücke geschossen. Angesichts von über 400 Opfern lässt Villeneuve die Flagge streichen und kapituliert um 16.15 Uhr. Die Schlacht ist vorbei.

3 Am späten Vormittag beginnt die Schlacht, besonders heftig sind die Gefechte in den ersten Stunden. Nelsons Flaggschiff, die *HMS Victory*, liefert sich Kanonenduelle mit vier französischen Schiffen. Bei den überaus blutigen Kämpfen kommt auch Nelson ums Leben.

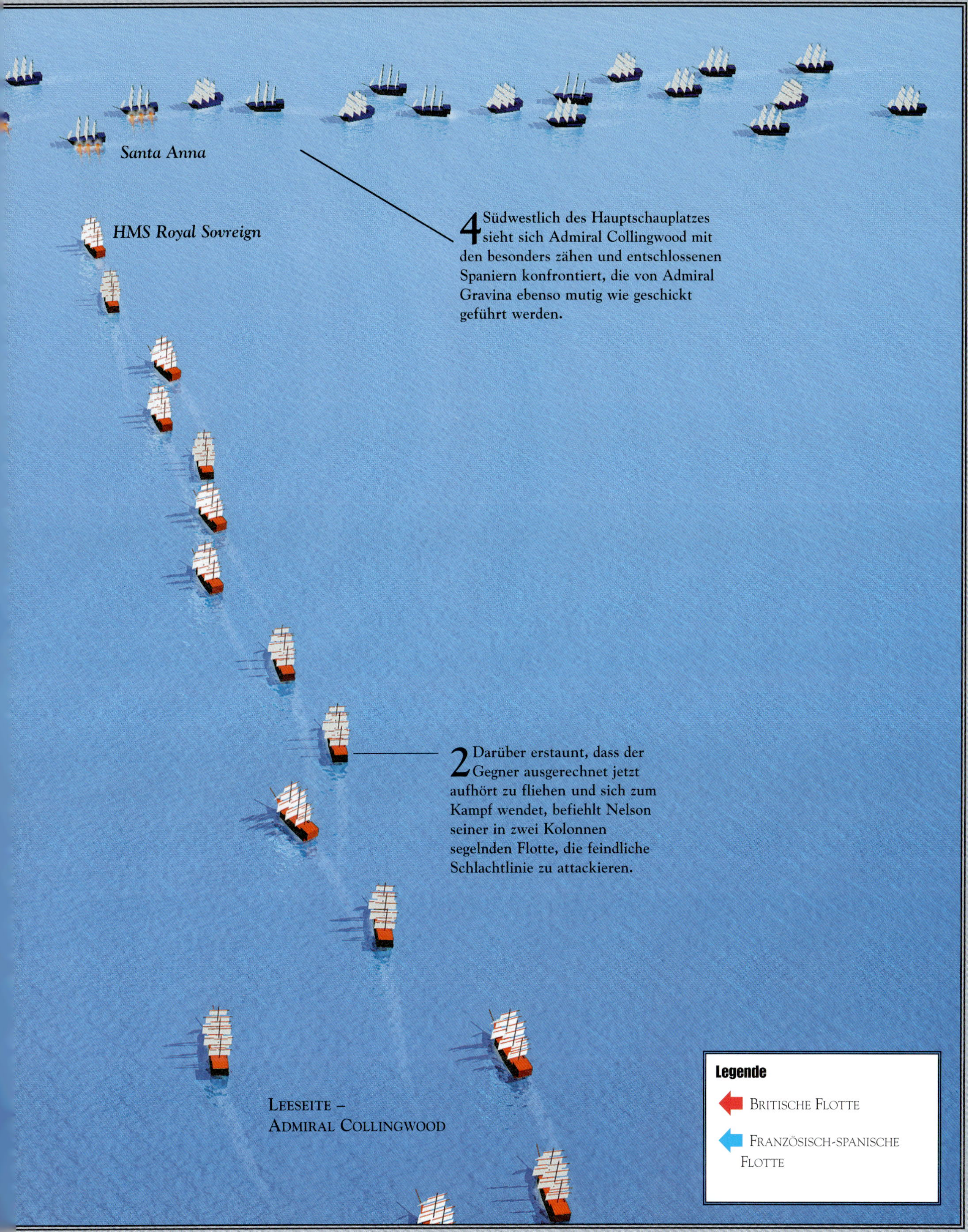
Santa Anna
HMS Royal Sovreign
4 Südwestlich des Hauptschauplatzes sieht sich Admiral Collingwood mit den besonders zähen und entschlossenen Spaniern konfrontiert, die von Admiral Gravina ebenso mutig wie geschickt geführt werden.
2 Darüber erstaunt, dass der Gegner ausgerechnet jetzt aufhört zu fliehen und sich zum Kampf wendet, befiehlt Nelson seiner in zwei Kolonnen segelnden Flotte, die feindliche Schlachtlinie zu attackieren.
Leeseite – Admiral Collingwood
Legende
Britische Flotte
Französisch-spanische Flotte

AUSTERLITZ 1805

Auf dem Höhepunkt des größten Feldzugs seiner Laufbahn besiegte Napoleon die vereinigten Armeen von Russland und Österreich in Austerlitz; dort stellte er mit seinen Generälen und hervorragend ausgebildeten Soldaten sein Können auf dem Schlachtfeld unter Beweis. Diese Genialität reichte indes nicht für einen sofortigen Frieden.

Napoleon trat Ende 1805 gegen die Mächte der dritten Koalition zu seinem größten Feldzug an. Die Schlacht im südmährischen Austerlitz war gleichzeitig sein Meisterstück als Feldherr. Die Alliierten – Österreich, Großbritannien, Russland, Schweden und Neapel – hielten einen raschen und deutlichen Sieg über Napoleons postrevolutionäre Armee und das neue „Empire" für sicher. William Pitt und Zar Alexander I., die beiden wichtigsten Baumeister dieser größten jemals gegen Frankreich aufgestellten Koalition, würden Napoleon mit 400 000 Mann auf einer breiten, von Neapel bis Hannover und Pommern reichenden Front attackieren. Napoleon würde nur dann siegen können, wenn er schnell war, hart zuschlug und die

DATEN UND FAKTEN

Wer: Kaiser Napoleon I. (1769–1821) schlug mit 73 000 Mann die vereinigten Heere des zaristischen Russland unter Zar Alexander I. (1777–1825) und Österreichs unter Kaiser Franz II. (1768–1835) mit insgesamt 85 400 Mann.

Was: Napoleon provozierte die Alliierten zu einem Angriff an einem Ort seiner Wahl und besetzte die zentral gelegene Pratzener Höhe, um den Feind von dort zu schwächen und zu besiegen.

Wo: Unweit des südmährischen Austerlitz, rund 110 km nordöstlich von Wien.

Wann: 2. Dezember 1805.

Warum: Das nachrevolutionäre Frankreich und Napoleons Usurpation des Throns waren eine Gefahr für die Monarchien in Europa, die Napoleon verdächtigten, eine französische Vormachtstellung über ganz Europa anzustreben.

Ergebnis: Die Franzosen behaupteten sich, nachdem sie der dritten Koalition einen schweren Schlag versetzt hatten.

NAPOLEON INSPIZIERT und ermutigt seine biwakierende Truppe in der Nacht vor der Schlacht von Austerlitz am 2. Dezember 1805. Ölgemälde von Louis-Albert Bacler d'Albe (1761–1824).

EINEN GRAUEN FELDROCK über der grünen Uniform tragend, setzten die russischen Infanteristen auf ihr Bajonett, entsprechend Suworows Vorliebe für den massiven Angriff mit blankem Stahl, im Gegensatz zu den konzentrierten Salven der Briten.

feindliche Front aufweichte, bevor das schwerfälligere Österreich bereit war. Insgesamt hatte er 350 000 Mann unter Waffen. Hoffnungen, die österreichisch-russische Armee in Mitteleuropa zu treffen und zu besiegen, konnte sich indes nur seine 194 000 Mann starke Grande Armée machen, die England entlang der Kanalküste gegenüberstand.

DER FELDZUG

Am 8. September 1805 fielen die von General Karl Mack (1752–1828) geführten Österreicher in Bayern ein, dessen 22 000-Mann-Armee den feindlichen Vorstoß jedoch nicht behinderte, sodass Mack vier Tage später München besetzen konnte. Mack zog nach Ulm und Ingolstadt, um den Schwarzwald zu überwachen, denn er war sicher, dass die Franzosen von dort nach Süddeutschland vorstoßen würden. Wie Mack fälschlich annahm, würde eine Attacke weiter im Norden durch die preußischen Enklaven Ansbach und Bayreuth verhindert werden. Sicher würde es Napoleon nicht wagen, Preußen durch Verletzung seiner territorialen Integrität so zu verärgern, dass es sich dem Bündnis anschloss.

Napoleon kannte solche Skrupel jedoch nicht. Während er Murats Kavalleriekorps durch den Schwarzwald schickte, um Mack zu beschäftigen, zogen die übrigen fünf Korps seiner „Grande Armée d'Allemagne" in einem großen Bogen durch Franken und Nordbayern. Zwischen dem 25. und 27. September überquerte Murat den Rhein bei Straßburg.

NAPOLEON ERFÄHRT von seinem Sieg in Austerlitz, als ein Adjutant mit der Nachricht eintrifft, dass die Franzosen die feindlichen Linien durchbrochen und die geschlagenen Truppen der Alliierten den Rückzug angetreten haben.

Der Rest der Grande Armée setzte am 1. Oktober über den Neckar, um Mack von der Donau aus den Rückzug nach Osten zu versperren. Bisher wusste Napoleon nicht genau, wo Macks Hauptheer sich befand, und ob es, wie er hoffte, noch in Ulm stand. Er erwartete jedenfalls, dass Mack sich rechtzeitig nach Wien zurückziehen würde.

Mack erfuhr vier Tage danach, dass französische Truppen auf dem Weg nach Süden durch Ansbach in Richtung Donauwörth gezogen waren. Drei Tage später verloren die Österreicher 600 Mann bei dem Versuch, diese entscheidende Stellung zu halten. Macks Hauptmacht wurde abgeschnitten und saß in Ulm fest. Er befahl, die dünnen feindlichen Linien Richtung Böhmen zu durchbrechen. Am 11. Oktober hatte er eine Begegnung mit dem Feind, doch weder die Offiziere, die Mack als Ausländer und Reformer verabscheuten, noch die Truppen, die das Vertrauen in die Führungsfähigkeiten Macks und der anderen Offiziere verloren hatten, griffen mit der notwendigen Entschlossenheit an.

Mack befand sich in einer ziemlich hoffnungslosen Lage, da die Gefahr für seine Armee stündlich größer wurde. Da er weiteres Blutvergießen nicht mehr rechtfertigen konnte, kapitulierte er am 25. Oktober mit seiner 23000-Mann-Armee in Ulm. Die fehlgeschlagene Invasion Bayerns hatte die Österreicher zahlreiche ihrer besten Soldaten gekostet.

Angesichts ihrer unbedeutenden Verluste waren die Franzosen über ihren Erfolg verblüfft: Der rücksichtslose, rasche Vorstoß hatte ihnen eine direkte Konfrontation mit einem Feind erspart, den man nicht unterschätzen sollte, wie sich vier Jahre später bei Wagram zeigte. Mehr noch als Austerlitz war Ulm die Glanztat Napoleons in diesem Feldzug, denn er hatte den Feind ausmanövriert und ohne nennenswerte Verluste zur Aufgabe gezwungen.

DER PLAN DER ALLIIERTEN

Gemäß der unausgereiften Gesamtstrategie der Alliierten hätte Mack vor Eintreffen der Russen gar nicht vorrücken dürfen. Doch die Vorhut des russischen Expeditionsheers, rund 24 000 Mann, hatte Braunau am Inn erst Ende November erreicht, als durch die Kapitulation in Ulm sämtliche Pläne für einen Vorstoß längst hinfällig waren. General Michail Kutusow (1745–1813), der umsichtige, scharfsinnige und erfahrene russische Oberbefehlshaber, entschied sich für den Rückzug und konnte nur durch einen Eilmarsch und die geschickte Führung der Nachhut entkommen. Hierbei taten sich General Miloradowitsch und der georgische Fürst Pjotr Bagration hervor.

Die letzten 11 000 Mann der österreichischen Truppen brachen am 11. November von Wien aus zum Aufmarschgebiet in Böhmen auf, wo Ende des Monats 80 000 Verbündete standen. Am Tag darauf marschierte die Grande Armée in die österreichische Hauptstadt ein.

Nach seinem Eintreffen in Wien hatte Napoleon, der 1809 die Stadt nochmals besetzte, gute Gründe, seine Situation zu überdenken. Er hatte bereits 50 000 Mann verloren und ihm standen in Italien Erzherzog Karl mit 85 000 Mann sowie die alliierte Hauptmacht in Böhmen gegenüber. Ein koordinierter Angriff würde ihn in der Mitte zermalmen. Doch diese Gefahr bestand kaum, denn Karl war entschlossen, in der Defensive zu bleiben: Er misstraute den Russen mehr, als er die Franzosen ablehnte; außerdem hatte er sich von Anfang an gegen den Krieg ausgesprochen. Karls Passivität stellte sicher, dass es keine Zangenbewegung der Alliierten im Hinterland geben würde.

DIE SCHLACHTORDNUNG

Die zweite und zugleich wichtigste Phase des Feldzugs hatte begonnen. Als Napoleon am 23. November Brünn erreichte, standen lediglich 53 000 Mann unter seinem Kommando – und es war plötzlich kalt geworden. Wie gewohnt warf Napoleon einen prüfenden Blick auf das Gelände und fand das ideale Schlachtfeld: rund um die Pratzener Höhe, unweit des Städtchens Austerlitz. Zu seinen Offizieren sagte er mahnend: „Meine Herren, prüft dieses Gelände sorgfältig, denn es wird ein Schlachtfeld sein und Ihr werdet dort eine Rolle zu spielen haben."

Napoleon beschloss, die Alliierten zu einem voreiligen Angriff zu verleiten, indem er Soult und Lannes die

DIE FRANZÖSISCHEN KÜRASSIERE stellten unter schneidigen Kommandeuren wie Murat und Marschall M. Ney (1769–1815) auf jedem Schlachtfeld eine tödliche Gefahr dar.

Pratzener Höhe, Wischau und Austerlitz besetzen ließ. Bei einem Treffen mit Graf Dolgoruki, dem Adjutanten des Zaren, täuschte er Besorgnis und einen ungewöhnlichen Mangel an Selbstvertrauen vor. Die Alliierten sollten glauben, dass er darauf bedacht sei, einer Konfrontation mit der überlegenen vereinigten Armee aus dem Weg zu gehen. Auf Befehl Napoleons zog Soult am 30. November seine Truppen recht hastig von Pratze und Austerlitz ab. Dies sollte die Alliierten zu einem Angriff verleiten.

Vom Feind unbemerkt trafen die französischen Generäle Bernadotte und Davout ein, der letztere nach einem Gewaltmarsch von Wien aus. Am 2. Dezember stand Napoleon mit 73 000 Mann und 139 Kanonen einem Gegner mit 8400 Mann und 278 Kanonen gegenüber. Die einstige Übermacht des Gegners war stark geschrumpft und seine leichte zahlenmäßige Überlegenheit wurde durch die Präsenz Napoleons und seiner deutlich besseren Grande Armée mehr als wettgemacht.

ÖSTERREICHISCHER DRAGONER

Als Gegenstück zu Napoleons Kürassieren besaß Österreich die Elitetruppe der Dragoner, die ähnlich ausgerüstet waren wie ihr gefürchteter Feind. Es waren schwere Reiter, die als Stoßtruppen dienten – sei es, um durch massierten Frontalangriff eine Entscheidung zu erzwingen, oder um durch rasches Nutzen von Schwächen oder Lücken in den feindlichen Linien das Blatt doch noch zu wenden.

Die Alliierten hatten beschlossen, mit dem Gros ihrer Truppen die rechte Flanke der Franzosen zu attackieren und das feindliche Heer aufzurollen, während General Bagration im Norden entlang der Straße von Olmütz nach Brünn angriff. Rund 59 300 Mann sollten die Pratzener Höhe räumen, Telnitz und Sokolnitz einnehmen und sich in Kobelnitz zusammenschließen, um die französische Armee auf die Linie von Turas nach Pantowitz zurückzudrängen. Dann würde Kolowrat mit seinem 24 000 Mann starken Korps in Pantowitz, dem Angelpunkt der französischen Linie, zuschlagen und die Franzosen verjagen.

DIE SCHLACHT BEGINNT

Winternebel senkte sich auf das Schlachtfeld herab und machte die Pläne der Alliierten zunichte. Der russische General Langeron wies darauf hin, dass die alliierte Offensive ausgerechnet die für die Schlacht entscheidende Pratzener Höhe völlig unverteidigt ließe. Napoleon hatte nicht vor, den Alliierten gefällig zu sein. General Savary hatte ihm in der Nacht die Bewegungen des Feindes gemeldet. Für 5 Uhr berief Napoleon den Generalstab ein und gab Legrand und Davout Order, mit 18 600 Mann die Linke zu halten, während er 65 000 Mann auf der Rechten konzentrierte.

Alexander I. und Franz II. frühstückten derweil auf der Anhöhe Staré Vinohrady. Der Zar tadelte Kutusow für das zu langsame Vorrücken seiner Truppen. Dieser erwiderte, er könne erst vorrücken, wenn sämtliche Einheiten in Linie seien – was schließlich um 6 Uhr der Fall war. In Telnitz geriet die österreichische Vorhut unter massiven Beschuss durch die korsische Infanterie, die auch den Spitznamen „des Kaisers Vettern" trug. Nach einstündigem, heftigem Gefecht zogen sich die Franzosen zurück.

Rund 13 600 Russen unter dem Kommando von General Dochturow hätten den Plan der Alliierten verwirklichen können, wenn dieser in Napoleons offene Flanke nachgerückt wäre. Dochturow jedoch wartete auf Langerons Korps, das durch wirre Truppenbewegungen auf der Pratzener Höhe aufgehalten wurde. Die Verschiebung des alliierten Angriffs auf 7 Uhr erlaubte den Franzosen, sich neu zu formieren, sodass in den Morgenstunden 10 000 Franzosen den Vorstoß von 50 000 Russen und Österreichern aufhielten.

DIE PRATZENER HÖHE

Von seinem Hauptquartier auf dem nahe gelegenen Zuranhügel konnte Napoleon um 8.45 Uhr durch sein Fernrohr beobachten, wie die Alliierten nach Süden marschierten und die das gesamte Schlachtfeld überragende Pratzener Höhe aufgaben. Napoleon fragte Soul, wie lange seine am Fuß des Hügels versteckten Männer wohl benötigten, um diesen einzunehmen. Soult antwortete, das sei in 20 Minuten zu schaffen. Napoleon wartete, bis der letzte alliierte

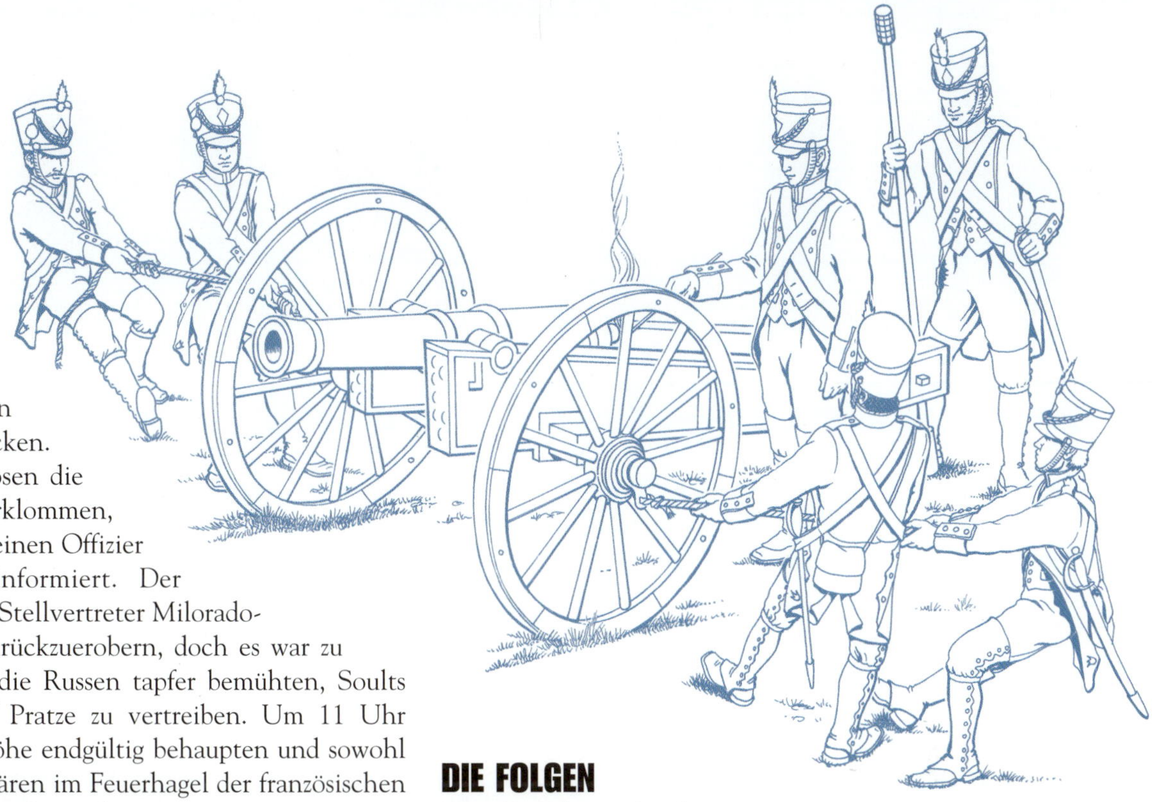

Die französische Artillerie war damals unerreicht. Die Beachtung und Ausstattung sowie das Vertrauen, das Napoleon seiner Artillerie schenkte, machte sich im Gefecht nicht selten bezahlt und verwies auf seine Anfänge als Artillerieoffizier.

Soldat die Höhe verlassen hatte, dann befahl er Soult vorzurücken.

Obwohl die Franzosen die Anhöhe fast lautlos erklommen, wurde Kutusow durch einen Offizier über den Vorgang informiert. Der General befahl seinem Stellvertreter Miloradowitsch, die Anhöhe zurückzuerobern, doch es war zu spät, auch wenn sich die Russen tapfer bemühten, Soults Truppe aus dem Dorf Pratze zu vertreiben. Um 11 Uhr konnte Soult die Anhöhe endgültig behaupten und sowohl Kutusow wie der Zar wären im Feuerhagel der französischen Artillerie beinahe ums Leben gekommen.

Aus wachsender Verzweiflung schickte der Zar seinen Bruder, Großherzog Konstantin, und seine 8500 Mann starke Kaiserliche Garde in das Gefecht. Die hoch gewachsenen, handverlesenen und als Reserve bereitgehaltenen Soldaten konnten die erste Feindlinie durchbrechen, mussten dann jedoch schwerem Musketen- und Artilleriefeuer weichen. Ihr Angriff blieb indes nicht ohne Folgen, da unzählige Franzosen auswichen und die Flucht ergriffen und dabei Napoleons Hauptquartier beinahe überrannt hätten.

Um 14 Uhr war von der zentralen Stellung der Russen nicht mehr viel übrig und die Alliierten leisteten nur mehr vereinzelt und ungeordnet Widerstand. In den Straßen von Sokolnitz und rund um dessen altehrwürdiges Schloss türmten sich Tote, Sterbende und Verwundete. Davout, bisher ohne Fehl und Tadel, gab Order, keinen Gefangenen oder Verwundeten zu verschonen. Zahlreiche alliierte Soldaten konnten dem Massaker jedoch über das zugefrorene Sumpfland entkommen.

DIE FOLGEN

Napoleon hatte der dritten Koalition einen schweren Schlag versetzt: Österreich war geschlagen, Russland gedemütigt und Großbritannien seiner kontinentalen Verbündeten beraubt. Die Franzosen hatten mit 9000 Mann zwölf Prozent ihrer Truppen verloren, die Alliierten mit 27 000 Mann indes fast ein Drittel. Dazu hatten Napoleons Verbände das Schlachtfeld in Besitz genommen. In Austerlitz hatte die Militärmacht Frankreich ihren Zenit erreicht, doch zu einem von Napoleon diktierten Frieden kam es nicht. Erst nach zwei Jahren heftiger Kämpfe gegen Preußen und Russland sahen diese Mächte sich schließlich doch gezwungen, im Juli 1807 in Tilsit Frieden mit Frankreich zu schließen.

Napoleon und der österreichische Kaiser Franz II. bei Friedensverhandlungen nach der Schlacht auf einem Ölgemälde von Antoine-Jean Gros (1771–1835).

AUSTERLITZ
BRÜNN
2 Für Napoleon lag diese Strategie klar auf der Hand. Legrand und Davout sollten mit rund 18 600 Mann die Rechte halten, während er seine Hauptmacht (65 000 Mann) auf die Linke konzentrierte.
3 Der alliierte Vorstoß wurde aufgehalten. Diese entscheidende Verzögerung vereitelte den übermäßig komplizierten Angriffsplan, sodass wenige französische Truppen ausreichten, um die alliierte Hauptmacht aufzuhalten und Napoleon einen Vorstoß auf die verwaiste Pratzener Höhe planen konnte.
PRATZENER HÖHE
SCHWARZACH
5 Die Schlacht war verloren, wenngleich die Alliierten vor allem rund um Sokolnitz noch stundenlang weiterkämpften. Als sie sich dann zurückzogen, waren die Franzosen für eine Verfolgung zu müde und ausgekühlt. Doch sie und ihr Kaiser hatten Frankreichs größten Sieg überhaupt errungen.
SOKOLNITZ

4 Soults Korps marschierte den Hang hinauf und besetzte die zentrale Stellung, bevor die Alliierten dies bemerkten. General Miladorowitsch wurde von Kutusow entsandt, die Anhöhe zurückzuerobern, doch auch wiederholte Attacken konnten die Franzosen nicht mehr vertreiben.
AUSTERLITZ
1 Die Alliierten hatten geplant, dass General Bagration im Norden Napoleon ablenkte, während die russisch-österreichische Hauptmacht von der Pratzener Höhe aus angreifen und sich hinter den feindlichen Linien mit Kolowrats Korps vereinen sollte.
Legende
Franzosen
Russen und Österreicher

WATERLOO 1815

Die letzte Schlacht der Napoleonischen Kriege vereitelte die Ambitionen des französischen Kaisers endgültig. Wenngleich seine einstige Genialität noch vereinzelt sichtbar wurde, gelang es ihm nicht, die alliierte Armee zu zerschlagen. Als am 18. Juni die Preußen Wellington zu Hilfe eilten, war Napoleons Schicksal endgültig besiegelt.

Erst das revolutionäre und dann das napoleonische Frankreich hatte 20 Jahre lang gegen Großbritannien und seine Verbündeten gekämpft, bis Napoleon im April 1814 abdanken und ins Exil auf Elba gehen musste. Die Unzufriedenheit der Franzosen mit Ludwig XVIII. veranlasste Napoleon jedoch, mit 1000 Mann die Überfahrt nach Frankreich zu wagen, wo er am 1. März 1815 landete. Ludwig musste fliehen, und die Alliierten begannen mit der Mobilmachung. Napoleon wünschte den Frieden, doch die anderen europäischen Mächte konnten nicht zulassen, dass er nochmals das Gleichgewicht der Kräfte bedrohte. Dies zwang ihn, acht Korps zu mobilisieren. Seine Landsleute waren des Krieges und Blutvergießens müde.

DATEN UND FAKTEN

Wer: Kaiser Napoleon I. (1769–1821) mit 72 000 Mann seiner Armée du Nord gegen eine englisch-niederländische Armee mit 60 000 Mann unter dem Duke of Wellington (1769–1852) und die Preußische Armee unter Gebhart Fürst Blücher (1742–1819).

Was: Wellington konnte, wenn auch mit großen Schwierigkeiten, die unkoordinierten Angriffe des Gegners bis zum Eintreffen der Preußischen Armee abwehren.

Wo: Rund um den Höhenzug Mont St. Jean unweit der Ortschaft Waterloo, 16 Kilometer südlich von Brüssel.

Wann: 18. Juni 1815.

Warum: Napoleons Wiederherstellung des Kaiserreichs konnte von den Alliierten nicht toleriert werden, die die Gefahr für den Frieden in Europa endgültig bannen wollten.

Ergebnis: Nach der Niederlage von Waterloo musste Napoleon zum zweiten Mal abdanken und ging in sein letztes Exil auf der südatlantischen Insel Sankt Helena.

Mit wehenden Federbüschen reiten Marschall Neys Kürassiere auf ihren Pferden gegen die Karrees aus feindlichen Rotröcken an.

Kampfunwillig waren auch die Offiziere und sogar Napoleons eigene Marschälle, obwohl die meisten ihren Rang und Wohlstand ihm selbst verdankten. Dies galt besonders für Marschall Ney, der in Napoleon einen Tyrannen sah, der Frankreich in gefährliche Abenteuer stürzen würde. Obwohl er sich ihm wieder anschloss, fühlte Ney in seinem Innersten, dass Napoleons Zeit vorbei war und Frankreich gegen eine europäische Koalition nichts würde ausrichten können. Reichsmarschall Berthier, Napoleons unersetzlicher Stabschef aus alten Tagen, war bei einem Unfall umgekommen und sein Nachfolger, Marschall Soult, war weniger talentiert. Napoleons körperlicher und geistiger Verfall, kombiniert mit einigen Schnitzern von Soult und Ney, sollte die Niederlage in Waterloo besiegeln.

DIE ALLIIERTE ARMEE

Auf der Gegenseite hatte es Wellington auch nicht leicht. Viele seiner Veteranen waren bereits ausgemustert. Gegen Napoleon musste er daher mit einer bunt gemischten Truppe aus niederländischen, belgischen und deutschen (Hessen und Nassauer) Söldnern antreten, und mit einer kleinen britischen Einheit, die weitgehend aus Rekruten bestand. Mit einer Infanterie von 68 800 und einer Kavallerie von 14 500 Mann hatte er insgesamt 92 300 Mann zur Verfügung, aufgeteilt in drei Infanteriekorps, die von ihm selbst, General Hill und dem Prinzen von Oranien kommandiert wurden. Die Reiterei wurde vom Earl of Uxbridge befehligt, zugleich Wellingtons Stellvertreter. Ihr Verhältnis war frostig, denn Uxbridge war gegen Wellingtons ausdrücklichen Wunsch ernannt worden.

Die Alliierten vertrauten daher auf die 130 000 Preußen, um sich gegen Napoleon zu behaupten. Ihr legendärer Befehlshaber, Feldmarschall Gebhard Fürst Blücher (1742–1819), auch als „Marschall Vorwärts" bekannt, war vielleicht nicht der größte Stratege, doch man konnte darauf bauen, dass er gegen die Franzosen antrat und Wellington beistehen würde. Dieser rechnete damit, dass Napoleon versuchen würde, einen Keil zwischen beide Armeen zu treiben.

95TH RIFLES

Beim britischen Expeditionsheer 1815 in Belgien waren die 95th Rifles aus zwei Gründen etwas Besonderes. Erstens, weil sie mit Steinschlossgewehren ausgestattet waren und nicht wie sonst üblich mit „Brown Bess"-Musketen. Und zweitens, weil sie nicht die leuchtend scharlachrote königliche Uniform trugen, sondern – aus Gründen der Tarnung – Dunkelgrün. Die Einheit war während des Spanischen Unabhängigkeitskriegs (1808–1814) entstanden, um als reguläre Infanterie oder vorgeschobene Scharfschützen eingesetzt zu werden.

QUATRE BRAS UND LIGNY

Am 15. Juni überquerte Napoleon mit den 123 000 Mann seiner Armée du Nord bei Charleroi die belgische Grenze – dort, wo Wellington ihn nicht erwartet hatte. „Bei Gott, Napoleon hat mich gefoppt", kommentierte Wellington und eilte zu seinen Truppen, die Marschall Ney an der Kreuzung Quatre Bras aufhielten. Ney hatte eine ungewöhnliche Lethargie gezeigt, als er diese Schlüsselstellung nicht besetzte. Zudem hatte er die Schlacht erst am Nachmittag eröffnet und die britischen Infanteriekarrees von 4000 Kürassieren angreifen lassen. Drei Tage später sollte Ney in Waterloo diesen blutigen Fehler wiederholen – mit einer Attacke gegen intakte Infanterieformationen ohne Unterstützung durch eigene Infanterie.

Noch am gleichen Tag, dem 16. Juni, fand die Schlacht von Ligny zwischen Napoleons Hauptmacht aus 71 000 Mann und Blüchers 84 000 Preußen statt. Die Preußen hatten sich in dem sumpfigen Gelände zu weit aufgefächert, doch auch Napoleon beging Fehler. Nachdem er bis zum Nachmittag gewartet hatte, war er gezwungen, die preußischen Linien mit roher Gewalt zurückzutreiben. Zwei Stunden lang gab es ein wildes Gefecht, nicht selten auf kürzester Distanz. Die Preußen verloren 19 000 Mann und während Blücher abrückte, hatte auch Napoleon mit rund 14 000 Mann schwere Verluste erlitten. Napoleon schickte Marschall Grouchy mit 30 000 Mann hinter den Preußen her. Dieser kam nicht nah genug an den Feind heran, sodass Blücher sich nicht etwa, wie von Napoleon erwartet, nach Deutschland zurückzog, sondern nach Westen marschierte, um Wellington zu unterstützen.

Nach dem Sieg über die Preußen eilte Napoleon nach Quatre Bras. Die Briten hatten Neys Attacken abgewehrt und zogen geordnet ab, ohne dass die Franzosen Anstalten machten, sie zu verfolgen. Stattdessen saß Ney mit seinem Stab beim Abendessen. Napoleon hielt seinen Offizieren eine heftige Standpauke. Die sollte eine unerwartet späte Wirkung zeigen, denn in Waterloo würde sich Ney an diese jüngste Demütigung erinnern und mit eigenmächtigem Handeln beweisen, dass er so dynamisch war wie je.

MONT ST. JEAN

Am folgenden Tag gab es eine willkommene Pause, während Wellington mit 74 300 Mann rund um den Weiler Mont St. Jean und das Dorf Waterloo, wo auch das Hauptquartier errichtet wurde, Stellung bezog. Die Franzosen (74 500 Mann) hatten ihr Lager südlich der nach Brüssel führenden Straße aufgeschlagen. Napoleon hatte den Gasthof „La Belle Alliance“ als Hauptquartier ausgewählt.

Rein zahlenmäßig waren beide Armeen somit nahezu identisch, doch in puncto Qualität bestanden Unterschiede. Napoleons Männer waren erfahren, wohingegen Wellington nur frisch rekrutierte Soldaten besaß, darunter nur 28 000 Briten, die ebenfalls weitgehend neu bei der Truppe waren. Zudem besaßen die Franzosen nicht nur mehr, sondern auch weit überlegene Kavallerie und Artillerie. Der französische Zwölfpfünder hatte eine größere Reichweite als der britische Neunpfünder. Und die französischen Geschützmannschaften waren besser geführt.

LINKS EIN NACHDENKLICHER, in sich zusammengesunkener Napoleon, rechts ein entschlossen dreinschauender Wellington. Beide zählten zu den besten Truppenführern ihrer Zeit und waren zum Sieg entschlossen.

DIE SCHLACHTORDNUNG

Auf dem Schlachtfeld von Waterloo sollte bald drangvolle Enge herrschen, verbunden mit zahlreichen Kampfhandlungen an einem einzigen Tag. In der Tat sollte der 18. Juni den Lauf der europäischen Geschichte verändern.

Wellington hatte seine Armee in Form von drei Korps aufgestellt. Die äußerste linke Flanke sicherte die deutsche Division von Prinz zu Sachsen-Weimar, unterstützt durch Uxbridges Kavallerie. Ganz rechts stand die niederländisch-belgische Division des Prinzen von Oranien, daneben Clintons Division (hinter der Straße nach Braine-l’Alleud), Cookes Division, Altens Division (an der Kreuzung der Brüsseler Straße, gegenüber der Farm La Haie) zusammen mit Wellingtons Reservekorps und schließlich, entlang der Straße nach Ohain, General Pictons Division – neben der von Clinton die beste der gesamten Alliiertenarmee. Napoleons Truppen waren in einer parallelen Linie aufgestellt, senkrecht zur Straße von Charleroi nach Brüssel, mit der linken Flanke an der Straße nach Nivelles. Ganz links stand Pirés Kavallerie, dahinter Kellermans III. Kavalleriekorps und die Gardekavallerie unter Guyot, während Prinz Jérôme Bonapartes Infanterie auf das befestigte Anwesen Hougomont blickte.

Im Zentrum standen die Truppen von General J. B. d’Erlons I. Korps und dahinter Milhauds Kavallerie. Die rechte Flanke war in der Stellung La Haie verankert.

Da Blücher in jedem Moment intervenieren konnte, musste Napoleon den ersten Zug tun und Wellington rasch

MIT IHREN MARKANTEN BÄRENFELLMÜTZEN und ihrem dekorativen Schnauzbart plus Koteletten bildeten die Veteranen der Alten Garde Napoleons letzte Reserve.

DIE COLDSTREAM GUARDS *waren eine gut ausgerüstete, hochkarätige Infanterieeinheit, die das Farmhaus von Hougomont verbissen verteidigte.*

vernichtend schlagen, um sich dann zu den Preußen umzuwenden. Falls sich die beiden feindlichen Heere tatsächlich vereinen würden, wäre es auch mit seinem wiederhergestellten Empire vorbei. Alles hing davon ab, wie die „eisernen Würfel" (Schiller) des Krieges fallen würden. Interessanterweise war Napoleons Plan, wie bereits 1812 in Borodino, ziemlich fantasielos und fußte allein auf der Gewalt eines Frontalangriffs. Napoleon verfolgte das Ziel, Wellingtons durch die Farm La Haie Sainte verlaufende Linie zu durchbrechen, die Kreuzung dahinter einzunehmen, vorzurücken und Mont St. Jean zu besetzen.

DIE SCHLACHT BEGINNT

Napoleon hatte um 10.30 Uhr angreifen wollen, doch in der Nacht hatte es geregnet, weshalb der Boden aufgeweicht war. Der Hauptangriff wurde fatalerweise auf 13 Uhr verschoben. Um 10.50 Uhr begannen die Franzosen mit vorbereitendem Artilleriefeuer auf Schloss Hougomont an Wellingtons rechter Flanke, das von den zähen Hannoveranern und einigen Nassauern verteidigt wurde.

Um Wellingtons Aufmerksamkeit von der eigenen linken Flanke abzulenken, wies Napoleon seinen Bruder Prinz Jérôme an, Hougomont anzugreifen, um Wellingtons Reserven abzuziehen. Der Prinz ließ seine Infanteristen immer wieder gegen das Anwesen anstürmen mit dem einzigen Erfolg, dass seine eigenen Truppen gebunden waren und Wellington nur minimale Verstärkung abordnen musste. Er bot all seine vier Regimenter auf und noch die Hälfte von Foys Division. Wellington musste diesen Dreh- und Angelpunkt unbedingt halten, weshalb er mit den Scots und Coldstream Guards seine zähsten Männer entsandte, um die deutschen Verteidiger zu unterstützen.

Als sich Napoleon um 13 Uhr auf den Angriff vorbereitete, traf ein Kurier mit der Nachricht ein, dass General von Bülow mit dem Preußischen Korps aus Richtung Wavre heranrückte. Napoleon zählte darauf, dass Grouchy tatsächlich zu ihm unterwegs war und die Preußen abfangen würde. Tatsächlich aber gelang es nicht, und inzwischen hatte Wellington mit preußischer Hilfe Napoleon besiegt. Als zusätzliche Versicherung gegen das Auftauchen der Preußen beorderte Napoleon Graf von Lobau mit 20 000 Mann an seine rechte, nach Osten zu den Preußen weisende Flanke – an sich nicht unvernünftig, wenngleich damit der Hauptangriff gegen Wellington erheblich geschwächt wurde.

D'ERLONS ATTACKE

Um 13.30 Uhr eröffneten die rund 84 in La Belle Alliance postierten Geschütze ein halbstündiges Feuer. Die Schüsse erzielten jedoch kaum Wirkung, da die Kugeln im weichen Boden versanken. Zudem hatte Wellington seine wertvollsten Truppen dicht hinter und nicht auf dem Hügelkamm postiert. Erst um 14 Uhr – und für die Franzosen kam es vor dem Eintreffen der Preußen auf jede Stunde an – gab Napoleon das Startsignal für d'Erlons I. Korps. D'Erlon baute auf die eigene Überzahl, um die alliierten Linien durchbrechen zu können, und formierte aus seinen Divisionen drei hintereinander stehende massive Bataillonskolonnen. Artillerie und Musketen konnten einer solchen Formation leicht zusetzen, doch die blaue Lawine aus Infanteristen erwies sich als nahezu unaufhaltbar, sobald das I. Korps in Bewegung geraten war. Van Biljandts exponierte 1. Niederländische Brigade wurde einfach zur Seite gewischt und auch Wellingtons halblinke Stellung begann nachzugeben, sodass er sämtliche Einheiten heranziehen musste, die er erübrigen konnte. Seine beste Truppe war Sir Thomas Pictons 5. Infanteriedivision (6745 Mann), bestehend aus Briten (8. und 9. Brigade) und Hannoveranern (5. Brigade).

Unterstützt durch Uxbridges Kavallerie und Sir William Ponsonbys 2. (Unions-)Brigade, konnten Pictons wilde Konterattacken die Franzosen soeben im Zaum halten, doch

BAKER RIFLE MIT BAJONETT, *wie es im Hundertjährigen Krieg von Regimentern wie dem 95th Rifles verwendet wurde. Das ab 1800 produzierte Baker Rifle war das erste aus heimischer Fertigung stammende Standardgewehr der britischen Streitkräfte.*

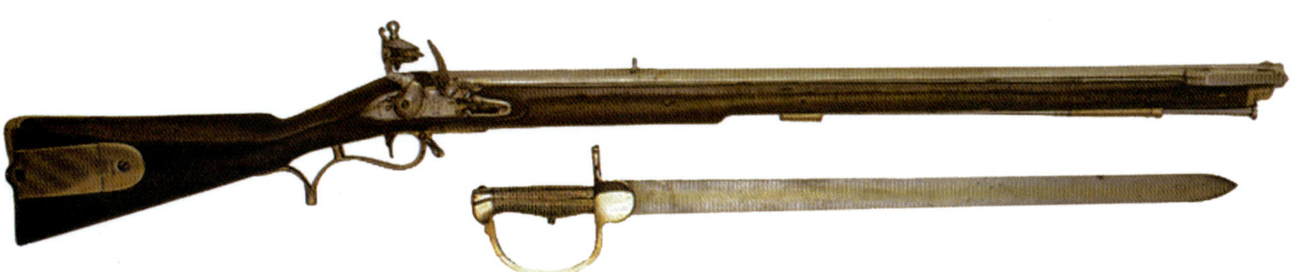

um welchen Preis: Picton und Ponsonby fielen, Uxbridge wurde von einer Kanonenkugel getroffen und verlor ein Bein. Rund 40 Prozent seiner Männer waren tot, verwundet oder gefangen. Doch der Angriff der Franzosen kam immerhin zum Erliegen. Aus ihrem anfänglichen Rückzug wurde eine Flucht und die Briten konnten 3000 Gefangene auflesen. Eine Stunde später hatten die Briten den ersten Ansturm der Franzosen abgewehrt.

NEYS KAVALLERIEATTACKE

Um 15.30 Uhr befahl Napoleon seiner Artillerie, La Haie Sainte einzudecken. Außerdem sollte Ney einen weiteren Angriff vorbereiten, den er persönlich anführen würde. Ohne jedoch Napoleon zu informieren, ließ Ney 5000 seiner Reiter einige scheinbar auf dem Rückzug befindliche Feindtruppen attackieren. In Wirklichkeit brachte Wellington nur einige seiner Einheiten außer Schussweite und ließ die übrigen neu aufmarschieren. Ohne Unterstützung durch Infanterie oder Artillerie stürmte Neys Kavallerie im besten französischen Stil den Hang hinauf, um aus nächster Nähe in massives Artillerie- und Musketenfeuer zu geraten. Hunderte heldenmutige Reiter fanden den Tod, während die britische Infanterie Welle um Welle der auf sie einstürmenden Kürassiere, Dragoner und Ulanen abwehrte.

Auch mit wiederholten Attacken vermochte Ney nichts gegen die Briten auszurichten. Ab 17 Uhr stieß auch General François Kellerman mit seinem III. Kavalleriekorps zu den Angreifern. Weder Ney noch Kellerman hatten daran gedacht, Napoleon um Erlaubnis zu bitten, bevor sie die Verfolgung des „weichenden" Feindes aufnahmen. Die Kämpfe waren derart heftig, dass Ney vier Pferde unter dem Sattel weggeschossen wurden, während nach Eintreffen Kellermans einige britische Karrees kurz vor der Auflösung standen. Doch alle Mühen waren vergebens. Gegen 18 Uhr hatte sogar Ney genug. Nachdem er auch sein letztes Pferd verloren hatte, machte er sich einfach zu Fuß auf den Weg zurück zu den eigenen Linien.

Napoleon konnte einfach nicht glauben, was Ney getan hatte, und auch nicht, dass Wellingtons wilder Haufen diesem Ansturm hatte standhalten können. Quasi als Wiedergutmachung für seine Torheit konnte Ney schließlich La Haie Sainte einnehmen. Nachdem die Königlich Deutsche Legion den Verlust des 2. Regiments und seines Kommandeurs, Baron Ompteda, hinnehmen musste, hatte man nun einfach genug und zog sich mitsamt der zerbrochenen 1. Hannoverschen Brigade zurück. Wellingtons Zentrum – und damit auch seine gesamte Armee – stand kurz vor dem Zusammenbruch.

DER LETZTE ANGRIFF

Gegen 16 Uhr waren die ersten Preußen am Rand des Schlachtfelds (dem Bois de Paris) erschienen. Eine Stunde später sah Napoleon sich gezwungen, von Lobaus auf nur mehr 7000 Mann geschrumpftes VI. Korps durch Entsenden von 4000 Kämpfern der Jungen Garde zu unterstützen. Bis 19 Uhr war von Zietens I. Korps als Verstärkung für von Bülows Truppe eingetroffen. In einem letzten Versuch, Wellingtons Mitte zu durchstoßen, befahl Napoleon seiner Alten Garde – seiner letzten, noch nie besiegten Reservetruppe –, in Form von zwei je 75 Mann breiten Kolonnen zu attackieren.

Doch nochmals gelang es den hinter dem Kamm verborgenen britischen Truppen, den Feind zu überraschen, bevor sich die Kolonnen entfalten konnten. Aus nächster Nähe unter Musketenfeuer geratend, fiel die Alte Garde zurück. Mit der Moral der gesamten französischen Armee war es bald zu Ende. „Sauve qui peut!" (Rette sich, wer kann) und „Trahison!" (Verrat) schallte es durch die Luft. Napoleon floh in einer Kutsche und um 20.30 Uhr traf Wellington mit Blücher, seinem Retter, in La Belle Alliance zusammen.

DIE FOLGEN

Die Franzosen hatten rund 30 000 Mann verloren, Wellington 15 000 und die Preußen 6700 Soldaten. Um 5 Uhr früh am folgenden Tag war Napoleon zurück in Charleroi, auf dem Weg nach Paris. Am 22. Juni dankte er ein zweites Mal ab, floh aus Paris und bestieg am 15. Juli in Plymouth die *HMS Bellerophon*. Genau vier Monate später setzte er seinen Fuß auf die Insel Sankt Helena, die seine letzte „Heimat" werden sollte.

BESTE UND EDELSTE BRITISCHE KAVALLERIEEINHEIT waren die Scots Greys, deren legendärer Angriff auf die Artillerie und Infanterie der Franzosen in eine Katastrophe mündete.

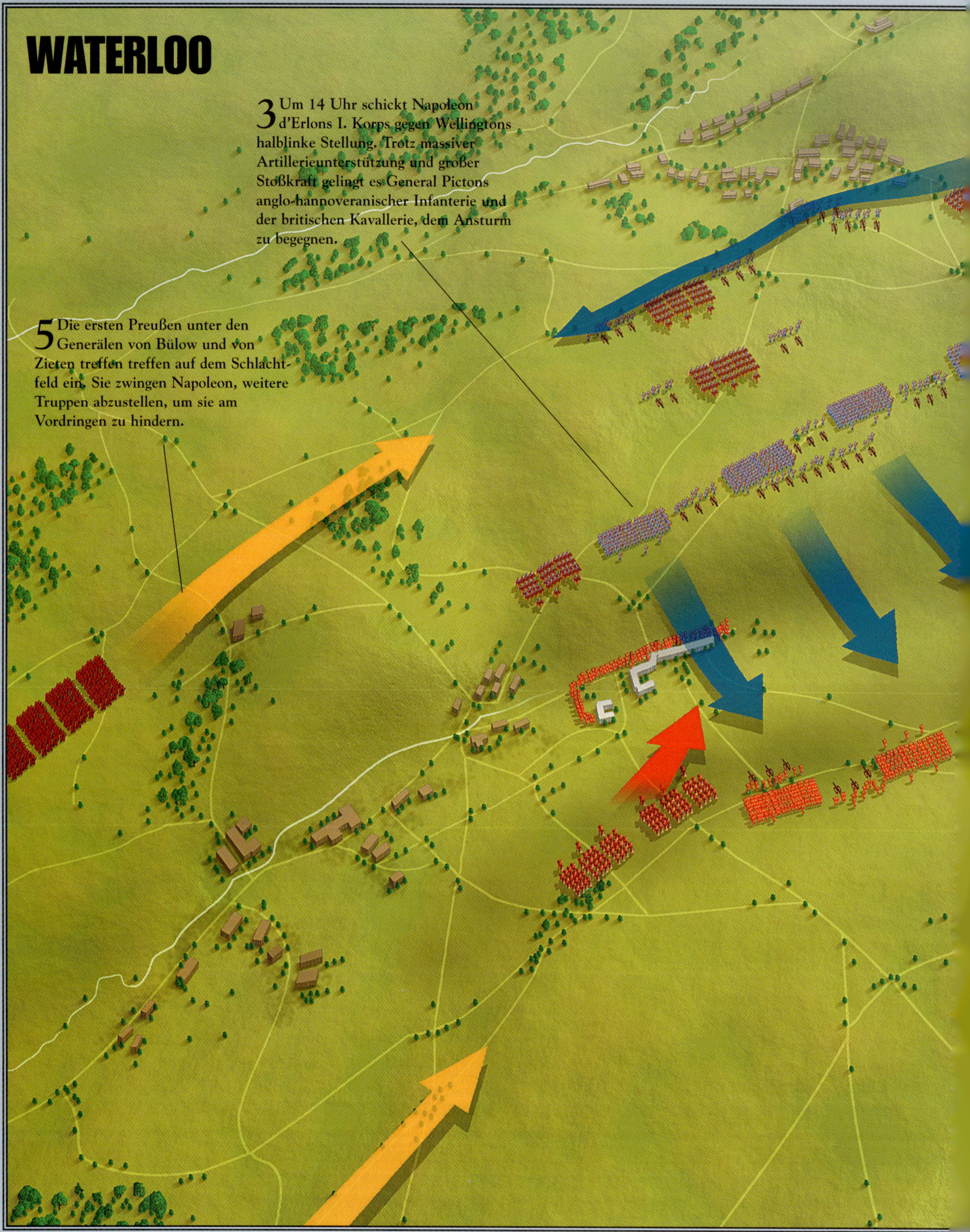
WATERLOO
3 Um 14 Uhr schickt Napoleon d'Erlons I. Korps gegen Wellingtons halblinke Stellung. Trotz massiver Artillerieunterstützung und großer Stoßkraft gelingt es General Pictons anglo-hannoveranischer Infanterie und der britischen Kavallerie, dem Ansturm zu begegnen.
5 Die ersten Preußen unter den Generälen von Bülow und von Zieten treffen treffen auf dem Schlachtfeld ein. Sie zwingen Napoleon, weitere Truppen abzustellen, um sie am Vordringen zu hindern.

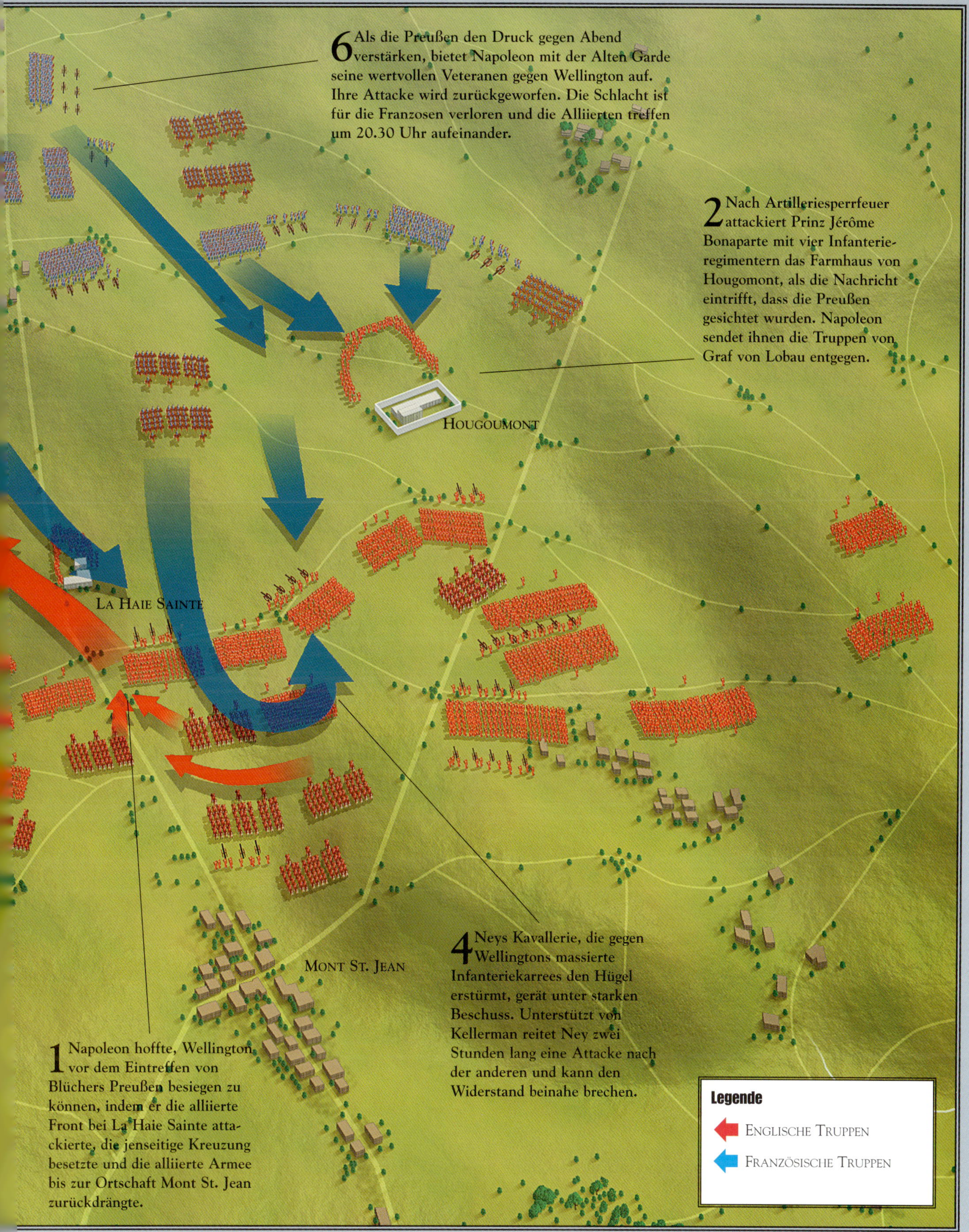
6 Als die Preußen den Druck gegen Abend verstärken, bietet Napoleon mit der Alten Garde seine wertvollen Veteranen gegen Wellington auf. Ihre Attacke wird zurückgeworfen. Die Schlacht ist für die Franzosen verloren und die Alliierten treffen um 20.30 Uhr aufeinander.
2 Nach Artilleriesperrfeuer attackiert Prinz Jérôme Bonaparte mit vier Infanterieregimentern das Farmhaus von Hougomont, als die Nachricht eintrifft, dass die Preußen gesichtet wurden. Napoleon sendet ihnen die Truppen von Graf von Lobau entgegen.
HOUGOUMONT
LA HAIE SAINTE
MONT ST. JEAN
4 Neys Kavallerie, die gegen Wellingtons massierte Infanteriekarrees den Hügel erstürmt, gerät unter starken Beschuss. Unterstützt von Kellerman reitet Ney zwei Stunden lang eine Attacke nach der anderen und kann den Widerstand beinahe brechen.
1 Napoleon hoffte, Wellington vor dem Eintreffen von Blüchers Preußen besiegen zu können, indem er die alliierte Front bei La Haie Sainte attackierte, die jenseitige Kreuzung besetzte und die alliierte Armee bis zur Ortschaft Mont St. Jean zurückdrängte.
Legende
ENGLISCHE TRUPPEN
FRANZÖSISCHE TRUPPEN

ANTIETAM 1862

Im Westen Marylands endete die blutigste Schlacht in der Geschichte Amerikas mit einem Unentschieden, das zugleich einen strategischen Sieg für die Union bedeutete, da die Invasion der konföderierten Südstaaten gestoppt wurde. Die anschließende „Emancipation Proclamation" wandelte den Sezessionskrieg zu einem Kreuzzug für Menschenrechte.

Der Sommer 1862 brachte Washington D.C. nur Enttäuschungen. 16 Monate nachdem der Sezessionskrieg begonnen hatte, hatte die Union noch keinen größeren Sieg auf dem Schauplatz im Osten errungen. Der sogenannte Halbinsel-Feldzug auf Richmond, die Hauptstadt der Konföderation in Virginia, war in der Sieben-Tage-Schlacht abgewehrt worden; Ende August folgte eine Niederlage am Bull Run. In dem Versuch, unter den entmutigten Unionstruppen Ordnung und Kampfgeist wiederherzustellen, übergab Präsident Lincoln das Oberkommando erneut an General George B. McClellan. McClellan war ein ausgezeichneter Organisator und der Schaffer der Potomac-Armee, doch zugleich vorsichtig und auf dem

DATEN UND FAKTEN

Wer: Die Konföderierte Nord-Virginia-Armee mit 55 000 Soldaten unter General Robert E. Lee (1807–1870) gegen die Potomac-Armee der Union mit mehr als 85 000 Soldaten unter General George B. McClellan (1826–1885).

Was: Konföderierte und Unionstruppen lieferten sich eine Schlacht in drei Phasen, die sich von Norden nach Süden bewegte und in einem Unentschieden endete.

Wo: In West-Maryland, nahe der Stadt Sharpsburg, entlang des Flüsschens Antietam.

Wann: 17. September 1862.

Warum: Die Nord-Virginia-Armee der Konföderierten marschierte in Maryland ein und verlagerte den Sezessionskrieg auf das Territorium der Nordstaaten.

Ergebnis: General Lee wurde zur Aufgabe der Offensive gezwungen, Präsident Abraham Lincoln veränderte mit der Proklamation zur Abschaffung der Sklaverei den Charakter des Krieges; damit wurden auch die Möglichkeit einer europäischen Intervention auf Seiten der Konföderierten vereitelt.

IN DIESER VERKLÄRTEN SICHT eines Künstlers auf die Schlacht am Antietam in West-Maryland bekämpfen sich Unions- und Konföderationstruppen entlang des Flussufers auf engstem Raum. Links im Hintergrund sieht man Unionssoldaten und ihre berittenen Offiziere mit wehender Fahne über die Untere Brücke direkt in die Gewehrssalven der Konföderierten laufen.

Schlachtfeld ohne Entschlusskraft. Auf der anderen Seite legten die stets hungrigen und oft schlecht ausgerüsteten Konföderationstruppen einen Kampfgeist und eine Begeisterung an den Tag, die normalerweise nur ein Sieg hervorbringen konnte. Ihr Oberbefehlshaber, General Robert E. Lee, hatte bereits sein taktisches Können bewiesen und den Feind in beinahe jedem Gefecht besiegt. Nur eine Woche nach der Schlacht am Bull Run überquerte er den Potomac und marschierte in die Nordstaaten ein.

ARTILLERIEGESCHÜTZE spielten in der Schlacht am Antietam eine entscheidende Rolle – vor allem die von der Union erstmals eingeführten Hinterlader mit gezogenem Lauf: Sie waren weitaus treffgenauer als die Glattrohrkanonen der Konföderiertenarmee.

LEES GEWAGTES SPIEL

Lee rechnete damit, dass ein Einmarsch nach Maryland und Pennsylvania militärisch wie politisch für den Süden viel bewirken würde. Er erwartete, in Maryland auf Sympathisanten des Südens zu stoßen, welche die Armee mit Proviant, Ausrüstung und weiteren Rekruten unterstützen würden. Außerdem könnte sich die Armee auf den Farmen im Süden Pennsylvanias versorgen, anschließend die Eisenbahnbrücke über den Susquehanna zerstören und die Hauptstadt Harrisburg bedrohen. Schließlich würde ein Sieg auf dem Boden der Unionsstaaten Lee eine Bedrohung der Städte Philadelphia, Baltimore und Washington ermöglichen und – dies war vielleicht das Wichtigste – könnte die formale Anerkennung sowie die dringend benötigte Unterstützung durch Frankreich und England bringen. Gleichzeitig erkannte Lee, dass die Union den Krieg nahezu endlos führen konnte. Die Konföderation hatte die Initiative ergriffen; nun galt es, sie bestmöglich zu nutzen.

Nach dem gescheiterten Halbinsel-Feldzug von McClellans Potomac-Armee erhielt General John Popes (1822–1892) den Befehl über die neu gegründete Virginia-Armee. In der Zweiten Schlacht am Bull Run war Pope zwar bereit gewesen zu kämpfen, doch Lee und seine tüchtigen Truppenführer James Longstreet (1821–1904) und Thomas J. „Stonewall" Jackson (1824–1863) ließen ihn wie einen Anfänger aussehen: Eine Reiterschar der Konföderierten überfiel Popes Hauptquartier bei Manassas. Anschließend vollendeten Longstreet und Jackson Popes Niederlage auf dem Schlachtfeld am Bull Run. McClellan, der von seinen Soldaten „Little Mac" genannt wurde und sehr beliebt war, führte inzwischen die Potomac-Armee der Union als deren Oberbefehlshaber nach Nordwesten, um im Staat Maryland die Invasion der Konföderierten abzufangen.

DER FELDZUG

Als die Konföderierten nach Frederick in Maryland marschierten, lag Harpers Ferry, das Waffenarsenal der Union, zwischen Lees Truppen und seiner Versorgungsbasis in Winchester, Virginia, und konnte seinen Nachschubweg nach Richmond möglicherweise trennen.

Indem er eine Grundregel der Kriegsführung gegen einen überlegenen Feind ignorierte, teilte Lee seine Armee und sandte Jackson aus, um Harpers Ferry einzunehmen. Dabei rechnete Lee mit McClellans Vorsicht und damit, dass sich Jackson dem Rest der Konföderiertenarmee wieder anschließen könnte, bevor die Unionstruppen in großer Zahl anrückten. Bis zum 12. September könnte sich die gesamte Nord-Virginia-Armee bei Hagerstown in Maryland versammeln und dann weiter nach Pennsylvania vorrücken.

Während sich Jackson Harpers Ferry vornahm, zog Longstreets Korps am 10. September in Richtung Hagerstown. Drei Tage später, als McClellans Truppen die Stadt Frederick erreichten, entdeckte ein Soldat die Abschrift von Lees Sonderbefehl 191 vom 9. September mit detaillierten Operationsplänen für die Konföderiertenarmee.

Lees gesamte Armee war nun in Gefahr: Wenn McClellan rasch nach Osten zog, konnte er sich zwischen Longstreets Truppen in Hagerstown und Jacksons Einheiten bei Harpers Ferry stellen – und mit seiner größeren Armee die Konföderierteneinheiten nacheinander vernichten.

Obgleich Lee nicht ahnte, dass sein Sonderbefehl in McClellans Hände geraten war, begann er sich Sorgen über die Eroberung von Harpers Ferry zu machen, da sie zu lange dauerte. Er wusste, dass McClellan schon in Frederick war und die Unionsarmee trotz ihrer Schwerfälligkeit schnell vorankam. Doch obwohl McClellan die Pläne Lees kannte, ließ er Zeit verstreichen, bis er am Morgen des 14. September in Richtung der South Mountains aufbrach.

Lee spürte, wie ihm die Kontrolle der Situation entglitt. Er befahl Longstreet, Truppen von Hagerstown abzuziehen und zur Verteidigung des Turner's und Fox's Gap zu schicken; Jackson sollte eine Abteilung von Harpers Ferry abziehen und weiter südlich Crampton's Gap überwachen. Konnten sie die Unionstruppen aufhalten, hoffte Lee Zeit zu gewinnen, um seine Truppen wieder vollständig zu versammeln. McClellan jedoch erkämpfte sich den Durchgang durch die drei South-Mountain-Pässe, daraufhin gab Lee in der Nacht vom 14. den Befehl zum Abzug von Harpers Ferry und zur Vorbereitung eines generellen Rückzugs nach Virginia.

In den frühen Morgenstunden des folgenden Tages – während die Unionstruppen näher rückten – erreichten Lee bessere Nachrichten: Jackson meldete, Harpers Ferry würde in den nächsten Stunden fallen. Daraufhin änderte Lee seinen ursprünglichen Befehl und instruierte seine Truppen, sich in der Nähe von Sharpsburg zu versammeln. Longstreet zog ab, auch Jackson verließ Harpers Ferry und überließ es General A. P. Hill und seiner Leichten Division, mit der Beute und 12 000 gefangenen Unionssoldaten fertig zu werden.

DIE AUFSTELLUNG

Lee glaubte, seine Offensive noch retten zu können, und stellte seine Truppen entlang eines niedrigen Gebirgskamms auf, von dem aus der Antietam überblickt werden konnte. General J. E. B. Stuart schirmte mit seiner Kavallerie die linke Flanke ab, die von General John Bell Hood und seiner Division im West Wood, einem Waldgebiet nahe Hagerstown Turnpike, abgesichert wurde. General D. H. Hill postierte fünf Brigaden im Zentrum gegenüber Boonsboro Pike. General D. R. Jones' Division verteilte sich über eine ganze Meile entlang der westlichen Steilhänge des Antietam bis zur Unteren Brücke, einer der drei befestigten Übergänge über das Flüsschen. Gegen Abend des 16. September traf der größte Teil von Jacksons Truppen ein und verdoppelte Lees Armee auf insgesamt 36 000 Soldaten.

Gegen Mittag des 15. September hatte McClellan rund 75 000 Soldaten östlich des Antietam versammelt. Beide Seiten hatten ihre Artilleriegeschütze auf den Erhebungen der jeweiligen Seite aufgestellt. Die sporadischen Schusswechsel dauerten auch am 16. noch an, während McClellan seinen Angriffsplan präzisierte: Zwei Armeekorps unter den Generälen Joseph Hooker und Joseph K. F. Mansfield wurden auf der rechten Unionsflanke postiert und damit beauftragt, das Feuer zu eröffnen; anschließend sollten die Generäle William B. Franklin und Edwin V. Sumner mit ihren Einheiten erfolgreiche Vorstöße ausbauen. Im Zentrum der Unionsreihen entlang Boonsboro Pike nahm General Fitz-John Porter mit seinen Soldaten Aufstellung, und links, nahe der Steinbrücke, stand General Ambrose Burnside mit seinen Truppen.

INFANTERIE DER UNIONSARMEE

Gut ausgerüstete Infanteriesoldaten der Union marschieren zum Donnern der Kanonen. Die Potomac-Armee setzte sich aus Einheiten des stehenden Heeres der Vereinigten Staaten zusammen, aber auch zu großen Teilen aus Freiwilligen und Wehrpflichtigen. Viele waren Farmer und Holzfäller aus den landwirtschaftlichen Regionen im Norden und im Mittleren Westen sowie europäische Immigranten, vor allem Iren und Deutsche aus den übervölkerten Großstädten im Norden.

TOTE SOLDATEN der Konföderierten, wahrscheinlich der Louisiana-Brigade des Generals Harry T. Hays, liegen neben dem Zaun entlang der Eisenbahnstrecke am Antietam. Diese Soldaten waren von der Iron Brigade der Unionstruppen unter General John Gibbon eingekesselt worden.

UNIONSSOLDATEN IM FELDLAGER. *Häufig gehörten zu den Armeelagern weitere „Gefolgsleute" – etwa Marketender, Familienangehörige und – auf Seiten der Unionsarmee – befreite Sklaven. In den engen Verhältnissen verbreiteten sich auch ansteckende Krankheiten: Tatsächlich kamen im Sezessionskrieg weit mehr Soldaten durch Krankheiten als im Kampf ums Leben.*

McClellans Plan war simpel: Sobald Hooker und Mansfield deutliche Vorteile erlangten, sollte Burnside die rechte Flanke der Konföderiertenarmee attackieren und versuchen, möglichst bis nach Sharpsburg vorzudringen. Porters Einheit im Zentrum schließlich sollte die Konföderierten direkt im Mittelfeld angreifen und so die Flankenattacken unterstützen. Wie es für ihn typisch war, hatte McClellan in den vergangenen Tagen bereits einige Gelegenheiten zum Angriff gegen die schwächere Konföderiertenarmee verstreichen lassen. Als am 17. die Schlacht begann, konnte Lee das Zentrum seiner Kampfreihen effektiv einsetzen: Indem er umkämpfte Bereiche jeweils aus dem Zentrum heraus verstärkte, gelang es ihm, mehrere Durchbruchversuche der Union zu verhindern. McClellan hingegen gelang es nicht, seine Attacken zu koordinieren; er setzte seine Reserven nur unsystematisch ein und machte dadurch die Überlegenheit der Unionsarmee zunichte.

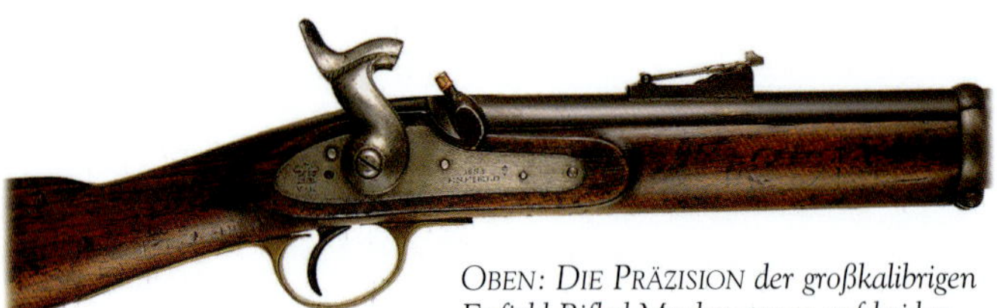

OBEN: DIE PRÄZISION *der großkalibrigen Enfield Rifled Musket sorgte auf beiden Seiten des Bürgerkriegs für hohe Verluste.*

DER „COLT ARMY MODEL 1860" *war im Sezessionskrieg auf beiden Seiten die bevorzugte Handwaffe der Offiziere und Kavalleristen.*

DIE SCHLACHT

Im Morgengrauen marschierten Hookers Unionstruppen auf Dunker Church zu. Während Artilleriefeuer Lücken in die Linien der Konföderierten riss, wurde ein Maisfeld zum Zentrum der Kämpfe. In der Nacht hatte General Alexander Lawton mit zwei Brigadeeinheiten Hoods texanische Einheit abgelöst; diese frühstückten gerade, als die Kämpfe begannen. Lawton rief um Unterstützung und Hoods Truppen ließen Hookers Angriffsspitze zurücktaumeln. Beide Einheiten erhielten Verstärkung. Berichten zufolge wechselte das Maisfeld mehr als 15-mal den Besitzer.

Gut eineinhalb Stunden nach Hookers Erstoffensive folgte Mansfield an gleicher Stelle mit einem weiteren Angriff auf die Konföderierten. Nur einer Unionsdivision unter dem Kommando General George Greenes gelang es, das Gebiet vor Dunker Church zu erreichen; doch keine weitere Einheit zog nach, um diesen Vorstoß zu sichern, und so wurden Greenes Soldaten isoliert.

Gegen 9 Uhr führte General Sumner zwei Divisionen heran. Als Antwort darauf setzte Jackson Reserveeinheiten ein, um entlang des West Wood eine Falle zu stellen. Während des Anmarsches verlor eine von Sumners Einheiten Kontakt zu ihrem Oberbefehlshaber und musste abdrehen. So tappte nur eine Division von 5000 Soldaten unter General Sedgwick in Jacksons Falle: Das Kreuzfeuer der Konföderierten streckte die Hälfte von Segdwicks Einheit in nur 20 Minuten nieder. Nun ging Jackson zum Gegenangriff über, wurde jedoch von Artillerie zurückgeworfen. Die dritte Attacke der Union hatte nichts erreicht, aber das gesamte Gebiet war übersät von Toten und Verwundeten. Bis etwa

10 Uhr hielt die Linke der Konföderierten durch – schwer angeschlagen, aber ungebrochen.

Die Kämpfe bewegten sich weiter nach Süden, wo. D. H. Hill den Vorteil einer tief ausgefahrenen Straße nutzte. Diese bot einen natürlichen Verteidigungsgraben. Als Frenchs Division Sedgwicks Einheit verließ, wurde sie von drei Brigaden in Kämpfe verwickelt, die sich auf dem Rückzug von Dunker Church befanden. Ein erbitterter Kampf flammte auf der linken Seite der Straße auf. Die Irische Brigade griff die Konföderierten gegen 10.30 Uhr an; als sie sich zurückzogen, ließen sie 540 Tote und Verletzte zurück. Und noch immer griffen die Unionstruppen weiter an. Die Truppen der Konföderierten kamen vollends ins Stocken, als zwei Regimenter aus New York Gewehrsalven die Fahrrinne entlang schickten und ein missverstandener Befehl dazu führte, dass eine gesamte Konföderiertenbrigade ihre Position verließ.

Die Toten der Konföderierten stapelten sich förmlich auf dem Fahrweg, der als „Bloody Lane“ in die amerikanische Geschichte einging. Wieder stand die Unionsarmee nun vor einem entscheidenden Sieg. Einige Teile der Verteidiger verlangsamten die Unionsvorstöße ein wenig, die bereits weit über die Straße hinausgingen. Ein weiterer Vorstoß mit frischen Einheiten aus seiner Reserve und der Sieger hätte festgestanden – doch McClellan zögerte einmal mehr und befahl seinen Truppen, ihre Position vorerst zu halten.

Im Süden hatten seit den Morgenstunden Unionstruppen versucht, die Untere Brücke einzunehmen. Obwohl Soldaten mehrere Stellen fanden, wo man das Flüsschen durchwaten konnte, war ihr Korpskommandant, General Ambrose Burnside, entschlossen, die Brücke einzunehmen, die später seinen Namen tragen sollte. Sie wurde von 400 Schützen der Konföderierten verteidigt. Nach vier Stunden ergebnisloser Versuche, die Brücke einzunehmen, stürmten Unionstruppen aus New York und Pennsylvania hinüber und eroberten die Westseite.

Den Morgen hindurch hatte Lee die hart umkämpfte linke Seite sowie das Zentrum seiner Linien mit Truppen aus der rechten Flanke verstärkt: Jetzt war Burnside trotz seines langsamen Vorankommens in der Lage, die völlig unzureichende Verteidigung der Konföderierten beiseite zu fegen, Sharpsburg einzunehmen und der Armee den Rückzugsweg abzuschneiden. Doch er wartete noch zwei Stunden lang, um seine Position am neu gewonnenen Westufer des Antietam zu konsolidieren. Als Burnside gegen 15 Uhr seine Truppen endlich in Marsch setzte, kam er nur langsam vorwärts. Eine Stunde später war er etwa 800 m von der Stadt entfernt. Und in dem Augenblick, in dem er am dringendsten gebraucht wurde, preschte A. P. Hill mit seiner leichten Kavalleriedivision in einer riesigen Staubwolke von Harpers Ferry kommend heran. Seine fußwunden Infanterietruppen hatten die gesamte Strecke von über 27 km in nur sieben Stunden zurückgelegt – und nicht wenige waren unterwegs vor Erschöpfung zurückgeblieben. Der Ansturm von Hills leichter Kavallerie stoppte Burnsides Vormarsch und er zog sich zum Antietam zurück. Gegen 18 Uhr war die Schlacht vorbei; Lees Verbände waren zu zerschlagen, um eine weitere Offensive zu wagen.

Die Zahl der Toten und Verwundeten in der blutigsten Schlacht der amerikanischen Geschichte war erschreckend: Die Potomac-Armee zählte 12 410 Tote, Verwundete oder vermisste Soldaten; die Nord-Virginia-Armee der Konföderierten gab ihre Verluste mit 10 700 an. Den gesamten 18. September hindurch hielt Lee seine Stellung. McClellan lehnte einen weiteren Angriff ab und setzte auch den Einheiten der Konföderierten nicht nach, als sie sich hinter den Potomac zurückzogen.

DIE FOLGEN

Nach der Schlacht am Antietam war Abraham Lincoln überzeugt, das Ergebnis sei klar zu Gunsten der Union ausgefallen, und er verkündete die Emanzipationsproklamation, die auch die Befreiung der Sklaven in den gegen die Union rebellierenden elf Bundesstaaten nach sich zog. Das Dokument veränderte den Krieg von Grund auf: Aus den Kämpfen um die Rettung der Staatenunion wurden Kämpfe zur Sklavenbefreiung und Aufrechterhaltung der Freiheit. Europäische Regierungen, die selbst die Sklaverei inzwischen abgeschafft hatten, konnten fortan die Sache der Südstaaten nicht mehr unterstützen.

KAVALLERIST DER KONFÖDERIERTEN

Mit seinem Colt in der Hand, dem federgeschmückten Schlapphut auf dem Kopf und in seiner flotten Uniform gehörte der Kavallerist zur Elite der Konföderiertenarmee.

ANTIETAM
Obere Brücke
1 Im Morgengrauen attackiert Hookers Armeekorps Jacksons Einheiten auf der linken Flanke der Konföderiertenlinie. Nach Angriffen und Gegenangriffen ist das Maisfeld und die Gegend um Dunker Church mit Toten und Verwundeten übersät.
2 Mansfield greift die linke Flanke der Konföderierten an, gewinnt jedoch nur begrenzt an Boden, während die zu General Sumners Korps gehörende Division Sedgwicks vorwärts stürmt, in Jacksons Falle tappt und rasch dezimiert wird.
Dunker Church
Potomac

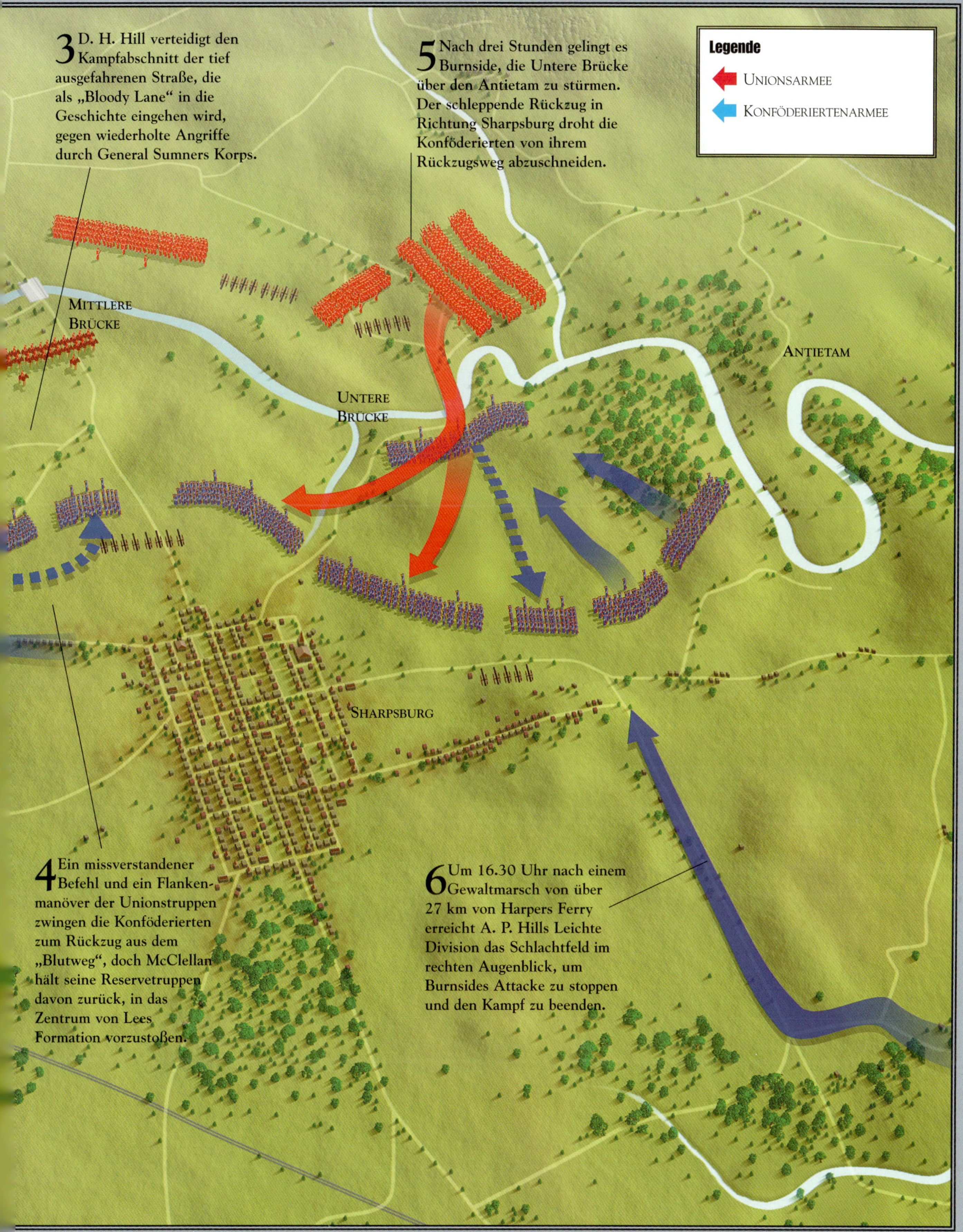
3 D. H. Hill verteidigt den Kampfabschnitt der tief ausgefahrenen Straße, die als „Bloody Lane“ in die Geschichte eingehen wird, gegen wiederholte Angriffe durch General Sumners Korps.
5 Nach drei Stunden gelingt es Burnside, die Untere Brücke über den Antietam zu stürmen. Der schleppende Rückzug in Richtung Sharpsburg droht die Konföderierten von ihrem Rückzugsweg abzuschneiden.
Legende
Unionsarmee
Konföderiertenarmee
Mittlere Brücke
Untere Brücke
Antietam
Sharpsburg
4 Ein missverstandener Befehl und ein Flankenmanöver der Unionstruppen zwingen die Konföderierten zum Rückzug aus dem „Blutweg“, doch McClellan hält seine Reservetruppen davon zurück, in das Zentrum von Lees Formation vorzustoßen.
6 Um 16.30 Uhr nach einem Gewaltmarsch von über 27 km von Harpers Ferry erreicht A. P. Hills Leichte Division das Schlachtfeld im rechten Augenblick, um Burnsides Attacke zu stoppen und den Kampf zu beenden.

GETTYSBURG 1863

Die kurze Geschichte der Südstaatenkonföderation erreichte in einer dramatischen, drei Tage dauernden Schlacht ihren Zenit. Nach Gettysburg war das Ergebnis des Sezessionskrieges unumkehrbar, da die Union an allen Fronten eine offensive Haltung einnahm.

Der überraschende Sieg der Konföderierten im Mai 1863 bei Chancellorsville beinhaltete für General Robert E. Lee die Glanzleistung und zugleich den bittersten Moment als Oberbefehlshaber. Obwohl die Unionstruppen unter General Joseph Hooker in die Flucht geschlagen wurden, fiel sein fähigster Kommandeur, General „Stonewall" Jackson. Trotz des Verlusts musste Lee dem Sieg bei Chancellorsville weitere folgen lassen; daher reorganisierte er die Armee und stellte drei Korps unter dem Kommando seiner Generäle James Longstreet, A. P. Hill und Richard S. Ewell auf. Die Konföderiertenarmee befand sich auf der Höhe ihrer Kraft; deshalb richtete ihr Oberbefehlshaber erneut den Blick auf den Norden. Lees

DATEN UND FAKTEN

Wer: General Robert E. Lee (1807–1870) und 75 000 Soldaten der Nord-Virginia-Armee der Konföderierten standen 97 000 Soldaten der Potomac-Armee der Union unter General George G. Meade (1815–1872) gegenüber.

Was: In drei umkämpften Tagen gelang es den Konföderationstruppen nicht, die Linien der Nordstaatenunion zu durchbrechen, die sich über 5 km von Culp's Hill und Cemetery Hill südwärts entlang des Cemetery Ridge bis nach Little Round Top erstreckten.

Wo: Südlich der Stadt Gettysburg, im Süden des US-Bundesstaates Pennsylvania.

Wann: 1. bis 3. Juli 1863.

Warum: Die Konföderationsarmee marschierte zum zweiten Mal im Verlauf des Krieges in Territorien der Nordstaatenunion ein.

Ergebnis: Lees Invasion wurde erneut zurückgeschlagen; die Kampfkraft der Konföderierten erlitt in diesem Abnutzungskrieg unersetzbare Verluste. In der sogenannten „Gettysburg Address" bekräftigte Präsident Abraham Lincoln das Wesen des amerikanischen Freiheitsgedanken.

IN DIESEM AUSSCHNITT des Rundgemäldes „Gettysburg" von Paul Philippoteaux aus dem Jahr 1883 preschen das 19. Massachusetts- sowie das 42. New-York-Regiment vor, um während der Pickett-Attacke die Unionsreihen zu verstärken. Während der Phase der stärksten militärischen Überlegenheit der Konföderierten drang eine Handvoll Angreifer für kurze Zeit in die Stellungen der Union auf dem Cemetery Ridge ein.

EIN INFANTERIST der 1. Texasbrigade der Konföderierten marschiert mit aufgepflanztem Bajonett voran: Diese Einheit war an den Kämpfen bei der Einnahme von Devil's Den bei Gettysburg am 2. Juli 1863 beteiligt.

Ziele glichen denen, die schon einmal zur Invasion der Nordstaaten geführt und in der Schlacht von Antietam ihr Ende gefunden hatten. Eine Zerstörung der Eisenbahnbrücke über den Susquehanna würde die feindlichen Transportwege unterbrechen; die Konföderierten könnten sich währenddessen auf den Farmen des Nordens ausreichend verpflegen. Lee könnte Harrisburg, Pennsylvanias Hauptstadt, einnehmen und Baltimore, Philadelphia oder Washington bedrohen. Außerdem war die Bevölkerung der Nordstaaten kriegsmüde – und die Präsenz der Südstaatenarmee würde vielleicht zu Friedensangeboten führen und die Unabhängigkeit des Südens sichern.

DER FELDZUG

Am 3. Juni 1863 begann die Nord-Virginia-Armee der Konföderierten mit dem Marsch nach Nordwesten, über die Blue Ridge Mountains und weiter nach Norden. Drei Wochen lang kämpften sie gegen nur symbolischen Widerstand. Ende des Monats bedrohte General Ewell Harrisburg, General Jubal Earlys Division hatte die Stadt York eingenommen und Robert Rodes stand weiter nördlich bei Carlisle.

Hookers Potomac-Armee wurde am 25. Juni durch einen Zusammenstoß zwischen der Kavallerie unter General Stuart und Unionskavalleristen unter General Alfred Pleasanton bei Brandy Station in Virginia auf die Offensive aufmerksam. Daraufhin setzte Hooker seine Truppen in Marsch, um den Konföderierten den Weg abzuschneiden. Er forderte, die Garnison von Harpers Ferry aufzugeben und deren 10 000 Soldaten in seine Armee einzugliedern. Als Präsident Lincoln und der Oberbefehlshaber der Unionstruppen, Henry W. Halleck, Hookers Forderung ablehnten, trat dieser zurück. Am 28. Juni, vier Tage vor der Schlacht bei Gettysburg, erhielt General George Meade als Hookers Nachfolger das Kommando über die Potomac-Armee.

Das rasche Nachrücken der Unionstruppen nach Norden veranlasste Stuart dazu, mit seiner Kavallerie die Unionstruppen zu umreiten, ohne jedoch Kontakt zu Lee zu halten. Damit hatte Lee in einem entscheidenden Augenblick keine Aufklärungstruppe zur Verfügung; nach Informationen von Sympathisanten wusste er lediglich, dass die Unionstruppen auf dem Marsch waren. Ohne genauere Informationen von Stuart aber blieb ihm nichts anderes übrig, als seine Truppen zu konzentrieren. Widerwillig befahl Lee General Ewell, den Angriff auf Harrisburg auszusetzen und sich stattdessen mit seinem Korps Hill und Longstreet bei Gettysburg anzuschließen.

AUF DER SUCHE NACH STIEFELN

Am Morgen des 1. Juli stand Lee zusammen mit Longstreet bei Chambersburg, etwa 40 km westlich von Gettysburg; Hill befand sich mit seinem Korps bei Cashtown, 13 km westlich von Gettysburg. Weder Lee noch Meade beabsichtigten, bei Gettysburg eine Schlacht zu beginnen. Lee hatte seine Generäle ermahnt, keinerlei Kampfhandlungen zu initiieren, bevor die Konföderiertentruppen nicht auf günstigem Gelände versammelt waren. Doch die weiteren Entwicklungen entzogen sich bald dem Einfluss beider Oberkommandierender.

General Early war auf seinem Weg nach York bereits am 26. Juni durch Gettysburg gekommen. Er sandte Hill eine Nachricht, in der Stadt seien Vorräte an Stiefeln versteckt. Vier Tage später erreichte die erste Division von Hills Korps unter General Henry Heth die Stadt Cashtown. Er sandte eine Brigade über den Chambersburg Pike nach Gettysburg, um diese Stiefel zu besorgen. Als der Brigadekommandeur, General James Pettigrew, eine größere Kavallerieeinheit der Union aus dem Süden heranreiten sah, zog er sich mit seinen Soldaten aus der unmittelbaren Umgebung von Gettysburg

GENERAL GEORGE MEADE

General George Gordon Meade (1815–1872) kommandierte bei Gettysburg die erfolgreiche Verteidigung der Union. Er hielt entscheidende Anhöhen, indem er mit der Strategie der innere Linie operierte. Allerdings wurde er später dafür kritisiert, dass er Lee nicht unerbittlich bis nach Virginia hinein verfolgt hatte. Er befehligte die Potomac-Armee während des Krieges unter dem Oberbefehlshaber Ulysses S. Grant. Meade war für seinen launischen Charakter bekannt.

zurück. Daraufhin sandte Hill am 1. Juli zwei Divisionen unter den Generälen Heth und Pender nach Gettysburg, um die Stärke der Unionstruppen herauszufinden. Die Konföderierten durchkämmten auf dem Weg nach Osten die Gegend und trafen auf zwei Kavalleriebrigaden unter General John Buford, der das Gelände für den Vormarsch der linken Unionsflanke sondierte. Buford befahl seinen Leuten, westlich der Stadt Verteidigungsstellungen zu suchen: Man wollte die Rebelleneinheiten auf ihrem Rückweg erwarten.

Bufords Entschluss, nicht zu fliehen, sondern zu kämpfen, sowie die nahezu gleichzeitige Entscheidung General Hills, eine wesentlich größere als notwendige Aufklärungsdivision auszuschicken, lösten ein Gefecht aus, aus dem keine der beiden Seiten sich leicht zurückziehen konnte.

Soldaten der 114. Pennsylvania-Zuaven mit farbenprächtigen, französisch-orientalischen Uniformen kämpften am 2. Juli 1863 am Peach Orchard und beim Wheatfield gegen Konföderiertentruppen aus Georgia und Mississippi.

DER ERSTE TAG

Bufords Männer kämpften verbissen gegen eine wachsende Zahl von Konföderierten. Zwei Stunden lang hielten sie die Stellung, bis General John F. Reynolds I. Infanteriekorps von Süden her anrückte. Als Reynolds die berühmte Iron Brigade vorwärts drängte, wurde er von einem Scharfschützen getötet. Beide Seiten schickten frische Truppen in das Gewühl, und die Kämpfe wurden härter. Unionstruppen nahmen mehr als 200 Rebellen gefangen. Andere Unionstruppen gerieten stark unter Druck und kämpften verzweifelt, um ihre linke Flanke zu halten.

Auf ihrem Anmarsch vernahmen Ewell und Rodes das Artilleriefeuer. Jetzt marschierten auch Truppen des XI. Unionskorps unter General Oliver Howard zum Schlachtfeld, als die Generäle der Konföderierten eine Gelegenheit entdeckten, die ungeschützte rechte Unionsflanke anzugreifen. Der Druck von Rodes Angriff, die erneuten Attacken von Heths Division sowie der Vormarsch dreier Brigaden unter General Pender drohten das I. Unionskorps auf dem Seminary Ridge zu überwältigen.

Als erstes gab das XI. Unionskorps auf der rechten Flanke nach. Earlys Reiterdivision preschte von Norden kommend heran und besiegte eine Division der Unionstruppen, die auf einer kleinen Anhöhe Stellung bezogen hatte. Konföderiertentruppen lähmten die gesamte Rechte der Union, sodass selbst nachrückende Einheiten des XI. Korps zögerten, wegbrachen und durch die Stadt zum relativ sicheren Cemetery Hill rannten.

Nachdem die Flanke völlig ungeschützt blieb, brach auch die versetzte Schlachtlinie des I. Unionskorps am Seminary Ridge zusammen. Immer mehr Unionssoldaten strömten durch Gettysburg zurück zum Cemetery Hill; dort übernahm General Winfield Scott Hancock, Kommandeur des II. Korps, als fünfter General an diesem Tag den Oberbefehl über die Unionstruppen, denn Meade würde nicht vor Mitternacht in Gettysburg eintreffen. General Lee hingegen war seit Mittag auf dem Schlachtfeld.

Während sich die Unionstruppen sammelten, um ihre Position auf dem Cemetery Hill zu festigen, erkannte Lee die Gunst der Stunde für einen entscheidenden Sieg. Er sandte Ewell eine geheime Nachricht, die besagte, man brauche nur „jene Leute unter Druck" zu setzen, um die Stellungen auf den Anhöhen, den Cemetery Hill und den benachbarten Culp's Hill „wenn machbar" einzunehmen.

Doch die Stärke des Feindes jenseits des Cemetery Hill blieb unklar, General Hills Korps war verbraucht und

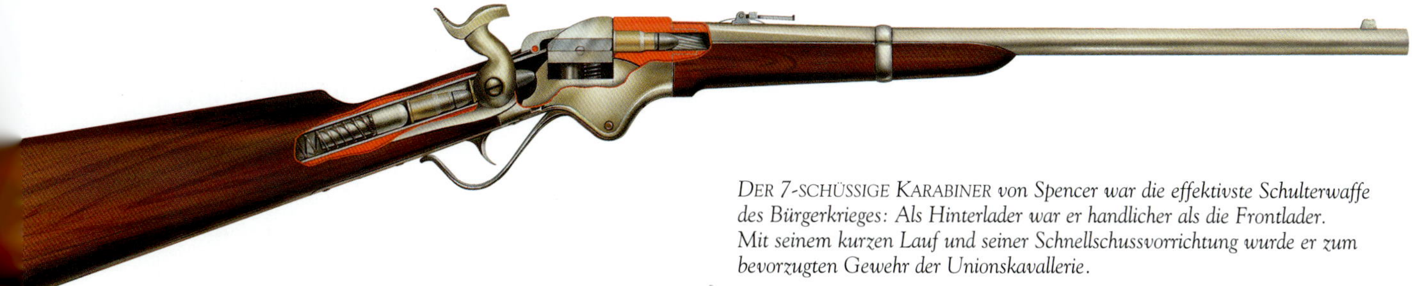

Der 7-schüssige Karabiner von Spencer war die effektivste Schulterwaffe des Bürgerkrieges: Als Hinterlader war er handlicher als die Frontlader. Mit seinem kurzen Lauf und seiner Schnellschussvorrichtung wurde er zum bevorzugten Gewehr der Unionskavallerie.

KAVALLERIEOFFIZIER DER UNION

Mit gezücktem Säbel leitet der Kavallerieoffizier einen Angriff. Zu Beginn des Krieges genoss die Unionskavallerie keinen guten Ruf, im Laufe der Kämpfe bewährte sie sich jedoch immer besser.

Longstreet würde erst in ein paar Stunden eintreffen. Unter Protest seiner Untergebenen weigerte sich daher Ewell, den Angriff fortzusetzen. Bis heute bleibt Ewells Entscheidung eine der umstrittensten des Sezessionskrieges. Über Nacht traf Verstärkung auf Seiten der Unionstruppen ein, Culp's Hill wurde besetzt und die Linie vom Cemetery Ridge bis hinüber zum Little Round Top gefestigt.

DER ZWEITE TAG

In den frühen Morgenstunden des 2. Juli hielten beide Seiten Kriegsrat. Meade beschloss auszuharren, da die Unionstruppen Gettysburg noch nicht vollzählig erreicht hatten. Lee hingegen entschied sich für einen Angriff der linken Unionsflanke, der – zusammen mit erneuten Attacken auf den Cemetery Hill und den Culp's Hill – Meades Vorteil durch die Strategie der inneren Linien zunichte machen und die gesamte Unionsstellung aufrollen konnte.

Longstreet bemühte sich, unentdeckt zu seiner vorgesehenen Ausgangsposition aufzumarschieren, und war erst um 15.30 Uhr angriffsbereit. Artillerie nahm die Stellungen der exponierten Unionsdivision unter General Daniel Sickles am Peach Orchard unter Beschuss, als Infanterie des Südens auf Little Round Top und ein Wirrwarr riesiger Felsblöcke, Devil's Den genannt, zu marschierte. Generalmajor G. K. Warren, Chefpionier der Potomac-Armee, ritt zum Gipfel des Little Round Top, als sich die Konföderierten zum Angriff sammelten: Wenn sie diese Schlüsselposition einnähmen, wäre in deren flächendeckendem Geschützfeuer die Unionslinie nicht mehr haltbar. Deshalb suchte Warren hektisch nach Truppen zur Verteidigung der Stellung. Zwei Brigaden des V. Korps unter General George Sykes kamen ihm zu Hilfe – nur wenige Augenblicke, bevor die Konföderierten den Abhang hinaufstürmten.

Während die Verteidiger auf dem Little Round Top ihre toten und verwundeten Kameraden nach Munition durchsuchten, um die ständigen Angriffe abzuwehren, flammten rundherum Gefechte auf. Erfolgreiche Attacken der Konföderierten brachen in Sickles wichtigste Stellung am Peach Orchard – das Wheatfield wurde zum Schauplatz eines Blutbades. Am Ende des Tages hatte Longstreet Devil's Den überrannt und seine Truppen kontrollierten Peach Orchard. Dank Warrens Initiative blieb jedoch Little Round Top in der Hand der Union.

In der Dämmerung schickte Ewell Soldaten zum Culp's Hill und zum Cemetery Hill. Die Kämpfe dauerten noch mehrere Stunden an, in denen die Konföderierten an Boden gewannen. Einige von Ewells Truppen erreichten die Hügelkuppe von Culp's Hill und lieferten sich dort Einzelgefechte mit den Unionstruppen. Hancocks Kampflinie blieb ansonsten jedoch unbehelligt und so konnte er Verstärkung in das bedrohte Gelände schicken; gegen 22 Uhr ließen die Kämpfe nach.

DER DRITTE TAG

Am Morgen des Tages, an dem die Situation ihren Höhepunkt erreichte, hielten die Konföderierten noch immer Erdwälle bei Culp's Hill und Spangler's Spring besetzt, die in der Nacht zum 1. Juli von Unionssoldaten gegraben worden waren. Weitere Attacken der Südstaatler gegen die Gräben

DER FOTOGRAF TIMOTHY O'SULLIVAN hielt die grausige Szene fest: Tote Unionssoldaten auf einer Wiese nahe des Peach Orchard; sie wurden wahrscheinlich am 2. Juli 1863 während der Verteidigung der Vorhutstellungen des III. Unionskorps getötet.

der Union auf Culp's Hill blieben ergebnislos. Zwei Unionsdivisionen unter den Generälen Thomas Ruger und John Geary trieben Teile von Johnsons Division aus den hart erkämpften, doch kärglichen Befestigungen, und noch vor Mittag hatte die Union ihre Gräben zurück gewonnen und die Kämpfe ebbten ab. Eine trügerische Stille hing über dem Schlachtfeld.

Lee nahm anscheinend an, Meade habe das Zentrum seiner Linien geschwächt, indem er seine Flanken verstärkte; deshalb könne man mit einem konzentrierten Schlag auf das Zentrum am Cemetery Ridge vermutlich durchbrechen. Longstreet widersprach: Die angreifenden Truppen müssten ein offenes Feld von beinahe zwei Kilometern durchqueren sowie einen Palisadenzaun überwinden; dabei wären sie permanent dem Feuer vom Cemetery Ridge sowie von den Höhen an beiden Flanken der Unionsstreitkräfte ausgesetzt.

Der größte Teil aus Lees Armee war am 2. Juli in heftige Kämpfe verwickelt – und so blieb als einzige Truppe, die groß genug für einen derartigen Angriff war, nur die Division von General George Pickett, die in den vergangenen Tagen die Nachschubversorgung gewährleistet hatte. Pickett kommandierte drei Brigaden, die von den Generälen Richard Garnett, James L. Kemper und Lewis A. Armistead angeführt wurden. Sie sollten weitere Unterstützung durch die Divisionen der Generäle Joseph Pettigrew und Isaac Trimble erhalten, die die Leitung der Divisionen von Heth und Pender übernommen hatten. Damit konnte die Angriffsarmee auf rund 15 000 Soldaten zählen.

Gegen 13 Uhr eröffneten die Konföderierten mit 150 Kanonen das Feuer auf das Zentrum der Unionsarmee; kurz darauf antworteten 80 Kanonen vom Cemetery Ridge. Das Artillerieduell dauerte zwei Stunden, bis Pickett um 15 Uhr schrie: „Auf eure Posten, Männer! Und vergesst heute nicht: Ihr kommt aus Virginia!"

Daraufhin marschierten Picketts Truppen nach Nordosten, drehten dann Richtung Osten ab und marschierten direkt auf das Zentrum der Unionstruppen zu. Ihr Ziel war ein Waldstück auf der Kuppe des Cemetery Ridge. Als sie das offene Feld durchquerten, riss das Artilleriefeuer der Union bereits beträchtliche Lücken in die Reihen. Als sie näher kamen, eröffneten Infanteristen der Union aus ihren Stellungen hinter einer niedrigen Steinmauer heraus das Feuer auf die heranrückenden Massen. Der scharfe 90-Grad-Winkel der Steinmauer ging in die Geschichte der Schlacht als „The Angle" ein.

Garnett wurde getötet und General Kemper schwer verwundet. Armistead führte seine Männer durch eine kurzzeitige Lücke in den Unionsreihen und winkte dabei mit seinem Hut, den er auf sein Säbel gespießt hatte. Als er Hand auf eine Kanone der Union legte, wurde er tödlich verwundet. Die Konföderierten hatten keine Reserven zur Verfügung, um den Durchbruch auszubauen; die Unionstruppen dagegen schlossen die Konföderierten von beiden Seiten ein. Endlich schleppten sich die letzten Überlebenden der Pickett-Attacke zurück zu den eigenen Linien.

DIE FOLGEN

Am 4. Juli begann der lange, schmerzliche Rückzug der Konföderierten nach Virginia. Lees Traum eines militärischen Sieges auf dem Boden der Nordstaaten war zerbrochen. Noch am selben Tag kapitulierte die konföderierte Stadt Vicksburg in Mississippi, und der Süden war zweigeteilt. Diese folgenschweren Niederlagen besiegelten das Schicksal der Konföderation. Die drei Tage währende Orgie des Todes und der Zerstörung vor Gettysburg kostete die Union etwa 3149 getötete und 19 644 verwundete oder gefangene Soldaten, die Konföderation 4536 Tote und 18 089 Verwundete oder Gefangene. Am 19. November 1863 hielt Präsident Abraham Lincoln aus Anlass der Einweihung eines neuen Friedhofs für die in Gettysburg getöteten Soldaten der Union eine kurze Ansprache von knapp 200 Worten; seine „Gettysburg Address" klingt bis in die Gegenwart nach.

In einer der wenigen Fotografien der Einweihung des Nationalfriedhofs von Gettysburg am 19. November 1863 ist Abraham Lincoln verschwommen auf der linken Seite der überfüllten Rednertribüne sitzend zu sehen. Lincolns Ansprache in Gettysburg und seine darin formulierten Grundsätze gehören zu den bedeutendsten Dokumenten des amerikanischen Freiheitsgedankens.

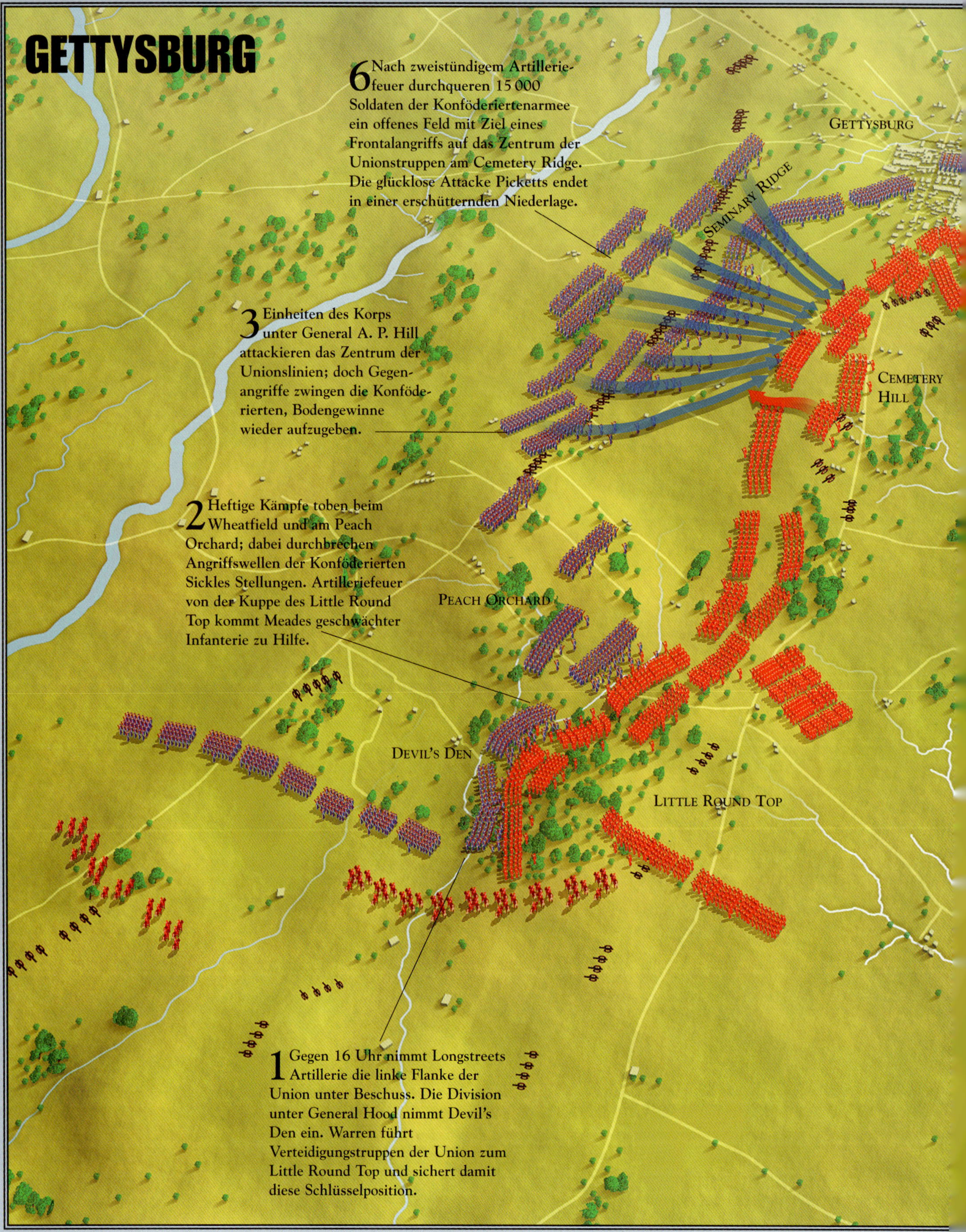
GETTYSBURG
6 Nach zweistündigem Artilleriefeuer durchqueren 15 000 Soldaten der Konföderiertenarmee ein offenes Feld mit Ziel eines Frontalangriffs auf das Zentrum der Unionstruppen am Cemetery Ridge. Die glücklose Attacke Picketts endet in einer erschütternden Niederlage.
GETTYSBURG
SEMINARY RIDGE
3 Einheiten des Korps unter General A. P. Hill attackieren das Zentrum der Unionslinien; doch Gegenangriffe zwingen die Konföderierten, Bodengewinne wieder aufzugeben.
CEMETERY HILL
2 Heftige Kämpfe toben beim Wheatfield und am Peach Orchard; dabei durchbrechen Angriffswellen der Konföderierten Sickles Stellungen. Artilleriefeuer von der Kuppe des Little Round Top kommt Meades geschwächter Infanterie zu Hilfe.
PEACH ORCHARD
DEVIL'S DEN
LITTLE ROUND TOP
1 Gegen 16 Uhr nimmt Longstreets Artillerie die linke Flanke der Union unter Beschuss. Die Division unter General Hood nimmt Devil's Den ein. Warren führt Verteidigungstruppen der Union zum Little Round Top und sichert damit diese Schlüsselposition.

4 Mit Anbruch der Dunkelheit gelingt es Ewell nicht mehr, Culp's Hill einzunehmen – während Early den Gipfel des Cemetery Hill zunächst noch besetzen kann, dann jedoch, wegen fehlender Verstärkung, wieder aufgeben muss.
5 Ewell versucht vergeblich eine neuerliche Attacke auf Culp's Hill und Spangler's Spring; doch die Gegenangriffe der Union setzen der drohenden Einnahme des Hügels auf der rechten Flanke Meades ein Ende.
Culp's Hill
7 Kavallerieattacken der Unionsarmee verhindern, dass die Konföderierten Verstärkung erhalten. Die hitzigen Kavalleriegefechte gegen Ende der Schlacht enden unentschieden, sind für Lee aber eine taktische Niederlage.
Rock Creek
Legende
Unionsarmee
Konföderiertenarmee

VERDUN 1916

Verdun steht für den zermürbenden Stellungskrieg an der Westfront im Ersten Weltkrieg. Mit der Schlacht wollte Deutschland die französischen Reserven vernichten, doch auch deutsche Truppen wurden in großer Zahl geopfert, ohne dass es einen klaren Sieger gab.

Als sich der Erste Weltkrieg Ende 1914 zu einem Stellungskrieg entwickelte, wurde es mehr oder weniger unmöglich, einen herkömmlichen Sieg zu erringen. Bisher hatte gesiegt, wer eine feindliche Armee im Feld schlug oder Schlüsselstellen wie etwa Hauptstädte besetzte (oder zu besetzen drohte). Dies war nun schlicht unmöglich, denn es schien keinen Weg mehr zu geben, die Feindlinien zu durchbrechen und strategische Ziele einzunehmen. Tiefe Verteidigungsstellungen machten es zudem unmöglich, den Feind vom Schlachtfeld zu vertreiben. In beiden Fällen bestand das Problem in der Verfügbarkeit von Reserven, kombiniert mit der Fähigkeit, sie zu einem Krisenpunkt zu bringen, bevor der Gegner einen erfolgreichen Angriff auszunutzen konnte. Einen Sieg würde im Ersten Weltkrieg fortan nur erringen können, wer den Gegner zermürbte oder die Kosten einer Fortsetzung so in

DATEN UND FAKTEN

Wer: Die französische Zweite Armee unter General Henri Pétain (1856–1951) und seinem Nachfolger, General Robert Nivelle (1856–1924) gegen die deutsche Fünfte Armee unter Kronprinz Wilhelm (1882–1922) unter dem Oberkommando von General Erich von Falkenhayn (1861–1922) als Generalstabschef des deutschen Heeres.

Was: Die Festungsstadt Verdun wurden von den langsam vorrückenden Deutschen belagert, auf beiden Seiten mit verheerenden Verlusten durch Artillerie. Eine Gegenoffensive konnte schließlich Boden gutmachen.

Wo: Vor der an der Maas gelegenen Stadt Verdun.

Wann: 21. Februar bis 18. Dezember 1916.

Warum: Das deutsche Oberkommando versuchte die feindlichen Reserven zu vernichten und Frankreich damit zum Friedensschluss zu zwingen.

Ergebnis: Der erbärmliche Zermürbungskrieg führt allein zu massiven Verlusten auf beiden Seiten.

FRANZÖSISCHE INFANTERISTEN kämpfen sich durch eine vom Krieg verwüstete Landschaft. Solche Darstellungen haben oft etwas Heroisches an sich, doch die Wirklichkeit war weit elender und abstoßender.

Französisches Geschütz von 1897. Für mobile Operationen in freiem Gelände entworfen, waren derartige Waffen im Stellungskrieg weit weniger wirkungsvoll als Steilfeuergeschütze wie Mörser und Haubitzen.

die Höhe trieb, dass dieser einen Frieden um jeden Preis anstrebte. Hierbei hing wiederum alles von den Reserven ab. Solange der Gegner genügend „Kanonenfutter" besaß, konnte der Krieg weitergehen. So entwickelte die deutsche Heeresleitung einen Plan, die französischen Reserven in einer Abnutzungsschlacht zu vernichten. Gesucht wurde ein Angriffsziel, das die Franzosen verteidigen mussten, um ihre Armee mit Artillerie- und Infanterieattacken zu vernichten. Die Wahl fiel auf die Festungsstadt Verdun.

VERDUN

Verdun war aus mehreren Gründen ein ideales Ziel. An einer Flussschleife der Maas gelegen, besaß die Stadt eine schlechte Verkehrsanbindung mit nur einer Durchgangsstraße. Für die Deutschen wurde das logistische Probleme des Angriffs hingegen dadurch verringert, dass sich nur 20 Kilometer entfernt ein größerer Bahnhof befand, der eine rasche Versorgung mit Munition, Proviant und Truppen gestatten würde. Da Verdun in einem relativ ruhigen Frontsektor lag, hatte Frankreich zahlreiche schwere Geschütze abgezogen. Die Garnison umfasste nicht mehr als drei Divisionen.

Die deutsche Offensive sah vor, dass zehn Divisionen den eigentlichen Angriff durchführen, unterstützt durch Batterien mit 77-mm-Feldgeschützen, die mit der Infanterie vorrücken sollten, tatsächlich aber das von Granattrichtern übersäte Ödland nicht würden überwinden können. Auch der Flammenwerfer sollte in Verdun sein Debüt geben. Zudem sollten insgesamt mehr als 1400 schwere Geschütze den Angriff unterstützen, darunter Skoda-Mörser vom Kaliber 30,5 Zentimeter und die als „Dicke Bertha" bekannten Mörser vom Kaliber 42 Zentimeter. Hinzu kamen über 500 Minenwerfer, deren fast 50 Kilogramm schwere Sprenggranaten besonders unheilvoll waren, wenn sie in einem Schützengraben landeten. Unzählige leichtere Waffen wie Grabenmörser waren ebenfalls verfügbar.

Der Tarnname der Operation lautete „Gericht", oder „Chi 45" im Funkcode. Das Ziel bestand darin, die Franzosen zu einem ungleichen Zermürbungskrieg zu zwingen. Falls sie die Herausforderung nicht annahmen, würde Verdun fallen. Und falls sie sich dem Kampf stellten, würden sie ausbluten und letztlich gezwungen sein, um Frieden zu bitten. Die Operation sollte am 10. Februar beginnen, wurde jedoch wegen schlechten Wetters auf den 21. verschoben. Obwohl die Vorbereitungen nicht unbemerkt blieben, gab es auf französischer Seite keinen Versuch, Verdun zu verstärken, und das einleitende Artilleriefeuer erwischte die Garnison unvorbereitet.

Deutsche Pioniere mit Flammenwerfer. Flammenwerfer sollten den Feind aus festen Stellungen vertreiben, doch die ersten Modelle gefährdeten Freund und Feind gleichermaßen.

ERÖFFNENDES SPERRFEUER

Die kühle Morgenluft des 21. Februar 1916 wurde plötzlich vom Aufprall schwerer Granaten erschüttert. In den nächsten zwölf Stunden sollten mehr als zwei Millionen Granaten auf die vorgeschobenen französischen Stellungen herabhageln, gefolgt vom Angriff der Infanterie. Die deutschen Truppen kamen in den ersten beiden Tagen nicht sonderlich weit voran, doch am 24. durchbrachen sie die Hauptabwehrlinie, machten 10 000 Kriegsgefangene und erbeuteten 65 Geschütze. Vor ihrer angreifenden Infanterie legten die Deutschen eine Feuerwalze aus unzähligen Geschützen, die die Abwehrstellungen zerfetzte und die Überlebenden in Deckung zwang.

Das furchterregende Sperrfeuer und der unvermittelte Angriff hatte die Franzosen kalt erwischt. Manche Einheiten lösten sich auf und flüchteten nach hinten, sodass Schwachstellen entstanden, die von den deutschen Angreifern genutzt wurden. Die gesamte Verteidigung der Stadt stand auf der Kippe.

Dabei galt Verdun als uneinnehmbar; eine französische Heereskommission hatte dies noch 1915 bestätigt und einen General entlassen, der dies anders sah. Doch am 25. Februar fiel die Schlüsselstellung Fort Douaumont in deutsche Hände. Für die Kampfmoral der Franzosen bedeutete das einen schweren Schlag, was man indes hätte vermeiden können, wenn man die Garnison nicht sich selbst überlassen hätte. Die Infanterie war unter dem Bombardement zusammengebrochen, sodass die gesamte Verteidigung des Forts nur noch von einem Geschütztrupp wahrgenommen wurde. Eine deutsche Patrouille konnte in das Fort eindringen und entdeckte, dass es praktisch unverteidigt war. Gemeinsam mit 300 Kameraden konnten sie diese Schlüsselstellung von Verdun einnehmen, kaum dass ein Schuss gefallen wäre.

GENERAL PHILIPPE PÉTAIN. Nach Verdun zunächst als Held verehrt, galt Pétain später vielen wegen seiner Kollaboration mit den Nazis im Zweiten Weltkrieg als Verräter.

UNTEN: DIE ERSTEN FRANZÖSISCHEN KRIEGSGEFANGENEN werden nach hinten abgeführt. Die frühen deutschen Erfolge ließen die Franzosen erstarren. So verging einige Zeit, bis die Garnison erfolgreich zurückzuschlagen begann.

GENERAL PÉTAIN ERSCHEINT

Während Fort Douaumont von den Deutschen erobert wurde, traf General Pétain ein, um die Verteidigung Verduns zu übernehmen. Die Lage war verzweifelt. Die einzige Versorgungslinie bestand aus einer einspurigen Straße mit einer Schmalspurbahn daneben. Pétain sah seine vorrangige Aufgabe darin, die dünne Lebensader zu verbessern. Tausende von Männern arbeiteten am Ausbau dieser „Voie Sacrée“ (Heiliger Weg). Schließlich konnten rund 6000 Lkws täglich auf der Straße verkehren und mehr als eine halbe Million Soldaten gelangten auf ihr mitsamt Material und Verpflegung in die Stadt und wieder hinaus. Pétain hatte nämlich beschlossen, dass die Soldaten nach 15 Tagen im Schützengraben eine Erholungspause brauchten, sodass sich ein endloser Pendlerstrom über die Voie Sacrée ergoss. Pétain hatte die desperate logistische Situation ein wenig entschärfen können. In den letzten Februartagen ebbten die Kämpfe etwas ab, um am 5. März wieder aufzuflammen.

NEUERLICHE ATTACKE

Die neue deutsche Offensive zielte auf das westliche Maasufer, direkt ins Zentrum einer vorbereiteten Abwehr. Pétain hatte seine besten Truppen aufgestellt, die durch ein massives Aufgebot von Geschützen unterstützt wurden. Dieser Angriff bedeutete einen gewissen Wendepunkt, denn die französischen Geschützbatterien konnten dem Angreifer nicht nur verheerende Verluste zufügen, sondern das feindliche Artilleriefeuer wirkungsvoll erwidern. Bis Mitte April hatten die Deutschen viele schwere Geschütze verloren, und ihre Versorgung hatte einen schweren Schlag erlitten, als ein Geschoss inmitten eines Munitiondepots mit fast einer halben Million schweren Artilleriegranaten explodierte. Dies war eine der schwersten Explosionen des gesamten Kriegs.

Die bis in den Mai fortgesetzten Angriffe führten kaum zu Geländegewinnen, drohten die französische Armee jedoch in der Tat ausbluten zu lassen. Als Pétain durch General Robert Nivelle abgelöst wurde, begannen die Franzosen ihren Offensivgeist wiederzuentdecken.

NIVELLE ÜBERNIMMT

Während Pétain als Verteidiger Verduns aufgetreten war, ging Nivelle in die Offensive. Der französische Slogan für Verdun lautete: „Ils ne passeront pas!“ (Sie werden nicht durchkommen), doch Nivelle wollte nicht nur die Tür verriegeln, sondern die Deutschen hinauswerfen. Zunächst erreichte er allerdings nicht mehr als Pétain: Die Deutschen erzielten weiterhin Geländegewinne, und da Fort Douaumont in Feindeshand war, musste nun unbedingt Fort Vaux gehalten werden. Diese Festung schützte einige Anhöhen, von denen aus die deutschen Kanonen auf die Brücken, über

DER DEUTSCHE KARABINER 98 besaß wie alle vergleichbaren Modelle den Nachteil, dass er für den Nahkampf zu unhandlich war, etwa beim Erstürmen eines Schützengrabens, wo Handgemenge entstanden und aus kürzester Distanz geschossen wurde.

die die Stadt versorgt wurde, schießen konnten. Folglich machten die Deutschen Fort Vaux zum Ziel ihrer Angriffe und konnten es am 7. Juni erobern. Doch als die Deutschen gegen die Forts Souville und Tavannes vorrückten, mussten sie erhöhte Verluste hinnehmen. Bis Ende Juni hing alles in der Schwebe, und trotz des Beginns der Somme-Offensive am 1. Juli kamen die Deutschen immer dichter an Verdun heran. Am 11. Juli erreichten sie Fort Souville, doch der Angriff scheiterte und war zugleich das Ende der Bemühungen, Verdun zu erobern. Ab jetzt befanden sie sich in der Defensive.

FRANKREICH SCHLÄGT ZURÜCK

Nivelles Lage verbesserte sich dank der Somme-Offensive, deren Ziel auch darin bestand, Verdun zu entlasten. Die Operation als solche war kein Erfolg, doch immerhin band sie Truppen und Material, die sonst gegen die Verteidiger Verduns hätten aufgeboten werden können. Als der Druck nachließ, startete Nivelle einige Gegenoffensiven, um die Festungen zurückzuerobern. Der größte Angriff erfolgte am 24. Oktober gegen Fort Douaumont mit 170 000 Infanteristen, 700 Geschützen und mehr als 150 Flugzeugen. Nun kamen die Franzosen langsam voran und konnten Anfang November auch Fort Vaux zurückerobern. Mitte Dezember zogen sich die deutschen Truppen aus Verdun zurück.

DIE „KNOCHENMÜHLE“

Am Ende der Verdun-Offensive hatten die Deutschen den Franzosen gewaltige Verluste zugefügt – nicht weniger als 550 000 Mann bei 450 000 Opfern in den eigenen Reihen. Schon im Sommer war klar geworden, dass der Preis sehr hoch sein würde, doch man hatte beschlossen, die Offensive

EIN DEUTSCHER SOLDAT posiert mit Granate und Gewehr. Die Gasmaske ist ein späteres Modell. Frühe Versionen waren eher ein hastig entwickelter Notbehelf.

Französische Infanteristen bei Schanzarbeiten irgendwo bei Verdun im September 1916. Infanteristen mussten mit Nässe und schlechter Hygiene klarkommen. Kombiniert mit den schrecklichen Verlusten von Verdun schwächte dies die Kampfmoral und führte 1917 zu zahlreichen Unruhen in den Reihen der Franzosen.

fortzusetzen. General Falkenhayn kommandierte ab dem 29. August Truppen, die gegen die tags zuvor zu den Alliierten gestoßenen Rumänen kämpften. Diese Versetzung kam einer Degradierung gleich. Falkenhayn wurde durch Hindenburg ersetzt, mit Ludendorff als Erstem Generalquartiermeister. Falkenhayn für die Lage verantwortlich zu machen, wäre nicht ganz fair, denn er hatte bereits im März erkannt, dass es einfach zu viele Opfer geben würde, und daher auf einer Beendigung der Operation bestanden, sich jedoch gegen Kronprinz Wilhelm nicht durchsetzen können.

Der ursprüngliche Plan der Deutschen klang nicht unvernünftig: etwas angreifen, das der Feind verteidigen musste und seine Ressourcen durch Artilleriebombardement erschöpfen, um das verwüstete Land durch Infanterie zu besetzen. Die eigentliche Mission verlor man indes zunehmend aus dem Blick und irgendwann ging es nur noch darum, Verdun zu erobern. Eigentlich hatte man ja die französische Armee vernichten und nicht etwa eine Stadt erobern wollen.

Während die Kämpfe ihren Lauf nahmen, verlagerte sich das Ziel immer mehr, bis die deutsche Armee sich zerfleischte, um eine Stadt einzunehmen, die sie weder wollte noch brauchte. Die Schlacht zu gewinnen war nun wichtiger als die strategischen Ziele. Dies führte zu Verlusten, die weder verkraftbar noch notwendig waren.

DIE FOLGEN

Nahezu sämtliche an der Westfront eingesetzten französischen Divisionen durchliefen die Knochenmühle von Verdun. Bei den Deutschen war die Zahl geringer, doch immer noch groß genug. Massive Verluste auf beiden Seiten schwächten Kampfkraft und Moral. Es war wohl das Elend von Verdun, das die Alliierten zwang, die Somme-Offensive zu starten, die beide Seiten ihrerseits eine immense Zahl von Opfern kostete. Letztlich scheiterte ein scheinbar praktikabler Plan und die Schlacht führte zu keinem Ergebnis. Das Scheitern des deutschen Versuchs, Verdun einzunehmen, förderte die Kampfmoral der Alliierten. Obwohl auch die Somme-Offensive keine entscheidende Wende brachte, zog sich die deutsche Armee 1917 in die Siegfriedstellung zurück.

Die immensen Verluste von Verdun und an der Somme waren 1917 mitverantwortlich für den Zusammenbruch der französischen Kampfmoral, für zunehmenden Zynismus und Misstrauen bei den britischen Kommandeuren und den Niedergang des deutschen Heeres, das bei den heftigen Kämpfen von 1916 die Elite seiner jungen Offiziere verlor.

Mit mehr als einer Million Menschenleben, die die Schlacht von Verdun forderte, ist sie Symbol geworden für die Schrecken und Sinnlosigkeit des Krieges.

FRANZÖSISCHER INFANTERIE-FELDWEBEL

Im Ersten Weltkrieg hatten Freund und Feind nahezu dieselbe Ausrüstung. Das gilt auch für diesen französischen Feldwebel: Der Stahlhelm soll ihn vor Granatsplittern schützen. Die aus Gewehr plus Bajonett bestehende Bewaffnung wurde durch Handgranaten ergänzt. Obwohl die Artillerie die Schützengräben tonnenweise mit Granaten bombardierte und mit Flugzeugen und gepanzerten Fahrzeugen neue Waffen erschienen, wurden die meisten großen Schlachten in diesem Krieg von Infanteristen entschieden, die ihre Stellungen beharrlich verteidigten oder sich abmühten, feindliche Positionen zu erobern.

VERDUN
HERMEVILLE
3 Nach ersten Erfolgen gegen die überraschten Franzosen kommen die Deutschen zunehmend langsamer voran.
ETAIN
XV.
14.
1 Die deutsche Oberste Heeresleitung versucht, die französische Armee zu zerschlagen, indem sie ein Ziel angreift, das der Feind nicht aufgeben darf.
ORNES
51.
III.
XVIII.
FÜNFTE ARMEE
LEGENDE
FRANZÖSISCHE TRUPPEN
FRANZÖSISCHE DIVISION
FRANZÖSISCHES KORPS
DEUTSCHE TRUPPEN
DEUTSCHE DIVISION
DEUTSCHES KORPS
21. FEBRUAR
24. FEBRUAR
9. APRIL
6. AUGUST

4 Die Franzosen verharren in ihren Stellungen und gewinnen Kraft, als Truppen und Vorräte über die *Voie Sacrée* in die Stadt gelangen.
VERDUN
5 Schließlich können die Franzosen in die Offensive gehen und beginnen die Deutschen aus den eroberten Stellungen zu drängen.
67.
29.
2 Die Schlacht beginnt mit einem massiven Artilleriebombardement und Infanterieangriff.
72.
VI.
VII.
6 Die Schlacht endet ohne nennenswerte Geländegewinne, dafür aber mit der unglaublichen Zahl von einer Million Gefallenen.

SOMME 1916

Mit der der Somme-Schlacht verbindet man heute Torheit und sinnloses Blutvergießen. Damals aber gab es gute Gründe für den massiven Angriff. Wenngleich die Vorteile damals eher beim Verteidiger lagen, gab es scheinbar keinen anderen Weg, die festgefahrene Situation zu überwinden.

Zu Beginn des Ersten Weltkriegs erwarteten die Militärplaner einen Bewegungskrieg, bei dem die Kavallerie eine aktive Rolle spielen würde. In manchen Teilen der Ostfront erinnerte der Krieg tatsächlich an das 19. Jahrhundert, mitsamt vereinzelten Säbelgefechten zwischen den sich gegenüberstehenden Reiterbrigaden.

Im Westen jedoch wurde rasch deutlich, dass der Verteidiger gegenüber dem Angreifer einen gewaltigen Vorteil besaß. Diese Tendenz hatte sich bereits seit einiger Zeit abgezeichnet, denn schon im Amerikanischen Bürgerkrieg und im Deutsch-Französischen Krieg war ein Angriff durch Infanterie oder Kavallerie wegen der Reichweite und Präzision der Infanteriegewehre ein riskantes Unterfangen. Nicht zu vergessen die Maschinengewehre, die jedoch aufgrund ihres Gewichts recht schwerfällig waren. Der Krieg an der Westfront besaß zahlreiche Merkmale einer

DATEN UND FAKTEN

Wer: Die britische Dritte und Vierte Armee und die französische Sechste Armee gegen die deutsche Zweite Armee.

Was: Nach massivem vorbereitenden Artilleriebeschuss attackierten britisch-französische Truppen die stark befestigten deutschen Stellungen. Ihr allmähliches Vordringen löste kostspielige Gegenangriffe aus.

Wo: Zwischen den Flüssen Somme und Ancre an der Westfront in Frankreich.

Wann: 1. Juli bis 18. November 1916.

Warum: Die erstarrte Front in Nordfrankreich sollte aufgebrochen werden. Zudem war es ein Entlastungsangriff für die Fronten bei Verdun und in Russland.

Ergebnis: Nach blutigen Kämpfen und massiven Verlusten auf beiden Seiten war kurzfristig kaum etwas gewonnen. Die deutsche Armee verlor indes viele ihrer besten Kräfte und zog sich später in die Siegfriedstellung zurück.

GESPANNTES WARTEN IM SCHÜTZENGRABEN. *Der in die Höhe gehaltene Stahlhelm soll einen Gegner zum Feuern verlocken, um ihn unter Beschuss nehmen zu können, da sein Mündungsfeuer ihn verraten wird.*

Belagerung, mit gut hinter Stacheldrahthindernissen verschanzten Truppen auf beiden Seiten.

Zwischen den Großoffensiven bestand der Krieg aus einzelnen Überfällen und Gegenstößen, während die Artillerie die feindlichen Schützengräben beschoss. Die Infanteristen in den vorderen Stellungen kauerten in ihren schlammigen Unterständen und mussten den Geschosshagel tatenlos hinnehmen.

Etwas musste geschehen, und nicht nur aus einem Grund. Die Präsenz deutscher Truppen auf alliiertem Boden bedeutete, dass es politisch nicht vertretbar war, in der Defensive verharrend darauf zu hoffen, dass die Seeblockade Deutschland schließlich doch gefügig machte. Und zugleich stand Verdun unter Druck. Kurzum, die deutsche Armee musste attackiert und geschlagen werden. Materiell und personell würde dies ein kostspieliges Unternehmen sein, doch die Alliierten hielten ihren im Januar 1916 aufgestellten Plan für realisierbar.

DER PLAN

Hauptbefürworter des Plans war der französische Marschall Joseph Joffre (1852–1931), der eine Offensive an der Somme anstrebte. General Douglas Haig (1861–1928), der britische Oberbefehlshaber, zeigte sich aufgeschlossen, wenngleich er Flandern mit seinem günstigeren Gelände bevorzugte. Auch wollte er lieber auf Verstärkungen durch neu ausgehobene Wehrpflichtige und frische Truppen aus dem gesamten Empire warten. Die neuen Tanks könnten ebenfalls nützlich sein. Joffre indes konnte nicht mehr warten.

Haig schlug vor, Mitte August anzugreifen, doch Joffre war überzeugt, dass dann keine französische Armee mehr existieren würde. Ursprünglich hatte er zwei Großverbände für die Somme-Offensive eingeplant, doch die Knochenmühle von Verdun forderte ihren Preis, sodass statt 40 nur 16 Divisionen vorgesehen werden konnten. Den Rest müssten die Briten stellen. Dennoch erschien ein Angriff realisierbar. Haig stimmte zu. Die Offensive sollte am 1. Juli 1916 beginnen und von 21 Divisionen eröffnet werden. Im Erfolgsfall würden drei Infanterie- und fünf Kavalleriedivisionen nachstoßen.

GUT VERSCHANZT

Im Somme-Abschnitt war es eine Zeit lang ziemlich ruhig zugegangen, doch die Deutschen hatten ununterbrochen Vorbereitungen getroffen. Schützengräben, Stützpunkte und Unterstände bildeten einen beeindruckenden Verteidigungskomplex mitsamt medizinischen Einrichtungen, Feldküchen, Wäschereien und Generatorstationen.

Die Alliierten würden eine Niederung durchqueren und sich bergauf zur ersten deutschen Stellungslinie vorkämpfen müssen. Die Verteidiger genossen einen hervorragenden Blick auf das Schlachtfeld, was getarnte Vorbereitungen und Manöver erschwerte. Zudem besaßen die Deutschen große Munitionsvorräte und viele schwere Waffen. Ihre erhöhte Position bot auch psychologische Vorteile, wohingegen die alliierten Truppen sich in Erwartung heftiger Abwehr bergauf würden voranschleppen müssen.

Die vorbereitenden Truppenbewegungen waren den Deutschen nicht entgangen. Um die Geheimhaltung war es generell schlecht bestellt, denn auch einzelne Äußerungen britischer und französischer Offiziere blieben dem Feind nicht verborgen. Als die Alliierten am 24. Juni mit

BRITISCHES HINTERLADERGESCHÜTZ. *Im Amerikanischen Bürgerkrieg 50 Jahre zuvor waren die meisten Artillerieeinheiten noch mit Kanonen mit glattem Lauf und kurzer Reichweite ausgerüstet. Später trug die zunehmende Zerstörungskraft der Geschütze zur Erstarrung der Fronten bei.*

massivem Artilleriefeuer begannen, wussten die Deutschen bereits, dass etwas in der Luft lag, und hatten sogar das geplante Angriffsdatum erahnt.

Den Auftakt bildete ein sechstägiges Artilleriefeuer auf die deutschen Stellungen, denen jedoch die 1,75 Millionen abgefeuerten Granaten nur wenig anhaben konnten. Das Artilleriefeuer sollte eigentlich die Sperren aus Stacheldraht durchtrennen, der sich indes nur noch stärker verwickelte. Auch die Granattrichter erschwerten das Vorankommen. Heftiger Regen verwandelte die gesamte Gegend in einen einzigen Morast.

Trotz der in Großbritannien eingeführten Wehrpflicht bestanden die britischen Truppen mehrheitlich aus Freiwilligenverbänden von Kitcheners New Army. Unter den Angreifern fanden sich einige illustre Namen wie die künftigen Befehlshaber Montgomery und Wavell sowie die Schriftsteller Siegfried Sassoon und John Masefield.

Auf deutscher Seite machte sich ein österreichischer Gefreiter namens Adolf Hitler ebenfalls bereit, den Angriff zurückzuschlagen. Insgesamt wussten die Verteidiger, dass sie für den bevorstehenden Angriff gut gerüstet waren. Sie hatten das gesamte Schlachtfeld in Planquadrate unterteilt, sodass gezieltes Artilleriefeuer rasch abgerufen werden konnte.

Die Verteidiger hatten von ihren Stellungen aus freien Blick nach vorn und kannten jene Engpässe und Routen, die der Angreifer würde nehmen müssen. Ihre Maschinengewehre standen bereit. Falls der Feind jedoch die erste Grabenlinie erobern sollte, würde man sich in nachgeordnete Stellungen zurückziehen und von dort weiterkämpfen.

DER ERSTE TAG

Als die Offensive am 1. Juli um 7.30 Uhr startete, sahen sich die Deutschen in ihrer Prognose bestätigt. Die Angriffslinie setzte sich langsam in Bewegung und die Verteidiger begannen zu feuern. Die britischen Truppen bildeten lange Reihen, die in dem unwegsamen Gelände nur im Schritttempo vorankamen und immer wieder durch Stacheldrahthaufen aufgehalten wurden. Die ersten Meldungen, die Haig erhielt, klangen recht optimistisch. Um 8 Uhr notierte er, dass alles gut lief und bereits die ersten Feindstellungen überrannt wurden. In Wahrheit wurden die Briten zu Tausenden niedergemäht, oft schon dicht bei den eigenen Schützengräben oder in den Lücken im Stacheldraht, in denen sich immer mehr Leichen türmten. Auch die Franzosen hatten ihre Mühen, wenngleich sie nicht so schwer bepackt waren wie die Briten und, taktisch flexibler, unter Feuerschutz von einer Stellung zur nächsten eilten. Vielleicht hatten sie deshalb auch weniger hohe Verluste zu beklagen, doch die Franzosen unter General Fayolle waren nicht zahlreich genug, um eine Bresche in die deutschen Linien zu schlagen.

DER BRITISCHE „TOMMY“

In der Schlacht an der Somme musste der britische Soldat („Tommy“) außer einer zweiten Haut aus Lehm eine Last von mindestens 27 Kilogramm schleppen: Gewehr mit 220 Patronen, zwei Handgranaten und einige (leere) Sandsäcke, um eroberte Stellungen zu befestigen. Und vielfach kam weiteres Gewicht hinzu, denn die Sturmtruppen mussten bis zu den letzten Kleinigkeiten alles mitführen, was sie vielleicht einmal brauchen würden, Dinge wie Brieftauben, Feldtelefone mit Kabel, Schanzwerkzeug und weitere Munition. So bepackt, schleppten sie sich durch den Schlamm und über Stacheldraht, während sie unter MG-Beschuss standen.

SCHRECKLICHE VERLUSTE

Nach dem ersten Tag der Somme-Offensive verzeichneten die Briten rund 57 470 Opfer, darunter fast 20 000 Tote. Nur

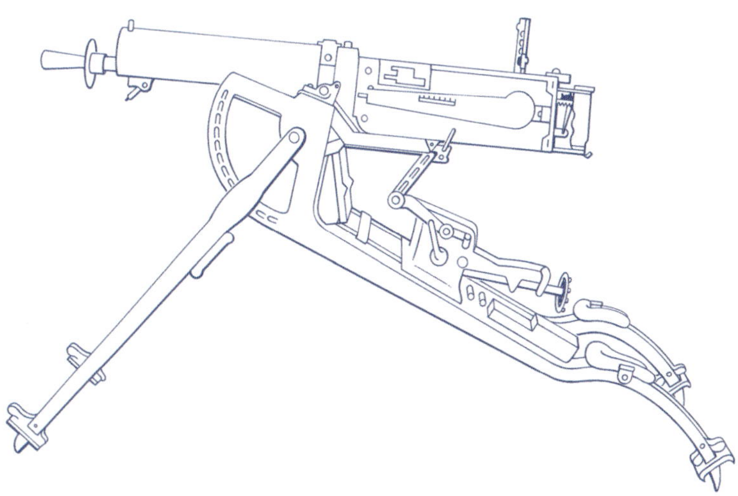

Das deutsche Maxim MG 08 hatte eine Kadenz von 450 Schuss pro Minute, bei einer Reichweite von 2000 Metern. Seine Effizienz als Defensivwaffe wurde an der Somme mehr als deutlich, wo nur wenige dieser MG innerhalb von Minuten ganze britische Bataillone niedermähten.

1. JULI 1916: Kanadische Soldaten beim Aufpflanzen der Bajonette. Bald werden sie die relative Sicherheit des Schützengrabens aufgeben müssen.

585 Mann waren in Gefangenschaft geraten, vor allem weil nur wenige Truppen wirkliche Feindberührung hatten. Manche Einheiten wie das kanadische 1. Neufundland-Regiment wurden praktisch ausgelöscht. Das fürchterliche Gemetzel wurde durch die schwerfälligen Angriffslinien noch verschlimmert, wobei es bei derart unerfahrenen Truppen vielleicht keine Alternative gab.

Die Briten hatten mit 200 Bataillonen in 17 Divisionen rund 100 000 Mann in den Angriff geschickt. Doch nur fünf Divisionen hatten die feindlichen Stellungen überhaupt erreicht. Der Rest endete im Niemandsland. Unter den ungefähr 3000 Mann des Tyneside Irish Regiment gab es eine Verlustrate von fast 100 Prozent. Das Regiment war hinter der Hauptlinie gestartet, um die erste Angriffswelle zu unterstützen. Obwohl diese Formation für die Verteidiger keine unmittelbare Gefahr darstellte, geriet sie unter derart heftigen Beschuss, dass sie gar nicht erst über die Startlinie hinaus gelangte. Allein in einem Bataillon wurden 500 Mann getötet oder verwundet, in einem anderen sogar 600. Die Verluste wären noch höher ausgefallen, wären nicht zahlreiche Verteidiger von dem Blutbad derart angewidert gewesen, dass sie das Feuer einstellten, sobald der Angriff in ihrem Sektor stockte, sodass sich die Überlebenden unbehelligt zurückziehen konnten.

VERLUSTREICHER STILLSTAND

Die Alliierten ließen nicht nach – ungeachtet der Tatsache, dass 20 Prozent ihrer Soldaten getötet worden waren. Vielleicht gab es wirklich keine Alternative. Irgendwie mussten Russland und Verdun entlastet werden und für die Vorbereitung einer anderweitigen Offensive war keine Zeit. Das logistische Problem bestand weniger in der Zuführung von Truppen als in der langwierigen Beschaffung der Vorräte und Munitionsbestände. So mussten die Alliierten an der Somme einfach Erfolg haben oder zumindest in ausreichendem Umfang deutsche Verstärkungstruppen einbinden, um anderswo den Druck zu lindern.

Zunächst war der Blutzoll sehr einseitig, während immer neue alliierte Angreifer Opfer der feindlichen MG und Granaten wurden oder im Stacheldraht stecken blieben. Es schien, dass den alliierten Kommandeuren ein einzelnes Leben nichts bedeutete. Für den ersten Tag mag dies durchaus zutreffen, denn im Gegensatz zu 180 Opfern in einem deutschen Regiment hatte dessen unmittelbarer Gegner mehr als 25-mal höhere Verluste.

Zwei Wochen lang gab es kaum Fortschritte. Am 14. Juli gelang es jedoch einem britisch-französischen Verband, entlang der Somme Gelände zu erobern. Kleinere Hinzugewinne folgten, doch die Kosten waren immens und regelmäßig mussten für die dezimierten Einheiten frische Truppen nachgeführt werden. Den ganzen Juli und August ging das Gemetzel weiter, nun jedoch weniger einseitig. In diesen beiden Monaten wurden 42 deutsche Divisionen in den Somme-Sektor abkommandiert und erlitten schwere Verluste bei dem Versuch, verlorenes Gelände zurückzuerobern. Ende Juli hatten die Alliierten 200 000 und die Deutschen 160 000 Opfer zu beklagen. Die Allierten waren ganze fünf Kilometer vorangekommen, woran sich bis Ende August kaum etwas ändern sollte.

NEUE IDEEN

In der Zwischenzeit hatten sich auch die Taktiken weiterentwickelt, zumal die frischen britischen Truppen von ihren erfahreneren französischen Kampfgefährten gelernt hatten. Einige Erfolge hatte man mit Attacken vor Sonnenaufgang erzielt. Da man nun mehr Flexibilität und Einfallsreichtum zeigte, war es an der Zeit, etwas Neues zu probieren. Hauptproblem der Alliierten waren Stacheldraht und Maschinengewehre und nun besaßen sie ein mögliches Gegenmittel: Eine für die Bekämpfung von MG-Nestern

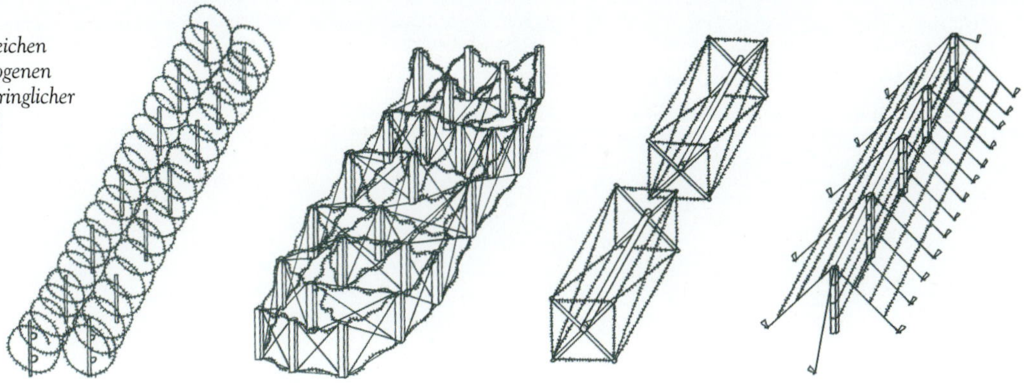

STACHELDRAHTSPERREN GAB ES *in zahlreichen Variationen, sei es in Gestalt von ausgezogenen Rollen (ganz links), als nahezu undurchdringlicher Verhau (Mitte links) oder in quader- und pyramidenartiger Zaunform (Mitte rechts und ganz rechts).*

entwickelte gepanzerte Kampfmaschine betrat die Bühne. Es gab zwei Arten dieser Tanks: „männliche" Tanks, die als Hauptwaffe eine Sechspfünder-Kanone besaßen, und „weibliche" Tanks, die nur mit MG bewaffnet waren. Beide Typen waren langsam, pannenanfällig und erforderten eine große Besatzung. Doch sie konnten Gräben und Stacheldraht überwinden und waren immun gegen kleinere Kaliber und MG-Feuer.

Für den neuen Angriff wurden 36 Tanks aufgeboten, obwohl deren Crews noch nicht voll ausgebildet waren. Obwohl sich nur 18 als einsatzfähig erwiesen, versetzten sie den Gegner in Panik. Bei relativ geringen Verlusten konnten die Alliierten drei Kilometer gewinnen – bisher eindeutig der größte Erfolg der Offensive. Kapital konnte man indes nicht daraus ziehen, denn mehrere Tanks fielen der Artillerie zum Opfer und die übrigen gingen kaputt oder blieben stecken.

Panzer verkörperten an der Somme vor allem deshalb keine Wunderwaffe, weil sie nur in geringer Zahl und in schwierigem Gelände eingesetzt wurden. Doch ihr Erfolg zog weitere Experimente nach sich, die bei allem lokalen Nutzen strategisch eher unbedeutend waren. Dies sollte sich erst bei dem massierten Panzereinsatz 1917 in Cambrai ändern.

DIE OFFENSIVE WIRD EINGESTELLT

Während sich das Wetter im Oktober und November verschlechterte, setzten die Alliierten den feindlichen Stellungen immer wieder zu, bis man die Operation am 19. November beendete, mit dem Resultat, dass die Alliierten nicht mehr als elf Kilometer tief auf einer 32 Kilometer breiten Front eingedrungen waren. Mitte November beliefen sich die Verluste auf 419 654 Mann bei den Briten und 194 541 Mann bei den Franzosen (insgesamt knapp 615 000), während das Blutvergießen in Verdun weiterging. Diese immensen Verluste waren entstanden, weil es nicht gelungen war, die feindlichen Stellungen zu durchbrechen. Mit 650 000 Opfern musste die deutsche Armee für das Abwehren des Angriffs einen noch höheren Blutzoll entrichten, zudem mit gravierenden Folgen. Noch 1914 war die deutsche Armee eine beeindruckende Größe gewesen, die auf preußische Traditionen und Siege in Frankreich und Österreich zurückblicken konnte. Anfang 1917 war sie nur mehr eine ermattete und entmutigte Truppe, deren beste Männer gefallen waren. Das deutsche Heer hatte derart viele gute junge Offiziere und Unteroffiziere eingebüßt, dass es sich nicht mehr richtig davon erholen sollte.

DIE FOLGEN

Die Schlacht an der Somme erschütterte das Vertrauen der britischen Armee in die militärische und politische Führung. Sie beendete Joffres militärische Laufbahn, Haig indes wurde Ende des Jahres zum Feldmarschall befördert. Die Schlacht gilt als das schlimmste Blutbad in der britischen Militärgeschichte. Immerhin war die deutsche Armee stark angeschlagen. Jedenfalls zogen sich die deutschen Truppen im Februar 1917 in die leichter zu verteidigende Siegfriedstellung zurück.

DER „PANZERSCHRECKEN" *war die psychologische Auswirkung der Tanks auf unerfahrene Infanterieeinheiten. Gewehre und Handgranaten vermochten einen frühen Panzer kaum aufzuhalten.*

SOMME
2 Die Truppenbewegungen sind den Deutschen nicht entgangen. Trotz sechstägiger Vorbereitung durch Artillerie wird die erste Angriffswelle zerschlagen.
XIV. (RES)
BOZERTIN-LE-PETIT
X.
III.
VIERTE ARMEE
RAWLINSON
38.
ALBERT
XV.
XIII.
1. KAVALLERIE
2. INDISCHE
3. KAVALLERIE
MIRVOUS
3 Briten und Franzosen unternehmen in den nächsten Wochen wiederholte Attacken, die blutig zurückgeworfen werden.
BRAY
GOUGH
(RESERVE)
CORBIE
SECHSTE ARMEE
FAYOLLE
PROVART
1 Die Alliierten bereiten an der Somme einen Großangriff vor, um Verdun zu entlasten.
XXX
XXXX

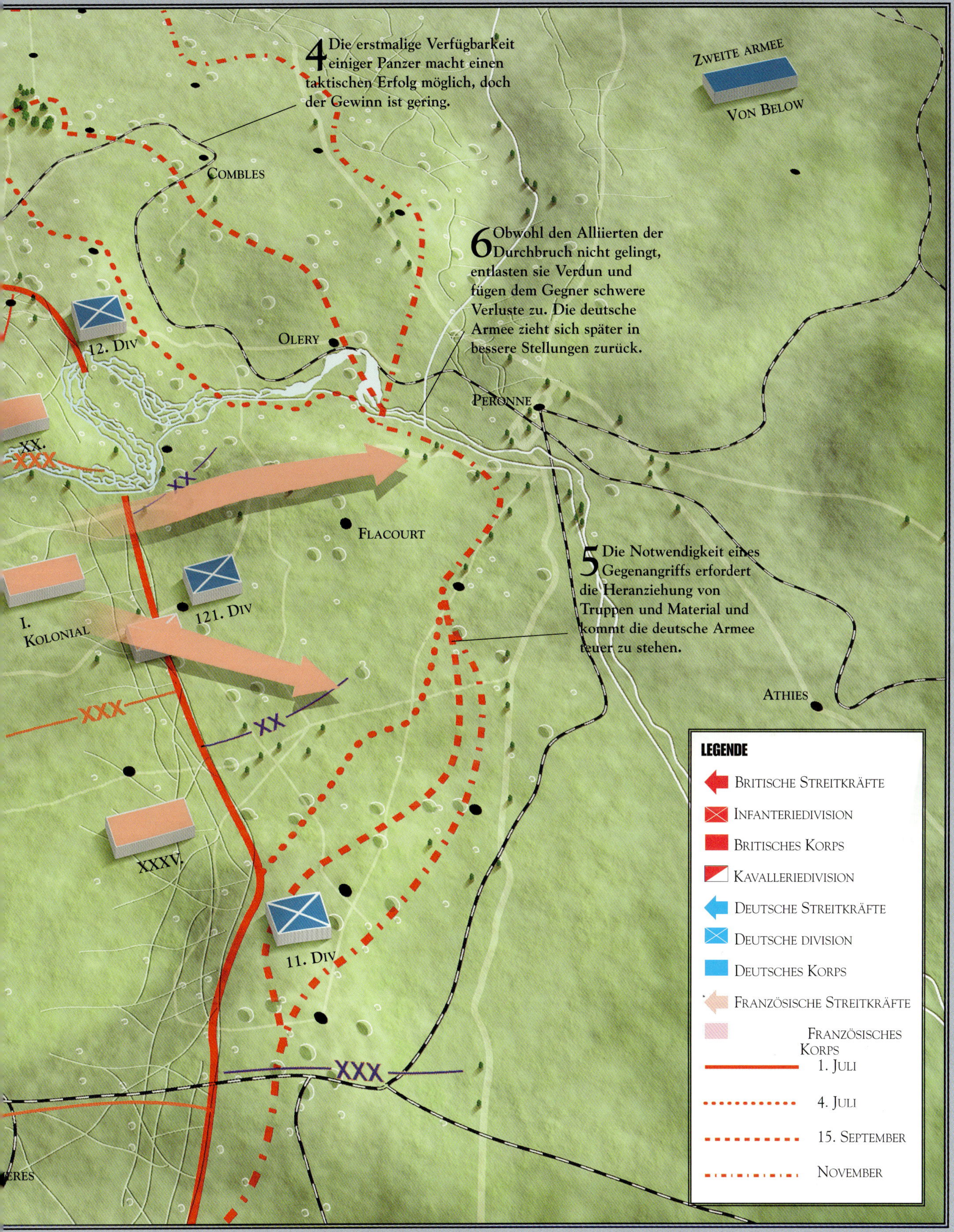
4 Die erstmalige Verfügbarkeit einiger Panzer macht einen taktischen Erfolg möglich, doch der Gewinn ist gering.
Zweite Armee
Von Below
Combles
6 Obwohl den Alliierten der Durchbruch nicht gelingt, entlasten sie Verdun und fügen dem Gegner schwere Verluste zu. Die deutsche Armee zieht sich später in bessere Stellungen zurück.
12. Div
Olery
Peronne
XX
XXX
XX
Flacourt
5 Die Notwendigkeit eines Gegenangriffs erfordert die Heranziehung von Truppen und Material und kommt die deutsche Armee teuer zu stehen.
121. Div
I. Kolonial
XXX
XX
Athies
XXXV
11. Div
XXX
Legende
Britische Streitkräfte
Infanteriedivision
Britisches Korps
Kavalleriedivision
Deutsche Streitkräfte
Deutsche division
Deutsches Korps
Französische Streitkräfte
Französisches Korps
1. Juli
4. Juli
15. September
November

WESTERPLATTE 1939

Auf die Westerplatte in der Danziger Bucht fielen die ersten Granaten des Zweiten Weltkriegs. In der Zwischenkriegszeit war auf der bewaldeten Landzunge ein befestigtes Depot der polnischen Armee eingerichtet worden.

Die Polen waren mit einem 75-mm-Feldgeschütz, zwei 37-mm-Panzerabwehrkanonen, vier Mörsern und mehreren mittelschweren MG ausgerüstet, verfügten aber nicht über starke Befestigungsanlagen. Im Herbst 1939 waren im polnischen Stützpunkt auf der Westerplatte 182 Soldaten stationiert, die einem Angriff zwölf Stunden lang standhalten sollten. Durch den Versailler Vertrag unterstand die Freie Stadt Danzig dem Schutz des Völkerbundes. Polen besaß dort ein eigenes Postamt und besondere Hafenrechte. Ab 1924 hatte Polen das Recht, auf der schmalen, flachen Landzunge Westerplatte ein Munitionsdepot mit Eisenbahnanschluss von rund einem Viertel Quadratkilometer Fläche zu unterhalten.

Nach Hitlers Machtergreifung im Januar 1933 verstärkten die Polen ihre Verteidigungsanlagen auf der Westerplatte. Sie bauten, offiziell als „Wachhäuser" de-

DATEN UND FAKTEN

Wer: Major Henryk Sucharski (1898–1946) leitete den Widerstand des kleinen polnischen Stützpunktes gegen die überlegenen deutschen Marine- und Polizeitruppen. Bei den Deutschen führten Konteradmiral Gustav Kleikamp und General Friedrich Eberhardt das Kommando.

Was: Der unerwartet hartnäckige Widerstand auf der Westerplatte verzögerte die Besetzung der benachbarten polnischen Küste durch die Deutschen. Die polnische Marine konnte sich so teilweise in Sicherheit bringen.

Wo: Das befestigte Militärdepot auf der Halbinsel Westerplatte nördlich von Danzig an der Weichselmündung.

Wann: 1. bis 7. September 1939

Warum: Hitler war trotz des 1934 geschlossenen Nichtangriffspakts entschlossen, Polen zu erobern.

Ergebnis: Der Beschuss der Westerplatte am Morgen des 1. September war der Beginn des Zweiten Weltkriegs.

KURZ VOR DEM DEUTSCHEN ANGRIFF: *Polnische Soldaten üben mit einem leichten Feldgeschütz. Der leitende Offizier trägt die typische viereckige Mütze der polnischen Armee.*

klarierte, Bunker und mit Beton armierte Schutzräume unter den Mannschafts- und Offiziersunterkünften. Zusätzlich errichteten sie sieben Feldbefestigungen (*placówka*), von denen zwei die Landbrücke zum Festland deckten. Als Hitler im März 1939 Forderungen gegenüber Polen erhob, war man alarmiert. Die Befestigungsarbeiten auf der Westerplatte wurden bis Ende August fertiggestellt. Am 31. August stockte man die Mannschaft von erlaubten 88 Mann auf 182 auf. Das Kommando führten Major Henryk Sucharski (1898– 1946) und sein Stellvertreter Kapitän Dabrowski.

VORBEREITUNGEN

Auf ddeutscher Seite kämpfte die „SS-Heimwehr Danzig" mit 1500 Mann unter Führung von General Friedrich Eberhardt. Für den ersten Angriff auf das Depot standen 225 Soldaten eines Marinestoßtrupps unter Leutnant Henningsen bereit. Das Oberkommando lag bei Konteradmiral Gustav Kleikamp, der sich mit dem 1906 gebauten Schiff *Schleswig-Holstein* offiziell auf einem Freundschaftsbesuch in Danzig befand. Sein Schiff war am Morgen des 25. August im Neufahrwasser im südlichen Hafenbereich vor Anker gegangen – nur rund 150 m von der Westerplatte entfernt. Zur Verbesserung der Schussposition auf die Westerplatte verlegte Kleikamp sein Schiff am 26. August weiter flussaufwärts..

LINKS: EIN DEUTSCHER MARINEINFANTERIST *in weißer Sommeruniform.*

FREITAG, 1. SEPTEMBER

Am Freitag, dem 1. September, feuerte die *Schleswig-Holstein* um 4:47 Uhr aus ihren schweren Geschützen acht Granaten auf den südlichen Teil der Westerplatte ab. Der Zweite Weltkrieg hatte begonnen. Sucharski funkte an die Halbinsel Hela: „SOS – wir werden beschossen!"

In die Umgrenzungsmauer wurden drei große Löcher gerissen, mehrere Lagerhäuser, in denen Öl gelagert war, gingen in Flammen auf. Acht Minuten später griff Henningsen mit drei Zügen der Marinestoßtruppen an, während Pioniere das Eisenbahntor des Schutzzauns sprengten. Trotz des schweren Artilleriefeuers setzte sich die polnische Besatzung tapfer zur Wehr.

Die Polen gingen zum Gegenangriff über und schalteten unter Verlust von drei Männern den MG-Posten der deutschen Schutzpolizei (Schupo) aus. Anschließend brachte Leutnant Leon Pajak durch Feuer des Feldgeschützes den Vormarsch der Deutschen zum Stehen. Sucharski ließ seine Artillerie auf die MG-Stellungen auf den Dächern der Lagerhäuser feuern. Er hatte Erfolg, die MG-Salven verstummten. Fast gelang es dem Geschütz, auch den Feuerleitstand der *Schleswig-Holstein* auszuschalten, wurde dann aber von der Schiffsartillerie getroffen.

Um 6:22 Uhr funkten die Marineinfanteristen an ihr Schiff: „Verluste zu groß, gehen zurück." Am anderen Ende

UNTEN: DIE KÄMPFE WURDEN HEFTIGER – *die brennenden Öllager und Gebäude auf der Westerplatte erhellten die Nacht.*

TROTZ IHRES ALTERS besaß die Schleswig-Holstein *mit ihren schweren Geschützen eine beachtliche Feuerkraft.*

der Westerplatte hatte die Danziger Polizei versucht, den Hafen unter ihre Kontrolle zu bringen, doch bewaffnete Zivilisten und die Garnison konnten diesen Angriff abwehren. Es gab 50 deutsche und acht polnische Tote. Admiral Kleikamp, der das Depot überfallartig hatte besetzen wollen, sah sich in eine richtige Schlacht verwickelt. Um 60 Mann der SS-Heimwehr verstärkt, griffen die Marinekräfte unter Henningsen um 8:55 Uhr erneut an. Sie stießen durch den zerstörten Umzäunungsring vor, wurden dann aber durch Minen, umgestürzte Bäume, Stacheldraht und heftiges polnisches Feuer aufgehalten. Bis Mittag dauerten die Kämpfe an. Dann gingen die SS-Männer zurück. Henningsen war tödlich verwundet. Eine halbe Stunde später zogen sich auch die Marineinfanteristen zurück.

Die Deutschen hatten hier 82 Mann verloren, aber die Westerplatte war immer noch nicht eingenommen. Im Zentrum von Danzig hatten sie allerdings in einer blutigen Aktion die Verteidiger der polnischen Post niedergekämpft. Der Schlag gegen die Westerplatte war dagegen ein Fiasko.

NEUE TAKTIK: 2. BIS 5. SEPTEMBER

Eberhardt überzeugte den deutschen Befehlshaber General Fedor von Bock (1880–1945) nach dem Fiasko am 1. September, dass ein Landangriff aussichtslos war. Am nächsten Tag griff die Luftwaffe mit 60 Sturzkampfbombern die Garnison an und warf über 100 Bomben ab. Bunker Nr. 5 erhielt einen Volltreffer. Alle Männer der Besatzung bis auf drei wurden darin getötet. Die Küche nebst Vorräten und die Funkstation wurden zerstört.

Die Garnison sah sich mit Hunger, völliger Isolation und neuen Angriffen konfrontiert. Auf der Westerplatte gab es keine Flugabwehrgeschütze, und der Luftangriff am 2. September war ein schwerer Schlag für die Moral der Polen. In der Nacht zum 4. September griffen die Deutschen die polnischen Vorposten an, wurden aber zurückgeschlagen.

EISENBAHN-ANGRIFF: 6. SEPTEMBER

Die Deutschen ahnten nicht, dass die Polen an Kapitulation dachten. Jeder Tag, den die Westerplatte standhielt, war ein Propagandaerfolg für Polen und eine Demütigung für die Wehrmacht. Am 6. September um 3 Uhr versuchten die Deutschen, die Halbinsel mit einem mit Brandmitteln beladenen Eisenbahnwaggon anzugreifen. Doch der Lokomotivführer koppelte ihn zu früh ab, und der Waggon kam nicht bis innerhalb der polnischen Linien. Hätte er es bis dorthin geschafft, wäre der als Sichtschutz so wichtige Wald in Flammen aufgegangen. Dank des lodernden Waggons konnten die Polen die deutschen Soldaten jetzt aber besser unter Feuer nehmen, da die Silouetten der Soldaten vor dem hellen Hintergrund deutlich zu erkennen waren, und ihnen erneut schwere Verluste zufügen. Ein erneuter deutscher Versuch am Nachmittag schlug ebenfalls fehl.

LINKS: DIE 1938 IN SPANIEN ERPROBTEN Stukas flogen in Polen Sturzangriffe, die Soldaten und Zivilbevölkerung terrorisierten.

Am 4. September unternahm das deutsche Torpedoboot *T-196* von See einen Überraschungsangriff auf die Landzunge. Zur gleichen Zeit musste der Vorposten „Wal" von den polnischen Verteidigern aufgegeben werden. Die Deutschen sahen dies als Möglichkeit für einen Angriff auf die Nordflanke der Westerplatte, der von der Stellung „Fort" abgewehrt wurde. Die Polen hatten inzwischen kein warmes Essen mehr und beklagten immer mehr Verwundete. Am 5. September berief Sucharski eine Lagebesprechung ein und drängte, die Westerplatte aufzugeben. Sein Stellvertreter Dabrowski sprach sich entschieden dagegen aus. Sucharski befahl daraufhin seinen Männern, genauso tapfer und verbissen wie bisher weiterzukämpfen.

RECHTS: NACH EINER WOCHE ERBITTERTEN WIDERSTANDS musste sich die Garnison ergeben, und die Reichskriegsflagge wurde auf der Westerplatte gehisst.

DIE *SCHLESWIG-HOLSTEIN*

Das 1908 in Dienst gestellte Linienschiff blieb nach 1919 in Dienst, als die meisten Schiffe der Kaiserlichen Marine versenkt wurden. Nach verschiedenen Modernisierungen (1925/26, 1930/31 und 1936) diente die *Schleswig-Holstein* als Schulschiff. Das Schiff mit einer Verdrängung von 13 454 t, 127 m Länge und 22,2 m Breite hatte einen Tiefgang von 8,25 m. Die Bewaffnung bestand aus vier 280-mm-Geschützen, zehn 150-mm-Geschützen, vier 88-mm- und vier 20-mm-Flugabwehrkanonen. Die Besatzung war für den Einsatz gegen die Westerplatte um einen Marinestoßtrupp mit 225 Mann und eine Flugabwehreinheit mit 60 Mann aufgestockt worden. Insgesamt waren am 25. August 1939 1197 Mann an Bord der *Schleswig-Holstein*, davon 907 reguläre Besatzungsmitglieder.

7. SEPTEMBER: DER LETZTE ANGRIFF

Sucharski hielt am Abend des 6. Septembers eine zweite Lagebesprechung ab. Er war entschlossen, den Kampf nicht weiterzuführen. Die deutsche Armee stand vor Warschau, und es gab erste Fälle von Wundbrand bei den Verwundeten. Um 4:30 Uhr eröffneten die Deutschen erneut das Feuer auf die Westerplatte, das bis 7 Uhr andauerte. Hinter der Feuerwalze rückten deutsche Sturmtruppen vor. Trotz des Einsatzes von Flammenwerfern konnten die Polen den Angriff zurückschlagen. Aber Bunker 2 war zerstört, die Bunker 1 und 4 schwer beschädigt.

Um 9:45 Uhr hisste man die weiße Flagge, und um 11 Uhr übergab Sucharski die Stellung an Kleikamp. Als Zeichen der Anerkennung seiner Tapferkeit beließen die deutschen Soldaten dem polnischen Kommandant den Degen. Die erschöpfte Garnison verließ um 11:33 Uhr vorbei an den in einer Ehrenformation angetretenen Wehrmachtssoldaten die Westerplatte.

ANGEFÜHRT VON IHREM OFFIZIER *werden die tapferen, aber letztlich unterlegenen polnischen Soldaten von der Westerplatte eskortiert.*

WESTERPLATTE

3 Am nächsten Tag greifen Stukas der Luftwaffe die Basis an, die über keine Flugabwehrgeschütze verfügt.
6 Am 7. September um 11 Uhr, nach einer Woche tapferen Widerstands, kapituliert die polnische Garnison.
5 Der Angriff mit der Eisenbahn (6. September) ist ein Fehlschlag, weil der Waggon sein Ziel nicht erreicht.
DEUTSCHE MARINEINFANTERISTEN
Schleswig-Holstein
DANZIG
Legende
Polnische Truppenbewegungen
Polnische Infanterie
Deutsche Truppenbewegungen
Deutsche Infanterie

FRANKREICHFELDZUG – SEDAN 1940

Die Eroberung Frankreichs, Belgiens, Luxemburgs und der Niederlande 1940 (Fall Gelb) war ein deutscher Triumph. Wie im Polenfeldzug (Fall Weiß) war der geschlossene Einsatz der Panzerverbände im engen Zusammenwirken mit der Luftwaffe erfolgreich.

Schlechtes Wetter, Nachschubprobleme und die Ausbildung neuer Mannschaften verzögerten zunächst das Vorhaben. Generalmajor Erich von Manstein (1887–1973), vor dem Angriff Stabschef der Heeresgruppe A unter Feldmarschall Gerd von Rundstedt (1875–1953), plädierte für einen massiven

DATEN UND FAKTEN

Wer: Die Heeresgruppe A unter Gerd von Rundstedt (1875–1953) führte den von Erich von Manstein (1887–1973) entwickelten Sichelschnittplan aus. Oberbefehlshaber der Franzosen war zunächst General Maurice Gamelin (1872–1958), dann Maxime Weygand (1867–1965).

Was: Die Blitzkrieg-Taktik, basierend auf der engen Zusammenarbeit von Panzern mit Artillerie und Stukas, war sehr erfolgreich.

Wo: Die deutschen Siege zogen sich von der als unüberwindbar geltenden Maginot-Linie über Belgien bis zur französischen Kanalküste und in die Niederlande.

Wann: 10. bis 28. Mai 1940

Warum: Hitler wollte für den entscheidenden Angriff auf die Sowjetunion die Bedrohung durch Frankreich beseitigen, um einen Zweifrontenkrieg zu vermeiden.

Ergebnis: Das Zentrum der französischen Streitkräfte wurde zerschlagen, die niederländischen und belgischen Armeen kapitulierten.

MAI 1940: NACH DER EVAKUIERUNG der Stadt durch die französische Armee passiert eine Kolonne deutscher Panzer I und II provisorische Panzerabwehrbarrikaden in Sedan.

EIN JUNGER DEUTSCHER SOLDAT beim Vormarsch auf Dünkirchen. Er ist mit einem Karabiner 98 bewaffnet, in seinem Gürtel steckt eine Stielhandgranate.

Panzervorstoß durch die dicht bewaldeten Ardennen, die die Franzosen für unpassierbar hielten. Danach sollten die Deutschen nördlich der französischen Grenzstadt Sedan die Maas überqueren, um über das flache Land rasch bis Abbeville am Ärmelkanal vorzudringen. Nach der Aufsplitterung der französischen Truppen bei Sedan wollte man durch den Vorstoß bis zur Kanalküste entlang des Nordufers der Somme das Hauptkontingent der anglo-französischen Truppen einkesseln.

ANGRIFF AUF DIE BENELUXSTAATEN

Am frühen Morgen des 10. Mai griff eine Spezialeinheit mit 424 Mann und mehreren Lastenseglern das schwer befestigte Fort Eben Emael an und nahm die als uneinnehmbar geltende belgische Verteidigungsstellung in kurzer Zeit ein. Belgier und Franzosen vertrauten fest auf die Maginot-Linie, eine Kette von Bunkern und Verteidigungswerken entlang der französischen Ostgrenze. Doch die schnellen deutschen Armeeverbände konnten diese umgehen. Sieben Panzerdivisionen mit insgesamt 2270 Panzern, Panzerfahrzeugen und Geschützen auf Selbstfahrlafetten rückten durch Luxemburg auf das bewaldete Hochland der belgischen Ardennen vor. Das Gebiet wurde nur unzureichend durch belgische und französische Kavallerie geschützt, weil man die engen Straßen für den Vormarsch von Panzerverbänden für ungeeignet hielt.

In den frühen Morgenstunden überquerten die Panzer von General Erwin Rommel (1891–1944), dem Kommandeur der 7. Panzerdivision, im Süden die belgische Grenze. Ziel war die 105 km entfernte Maas bei Dinant. Auch an anderen Stellen rollten deutsche Panzer über die luxemburgische Grenze. General Heinz Guderian (1888–1954), der Kommandeur des Angriffskeils, hatte ein vorrangiges Ziel im Auge – die Kanalküste. Sein Vorgesetzter General Ewald von Kleist (1881–1954) befehligte die zentralen Panzerverbände. Der Plan sah vor, die British Expeditionary Force (BEF) zusammen mit der 1. und 7. Französischen Armee von den alliierten Kräften abzuschneiden und an der Kanalküste einzukesseln. Unter dem Schutz der Luftwaffe rückte eine 160 km lange Kolonne aus Panzern und anderen Fahrzeugen vor. Weil das Deuxième Bureau entsprechende Informationen ignoriert hatte, wurde das Aufmarschgebiet praktisch nicht verteidigt.

PANZERVORSTOSS

Die französischen Einheiten wurden von Oberbefehlshaber General Maurice Gamelin (1872–1958) eilig zurückbeordert. Zwei Korps der 9. Armee unter General André Corap (1873–1953) rückten zur Maas zwischen Namur und

DER FRANZÖSISCHE PANZER CHAR B1 BIS *hatte eine dicke Panzerung, war allerdings aufwendig in der Wartung, äußerst anfällig für Defekte und musste häufig nachgetankt werden.*

Givet vor und stellten sich den durch die Ardennen vordringenden Einheiten von Rundstedts entgegen. Am 12. Mai hatte Guderians Korps Bouillon im Westen der belgischen Provinz Luxemburg erobert. Es überquerte die französische Grenze nördlich von Sedan, wo die Belgier ihre Straßensperren verlassen hatten. Guderian wollte seinen Vorstoß vorantreiben und überredete von Kleist, ihn mit seinen drei Panzerdivisionen bei Sedan über die Maas übersetzen zu lassen, ohne auf die nachrückende Infanterie als Flankensicherung zu warten. Junkers JU 87 Stukas bombardierten die französische Artillerie, während 88-mm-Flak-

NUR EINE KURZE VERZÖGERUNG *des Vormarschs der Deutschen durch die Ardennen – die Alliierten hatten derart schnelle Truppenbewegungen in diesem Gelände für unmöglich gehalten.*

geschütze die Bunker bekämpfte. Die eilends nach vorn gezogenen Infanteristen des Eliteregiments Großdeutschland setzten über die Maas. Innerhalb von Stunden eroberten die Deutschen einen Flussabschnitt und trieben einen Keil zwischen die 2. und 9. Französische Armee. Guderians Panzerkorps nutzte die Bresche und formierte sich zum Vormarsch auf die Kanalküste.

Beim weiteren Vorstoß der Deutschen zeigte sich die mangelhafte Koordination zwischen den französischen Infanterie- und Panzereinheiten. Trotzdem hatten die 6. und 8. Panzerdivision mit MG-Überfällen zu kämpfen. Sie behinderten auch die Arbeit der Pioniere, die bei Monthermé in einem besonders zerklüfteten Abschnitt der Ardennen eine Pontonbrücke errichteten. Zusammengezogene deutsche Panzerverbände sicherten die Stellung nach heftigen Kämpfen. Die 55. und 71. französische Division wurden dabei fast aufgerieben. Rommels 7. Panzerdivision erreichte die Maas unterhalb der Stadt Dinant, geriet aber unter heftigen Beschuss der französischen Artillerie. Rommels Sorge galt seinen motorisierten Infanterieeinheiten, die den Fluss mit Schlauchbooten überwinden sollten. Um das Manöver zu kaschieren, ließ er Häuser auf der deutschen Seite anzünden. Der Rauch zog über den Fluss, und Rommels Angriffstruppen konnten so geschützt einen Brückenkopf errichten. Die überraschten französischen Reservisten leisteten kaum Gegenwehr.

In Sedan überquerte die komplette 1. Panzerbrigade die Maas auf einer eilends errichteten Pontonbrücke. Die Luftwaffe hielt den Feind nieder, während Guderians Einheiten im Süden ihren Brückenkopf bis zum Abend auf 48 km Breite erweiterten. Am 14. Mai kam es in Belgien zum ersten Aufeinandertreffen alliierter Verbände mit den vorrückenden Deutschen. Guderians zügiger Vorstoß sorgte in Berlin für Unruhe, denn ohne Flankensicherung durch die Infanterie konnte er leicht bei einem Gegenangriff abgeschnitten werden. Tatsächlich waren aber die Alliierten in Gefahr, umfasst zu werden.

AUF DEM WEG NACH PARIS

Am nächsten Tag erhielt der britische Premierminister Winston Churchill (1874–1965) einen verzweifelten Telefonanruf des französischen Ministerpräsidenten Paul Reynaud (1878–1966): „Wir sind geschlagen … Der Weg

LINKS: UNTEROFFIZIER des Panzerregiments 1, das mit weiteren Panzereinheiten am Durchbruch bei Sedan beteiligt war.

UNTEN: DER LEICHTE UND SCHNELLE Panzer 38(t) war eine tschechische Konstruktion und wurde von den Deutschen übernommen. Die abgebildete Version kam bei der 2. Panzerdivision zum Einsatz.

nach Paris ist frei." Mit rasch bei der Stadt Montcornet nördlich von Paris zusammengezogenen Kräften unternahm Colonel Charles de Gaulle (1890–1970) drei Gegenangriffe, die jedoch zurückgeschlagen wurden. Um Dünkirchen errichtete man eine provisorische Verteidigungslinie. Die große Sorge war, wie die alliierten Kräfte der Vernichtung bei Dünkirchen entgehen konnten. Am 21. Mai lieferten sich vier Bataillone bei Arras schwere Kämpfe mit der 7. Panzerdivision und der SS-Division Totenkopf. Die Deutschen verloren 700 Mann und 20 Panzer. Doch zwei Tage später drangen die deutschen Panzerverbände bis zur Kanalküste vor. Die BEF war abgeschnitten und besaß nur noch wenig Munition. Noch gespannter wurde die Lage durch die Kapitulation der belgischen Armee am 28. Mai.

DIE FOLGEN

Man hat verschiedenste Begründungen für Hitlers Befehl angeführt, die Truppen sollten vor Dünkirchen Halt machen. Möglicherweise waren es Hinweise auf das für Panzer gefährliche Sumpfgelände an der Küste oder der Rückschlag bei Arras oder von Runstedts Wunsch, die Truppen vor dem Vormarsch auf Paris neu zu formieren. Churchill ließ zur Verstärkung Truppen in Cherbourg und Brest an Land gehen. Die Übermacht der deutschen Panzer und Stukas verhinderte aber jeden Fortschritt. Am 14. Juni marschierte die Wehrmacht in die französische Hauptstadt ein. Wenige Monate später wandte Hitler sein Interesse nach Osten.

ERICH VON MANSTEIN

Erich von Manstein (1887–1973), der Architekt des Blitzkriegs, wurde nach dem Frankreichfeldzug zum General der Infanterie befördert und erhielt das Ritterkreuz. 1941/42 befehligte er die 11. Armee bei der Eroberung der Krim. Ende 1942 versuchte er mit der Heeresgruppe Don, die bei Stalingrad eingekesselten Truppen zu befreien, musste sich aber zurückziehen. Die zunehmend prekäre militärische Lage an der Ostfront führte zu Auseinandersetzungen über strategische Fragen mit Hitler. 1944 entzog der Führer von Manstein das Kommando. 1948 wurde er vor einem Militärgericht als Kriegsverbrecher angeklagt und nach mehreren Jahren Haft 1953 entlassen. Später beriet er die deutsche Bundesregierung in militärischen Fragen. Er starb am 10. Juni 1973 in Irschenhausen bei München.

PANZER III UND IV rollen über die Hauptstraße einer nordfranzösischen Stadt. Besonders der Panzerkampfwagen IV galt als robust und war während der gesamten Dauer des Krieges eingesetzt.

FRANKREICHFELDZUG – SEDAN
CHARLEVILLE
2 Die Luftwaffe spielt eine wesentliche Rolle: Stukas dienen als mobile Artillerie, während Jagdflugzeuge die Flugzeuge der Alliierten abfangen. Dornier- und Heinkel-Bomber zerstören Ziele im Hinterland.
FRANZÖSISCHES X. KORPS
3 Die Deutschen dringen südlich von Sedan weit genug vor, dass Pioniere stabile Brücken für das Übersetzen des IX. Panzerkorps über die Maas errichten können.

1 Am 12. Mai rückt von Rundstedts Heeresgruppe A mit sieben Panzerdivisionen durch die nur schwach verteidigten Ardennen vor. Bei Sedan, 14 km südwestlich der belgischen Grenze, wird am rechten Ufer der Maas der entscheidende Brückenkopf errichtet.
4 Am Abend des 13. Mai sichern die deutschen Panzereinheiten von Dinant bis Sedan vier Brückenköpfe über die Maas. Die französischen Bunker auf dem Westufer der Maas sind nur mit Reservisten besetzt.
SEDAN
MAAS
5 Am 14. Mai überqueren zwei Panzerdivisionen des XIX. Panzerkorps von General Heinz Guderian die Maas über eine Pontonbrücke, die in der Nacht errichtet worden war. Am Abend befinden sich die Franzosen im ungeordneten Rückzug, während den Deutschen der Durchbruch bei Sedan gelingt.
Legende
Deutsche Truppenbewegungen
Deutsche Einheiten
Französische Einheiten

DÜNKIRCHEN 1940

In den ersten Kriegswochen im Westen gerieten Tausende Soldaten der British Expeditionary Force und der französischen 1. Armee in eine fast aussichtslose Lage. Sie standen eingekesselt am Ärmelkanal und mussten in einer neuntägigen Evakuierungsaktion gerettet werden.

Die Rettungsaktion galt als „Wunder", denn eine hastig zusammengestellte Flotille aus militärischen und zivilen Schiffen unterschiedlichster Art brachte die Truppen unter permanenten Angriffen durch die Luftwaffe in Sicherheit. Rund acht Monate hatten sich die gegnerischen Armeen nur belauert. Am 10. Mai 1940 fand der Sitzkrieg mit dem deutschen Angriff auf die Beneluxstaaten und Frankreich ein jähes Ende. Im Norden rückten 30 Divisionen der Heeresgruppe B auf 320 km Breite über die niederländische und belgische Grenze vor. Weiter südlich rollten 45 Divisionen durch die Wälder der Ardennen und umgingen so die Verteidigungsstellungen der Maginot-Linie. Unter der Führung von General Heinz Guderian (1888–1954), einem Verfechter der mobilen Kriegsführung,

DATEN UND FAKTEN

Wer: Die British Expeditionary Force (BEF) unter dem Kommando von Field-Marshal Lord John Gort (1886–1946), daneben französische, belgische und niederländische Einheiten. Kommandeur der deutschen Heeresgruppe A General Gerd von Rundstedt (1875–1953).

Was: Die Deutschen erzwangen die Evakuierung der alliierten Truppen vom Kontinent. Sie versäumten es aber, ihnen den entscheidenden Schlag zu versetzen.

Wo: Die Hafenstadt Dünkirchen und ihr Umland an der Kanalküste in Nordwestfrankreich und Belgien.

Wann: 26. Mai bis 4. Juni 1940

Warum: Durch die Eroberung der Beneluxstaaten und Frankreichs wollten die Deutschen Westeuropa in ihre Hand bringen.

Ergebnis: Die Alliierten hatten Tausende von Gefangenen und gewaltige Verluste an Ausrüstung zu beklagen. Immerhin konnten 338 226 Soldaten nach England evakuiert werden.

VERWUNDETE BRITISCHE UND FRANZÖSISCHE SOLDATEN reihen sich am Strand von Dünkirchen auf. Nur wenige Tage nach Beginn der deutschen Offensive am 10. Mai 1940 mussten die British Expeditionary Force und die Überreste der französischen Armee vom europäischen Kontinent evakuiert werden.

drangen die deutschen Panzer- und motorisierten Infanterieverbände in einer großen Bogenbewegung zum Ärmelkanal vor, den sie nach nur zehn Tagen erreichten.

BLITZKRIEG

Der schnelle Vormarsch der Deutschen überraschte die Alliierten. Guderians drei Panzerdivisionen aus der Heeresgruppe A drohten beim Vorrücken auf die Kanalhäfen Boulogne, Calais und Dünkirchen die alliierten Truppen einzuschließen. Die Franzosen stellten sich den Deutschen bei Lille entgegen, die Belgier am Fluss Leie und die Briten bei Calais. 72 Stunden nach dem Eintreffen in Abbeville eroberten die Deutschen Boulogne und Calais. Teile der 1. Panzerdivision waren in das 19 km entfernte Dünkirchen vorgestoßen, dem einzigen Fluchtkorridor der alliierten Truppen in Nordfrankreich und Belgien. Trotz eines Befehls, einen Gegenangriff zur Entlastung der Franzosen zu starten, beschloss der Oberbefehlshaber der British Expeditionary Force, Field-Marshal Lord John Gort (1886–1946), seine Truppen in der Umgebung Dünkirchens zu sammeln, um möglichst viele nach England evakuieren zu können. Der heldenhafte Widerstand der Franzosen bei Lille, der Bataillone der Irish Guards und Welsh Guards bei Boulogne und der britischen 30. Infanteriebrigade in Calais ermöglichte es Gort, einen Verteidigungsring um Dünkirchen zu organisieren. Doch alles schien vergebens, als deutsche Panzerkommandeure mit ihren Ferngläsern bereits auf die Kirchtürme der Stadt schauen konnten.

DER UNBEUGSAME TOMMY

Dieser Soldat der British Expeditionary Force (BEF), im Volksmund „Tommy" genannt, trägt das zuverlässige Lee-Enfield-Gewehr und den mit einem Kinnriemen gesicherten auffälligen Helm. Als die Gefahr eines Krieges mit Deutschland wuchs, stockte man die britische Berufsarmee durch Wehrpflichtige auf. Allein 1939 kamen eine Million Mann hinzu.

Bei dem deutschen Angriff auf Frankreich 1940 umfasste die BEF zehn auf dem europäischen Kontinent stationierte Divisionen. Bei der Evakuierung der BEF aus Dünkirchen wurden mithilfe zahlreicher, auch ziviler Schiffe mehr als 218 000 britische und 120 000 französische Soldaten nach Großbritannien in Sicherheit gebracht.

PAUSE FÜR DIE PANZER

Völlig überraschend leistete Hitler selbst einen wichtigen Beitrag zum Gelingen des Evakuierungsplans der Alliierten. Am 24. Mai besuchte er in Charleville das Hauptquartier von General Gerd von Rundstedt (1875–1953), dem Kommandeur der Heeresgruppe A. Hermann Göring (1893–1946) hatte Hitler gebeten, der Luftwaffe den Todesstoß gegen den Feind in Dünkirchen zu überlassen. Von Rundstedt erhielt den Befehl, seine sechs Panzer-

OBEN: TAUSENDE ALLIIERTER SOLDATEN *warten bei Dünkirchen auf ihre Rettung, während deutsche Infanterie- und Panzereinheiten die Evakuierungszone immer stärker zusammendrängen.*

divisionen am Fluss Aa anzuhalten. Fast 48 Stunden ruhte der deutsche Vormarsch. Stukas und Jagdflieger der Luftwaffe nahmen die alliierten Truppen um Dünkirchen unter Beschuss. Am 26. Mai wurde die Bodenoffensive wieder aufgenommen, doch Gort hatte die Pause genutzt, um einen 48 km langen Strandabschnitt von Gravelines im Süden bis zum belgischen Nieuport im Norden als notdürftige Verteidigungslinie einzurichten. Zwei Tage später ordnete der belgische König Léopold III. (1901–1983) die Kapitulation seiner Truppen an. Der Verteidigungsring der Alliierten zog sich noch enger zusammen, und schließlich blieb nur ein 11 km breiter Abschnitt übrig.

OPERATION DYNAMO

Bereits am 20. Mai, als sich das Debakel der Alliierten auf dem Kontinent abzeichnete, gab der britische Premierminister Winston Churchill (1874–1965) grünes Licht für

RECHTS: STÄNDIG VON ANGRIFFEN *der Luftwaffe bedroht, warten Soldaten der British Expeditionary Force aufgereiht auf das nächste Schiff, das sie in Sicherheit bringen wird.*

IM HINTERGRUND steigt nach einem Luftangriff Qualm auf, vorne zielt ein auf dem Rücken liegender britischer Soldat auf einen deutschen Tiefflieger.

die Vorbereitung der Operation Dynamo, der Evakuierung der British Expeditionary Force aus Frankreich.

Die stark beanspruchte Royal Navy war nicht in der Lage, die nötige Anzahl von Schiffen bereitzustellen. Vice-Admiral Bertram Ramsay (1883–1945) rief dazu auf, Schiffe von mehr als 9,3 m Länge in den englischen Häfen zusammenzuziehen. Kajütboote, Fährschiffe und Segelschoner schlossen sich mit ihren zivilen Besatzungen den Zerstörern der *Royal Navy* an. Die bis zu 88 km lange Überfahrt war höchst gefährlich, denn der Kanal war von den Deutschen vermint worden. Hinzu kamen Angriffe der Luftwaffe und von Schnellbooten sowie in Küstennähe das Sperrfeuer der deutschen Artillerie.

LUFTANGRIFFE

Durch die Bombenangriffe der Luftwaffe stand Dünkirchen in Flammen, die Hafenanlagen waren zerstört. Die Rettungsschiffe mussten das Risiko eingehen, in den Untiefen entlang der Strände auf Grund zu laufen oder an einer der beiden provisorischen Molen festzumachen. Es handelte sich um Wellenbrecher, auf denen gerade einmal drei Soldaten nebeneinanderstehen konnten. Im heldenhaften Einsatz pendelten die Besatzungen mit ihren Booten zwischen England und Frankreich. Die 19-m-Jacht *Sundowner* brachte 130 Soldaten in Sicherheit. Der Raddampfer *Fenella* hatte rund 100 Mann an Bord, als er von einer Fliegerbombe getroffen wurde und explodierte. Rund ein Drittel der beteiligten 693 Boote wurden zerstört, doch vom 26. Mai bis zur letzten Rettungsfahrt am 4. Juni gelang es, 338 226 Soldaten in Sicherheit zu bringen.

In Großbritannien wurden die geschlagenen und erschöpften Männer wie Helden begrüßt. Die Menschen versorgten die ausgehungerten Soldaten mit Essen und Trinken. Aber sie hatten ihr gesamtes schweres Gerät an den Stränden bei Dünkirchen zurücklassen müssen, und Tausende ihrer Kameraden waren gefallen oder in Gefangenschaft geraten. Die britischen und französischen Streitkräfte erlitten in Dünkirchen eine der schwersten militärischen Niederlagen ihrer Geschichte.

RECHTS: NACHDEM IHR SCHIFF *während der Operation Dynamo von einem deutschen Flugzeug versenkt wurde, werden diese erschöpften französischen Soldaten von der Royal Navy aus dem Ärmelkanal geborgen.*

Doch diese Männer hatten immerhin überlebt. Bei all dem Jubel bemerkte Churchill grimmig: „Kriege werden nicht durch Evakuierung gewonnen." Später schrieb er: „Da war eine überwältigende, erhabene Empfindung, die unsere Insel von einem zum anderen Ende erfasste ... und der Bericht über die Strände von Dünkirchen wird immer ein herausragendes Kapitel unserer Geschichte sein."

DIE FOLGEN

Historiker haben intensiv über Hitlers Gründe debattiert, den Panzervorstoß zu stoppen. Einige vermuten, dass sich die Deutschen bereits auf die Eroberung von Paris konzentrierten. Andere vermuten, Hitler habe Bedenken wegen des für Panzermanöver wenig geeigneten sumpfigen Geländes in Flandern gehabt. Die Panzer selbst waren beim Vormarsch stark beansprucht worden und brauchten zweifellos eine entsprechende Wartung. Bei einem forcierten Angriff auf die alliierten Verteidigungslinien wären bestimmt zahlreiche Panzer abgeschossen worden. Göring hatte argumentiert, die Luftwaffe wäre dem Führer wesentlich loyaler ergeben als die Führung des Heeres, weshalb man ihr die Ehre zugestehen sollte, den Feind zu vernichten.

UNTEN: BRITISCHE UND FRANZÖSISCHE SOLDATEN, *die nach der Einnahme von Dünkirchen in Gefangenschaft geraten waren, warten auf ihren Abtransport. Der Luftwaffe war es nicht gelungen, die alliierten Truppen vernichtend zu schlagen. Die meisten konnten gerettet werden.*

DÜNKIRCHEN
MARGATE
RAMSGATE
ROUTE Y: 87 SEEMEILEN
ROUTE X: 55 SEEMEILEN
DOVER
ROUTE Z: 39 SEEMEILEN
CALAIS
5 Trotz der heftigen Angriffe der deutschen Luftwaffe gelingt es in einer groß angelegten Rettungsaktion, mit Schiffen Tausende von alliierten Soldaten von Dünkirchen nach England zu evakuieren.
3 Die Deutschen bekämpfen Widerstandsnester, wie eine britische Truppeneinheit in Calais, die ihren Vormarsch verzögern. Die Alliierten gewinnen so wertvolle Zeit zum Ausbau der Verteidigungslinien in Dünkirchen.
Legende
ALLIIERTE TRUPPENBEWEGUNGEN
DEUTSCHE TRUPPENBEWEGUNGEN
DEUTSCHE PANZERDIVISION

4 Kurz vor dem endgültigen Sieg stoppt Hitler seine Panzer vor Dünkirchen. Der Luftwaffe von Hermann Göring gelingt es nicht, die eingekesselten alliierten Truppen zu vernichten.
DÜNKIRCHEN
1 Nach Monaten der Ruhe entlang der Frontlinien starten die Deutschen am 10. Mai 1940 ihre Frühjahrsoffensive gegen die Alliierten in den Beneluxstaaten und Frankreich.
2 Die schnellen Angriffsspitzen der Deutschen rücken zur Kanalküste vor. Nach nur zehn Tagen erreichen sie ihr Ziel. Der British Expeditionary Force und den französischen Armeen im Norden droht die Vernichtung.

LUFTSCHLACHT UM ENGLAND 1940

Die Deutschen hatten Frankreich und die Beneluxstaaten in kürzester Zeit besetzt. Nicht nur im Osten, auch im Westen war die Wehrmacht in dieser Anfangsphase des Zweiten Weltkriegs äußerst erfolgreich. Als deutsche Truppen über die Champs Élysées paradierten, planten Hitler und seine Generäle bereits die Invasion in Großbritannien.

Von der französischen Kanalküste konnten die Deutschen die 32 km entfernte Küstenlinie der Britischen Insel erkennen, wo der Feind saß. Allen war klar, dass die Eroberung Großbritanniens ihre bis dahin größte Herausforderung sein würde – dennoch waren die Deutschen zuversichtlich. Das Unternehmen

DATEN UND FAKTEN

Wer: Die deutsche Luftwaffe unter dem Kommando von Reichsmarschall Hermann Göring (1893–1946) gegen das Royal Air Force Fighter Command unter Air Chief Marshal Hugh Dowding (1882–1970).

Was: Die Luftwaffe versuchte, zunächst die Royal Air Force auszuschalten; später wurden britische Städte bombardiert.

Wo: Der Luftraum über Großbritannien und dem Ärmelkanal.

Wann: 10. Juli 1940 bis 10. Mai 1941

Warum: Zunächst strebten die Deutschen die Lufthoheit an, um die Invasion Großbritanniens abzusichern. Später ging man zur Bombardierung ziviler Ziele über, vorrangig zur Demoralisierung der Bevölkerung.

Ergebnis: Der Luftwaffe gelang es nicht, die RAF in die Knie zu zwingen und den Durchhaltewillen der Briten zu brechen. Die Invasion wurde abgesagt.

Von seinem Aussichtsposten auf einem Dach sucht ein Luftschutzwart den Himmel über London nach feindlichen Bombern ab. Im Hintergrund ist die Kuppel von St. Paul's Cathedral zu sehen.

OBEN: DER BRITISCHE PREMIERMINISTER Winston Churchill besucht im August 1940 einen Posten der Küstenverteidigung in Südengland.

Seelöwe, so der Codename der Invasion, würde im großen Maßstab die Verlegung von Truppenkontingenten und Kriegsmaterial erfordern, verbunden mit der Bereitstellung ausreichend vieler Transportboote, die die deutschen Einheiten über den Ärmelkanal übersetzen konnten. Der Schlüssel zu einer erfolgreichen Invasion lag aber in der Lufthoheit.

KANALKAMPF

Die sich über zehn Monate hinziehende Luftschlacht um England begann am 10. Juli 1940 mit dem sogenannten Kanalkampf. Nicht einmal drei Wochen nach der Kapitulation Frankreichs schickte Reichsmarschall Hermann Göring (1893–1946) seine Luftwaffe los, den Luftraum über Großbritannien zu erobern. Hitler hatte ursprünglich den Termin für die Invasion auf den 15. August festgesetzt, zuvor sollten die deutschen Flugzeuge britische Schiffe und Häfen attackieren. Göring hatte über 750 Jagdflugzeuge Messerschmitt Bf 109 und Bf 110 zusammengezogen, um die über 1300 Bomber vom Typ Heinkel He-111 und Dornier Do-17 zu eskortieren. Ergänzt wurde die Luftflotte durch 300 Junkers Ju-87, den gefürchteten Stukas. Air Chief Marshal Hugh Dowding (1882–1970), Kommandeur des Royal Air Force Fighter Command, standen nur etwas mehr als 700 Abfangjäger vom Typ Supermarine Spitfire und Hawker Hurricane sowie einige andere veraltete Maschinen zur Verfügung. In den folgenden vier Wochen kam es täglich zu Luftkämpfen. Die Deutschen konnten einige Handelsschiffe versenken. Die Royal Navy verlegte die in Dover stationierten Teile der Flotte nach Portsmouth. Der Luftwaffe gelang es aber nicht, die Royal Air Force entscheidend zu schwächen.

LINKS: BOMBERPILOT der Luftwaffe in Fliegeranzug samt Rettungsweste.

OBEN: *Die ursprünglich als Verkehrsflugzeug konzipierte Heinkel He-111 wurde zu einem Bomber.*

Bereits in dieser frühen Phase der Schlacht um England erkannten die Briten die Bedeutung einer präzisen Aufklärung und des gerade entwickelten Radars, um bevorstehende deutsche Angriffe frühzeitig zu erkennen. Schnell zeigte sich, dass die schwerfälligen Stukas bei Luftkämpfen eine leichte Beute für die RAF-Jäger waren. Die Deutschen hatte in den ersten Wochen zwar 300 Maschinen verloren – die britischen Verluste waren nur halb so groß –, bereiteten aber schon die zweite Phase der Luftoffensive vor.

UNTEN: *Mitglieder der London Fire Brigade versuchen, ein durch Brandbomben der Luftwaffe entfachtes Feuer zu löschen.*

DER ADLERTAG

Ihre ungebrochene Siegeszuversicht demonstrierten die deutschen Flieger mit ihrem Lied „Wir fliegen gegen Engeland". Göring setzte den 13. August 1940 als Adlertag fest. Die zweite Phase der Luftschlacht um England sollte die RAF in die Knie zwingen. Geplant waren die systematische Bombardierung der Flugfelder in Mittel- und Südengland, die Zerstörung der Radarstationen entlang der

Die Messerschmitt Bf 109 war das wichtigste Jagdflugzeug der Luftwaffe im Zweiten Weltkrieg. Die schwer bewaffneten, wendigen Maschinen besaßen aber nur eine eingeschränkte Reichweite.

englischen Küste sowie die Ausschaltung der Flugzeuge und Piloten des Fighter Command.

Am Adlertag verloren die Deutschen 46 Maschinen, die RAF 13. Die nächsten Tage waren geprägt von erbitterten Luftkämpfen. Vom Boden aus konnte man die Kondensstreifen der wild umherkurvenden Flugzeuge sehen oder beobachten, wie getroffene Maschinen, eine schwarze Rauchfahne hinter sich herziehend, zu Boden trudelten. Die Verluste des Fighter Command waren zwar geringer als die der Luftwaffe, gingen jedoch an die Substanz. Häufig musste man die jungen Piloten schon nach wenigen Flugstunden in den Kampf schicken. Das Bombardement zerstörte viele Flugplätze, und der permanente Einsatz strapazierte die Flugzeuge.

ATEMPAUSE

Parallel zu den Tagesangriffen ließ Göring seine Piloten nächtliche Bomberangriffe auf militärische Ziele in Großbritannien fliegen. Große Städte, vor allem London, blieben ausgespart, weil man Vergeltungsangriffe der RAF gegen deutsche Städte fürchtete. Doch in der Nacht des 24. August 1940 kamen einige Luftwaffen-Bomber vom Kurs ab und warfen ihre Bomben über London ab. Bereits in der folgenden Nacht bombardierte die RAF Berlin. Voller Zorn schwor Hitler, britische Städte zu verwüsten.

Am 7. September 1940 ordnete der Führer eine neue Strategie an: Die Luftwaffe sollte mit ihren Bomben London zum Aufgeben zwingen. Eine Woche später gab er das Unternehmen Seelöwe endgültig auf. Der erste nächtliche Großangriff auf London („The Blitz") forderte über 2000 Tote und Verwundete. Während die Zivilbevölkerung unter den Bombardierungen litt, fand das Fighter Command Zeit, sich zu regenerieren und neu zu formieren. Doch nicht nur London wurde in den kommenden Monaten das Ziel deutscher Bomben. In der Nacht des 14. November 1940 griffen über 400 deutsche Bomber Coventry an. 568 Zivilisten wurden getötet und über 1200 verwundet. Auch Birmingham, Liverpool und Manchester wurden attackiert. Der Strategiewechsel der Deutschen und der Durchhaltewille der britischen Bevölkerung brachten die Wende. Am 10. Mai 1941 flog die Luftwaffe ihren letzen Nachtangriff auf London.

BLICK NACH OSTEN

Die Unfähigkeit der Luftwaffe, die RAF zu zerstören, war ein Rückschlag, doch Hitler widmete sich bereits den Vorbereitungen für das Unternehmen Barbarossa. Der Angriff auf die Sowjetunion sollte im Frühjahr 1941 beginnen. Einige Historiker vermuten, Hitler habe den Kampf gegen die Briten nicht weiterführen wollen, in der Hoffnung, sie als Bundesgenossen im Krieg gegen die sowjetischen Kommunisten gewinnen zu können. Auf jeden Fall hatte er spätestens im Herbst 1940 erkannt, dass die Luftschlacht um England nicht zu gewinnen war. Die Chance auf den Sieg hatte man verschenkt, und die Verluste der deutschen Luftwaffe wuchsen stetig. Zwar brannten britische Städte, doch die RAF blieb eine mächtige Luftstreitmacht. Premierminister Winston Churchill (1874–1965) pries den Durchhaltewillen des britischen Volkes und bezeichnete diese Zeit der Bedrohung und des Leidens als „dessen großartigste Stunde". Am 20. August 1940 lobte Churchill die unerschrockenen Piloten der Royal Air Force in einer Rede vor dem Unterhaus: „Nie zuvor in der Geschichte des kriegerischen Konflikts verdanken so viele so wenigen so viel."

LONDONER halten nach feindlichen Flugzeugen Ausschau, während im Hyde Park Flak-Batterien in Stellung gebracht werden. Hitler und Göring glaubten, Großbritannien mit Bombenangriffen in die Knie zwingen zu können.

SUPERMARINE SPITFIRE

Die in den 1930er-Jahren von dem britischen Flugzeugkonstrukteur Reginald Mitchell entworfene Supermarine Spitfire absolvierte am 5. März 1936 ihren Erstflug. Die Produktion begann zwei Jahre später. Die Maschine mit einem Merlin-Motor von Rolls-Royce war zunächst mit 7,7-mm-MG bewaffnet. Die Spitfire war das technologisch fortschrittlichste Jagdflugzeug der RAF während der Luftschlacht um England.

Ihre Leistung machte die Spitfire zu einem angemessenen Gegner für die deutsche Messerschmitt Bf-109. Allerdings war sie nur in geringeren Stückzahlen als die ältere Hawker Hurricane verfügbar. Die Spitfire-Geschwader hatten die Aufgabe, die deutschen Jäger in Gefechte zu verwickeln, während die Hurricanes die langsameren Bomber angriffen. Das abgebildete Flugzeug ist eine Spitfire Mk. I der 66. Squadron.

LUFTSCHLACHT UM ENGLAND
4 Die erschöpften Piloten der südlichen Kampfgruppen erhalten Verstärkung aus den Sektoren im Norden des Landes. Die Reserven der RAF sind erschöpft – doch nach anfänglich schweren Verlusten werden die unerfahrenen Piloten schnell zu Veteranen.
FIGHTER COMMAN
13. GRUPPE
FIGHTER COMMAND
12. GRUPPE
2 Die Schlacht eskaliert, als die Luftwaffe RAF-Fliegerhorste und Flugzeugfabriken bombardiert; das britische Jägerkommando ist angeschlagen, kämpft jedoch weiter.
FIGHTER COMMAND
10. GRUPPE

Legende
Fliegerhorst der RAF
Flugabwehr-Batterie
Fliegerhorst der Luftwaffe
Radarstation
Angriffe der Luftwaffe
Höhenradar
Tieffliegerradar
Luftflotte 5 aus Norwegen
1 Die Luftschlacht wird mit Angriffen gegen Küstenschifffahrt und Radarstellungen eröffnet, um die Jäger der RAF zum Kampf zu zwingen.
London
Fighter Command 11. Gruppe
Luftflotte 2
3 Obwohl die RAF am Ende der Kraft ist, geben die Piloten nicht auf und kämpfen weiter. Die Luftwaffe erleidet schwere Verluste.
Luftflotte 3
5 Hitler und Göring ordnen die Änderung der Strategie an; das vermindert den unmittelbaren Druck auf das britische Jägerkommando.
Paris

JAGD AUF DIE BISMARCK 1941

Im Sommer 1941 entwickelte sich die Atlantikschlacht für Großbritannien zu einem Überlebenskampf. Neben den deutschen U-Booten, die Geleitzüge angriffen und Handelsschiffe mit wichtiger Ladung versenkten, waren auch die Überwasserschiffe der Kriegsmarine eine ernste Bedrohung.

Von Januar bis April 1941 gingen alliierte Schiffe mit insgesamt 610 000 BRT verloren. Im Mai wurden dann die schlimmsten Befürchtungen der britischen Admiralität wahr. Das 42 800 t schwere Schlachtschiff *Bismarck* lichtete die Anker; das Unternehmen Rheinübung begann. Zusammen mit dem schweren Kreuzer *Prinz Eugen* sollte das gewaltige Schlachtschiff mit seinen acht 380-mm-Geschützen gegen alliierte Handelsschiffe vorgehen.

DATEN UND FAKTEN

Wer: Einheiten der britischen Royal Navy unter Admiral John Tovey (1885–1971) gegen das deutsche Schlachtschiff *Bismarck* und den Kreuzer *Prinz Eugen* unter Admiral Günther Lütjens (1889–1941).

Was: Die *Bismarck* und die *Prinz Eugen* versuchten, alliierte Handelsschiffe anzugreifen, wurden aber von der Royal Navy gestellt.

Wo: Der Nordatlantik im Bereich der Routen der alliierten Konvois.

Wann: 18. bis 27. Mai 1941

Warum: Die Deutschen hofften, durch die Versenkung alliierter Handelsschiffe den Nachschub für Großbritannien abzuschneiden.

Ergebnis: Nach einer Verfolgungsfahrt versenkte die Royal Navy die *Bismarck*. Die Bedrohung alliierter Geleitzüge im Atlantik durch Überwasserschiffe der Kriegsmarine war danach deutlich geringer.

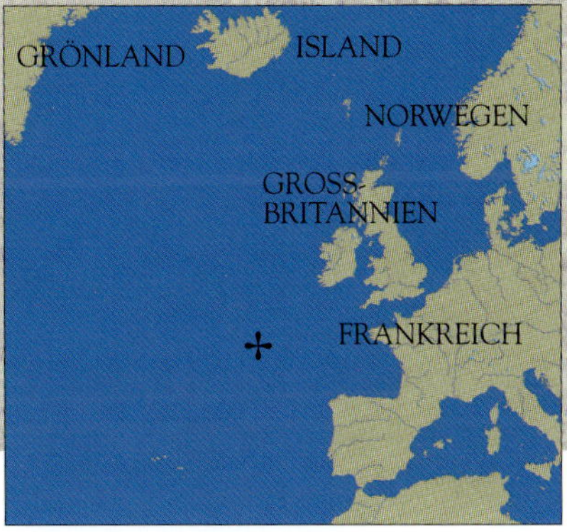

FAIREY-SWORDFISH-TORPEDOBOMBER sind bei stürmischer See auf dem Flugdeck des Flugzeugträgers HMS Victorious *vertäut. Diese altertümlichen Doppeldecker sollten die* Bismarck *stoppen.*

ADMIRAL GÜNTHER LÜTJENS, *ausgezeichnet mit dem Ritterkreuz, war Flottenchef einer Kampfgruppe der Kriegsmarine, zu der das Schlachtschiff* Bismarck *und der schwere Kreuzer* Prinz Eugen *gehörten.*

Admiral John Tovey (1885–1971), Kommandeur der britischen Home Fleet (Heimatflotte) erkannte die Gefahr und zog seine verstreuten Einheiten zusammen, um die *Bismarck* zu versenken. Admiral Günther Lütjens (1889–1941), Flottenchef an Bord der *Bismarck*, wusste, dass seine Manöver von dem schwedischen Kreuzer *Gotland* und schwedischen Flugzeugen beobachtet worden waren. Am 21. Mai fotografierte ein britisches Aufklärungsflugzeug das deutsche Schlachtschiff.

AUSBRUCH UND VERFOLGUNGSJAGD

Lütjens, entschlossen, auf offene See zu entkommen, wählte die Dänemarkstraße als eine der drei möglichen Routen. Dicht gefolgt von den britischen Kreuzern *Suffolk* und *Norfolk* wurden die *Bismarck* und die *Prinz Eugen* im Morgengrauen des 24. Mai von dem nagelneuen Schlachtschiff *HMS Prince of Wales* und dem ehrwürdigen Schlachtkreuzer *HMS Hood* angegriffen. Die 1918 vom Stapel gelaufene *Hood* war der *Bismarck* von der Feuerkraft her ebenbürtig, allerdings wesentlich schwächer gepanzert. Kurz nach Gefechtsbeginn durchschlug eine Granate die dünne Panzerung der *Hood* und traf ein Munitionsdepot. Eine gewaltige Explosion zerriss das Kriegsschiff, und der Stolz der Royal Navy sank innerhalb weniger Minuten. Nur drei der 1421 Besatzungsmitglieder der *HMS Hood* überlebten. Die *Prince of Wales* war durch einen Treffer auf der Brücke ernsthaft beschädigt. Die *Bismarck* bekam nur drei Treffer ab, doch eine Granate riss ihr Vorschiff auf, Tonnen von Seewasser drangen ein. Eine andere traf einen Treibstoffbunker, sodass wertvolles Öl auslief. Der Kapitän der *Bismarck*, Ernst Lindemann, drängte Lütjens zur Rückkehr nach Deutschland, doch Lütjens befahl der *Prinz Eugen*, alleine gegen die Handelsschiffe vorzugehen, und nahm mit dem angeschlagenen Schiff Kurs auf den Hafen von Brest in Frankreich. Er hoffte, auf dem Weg dorthin durch deutsche U-Boote und Flugzeuge geschützt zu sein.

DIE *BISMARCK*

Das nach dem Reichskanzler Otto von Bismarck benannte Schlachtschiff startete am 18. Mai 1941 das Unternehmen Rheinübung. Mit fast 43 000 t war sie eine ernste Bedrohung für die alliierte Handelsschifffahrt im Atlantik. Bewaffnet war die *Bismarck* unter anderem mit acht mächtigen 380-mm-Geschützen.

Die bis zu 30 Knoten schnelle *Bismarck* wurde von Einheiten der Royal Navy verfolgt. Swordfish-Torpedobomber schossen sie manövrierunfähig, und am 27. Mai wurde sie versenkt. Zuvor war es der *Bismarck* im Verbund mit dem schweren Kreuzer *Prinz Eugen* gelungen, mit dem Schlachtkreuzer *HMS Hood* den Stolz der Royal Navy zu versenken.

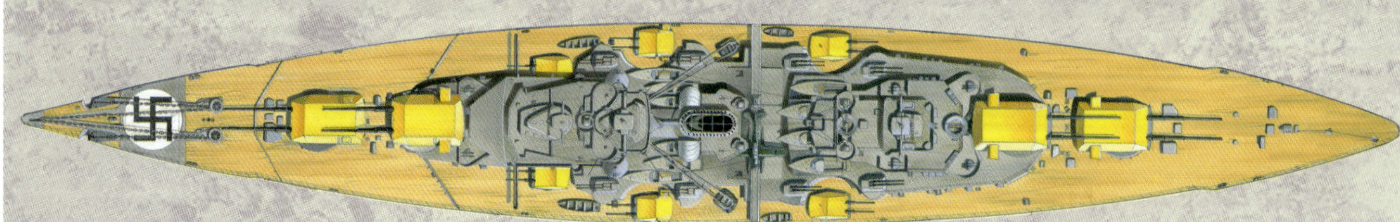

MATROSEN DER DEUTSCHEN KRIEGSMARINE *sind zum Appell an Bord angetreten, bevor ihr Schiff in der Ostsee die Anker lichten und auslaufen wird.*

AUSDAUER UND GLÜCK

Die durch den Verlust der *HMS Hood* schwer getroffenen Briten gaben die Verfolgung der *Bismarck* aber nicht auf. Nach der erfolgreichen Abwehr eines vom Flugzeugträger *Victorious* gestarteten Angriffs mit Fairey-Swordfish-Torpedobombern konnte die *Bismarck* in der Nacht des 24. Mai ihren Verfolgern entkommen. Lütjens erkannte nicht, dass er die Briten bereits abgeschüttelt hatte, und setzte einen längeren Funkspruch nach Berlin ab. Die Briten orteten die Funksignale und bemerkten, dass sie auf falschem Kurs lagen. Nach einer Kurskorrektur konnten sie die Jagd fortsetzen.

Ein Blick von der Prinz Eugen auf die in ihrem Kielwasser folgende Bismarck. *Beide Schiffe nehmen Kurs auf den Nordatlantik.*

Am Morgen des 26. Mai entdeckte ein Flugboot vom Typ Consolidated PBY Catalina die *Bismarck* knapp 1300 km von der französischen Küste entfernt und damit fast in Reichweite der Schutz bietenden Luftwaffe. Einige der an der Verfolgung beteiligten britischen Schiffe mussten wegen Treibstoffmangels umkehren. Das Schlachtschiff *HMS King George V* mit Tovey an Bord dampfte weiter. Das aus dem Verband entlassene Schlachtschiff *HMS Rodney* nahm ebenso die Verfolgung auf wie der in Gibraltar stationierte Flottenverband Force H unter Admiral James Somerville (1882–1949). Die Briten hatten kostbare Zeit verloren – und die *Bismarck* drohte zu entkommen.

SWORDFISH-TORPEDOBOMBER

Tovey besaß aber noch eine Trumpfkarte. Der im Wesentlichen aus Holz, Stoff und Draht gebaute Doppeldecker Fairey Swordfish war eigentlich ein fliegender Anachronismus. Am Nachmittag des 26. Mai hoben 15 dieser Maschinen, beladen mit Torpedos, vom Deck des zur Force H gehörenden Flugzeugträgers *HMS Ark Royal* ab. Einige griffen aus Versehen den Kreuzer *HMS Sheffield* an, landeten aber glücklicherweise keinen Treffer.

In der einsetzenden Dämmerung gelang es den Flugzeugen trotz intensiven Abwehrfeuers, die *Bismarck* mit zwei Torpedos zu treffen. Einer der Treffer sollte katastrophale Folgen für das deutsche Schiff haben. Nur 15 m über der Wasseroberfläche fliegend, klinkte Sub-Lieutenant John Moffat sein Torpedo aus, das im Heck der *Bismarck* einschlug und das Ruder bei 15 Grad nach

Backbord verklemmte. Nun konnte das Schlachtschiff nur noch nach Nordwesten laufen, direkt auf die Royal Navy zu.

GRANATHAGEL

Jeder an Bord der *Bismarck* wusste, dass das Schicksal des Schiffs damit besiegelt war. Ein Telegramm Hitlers – „Ganz Deutschland ist bei Euch!" – war nur ein schwacher Trost. Die Royal Navy würde am Morgen aufkreuzen und der Todeskampf beginnen. Am 27. Mai um 8:47 Uhr begann die *HMS Rodney* aus ihren 406-mm-Geschützen auf die 19 km entfernte *Bismarck* zu feuern. Dann feuerte auch die *HMS King George V*. Die Crew der *Bismarck* kämpfte tapfer, doch mehrere Treffer hatten den Gefechtsleitstand schwer beschädigt und die großen Geschütze ausgeschaltet. Die britischen Schlachtschiffe kamen bis auf 3 km an die *Bismarck* heran, deren Decks mit Toten und Verwundeten übersät waren. Um 11 Uhr schwamm die *Bismarck* noch, brannte aber und war kampfunfähig. Kurz danach kenterte das Schiff über Backbord und versank mit dem Heck voraus.

ANDAUERNDE DEBATTE

Die drei Torpedotreffer des Kreuzers *HMS Dorsetshire* galten lange als der entscheidende Todesstoß für die *Bismarck*. Überlebende Crewmitglieder der *Bismarck* bestanden aber darauf, die Bodenventile des Schiffs geöffnet und es selbst versenkt zu haben. Untersuchungen des Wracks haben Anhaltspunkte für ihre Behauptung geliefert, aber keine eindeutige Klärung erbracht. Nur 116 der weit über 2000 Besatzungsmitglieder der *Bismarck* konnten aus den eisigen Fluten des Atlantiks gerettet werden. Vermutlich hätten es mehr sein können, doch die Briten drehten wegen eines U-Boot-Alarms ab. Die dramatische Jagd auf die *Bismarck* wurde später zu einem Klassiker vor allem der britischen Seekriegsgeschichte. Nüchtern betrachtet, beendete die Versenkung des Schachtschiffs die Bedrohung der alliierten Handelsschiffe im Atlantik durch die Überwasserschiffe der Kriegsmarine. Hitler wollte kein weiteres Großschiff bei einem solchen Unternehmen riskieren. Hoch im Norden bedrohten allerdings deutsche Kriegsschiffe, darunter die *Tirpitz*, weiterhin die Nachschubkonvois in die sowjetischen Häfen Murmansk und Archangelsk. Der Atlantik wurde nun zum Revier der deutschen U-Boote – bis auch diese besiegt wurden.

OBEN: FAIREY-SWORDFISH-DOPPELDECKER mit unter dem Rumpf befestigten Torpedos im Formationsflug. Die weitgehend aus Holz und Stoff gefertigten Maschinen erwiesen sich als effektive Waffe gegen die Bismarck.

UNTEN: DIE BESCHÄDIGTE BISMARCK, *deren Bug tief im Wasser liegt, pflügt durch die Wellen des Atlantiks. Wenig später kommt es zum letzten Gefecht mit den Schlachtschiffen* King George V *und* Rodney *von der Royal Navy.*

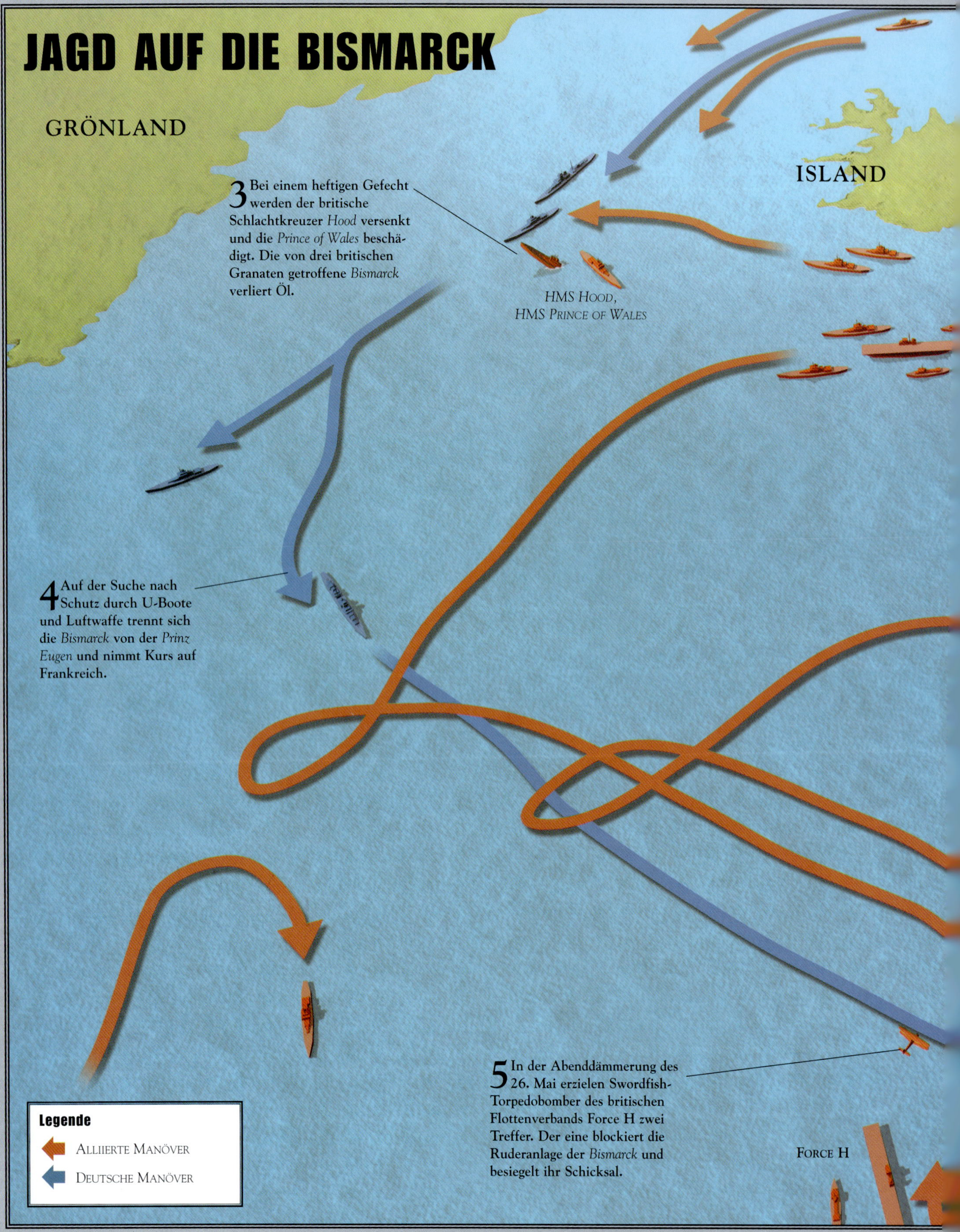
JAGD AUF DIE BISMARCK
GRÖNLAND
ISLAND
3 Bei einem heftigen Gefecht werden der britische Schlachtkreuzer *Hood* versenkt und die *Prince of Wales* beschädigt. Die von drei britischen Granaten getroffene *Bismarck* verliert Öl.
HMS Hood, HMS Prince of Wales
4 Auf der Suche nach Schutz durch U-Boote und Luftwaffe trennt sich die *Bismarck* von der *Prinz Eugen* und nimmt Kurs auf Frankreich.
5 In der Abenddämmerung des 26. Mai erzielen Swordfish-Torpedobomber des britischen Flottenverbands Force H zwei Treffer. Der eine blockiert die Ruderanlage der *Bismarck* und besiegelt ihr Schicksal.
Force H
Legende
Alliierte Manöver
Deutsche Manöver

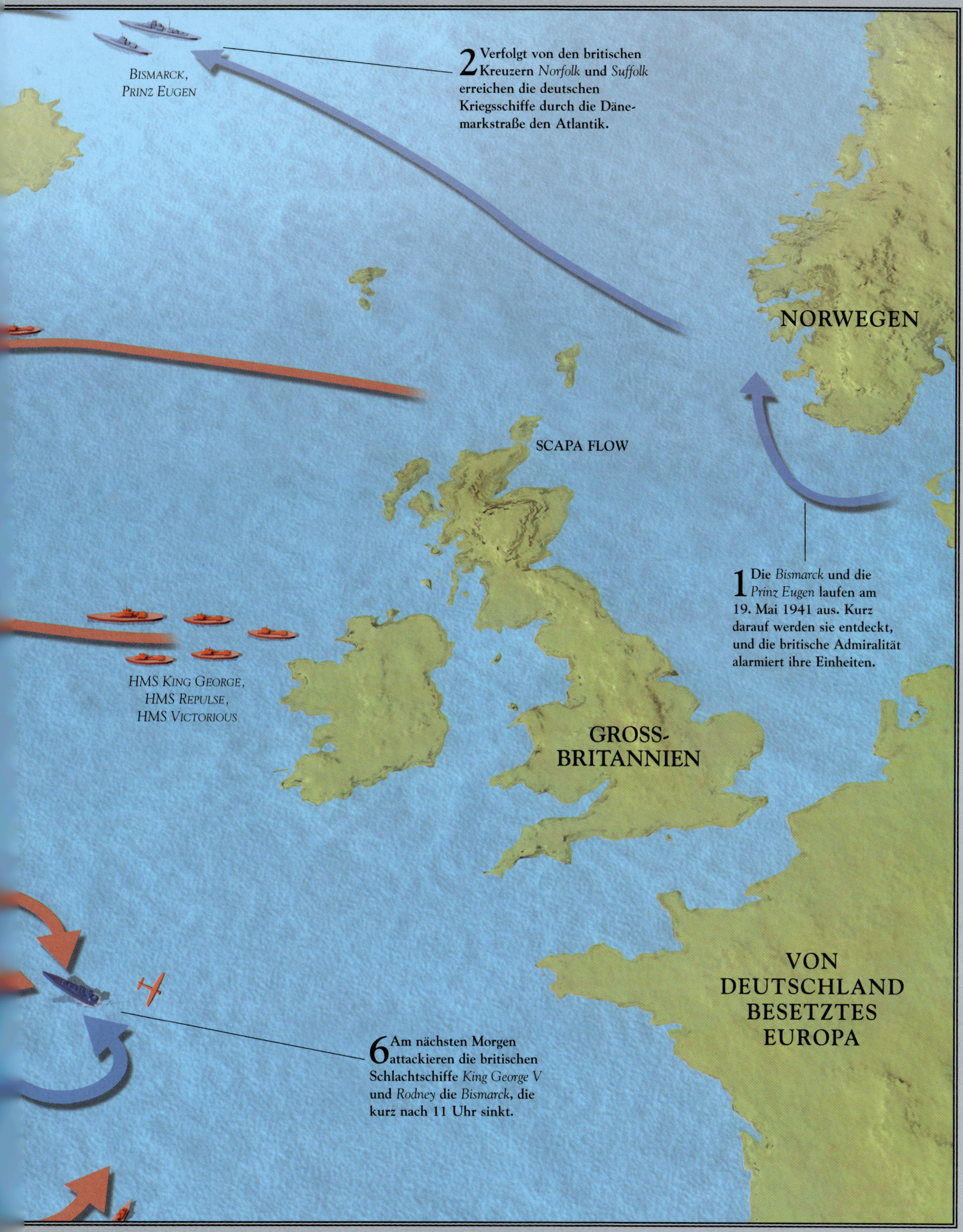
BISMARCK,
PRINZ EUGEN
2 Verfolgt von den britischen Kreuzern *Norfolk* und *Suffolk* erreichen die deutschen Kriegsschiffe durch die Dänemarkstraße den Atlantik.
NORWEGEN
SCAPA FLOW
1 Die *Bismarck* und die *Prinz Eugen* laufen am 19. Mai 1941 aus. Kurz darauf werden sie entdeckt, und die britische Admiralität alarmiert ihre Einheiten.
HMS KING GEORGE,
HMS REPULSE,
HMS VICTORIOUS
GROSS-
BRITANNIEN
VON
DEUTSCHLAND
BESETZTES
EUROPA
6 Am nächsten Morgen attackieren die britischen Schlachtschiffe *King George V* und *Rodney* die *Bismarck*, die kurz nach 11 Uhr sinkt.

315

UNTERNEHMEN BARBAROSSA 1941

Eine riesige deutsche Armee mit rund 3,3 Millionen Mann griff am 22. Juni 1941, unterstützt von über 3000 Panzern und fast ebenso vielen Flugzeugen, die Sowjetunion an. Die Truppen sollten in einem Blitzkrieg Moskau, die Ukraine und Leningrad einnehmen.

Der Überfall auf die Sowjetunion, das größte Militärunternehmen aller Zeiten, trug den Codenamen Barbarossa. In dessen Verlauf gelangen der Wehrmacht zwar spektakuläre Erfolge, der letztendliche Sieg blieb ihr aber verwehrt – vier Jahre später erstürmte die Rote Armee die Reichshauptstadt Berlin. Bei seinen Planungen hatte Hitler besonderen Nachdruck gelegt auf die Eroberung des Baltikums sowie Leningrads (Sankt Petersburg), zweitgrößte Stadt der UdSSR und wichtige Marinebasis. Trotzdem war die Heeresgruppe Nord unter Marschall von Leeb (1876–1956) mit 26 Divisionen relativ schwach ausgestattet. Sie kam nur entsprechend langsam voran, und erst im September gelang es von Leeb mit seinen

DATEN UND FAKTEN

Wer: Die deutschen Heeresgruppen Nord, Mitte und Süd unter Marschall Ritter von Leeb (1876–1956), Fedor von Bock (1880 – 1945) und Gerd von Rundstedt sollten die Rote Armee angreifen und innerhalb von zwei Monaten besiegen.

Was: Das Unternehmen Barbarossa war kriegsentscheidend: Würde die Sowjetunion den deutschen Angriff überstehen, musste Hitler einen Zweifrontenkrieg führen.

Wo: Im Juli 1941, als sich Finnland den Deutschen anschloss, erstreckte sich die Ostfront vom Schwarzen Meer bis zum Nordmeer, die deutschen Truppen rückten bis kurz vor die Tore Moskaus vor.

Wann: 22. Juni bis 5. Dezember 1941

Warum: Unbeirrt durch das Scheitern seines Angriffs 1940 auf Großbritannien, setzte Hitler alles auf eine Karte, um mit der Wehrmacht die UdSSR zu besiegen, bevor die USA vielleicht aufseiten Großbritanniens in den Krieg eintreten würden.

Ergebnis: Das Scheitern des Unternehmens Barbarossa entschied letztlich den Ausgang des Zweiten Weltkriegs.

BEI DEM SCHNELLEN VORSTOSS auf sowjetisches Gebiet im Juni 1941 passiert ein deutscher Panzer 35(t) ein brennendes Haus in Weißrussland.

DIE WEHRMACHT wird oft als hoch motorisierte Truppe dargestellt. Tatsächlich transportierte sie einen großen Teil der Ausrüstung mit Pferden – beim Angriff auf die Sowjetunion wurden rund 750 000 Pferde eingesetzt.

erschöpften Truppen, Leningrad von der übrigen Sowjetunion abzuriegeln. Anstatt zu einer raschen Einnahme kam es zu einer langen Belagerung der Stadt.

SIEGE IN DER UKRAINE, RÜCKSCHLAG IN ROSTOW

Marschall Gerd von Rundstedt (1875–1953) hatte mit seiner aus 41 Divisionen (darunter fünf Panzer- und 14 rumänische Divisionen) bestehenden Heeresgruppe Süd die wichtige Aufgabe, die Ukraine zu erobern. Die endlosen Getreidefelder und Bodenschätze des Donezbeckens waren ein wesentliches Kriegsziel.

Allerdings sah sich von Rundstedt mit der Südwestfront, der stärksten sowjetischen Armeegruppe, konfrontiert, die unter der geschickten Führung von General Michail Kirponos (1892–1941) erbitterten Widerstand leistete. Die Heeresgruppe Süd kam nur langsam voran. Am 10. September stießen östlich von Kiew Panzereinheiten der Heeresgruppe Mitte zu den Panzerdivisionen von Rundstedts. Sie kesselten bei Kiew drei Sowjetarmeen (5., 26. und 37. Armee) ein. General Kirponos starb bei einem Ausbruchsversuch; 665 000 Rotarmisten wurden gefangen genommen.

Am 30. September griff die Panzergruppe 1 an und hatte am 6. Oktober große Teile der sowjetischen Südfront in einem Kessel im Südosten der Ukraine eingekreist. Die 9. und

Die als „Befreier" gekommenen Deutschen erwiesen sich bald als Unterdrücker. Hier kniet ein Landser vor einem brennenden Bauernhaus.

18. Armee wurden vernichtet und 100 000 Gefangene gemacht. Die Deutschen rückten weiter nach Rostow am Don vor, das am 20. November eingenommen wurde. Das sowjetische Oberkommando (Stawka) startete mit drei Armeen eine Gegenoffensive gegen die überdehnten deutschen Frontlinien. Am 29. November wurde die strategisch wichtige Stadt von den Sowjets zurückerobert, und die Deutschen entkamen nur knapp einem frühen Stalingrad.

VORMARSCH DER HEERESGRUPPE MITTE

Bei seinem Russlandfeldzug drang Napoleon 1812 zwar bis Moskau vor, den Sieg konnte er jedoch nicht erringen. Hitlers Generäle – speziell Fedor von Bock (1880–1945), der Kommandeur der Heeresgruppe Mitte – waren überzeugt, mit der Einnahme Moskaus würde auch die Sowjetunion fallen. Mehrere sowjetische Armeen wurden bei Bialystok und westlich Minsk eingeschlossen, und 300 000 Mann mussten sich den Deutschen ergeben. General Dimitri Pawlow (1897–1941), der Kommandeur der Westfront, wurde von Stalin entlassen und nach seiner Rückkehr nach Moskau hingerichtet. Sein Kommando übernahm Marschall Semjon Timoschenko, ein erfahrener und durchsetzungsfähiger Offizier.

Doch die Rote Armee erlitt weitere katastrophale Rückschläge. Smolensk, „das Tor nach Moskau", fiel am 16. Juli. Stalin war entschlossen, den deutschen Vormarsch zu stoppen. Eine Serie von Gegenangriffen der Westfront-Einheiten endete mit dem Verlust von 300 000 Mann und 3000 Panzern. Doch bei den Deutschen kam der Eindruck auf, dass man zwar Erfolge hatte, aber dem Sieg nicht näher kam und die Reserven der Roten Armee offenbar unerschöpflich waren.

GENERAL HEINZ GUDERIAN

Heinz Guderian (1888–1954) war ein brillanter Stratege und ebenso tatkräftiger Kommandeur auf dem Schlachtfeld. 1935 erhielt er das Kommando über die 2. Panzerdivision. Er nahm am Polenfeldzug (September 1939) teil und war am Durchbruch bei Sedan (14. Mai 1940) beteiligt. Während des Unternehmens Barbarossa befehligte Guderian die Panzergruppe 2. Nach der Einnahme von Smolensk mit einem Teil seiner nach Süden verlegten Panzertruppen erhielt er den Marschbefehl auf Moskau. Obwohl er seinen Soldaten viel abverlangte, wurde er von ihnen bewundernd „Schneller Heinz" genannt. Beim Angriff auf Moskau befehligte Guderian die 2. Panzerarmee, wurde aber nach einem eigenmächtigen Rückzug am 25. Dezember 1941 seines Kommandos enthoben und erst 1943 reaktiviert.

Hitler teilte nicht die Ansicht seiner Generäle. Er verlegte einen Großteil der Panzerdivisionen der Heeresgruppe Mitte zur Unterstützung des Kampfs um Kiew. Über einen Monat blieb der 800 km lange Frontverlauf dieser Heeresgruppe unverändert, was der Roten Armee Zeit zur Organisation ihrer Verteidigungslinien gab. General Andrej K. Jeremenko (1892–1970) verfügte in Brjansk über drei Armeen (30 Divisionen) und Timoschenko in Wjasma über sechs Armeen mit 55 Divisionen. Ende Oktober waren all diese Einheiten entweder ausgelöscht oder in Gefangenschaft geraten.

LINKS: IN VORBEREITUNG auf die sich nähernde Front heben Ukrainer im Spätsommer 1941 Gräben als Panzersperren aus.

Der Angriff auf Moskau unter dem Decknamen Unternehmen Taifun begann am Morgen des 2. Oktobers bei bestem Wetter. Die Heeresgruppe Mitte verfügte über eine Million Mann in 77 Divisionen, dazu 1700 Panzer und fast 1000 Flugzeuge. Fünf Tage später hatte General Hoepners Panzergruppe 4 zusammen mit General Herman Hoths (1885–1971) Panzergruppe 3 die sechs Armeen von Timoschenko bei Wjasma in einem Kessel eingeschlossen.

DIE SCHLACHT UM MOSKAU

Am 9. Oktober schlossen sich die Panzergruppen von Hoth und Hoepner mit der von Guderian zusammen und umfingen die 3., 13. und 15. Sowjetarmee nördlich und südlich von Brjansk. Große Teile der Panzergruppen nahmen Kurs auf Moschaisk und Tula. Die eingekesselten Einheiten der Roten Armee wurden bis zum 14. bzw. 20. Oktober besiegt. Der Verlust war mit 673 000 Gefangenen und über 1000 Panzern und 5000 Geschützen ebenso groß wie die Verluste um Kiew.

Trotz starker Regenfälle, die die Straßen in Schlammpisten verwandelten, schafften die Deutschen bis Mitte Oktober zwei Drittel der Wegstrecke nach Moskau. Die Moral des Gegners begann zu wanken. Am 16. Oktober brach in der Hauptstadt die öffentliche Ordnung zusammen, eine Million Moskauer versuchten in Panik zu fliehen. Das NKWD (Volkskommissariat für Innere Angelegenheiten) verhängte das Standrecht und ging gegen Plünderer vor.

Anfang November wurde es kälter, und der festgefrorene Boden ermöglichte das weitere Vorrücken der Deutschen. Doch bald fielen die Temperaturen unter –20 °C.

UNTEN: BEI DEN KÄMPFEN im Sommer 1941 zerstören deutsche Panzerjäger mit ihrer PaK 36 einen sowjetischen Panzerwagen.

RECHTS: IM OKTOBER 1941 versucht die sowjetische Propaganda, das Bild einer in der Verteidigung vereinten Nation zu präsentieren. Tatsächlich herrschten aber Unterdrückung, Korruption und Hoffnungslosigkeit.

Auf sowjetischer Seite kam mit General Georgi Schukow (1896–1974) ein Kommandeur, der bereits Leningrad gerettet hatte und nun einen Gegenangriff auf die erschöpften Deutschen plante. Am 18. November hatte Schukow 21 ausgeruhte, gut ausgestattete und kälteerprobte sibirische Divisionen zusammengezogen, die zum Schlag gegen von Bocks Armee bereit waren. Die Deutschen planten, mit 36 Divisionen frontal anzugreifen, während die drei Panzergruppen die gegnerische Verteidigung um Moskau umfassen sollten. Am 2. Dezember stand die 2. Panzerdivision nur noch 22 km vor Moskau. Von Bocks Heeresgruppe hielt mit knapp 60 Divisionen eine fast 1000 km lange Frontlinie. Die Offensive kam am 5. Dezember zum Stillstand, als die Temperaturen unter –35 °C fielen. Am selben Tag gab Schukow General Iwan Konew (1897–1973) mit der Kalininer Front den Angriffsbefehl, am nächsten Tag schlug er selbst mit der Westfront los.

Der Angriff traf die Deutschen völlig überraschend, und in den beiden kommenden Monaten lag die Initiative im Bereich der Heeresgruppe Mitte bei der Roten Armee. Die Wehrmacht musste sich zurückziehen. Hitler machte die Generalität für das Scheitern verantwortlich und übernahm selbst das Oberkommando des Heeres.

Mit dem Fehlschlag der Operation Taifun zeichnete sich auch das Scheitern des gesamten Unternehmens Barbarossa ab. Zwei Tage nach dem Beginn von Schukows Offensive wurden die USA durch den japanischen Angriff auf Pearl Harbor in den Krieg involviert – es war die strategische Wende des Krieges.

UNTEN: DER PANZERKAMPFWAGEN III (hier ein Fahrzeug der 2. Panzerdivision) war das Rückgrat der deutschen Panzertruppen, aber dem T-34 unterlegen.

UNTERNEHMEN BARBAROSSA
6 Im Dezember hält Leningrad weiterhin stand, Rostow wurde von der Roten Armee zurückerobert, und Moskau ist nicht gefallen.
4 Hitler erkennt, dass er Moskau vor Einbruch des Winters einnehmen muss, und befiehlt Anfang Oktober den Angriff der verstärkten Heeresgruppe Mitte.
MOSKAU
5. Oktober 1941
LENINGRAD (SANKT PETERSBURG)
MINSK
22. Juni 1941
Heeresgruppe Nord
2 Innerhalb einer Woche haben die Deutschen fast alle baltischen Staaten und Weißrussland erobert. Die Rote Armee steht vor dem Zusammenbruch.
WARSCHAU
1 Am 22. Juni 1941 greifen rund drei Millionen deutsche Soldaten die Sowjetunion an, die von mehr als vier Millionen Rotarmisten verteidigt wird.
OSTSEE
POLEN

SOWJETUNION
5 Trotz Verschlechterung der Witterungsverhältnisse können die Deutschen im Süden Rostow einnehmen und im Norden und der Mitte bis kurz vor Leningrad und Moskau vorrücken.
KIEW
SCHWARZES MEER
HEERESGRUPPE SÜD
RUMÄNIEN
3 Zunächst ist der Widerstand im Süden am heftigsten, wo die Kommandeure vor Ort gut vorbereitet sind. Trotzdem erobern die Deutschen im September Kiew.
Legende
SOWJETISCHE TRUPPENBEWEGUNGEN
SOWJETISCHE ARMEEN
EINGEKESSELTE SOWJETISCHE ARMEEN
DEUTSCHE TRUPPENBEWEGUNGEN
DEUTSCHE INFANTERIEKORPS
DEUTSCHE PANZERKORPS

LENINGRADER BLOCKADE 1941–44

Die fast 900 Tage dauernde Blockade Leningrads ist ein besonders schreckliches Kapitel des Zweiten Weltkriegs. Durch Hunger und Kampfhandlungen starben bis zu 1,5 Millionen Menschen – Soldaten und Zivilisten.

Am 22. Juni 1941 griffen deutsche Einheiten die UdSSR an. Die Wehrmacht rückte in drei Heeresgruppen (Nord, Mitte und Süd) vor, die jeweils eigene Aufgaben hatten. Die Heeresgruppe Nord von Feldmarschall Wilhelm von Leeb (1876–1956) zielte auf Leningrad, eine Millionenstadt am Finnischen Meerbusen. Wie die anderen Einheiten kamen auch die Truppen von Leebs rasch voran. Nach einem Sturmmarsch durch das Baltikum setzten sie am 9. August über die Luga über, einen Fluss 120 km südlich von Leningrad.

DATEN UND FAKTEN

Wer: Die deutsche Heeresgruppe Nord unter verschiedenen Kommandeuren gegen die sowjetische Wolchow- und Leningrad-Front unter dem Kommando von General Kirill Meretskow (1897–1968) bzw. Marschall Leonid Goworow (1897–1955).

Was: Die weitgehende Blockade durch die Heeresgruppe Nord löste in Leningrad eine Hungerkatastrophe aus. Mehrere sowjetische Offensiven konnten nach drei Jahren den Belagerungsring sprengen.

Wo: Leningrad (heute wieder Sankt Petersburg) am Finnischen Meerbusen im Norden Russlands.

Wann: Die Belagerung dauerte vom September 1941 bis Januar 1944.

Warum: Leningrad war eines der ersten Ziele von Hitlers Unternehmen Barbarossa, doch die deutschen Aktionen dort haben keine entscheidende Funktion, außer der Aufrechterhaltung der Frontlinie.

Ergebnis: Eine Million Zivilisten starben an Hunger oder durch Bomben- und Granatangriffe. Die Niederlage der Deutschen vor Leningrad war entscheidend für ihr Scheitern an der gesamten Ostfront.

EINE EINHEIT der Roten Armee im Winter 1943 bei einem typischen Angriff in Leningrad – unter dem Schutz von MG-Feuer gehen Infanteristen vor.

OBEN: STURZKAMPFBOMBER *vom Typ Ju-87 wurden als „fliegende Artillerie" eingesetzt, um die sowjetischen Nachschublinien zu unterbrechen.*

BELAGERUNG

Das Schicksal der Stadt schien besiegelt, zumal mit den Deutschen verbündete finnische Truppen von Norden zwischen dem Ladogasee und der Meeresküste vorrückten. Mit Noworod am 16. und Tschudowo am 20. August fielen den Deutschen wichtige Verkehrsknotenpunkte in die Hände. Am 1. September nahm die deutsche Artillerie die Stadt unter Beschuss. Die Leningrader bereiteten sich auf einen Kampf ums Überleben vor. Ab dem 9. September war der hoch geschätzte Sowjetgeneral Georgi Schukow (1896–1974) in der Stadt und verwandelte die prunkvolle Residenzstadt in eine massive Festung, umringt von Verteidigungsstellungen, Bunkern und Gräben. Doch der direkte Angriff der Deutschen blieb aus. Am 6. September hatte Hitler die Hauptzielrichtung von Barbarossa nach Süden verlagert und große Teile der Panzertruppen von Leebs dorthin beordert. Leningrad sollte durch Belagerung und Bombardement bezwungen werden.

Im September und Oktober verschlechterte sich die Situation der Stadt erheblich. Die Deutschen eroberten die wichtigen Eisenbahnstationen in Schlüsselburg und Mga. Im Oktober startete von Leeb eine Offensive gegen den lebenswichtigen Eisenbahnknotenpunkt in Tichwin, das am 8. November fiel. Die Deutschen umklammerten Leningrad mit einem engen Belagerungsring; doch der Kampf war nicht einfach. Die Offensive hatte die bereits geschwächte Heeresgruppe Nord stark gefordert, und sie sah sich mit dem heftigen Widerstand der Armeen der Wolchow-Front unter der Führung von General Kirill Meretskow (1897–1968) konfrontiert.

Am 10. Dezember 1941 eroberten die Sowjets in einer Großoffensive Tichwin zurück. Anfang Januar zwangen sie die Deutschen, ihre Frontlinie weiter nach Westen zurückzuverle-

LINKS: EIN GUT AUSGERÜSTETER *sowjetischer Infanterist mit einem halbautomatischen Gewehr Modell Tokarew SWT-40.*

OBEN: DIE „STRASSE DES LEBENS" – ein Lkw-Konvoi fährt über den zugefrorenen Ladogasee. Bis zu 400 Lkws konnten im Winter täglich den See passieren.

gen. Doch für die Versorgung der Leningrader Bevölkerung blieb trotzdem nur ein einziger schmaler Nachschubkorridor.

HUNGER UND WIDERSTAND

Während die deutschen und sowjetischen Armeen außerhalb Leningrads um die Vorherrschaft rangen, spielte sich in der Stadt ein Drama ab. Der Winter war besonders streng, und die Bevölkerung litt Hunger – Abertausende starben. Der Zusammenbruch der Energieversorgung verschärfte die Situation.

Ende November mussten die Bewohner mit einer täglichen Ration von weniger als 250 g Brot auskommen. In

RECHTS: ENDE 1941 hat die deutsche Infanterie mit dem russischen Winter zu kämpfen. Die niedrigen Temperaturen schränken die Mobilität der Wehrmacht ein.

den Straßen und Hauseingängen türmten sich die Leichen. An einem einzigen Tag zählte man 13 500 Tote. Zeitgenössische Filmaufnahmen zeigen alte Menschen, die mit Löffeln Essensreste aus Abfalltonnen kratzen. Auch Kannibalismus wurde zu einer verzweifelten Form des Überlebens, in den Straßen boten Händler obskure Fleischstücke zum Kauf an. Tiere, auch Haustiere, wanderten in den Kochtopf. Leinöl und Talgkerzen ergänzten den kargen Speiseplan. Und dazu kam noch der Beschuss durch die Luftwaffe und die deutsche Artillerie.

Der wichtigste, gerade eben ausreichende Versorgungsweg für die Stadt führte über den Ladogasee. Der Nachschub wurde über Land nach Tichwin und dann zu Verladestationen wie Nowaja Ladoga und Lednew am See gebracht. Bei freiem Fahrwasser transportierten kleine Militär- und Zivilschiffe die Güter zu den Dockanlagen von Osinowets nordöstlich von Leningrad – häufig unter Angriffen der Luftwaffe. War der See zugefroren, konnten bis zu 400 Lastwagen pro Tag direkt über eine Eispiste den Nachschub liefern und

OBEN: DIE LENINGRADER ZIVILBEVÖLKERUNG versorgt sich an der zugefrorenen Newa mit Wasser, das mit Schlitten nach Hause transportiert wird.

UNTEN: DER PANZER T-34 war das wichtigste gepanzerte Kampffahrzeug der Leningrad-Front. Er trug entscheidend zur Beendigung der deutschen Blockade 1944 bei.

Flüchtlinge auf der Rückfahrt mitnehmen. Die Bedingungen waren schwierig und gefährlich: Viele Lkw-Fahrer, Schiffsmannschaften und Flüchtlinge fanden ihre letzte Ruhestätte in den Tiefen des Ladogasees. Im Frühjahr 1942 gelang es, Strom- und Ölleitungen über den Fluss zu legen – die Situation besserte sich etwas. Doch die Blockade dauerte insgesamt fast 900 Tage, und von den 2,5 Millionen Einwohnern starb rund eine Million. Einige Quellen sprechen sogar von 1,5 Millionen Toten.

DER BELAGERUNGSRING WIRD GESPRENGT

1942 bemühten sich die Sowjets um weitere Erfolge. Im Januar schlug eine groß angelegte Offensive der Wolchow-Front zwischen Nowgorod (nördlich des Ilmensees) und Spasskaja Polist eine 60 km breite Bresche in die deutsche Frontlinie. Doch im März kam der Vorstoß zum Erliegen, und die Deutschen konnten die 2. Stoßarmee der Sowjets vernichten. Durch die sowjetische Attacke alarmiert, ersetzte Hitler von Leeb, der einen taktischen Rückzug gefordert hatte, als Kommandeur der Heeresgruppe Nord durch Feldmarschall Georg von Küchler (1881–1968). Von Küchler musste im August 1942 gehen, weil er sich gegen Hitlers Plan einer vernichtenden Generaloffensive (Deckname Nordlicht) gegen Leningrad aussprach. Dann übernahm Erich von Manstein diesen Kommandeursposten.

Zwischen dem 27. August und dem 25. September 1942 kam es zu erheblichen Truppenbewegungen rund um Leningrad. Von Manstein konnte eine von Merekow gegen den Engpass gestartete Offensive stoppen, doch auch seine Gegenoffensive scheiterte an der sowjetischen Gegenwehr. Der Januar 1943 brachte eine entscheidende Wende. Die sowjetische Leningrad-Front unter Marschall Leonid Goworow (1897–1955) begann zusammen mit der Wolchow-Front eine Offensive gegen die deutschen Kräfte in dem Engpass bei Schlüsselburg. Die Deutschen hatten diesem massiven Aufgebot von Soldaten und Waffen nichts entgegenzusetzen, und Schlüsselburg fiel am 19. Januar an die Sowjets. Anfang Februar fuhren wieder direkte Versorgungszüge bis Leningrad. Dieser von der Roten Armee abgesicherte Korridor war allerdings nur 10 km breit und lag unter ständigem Beschuss durch die Deutschen.

ENDE DER BELAGERUNG

Die schlimmste Zeit der Belagerung war vorbei, doch die Teilblockade blieb bis Januar 1944 bestehen. Die deutschen Linien hielten selbst dann noch, als Hitler 1943 Truppen für seine Offensive in der Ukraine von dort abzog. Am 14. Januar 1944 überrannte eine gewaltige Offensive der sowjetischen Armeen die deutschen Verteidigungslinien und zwang die Wehrmacht zum Rückzug. Nach der Einnahme der Eisenbahnlinie Leningrad–Moskau am 27. Januar 1944 erklärte Stalin die Belagerung der Stadt offiziell für beendet.

LENINGRADER AFFÄRE

Die Belagerung Leningrads und der Widerstand wurden nach der Befreiung zu einem symbolträchtigen Thema, das Maler, Musiker, Schriftsteller und Historiker aufgriffen. Stalin sah sich in seiner paranoiden Befürchtung bestätigt, dass sich Leningrad als zweitgrößte russische Stadt zur Gegenmacht entwickeln könnte. 1946 ging er gegen die Organisatoren des Leningrader Widerstands vor und ließ sie unter falschen Beschuldigungen verhaften. Die Leningrader Parteiorganisation wurde gesäubert, zwischen 1946 und 1950 rund 2000 Mitglieder exekutiert, interniert oder ins Exil geschickt.

DIE BEVÖLKERUNG begeht 1994 den 50. Jahrestag des Endes der Belagerung von Leningrad mit einem Festakt auf dem Friedhof von Sankt Petersburg.

LENINGRADER BLOCKADE
FINNLAND
5 Im Norden wird Leningrad durch finnische Einheiten abgeschirmt, die auf der karelischen Landenge stationiert sind. Ende 1941 blockieren bis zu einer halben Million finnische Soldaten den Zugang zur Stadt, ohne allerdings – wie von den Deutschen erhofft – offensiv gegen Leningrad vorzugehen.
6 Zunächst können die der Heeresgruppe Nord zugeordneten Luftwaffeneinheiten Leningrad fast ungehindert bombardieren. Durch die permanent aufgestockte sowjetische Luftwaffe werden dann 1943 und 1944 die deutschen Lufteinsätze zunehmend verlustreicher.
LENINGRAD
1 Die deutsche Heeresgruppe Nord errichtet entlang der südlichen Stadtgrenze von Leningrad einen Halbkreis aus Verteidigungs- und Artilleriestellungen.

3 Der Ladogasee ist 1941/42 die wichtigste Nachschubroute für Leningrad. In den Sommermonaten transportieren Schiffe die Güter, im Winter fahren Lkw-Konvois über den zugefrorenen See.
LADOGA-FLOTILLE
4 Die deutsche Frontlinie wird durch die sowjetische Wolchow-Front eingedämmt. Die Rote Armee startet zahlreiche lokale Offensiven, doch erst 1944 kann eine über drei Seiten geführte massive Offensive die Deutschen zum Rückzug zwingen.
Wsewolozhsk
2 Durch die Einnahme von Schlüsselburg im September 1941 wird Leningrad von der Versorgungsroute über Land abgeschnitten. Im Januar 1943 kämpfen die Sowjets schrittweise einen schmalen Versorgungskorridor oberhalb des deutschen Engpasses frei.
Legende
Sowjetische Truppenbewegungen
Sowjetische Einheiten
Deutsche Truppenbewegungen
Deutsche Einheiten
Finnische Einheiten

PEARL HARBOR 1941

Der Angriff japanischer Flugzeuge auf die US-Marinebasis in Pearl Harbor und andere Militäreinrichtungen auf der Hawaii-Insel Oahu am 7. Dezember 1941 war der Höhepunkt der Spannungen zwischen den beiden Ländern. Japan wollte die Vorherrschaft in Ostasien und im Pazifik, brauchte Land und Rohstoffe, um seine wachsende Bevölkerung zu ernähren, und Öl für seine Militärmaschinerie.

Japan war 1931 in der Mandschurei eingefallen und kämpfte ein Jahrzehnt in China. Bis 1941 hatte Japan ganz Indochina in seine Gewalt gebracht. Weil die USA und die europäischen Kolonialmächte der Errichtung seiner „Großostasiatischen Wohlstandssphäre" zu verhindern suchten, bereitete sich Japan auf einen Krieg vor, den die militärischen Führer für unvermeidlich hielten.

Als Antwort auf die wachsende Bedrohung übte Präsident Roosevelt (1882–1945) politischen und ökonomischen Druck auf Japan aus, um dessen Ambitionen einzudämmen. Im Mai 1940 befahl er, dass die US-Pazifikflotte nicht in ihren

DATEN UND FAKTEN

Wer: Die Vereinigte Japanische Flotte unter dem strategischen Kommando von Admiral Isoroku Yamamoto (1884–1943) und dem taktischen Kommando von Vizeadmiral Chuichi Nagumo (1887–1944) gegen die US-Pazifikflotte unter Admiral Husband Kimmel (1882–1968) und Einheiten der US Army unter General Walter Short (1880–1949).

Was: Die Vereinigte Japanische Flotte gruppierte sechs Flugzeugträger für einen Überraschungsangriff auf die Basis der US-Pazifikflotte im 5470 km entfernten Hawaii.

Wo: Pearl Harbor und die US-Militäreinrichtungen auf der Hawaii-Insel Oahu.

Wann: 7. Dezember 1941

Warum: Durch amerikanische Sanktionen sah sich Japan gezwungen, die US-Marine im Pazifik zumindest zeitweise zu neutralisieren, um an Ressourcen in der Region heranzukommen, speziell an Ölvorkommen.

Ergebnis: Japan konnte dem Gegner beträchtlichen Schaden zufügen, doch Admiral Yamamoto meinte: „Ich fürchte, alles, was wir erreicht haben, ist, einen schlafenden Riesen zu wecken und mit furchtbarer Entschlossenheit zu erfüllen."

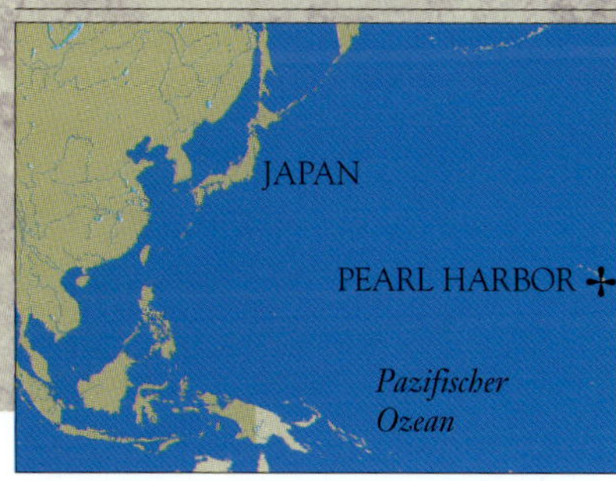

DAS VON MEHREREN TORPEDOS getroffene Schlachtschiff USS West Virginia *steht in Flammen und sinkt im flachen Hafenbecken von Pearl Harbor. Im Vordergrund retten Seeleute einen Überlebenden aus dem Wasser.*

LINKS: DER JAPANISCHE PREMIERMINISTER HIDEKI TOJO führte sein Land in den Krieg mit den USA. Nach Kriegsende überlebte er einen Selbstmordversuch. Er wurde als Kriegsverbrecher verurteilt und hingerichtet.

kalifornischen Heimathafen San Pedro zurückkehren, sondern in Pearl Harbor bleiben sollte, wo sie sich zu Manövern aufhielt. Im Sommer 1940 verbot er den Export von strategisch wichtigen Erzen, Chemikalien und Eisenschrott nach Japan. Als Reaktion auf die Besetzung Indochinas durch Japan verhängte er am 26. Juli 1941 ein Erdölembargo, stellte die philippinische Armee unter amerikanisches Oberkommando und fror japanische Guthaben in den USA ein.

KRIEGSWARNUNGEN

Admiral Isoroku Yamamoto (1884–1943), der Oberbefehlshaber der Vereinigten Japanischen Flotte, zögerte, in den Krieg mit den USA einzutreten. Trotzdem wurde er zum Planer des lähmenden Schlags gegen die amerikanische Militärmacht im Pazifik – des Präventivschlags mit Trägerflugzeugen gegen die in Pearl Harbor ankernde US-

UNTEN: AN BORD DES FLUGZEUGTRÄGERS Shokaku *lassen diese Mitsubishi-Zero-Jagdflugzeuge ihre Motoren warmlaufen. Die Jäger dienten als Geleitschutz beim Angriff auf Pearl Harbor.*

Pazifikflotte. Die japanischen Piloten hatten dafür monatelang trainiert. Am 26. November 1941 stach die mächtige Armada von den Kurilen aus in See. Zwei Schlachtschiffe, drei Kreuzer, neun Zerstörer und drei U-Boote eskortierten die sechs Flugzeugträger *Akagi*, *Kaga*, *Soryu*, *Hiryu*, *Shokaku* und *Zuikaku*.

Amerikanischen Diplomaten und hochrangigen Offizieren wurde immer klarer, dass ein Krieg mit Japan bevorstand. Allerdings waren sie überzeugt, der erste Schlag würde auf den Philippinen oder im Südostpazifik erfolgen. Einen Tag nach dem Auslaufen der japanischen Flotte erhielten die US-Kommandeure im Pazifik eine Kriegswarnung. Doch Admiral Husband Kimmel (1882–1968), der Befehlshaber der US-Pazifikflotte, und General Walter Short (1880–1949), der Kommandeur der dortigen Einheiten der US Army, waren damit beschäftigt, die Militäreinrichtungen vor Ort gegen Sabotage zu sichern. Außerdem wurden sie Opfer einer Serie von fatalen Pannen in der Kommunikation.

FRÜHE WARNUNGEN WERDEN IGNORIERT

In den Morgenstunden des 7. Dezember hatten die japanischen Kräfte ihre vorgesehene Position 370 km nördlich der Insel Oahu erreicht. Um 3:30 Uhr konnten amerikanische Dechiffrierexperten den letzten Teil einer 14-teiligen

Ein japanischer Pilot mit Lederhaube, Schutzbrille und Fliegeroverall auf dem Weg zu seiner Maschine. Vor Pearl Harbor hatten viele Flieger Kampferfahrungen in China gesammelt.

Nachricht von Tokio an seine Botschaft in Washington entschlüsseln. Der Inhalt deutete auf die Eröffnung von Kampfhandlungen durch Japan innerhalb weniger Stunden hin.

Um 3:45 Uhr sichtete das Minenräumboot *USS Condor* im Sperrgebiet bei der Zufahrt nach Pearl Harbor etwas, was wie ein U-Boot-Periskop aussah. Vielleicht war dies eines der fünf japanischen Kleinst-U-Boote, die in den Hafen eindringen und Torpedos abfeuern sollten. Diese U-Boote konnten ihre Aufgabe nicht erfüllen. Leutnant Kazuo Sakamaki, dessen Mini-U-Boot manövrierunfähig an den Strand getrieben wurde, war der erste japanische Kriegsgefangene des Zweiten Weltkriegs.

Bei Sonnenaufgang startete die erste Angriffswelle mit 183 Flugzeugen von den japanischen Trägern.

STURZKAMPFFLUGZEUG „VAL"

Die Aichi D3A1 wurde 1935 als Sturzkampfbomber Typ 99 entwickelt und war bis 1942 das wichtigste Flugzeug dieses Typs der Kaiserlichen Japanischen Marine. Das von den Alliierten als „Val" bezeichnete Flugzeug kam in großen Stückzahlen beim Angriff auf Pearl Harbor am 7. Dezember 1941 zum Einsatz. Mit einem erfahrenen Piloten an Bord war die „Val" eine höchst präzise Angriffswaffe, die zeitweise Trefferquoten von über 80 Prozent verzeichnen konnte. Nachdem aber in den Kämpfen im Korallenmeer, bei Midway und den Salomonen viele erfahrene Piloten abgeschossen wurden, ließ die Effizienz der „Val" deutlich nach.

Um 6:40 Uhr sichtete der vor der Einfahrt nach Pearl Harbor patrouillierende Zerstörer *USS Ward* eines der Kleinst-U-Boote und griff es an. Die zweite 76-mm-Granate traf das U-Boot voll und versenkte es. Die Meldung der *Ward* über den Feindkontakt wurde als Phantombeobachtung abgetan. 20 Minuten später ortete die Radarstation auf dem Point Kahuku in Oahu eine unbekannte Flugzeugformation und meldete dies. Auch diese Warnung blieb unbeachtet. Um 7:30 Uhr starteten die 170 Flugzeuge der zweiten japanischen Angriffswelle.

TORA! TORA! TORA!

Als klar war, dass der Angriff völlig überraschend sein würde, übermittelte Kommandeur Mitsuo Fuchida (1902–1976) die Botschaft „Tora! Tora! Tora!“ an die japanische Flotte. Um 7:55 Uhr schlugen die ersten Bomben auf Ford Island ein. Auch die Kaneohe Naval Air Station, Wheeler Field, Bellows Field, Hickam Field sowie die Ewa Marine Corps Air Station wurden bombardiert und von Jagdmaschinen angegriffen, die die meisten amerikanischen Flugzeuge am Boden zerstörten.

In der Battleship Row südöstlich von Ford Island lagen viele Schiffe der US-Pazifikflotte vor Anker. Die sieben Schlachtschiffe *Nevada*, *Arizona*, *West Virginia*, *Tennessee*, *Oklahoma*, *Maryland* und *California* waren eine leichte Beute für die Sturzkampf- und Torpedobomber. Die Flugzeuge fegten knapp 15 m über dem Wasser dahin und warfen ihre tödliche Fracht ab. Das Flagschiff der Flotte, die *USS Pennsylvania*, lag nebenan in einem Trockendock.

OBEN: NERVÖS BEOBACHTEN amerikanische Soldaten nach dem japanischen Angriff den Himmel über Pearl Harbor. Bewaffnet sind sie mit 7,62-mm-Browning-Maschinengewehren.

UNTEN: DER HIMMEL ÜBER PEARL HARBOR ist durch den Angriff der Japaner bereits von schwarzem Rauch verhüllt, als die USS Shaw getroffen wird, wodurch eines der Munitionsmagazine explodiert.

Innerhalb weniger Minuten stand Pearl Harbor in Flammen. Vier Schlachtschiffe waren versenkt. Die *West Virginia* war von sieben Torpedos und zwei Bomben getroffen, die *California* von zwei Torpedos und einer Bombe. Nach mindestens fünf Torpedotreffern war die *Oklahoma* gekentert, und viele Seeleute waren unter Deck eingeschlossen. Eine zur Bombe umgebaute 355-mm-Geschützgranate durchschlug das Deck der *Arizona* und verursachte eine gewaltige Explosion, die das Schiff zerriss und 1177 Mann tötete. Die *Pennsylvania*, *Maryland*, *Nevada* und die *Tennessee* wurden schwer beschädigt. Die Kreuzer *Helena*, *Raleigh* und *Honolulu*, die Zerstörer *Cassin*, *Downes* und *Shaw*, der Seeflugzeug-Tender *Curtiss* und das Werkstattschiff *Vestal* wurden beschädigt, das Hilfsschiff *Utah* und der Minenleger *Oglala* versenkt.

AM 7. DEZEMBER 1941 *schlagen die japanischen Torpedos in die Battleship Row von Pearl Harbor ein, während sich auf dem Wasser die Druckwellen der Explosionen und Ölflecke abzeichnen.*

EIN NIEDERSCHMETTERNDER SCHLAG

In etwas mehr als zwei Stunden hatte Japan das Kräfteverhältnis im Pazifik verschoben. Bei dem gewagten Angriff kamen 2403 Amerikaner ums Leben. 18 der 96 Schiffe in Pearl Harbor waren versenkt oder schwer getroffen. 165 amerikanische Flugzeuge wurden zerstört, 128 weitere beschädigt. Die Japaner auf der anderen Seite beklagten nur 185 Tote. Sie verloren 29 Flugzeuge, fünf Kleinst- und ein großes U-Boot.

Japan hatte einen großen Sieg errungen, doch zwei wichtige Ziele verfehlt. Die US-Flugzeugträger, eines ihrer vorrangigen Ziele, befanden sich auf hoher See und entkamen dadurch dem Angriff. Zudem hatten die japanischen Flugzeuge die Tanklager mit rund 23 Millionen Liter Treibstoff in der Umgebung Pearl Harbors nicht attackiert und die Trockendocks zur Schiffsreparatur kaum beschädigt, was sich für die weitere Entwicklung als entscheidend erwies.

PEARL HARBOR
3 Um 7:55 Uhr nehmen Kate-Torpedobomber Schiffe im Nordwesten der Ford-Insel ins Visier. Dort lagen normalerweise die nun abwesenden Flugzeugträger.
MIDDLE LOCH
6 Die USS Nevada versucht, ins offene Fahrwasser zu entkommen, wird aber wiederholt von Sturzkampf- und Torpedobombern angegriffen.
FORD ISLAND
NAVAL AIR STATION
USS CALIFORNIA
US-MARINE-DEPOT
5 Das sowohl von der ersten wie der zweiten Welle angegriffene Hickam Field verzeichnet die größten Verluste der Flugplätze auf Oahu.
SOUTHEAST LOCH

2 Um 7:53 Uhr greifen Val-Sturzkampfbomber von Nordwesten her an. Ihr Ziel sind die auf Hickam Field und auf Ford Island abgestellten Flugzeuge.
Oklahoma
USS West Virginia
USS Arizona
USS Nevada
1 Die erste Welle der Kate-Torpedobomber greift um 7:50 Uhr die Battleship Row von Südwesten her an. Es folgen mehrere Angriffswellen japanischer Bomber aus großer Höhe.
Treibstofflager
4 Die zweite Welle trifft um 8:49 Uhr ein und greift erneut die Battleship Row sowie Schiffe im Hafen als auch die Flugfelder an.
Legende
Manöver US-Marine
Japanische Flugzeuge

SCHLACHT UM MIDWAY 1942

Admiral Isoroku Yamamoto (1884–1943), Oberbefehlshaber der japanischen Flotte, zögerte, gegen die USA in den Krieg zu ziehen, und hatte vor dem Angriff auf Pearl Harbor gewarnt: „Sechs Monate kann ich den Pazifik in Atem halten. Danach kann ich für nichts garantieren."

Yamamoto kannte die USA von seiner Zeit als Militärattaché in Washington. Er wusste um die enorme Industriekapazität Amerikas und war überzeugt, dass Japans einzige Chance, den Krieg zu gewinnen, in einer Serie schneller Siege und der Vernichtung der US-Pazifikflotte bestand.

Der Angriff auf Pearl Harbor war zwar ein Erfolg, doch die Flugzeugträger hatte man nicht zerstören können. Yamamoto wusste, dass seine Aufgabe noch nicht erledigt war. Man musste das Gros der US-Kriegschiffe in einer Entscheidungs-

DATEN UND FAKTEN

Wer: Japanische Marineeinheiten unter Admiral Isoroku Yamamoto (1884–1943) und Admiral Chuichi Nagumo (1887–1944) gegen die US-Pazifikflotte unter den Admiralen Chester Nimitz (1885–1966), Frank Jack Fletcher (1885–1973) und Raymond Spruance (1886–1969).

Was: Eine japanische Flotte aus vier Flugzeugträgern mit 256 Flugzeugen, elf Schlachtschiffen und zahlreichen kleineren Schiffen stand einer amerikanischen Streitmacht aus drei Flugzeugträgern, insgesamt 234 träger- und landgestützten Flugzeugen und vielen kleineren Schiffen gegenüber.

Wo: Der Zentralpazifik westlich von Hawaii und der Nordpazifik bei den Aleuten.

Wann: 4. bis 7. Juni 1942

Warum: Die Japaner wollten die Midway-Inseln erobern und die Aleuteninseln Attu und Kiska besetzen.

Ergebnis: Die Schlacht war eine Niederlage für Japan und ein Wendepunkt des Krieges im Pazifik. Vier japanische Träger wurden versenkt und die Invasion auf Midway abgebrochen.

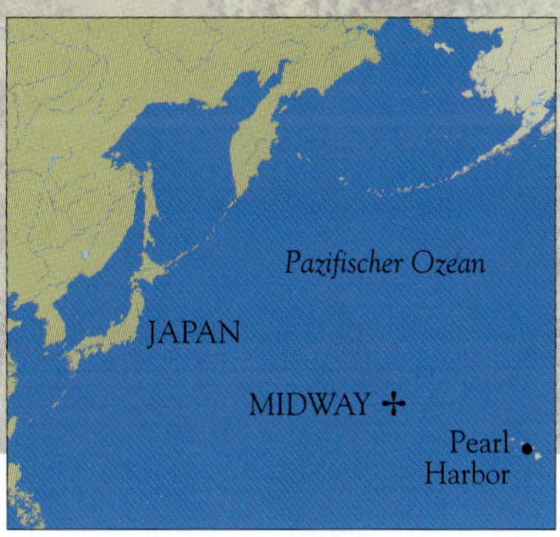

MANNSCHAFTEN DES FLUGZEUGTRÄGERS USS Yorktown *machen Maschinen für den Einsatz klar. Die bei der Schlacht im Korallenmeer beschädigte* Yorktown *konnte nach ihrer Rückkehr repariert werden.*

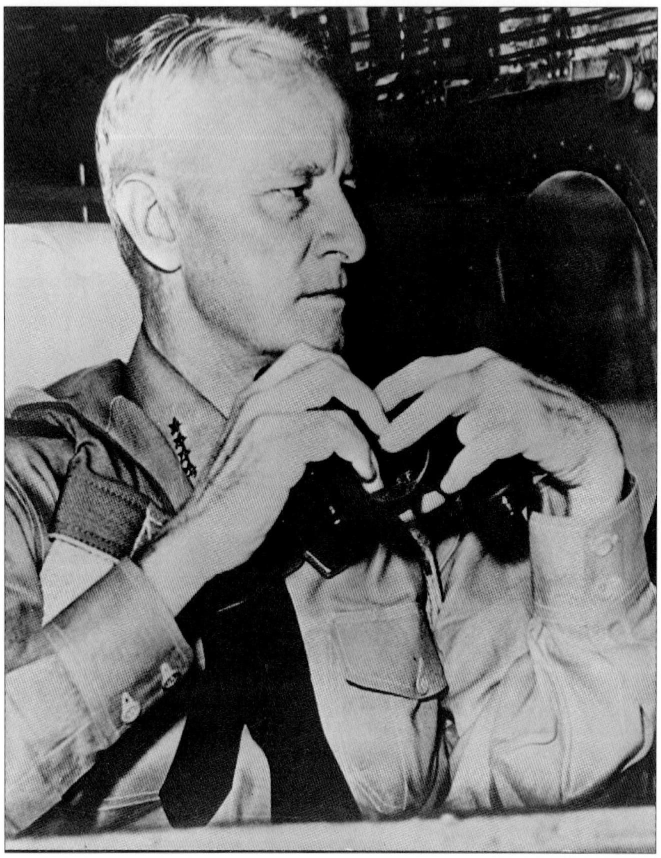

OBEN: DIE CREWMITGLIEDER des amerikanischen Aufklärungsflugzeugs, das die japanischen Invasionskräfte mit Kurs auf Midway entdeckte, posieren neben ihrem Flugboot Consolidated PBY Catalina.

schlacht stellen. Trotz des Rückschlags im Mai im Korallenmeer betrieb er im Juni 1942 verstärkt Vorbereitungen zur Besetzung von Midway. Dieses kleine Atoll rund 1900 km westlich von Hawaii besteht aus den beiden Inseln Sand und Eastern. Mit Midway in seinem Besitz könnte Japan seine Verteidigungszone erheblich erweitern. Eine Invasion auf Hawaii wäre möglich. Yamamoto wollte bei der Aktion auch die verbliebene US-Pazifikflotte ausschalten.

ENTSCHLÜSSELTE BOTSCHAFTEN

Yamamoto wusste nicht, dass es Dechiffrierspezialisten der US Navy gelungen war, den Funkcode der japanischen Marine zu knacken. Admiral Chester Nimitz (1885–1966), der Oberbefehlshaber der US-Pazifikflotte, verlegte die Flugzeugträger *USS Enterprise* und *USS Hornet* mit ihren Begleitschiffen in den Nordosten von Midway. Dort sollten sie sich dem Träger *USS Yorktown*, der nach schweren Treffern in einer 72-stündigen Gewaltaktion in Pearl Harbor repariert worden war, anschließen und auf die Japaner

LINKS: ADMIRAL CHESTER W. NIMITZ übernahm nach Pearl Harbor das Kommando über die Pazifikflotte. Der risikofreudige Offizier spielte eine entscheidende Rolle bei den Siegen im Korallenmeer und bei Midway.

OBEN: DER TORPEDOBOMBER Grumman TBF Avenger konnte auch für Bombenabwürfe aus großer Höhe und gegen U-Boote eingesetzt werden. Diese vielseitigen Flugzeuge wurden in großer Zahl bei Midway eingesetzt.

warten. Während Admiral Frank Jack Fletcher (1885–1973) an Bord der *Yorktown* das Gesamtkommando über die amerikanischen Seestreitkräfte bekam, übernahm Admiral Raymond Spruance (1886–1969) das Kommando über die *Enterprise* und *Hornet*.

Yamamoto erarbeitete einen Plan, der zunächst einen Scheinangriff auf die Inseln Attu und Kiska im Bereich der Aleuten weit nördlich vorsah. Er teilte seine Einheiten in eine kampfstarke Schlachtschiffflotte mit dem Superschiff *Yamato*, eine Invasionsgruppe mit 500 Soldaten zur Einnahme von Midway und eine Flugzeugträgergruppe mit den Trägern *Akagi*, *Kaga*, *Soryu* sowie *Hiryu* mit insgesamt 234 Flugzeugen ein. Yamamoto war an Bord der *Yamato*, während Admiral Chuichi Nagumo (1887–1944) die Flugzeugträgerflotte kommandierte.

DIE SCHLACHT BEGINNT

Am Morgen des 3. Juni entdeckte ein US-Aufklärungsflugzeug die japanische Invasionsflotte, doch die Angriffe von auf Midway stationierten US-Flugzeugen hatten keinen Erfolg. Am nächsten Morgen schickte Nagumo über 100 Flugzeuge los, um das Flugfeld in Midway zu zerstören und die Verteidigung zu schwächen.

Der Angriff war nur ein Teilerfolg, und Nagumo stand vor einem Dilemma. Er hatte einen Teil seiner Flugzeuge zurückgehalten und mit Torpedos bestücken lassen, um die

UNTEN: DIE STURZKAMPFBOMBER Douglas SBD Dauntless führten bei der Schlacht um Midway die tödlichen Schläge gegen die vier Flugzeugträger der Kaiserlichen Japanischen Marine aus.

UNTEN: DIE HIRYU, der letzte japanische Flugzeugträger bei Midway, wird am 4. Juni 1942 von SBD-Dauntless-Sturzkampfbombern getroffen. Das brennende Schiff wird geräumt und sinkt rund zwölf Stunden später.

eventuell auftauchenden US-Flugzeugträger zu bekämpfen. Für eine zweite Angriffswelle auf Midway musste man diese Flugzeuge mit Bomben ausrüsten, ein riskantes und zeitaufwendiges Unternehmen. Die Notwendigkeit eines zweiten Angriffs auf Midway wurde durch den Anflug dort stationierter US-Bomber auf die japanischen Schiffe bestätigt. Allerdings erzielten sie keine Treffer. Nagumo ließ die nicht an der ersten Angriffswelle beteiligten Maschinen mit Bomben beladen.

Wenig später wurde Nagumos Entschlusskraft erneut auf die Probe gestellt, als ein japanisches Aufklärungsflugzeug zehn US-Schiffe, darunter einen Flugzeugträger, auf einer Position nur 320 km nordöstlich entdeckte. Nagumo erwog, die mit Bomben beladenen Maschinen nach Midway und die noch mit Torpedos bestückten zum Angriff auf die US-Schiffe zu schicken.

Doch es gab noch ein weiteres Problem: Die Maschinen der ersten Angriffswelle und die zum Schutz über seinen Schiffen kreisenden Zero-Jäger besaßen kaum noch Treibstoff und mussten landen. Nagumo entschied, die in der Luft befindlichen Maschinen aufzunehmen und die zurückbehaltenen Bomber mit Torpedos zu bestücken. An Bord begann eine hektische Aktivität: Flugzeuge landeten, gleichzeitig wurden andere neu aufgetankt und bewaffnet. Die Mannschaften der japanischen Träger zogen die

UNTEN: DER SCHWERE KREUZER Mikuma *ist nach einer Kollision mit seinem Schwesterschiff* Mogami *sowie amerikanischen Fliegerangriffen schwer beschädigt und hat Schlagseite. Am 6. Juni 1942 sinkt das Schiff.*

UNTEN: DER JAPANISCHE FLUGZEUGTRÄGER Soryu *(Grüner Drache) hatte eine Verdrängung von 19 800 t und verfügte über 71 Flugzeuge. Drei Bombentreffer setzten die Soryu bei Midway in Brand und brachten sie zum Sinken.*

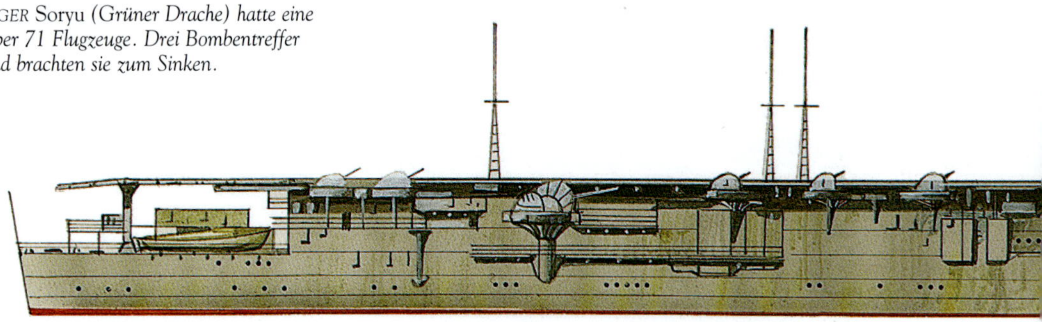

Kerosinschläuche quer über das Deck und stapelten daneben die Bomben. Die japanischen Flugzeugträger befanden sich in einer höchst verwundbaren Situation.

Fletcher und Spruance traten in Aktion, als ein Aufklärungsflugzeug am 4. Juni gegen 5:30 Uhr die feindliche Trägerflotte ausmachte. Von der *Hornet*, *Enterprise* und *Yorktown* starteten über 150 Sturzkampf- und Torpedobomber sowie Jäger.

VERHÄNGNISVOLLE FEHLKALKULATION

Als Formationen der Angriffsstaffeln vom Kurs abkamen, war die Chance für einen koordinierten Angriff vertan. Trotzdem brachte dies den Amerikanern einen Vorteil. Die langsamen Torpedobomber fanden als Erste die Japaner, wurden aber durch Flugabwehrfeuer und Jäger dezimiert.

Fast alle gingen verloren, ohne einen einzigen Treffer erzielt zu haben. Kurz nach 10 Uhr starteten die Flugzeuge der japanischen Träger. Da kam eine Warnung der japanischen Beobachtungsposten. Während die japanischen Jäger die noch übrig gebliebenen Torpedobomber jagten, setzten 50 amerikanische Sturzkampfbomber unbehelligt zum Angriff auf die Träger an. Mit einem Schlag änderte sich der Verlauf des Krieges im Pazifik. Bomben explodierten zwischen startbereiten Flugzeugen auf Deck. Die in Flammen stehenden Träger *Akagi*, *Kaga* und *Soryu* waren dem Untergang geweiht.

Der einzige verbliebene japanische Flugzeugträger, die *Hiryu*, war in einiger Entfernung in einer Regenfront, konnte aber einen Angriff auf die *Yorktown* starten, wobei dieser Veteran der Schlacht im Korallenmeer schwer beschädigt wurde. Die Besatzung rettete zunächst das Schiff, doch später wurde die *Yorktown* von einem japanischen U-Boot entdeckt und zusammen mit dem Zerstörer *USS Hammann* am 7. Juni versenkt. Die *Hiryu* überlebte ihre Schwesterschiffe nicht lange. Am 4. Juni brachten ihr Sturzkampfbomber vier Treffer bei, die den letzten japanischen Flugzeugträger in Flammen setzten.

DAS KAISERREICH ERSCHÜTTERT

Die Ereignisse am 4. Juni 1942 in den Gewässern um Midway veränderten den Verlauf des Zweiten Weltkriegs im Pazifik. Der Verlust von vier Flugzeugträgern, einem Kreuzer, 332 Flugzeugen und über 2000 Mann war ein entscheidender Schlag, von dem sich die Japaner nie mehr erholten. Die USA verloren dagegen nur einen Träger, einen Zerstörer, 137 Flugzeuge und 307 Mann.

Yamamoto zog kurz in Erwägung, mit seinen verbliebenen Schlachtschiffen und Kreuzern gegen die Amerikaner in einem Überwasserschlagabtausch vorzugehen. Spruance hätte kaum etwas Gleichwertiges dagegen aufbieten können. Doch letztlich folgte er dem „Prinzip des kalkulierten Risikos“ und brachte seine Einheiten lieber in Sicherheit. Die Invasion der Midway-Inseln wurde abgebrochen. Die geschlagenen Japaner zogen sich zurück und verblieben den Rest des Krieges in einer defensiven Rolle.

ADMIRAL ISOROKU YAMAMOTO

Admiral Isoroku Yamamoto (1884–1943), der Oberbefehlshaber der Vereinigten Japanischen Flotte, plante den Angriff auf Pearl Harbor und den kühnen Schlag gegen die Midway-Inseln. Vor dem Krieg hatte Yamamoto in Harvard studiert und als Marineattaché in Washington gearbeitet. Im Russisch-Japanischen Krieg war er als junger Offizier in der Schlacht bei Tsushima 1905 schwer verwundet worden. Bei der Planung der Aktion in Midway wurde er möglicherweise ein Opfer seiner Vorliebe für gewagte Schachzüge. Admiral Yamamoto starb im April 1943, als der Bomber, mit dem er auf Inspektionsreise war, von amerikanischen P-38-Lightning-Jägern abgeschossen wurde.

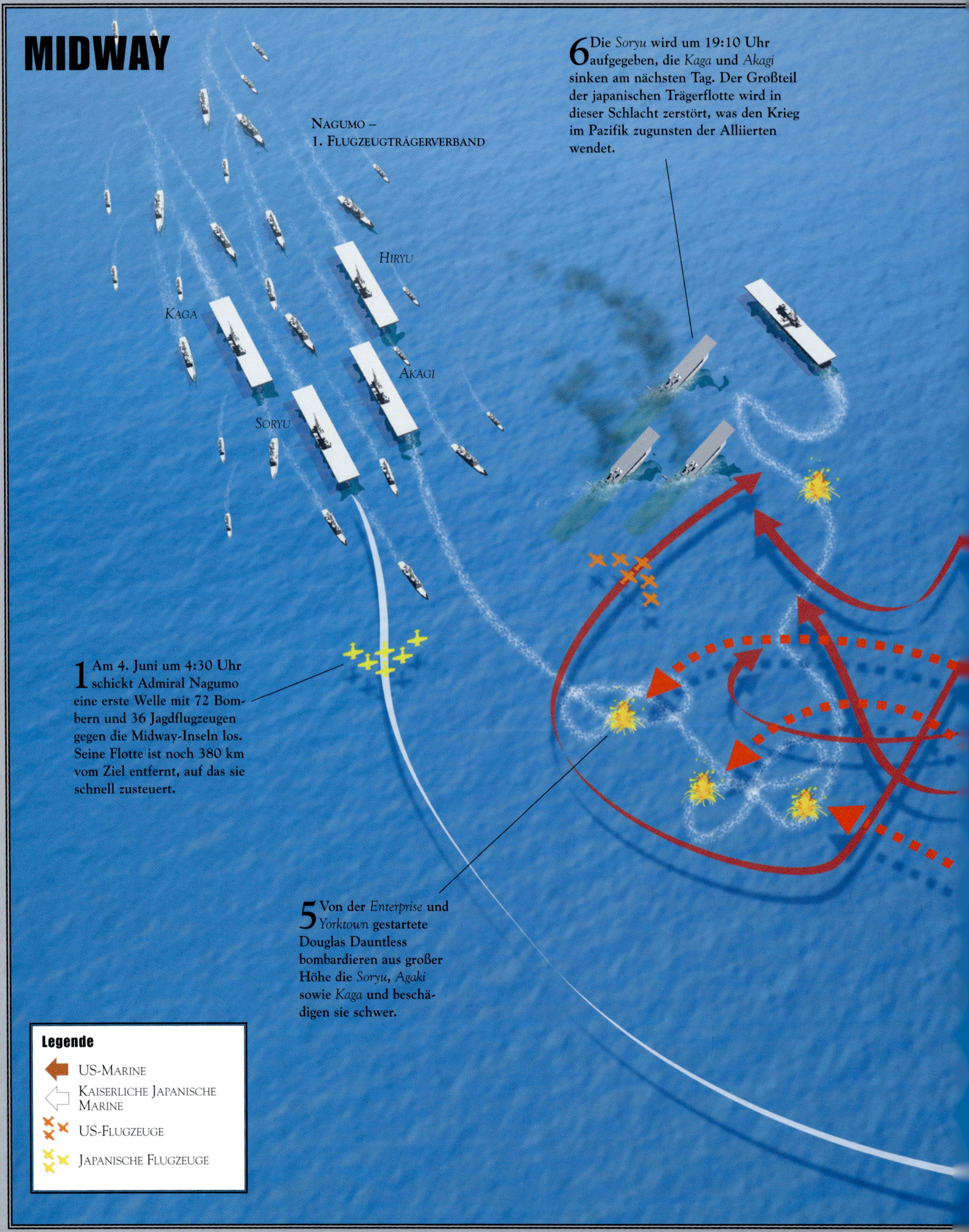
MIDWAY
NAGUMO –
1. FLUGZEUGTRÄGERVERBAND
HIRYU
KAGA
AKAGI
SORYU
6 Die *Soryu* wird um 19:10 Uhr aufgegeben, die *Kaga* und *Akagi* sinken am nächsten Tag. Der Großteil der japanischen Trägerflotte wird in dieser Schlacht zerstört, was den Krieg im Pazifik zugunsten der Alliierten wendet.
1 Am 4. Juni um 4:30 Uhr schickt Admiral Nagumo eine erste Welle mit 72 Bombern und 36 Jagdflugzeugen gegen die Midway-Inseln los. Seine Flotte ist noch 380 km vom Ziel entfernt, auf das sie schnell zusteuert.
5 Von der *Enterprise* und *Yorktown* gestartete Douglas Dauntless bombardieren aus großer Höhe die *Soryu*, *Agaki* sowie *Kaga* und beschädigen sie schwer.
Legende
US-MARINE
KAISERLICHE JAPANISCHE MARINE
US-FLUGZEUGE
JAPANISCHE FLUGZEUGE

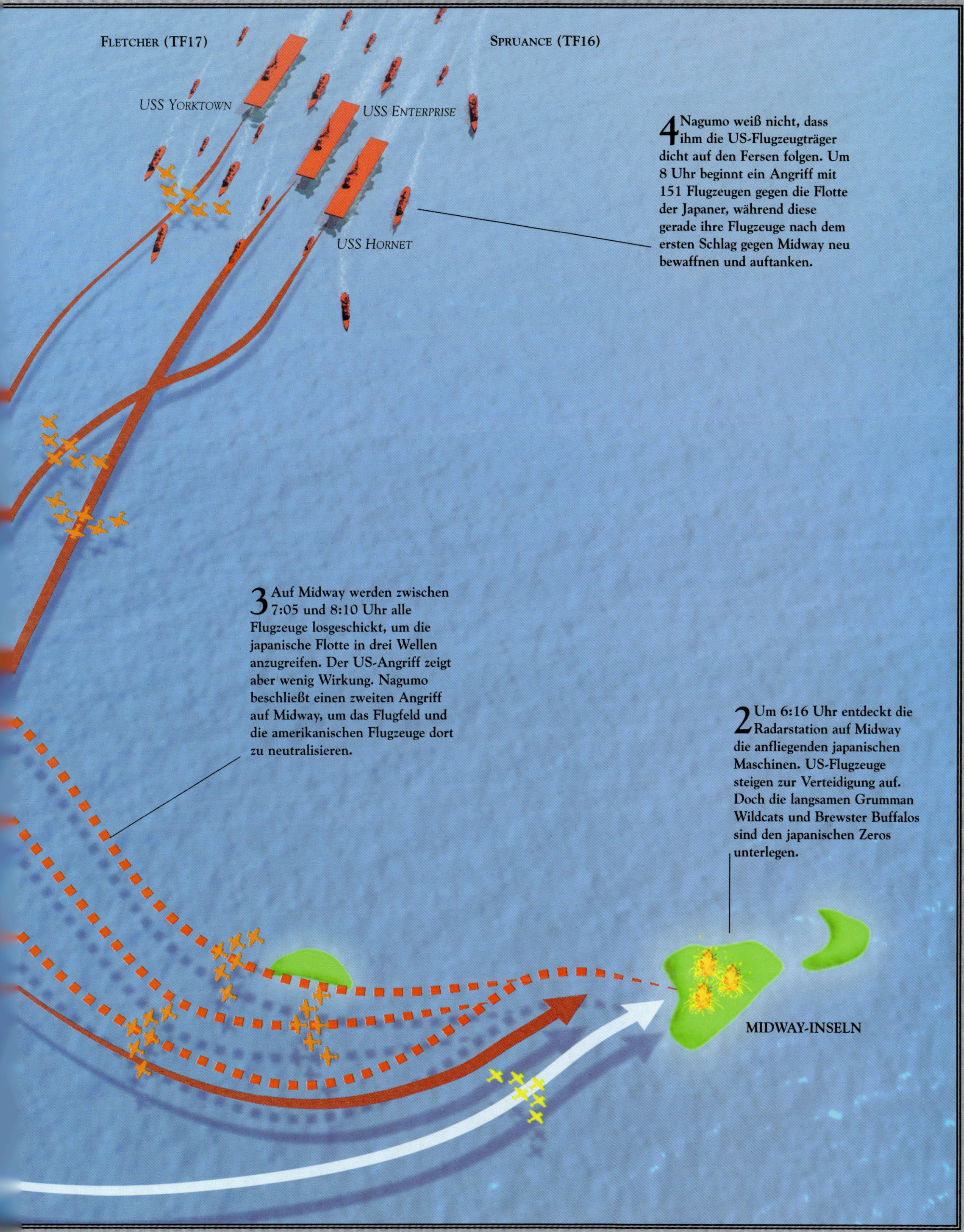
FLETCHER (TF17)
SPRUANCE (TF16)
USS YORKTOWN
USS ENTERPRISE
USS HORNET
4 Nagumo weiß nicht, dass ihm die US-Flugzeugträger dicht auf den Fersen folgen. Um 8 Uhr beginnt ein Angriff mit 151 Flugzeugen gegen die Flotte der Japaner, während diese gerade ihre Flugzeuge nach dem ersten Schlag gegen Midway neu bewaffnen und auftanken.
3 Auf Midway werden zwischen 7:05 und 8:10 Uhr alle Flugzeuge losgeschickt, um die japanische Flotte in drei Wellen anzugreifen. Der US-Angriff zeigt aber wenig Wirkung. Nagumo beschließt einen zweiten Angriff auf Midway, um das Flugfeld und die amerikanischen Flugzeuge dort zu neutralisieren.
2 Um 6:16 Uhr entdeckt die Radarstation auf Midway die anfliegenden japanischen Maschinen. US-Flugzeuge steigen zur Verteidigung auf. Doch die langsamen Grumman Wildcats und Brewster Buffalos sind den japanischen Zeros unterlegen.
MIDWAY-INSELN

EL ALAMEIN 1942

Die Schlacht von El Alamein fand vom 23. Oktober bis 4. November statt. Sie markierte den Wendepunkt des Krieges in Nordafrika. Der britische Premierminister Winston Churchill (1874–1965) erklärte: „Vor Alamein haben wir nie einen Sieg errungen. Nach Alamein erlitten wir nie mehr eine Niederlage."

Churchills Ausspruch war vielleicht etwas übertrieben, doch die deutsch-italienische Armee wurde zum Rückzug auf der ganzen Linie gezwungen. Durch die Landung der Alliierten in Nordafrika am 8. November verschlechterte sich deren Situation zusätzlich. Für die Commonwealth-Armee hatte El Alamein einen wichtigen psychologischen Effekt, denn der Mythos der unbesiegbaren Deutschen war zerstört.

Der Krieg in der Libyschen Wüste zog sich schon zwei Jahre hin. Zunächst hatte General Erwin Rommel mit der Deutsch-Italienischen Panzerarmee die

DATEN UND FAKTEN

Wer: Die 8. Britische Armee mit Truppen aus Australien, Neuseeland, Indien und Südafrika unter Lieutenant-General Bernard Montgomery (1887–1976) stand die Deutsch-Italienische Panzerarmee unter General Erwin Rommel (1891–1944) gegenüber.

Was: Die Operation Lightfoot war ein sorgfältig geplanter Angriff auf die Einheiten der Achsenmächte, die nach der Niederlage bei Alam el Halfa im September in die Defensive gedrängt wurden.

Wo: El Alamein, eine kleine ägyptische Eisenbahnstation 95 km westlich von Alexandria.

Wann: 23. Oktober bis 4. November 1942

Warum: Die zunehmend bessere Materialversorgung erlaubte es Montgomery, offensiv gegen Rommels Truppen vorzugehen, deren Versorgung durch Überdehnung beeinträchtigt war. Er konnte so die Absicherung des Sueskanals erreichen.

Ergebnis: Obwohl Rommel mit dem Großteil der Armee entkommen konnte, war El Alamein ein Wendepunkt im Wüstenkrieg, nach dem das Gesetz des Handelns dauerhaft an die Alliierten überging.

MÖGLICHERWEISE EIN GESTELLTES FOTO von Soldaten der 51. Highland Division, die bei El Alamein an einem abgeschossenen deutschen Panzer III vorbeistürmen.

OBEN: GENERAL ERWIN ROMMEL, *der charismatische und energische Kommandeur der deutschen und italienischen Einheiten im Wüstenkrieg.*

UNTEN: WÄHREND DER OPERATION LIGHTFOOT *im Rahmen der Offensive bei El Alamein beschießt die britische Artillerie deutsche Stellungen.*

Briten bis hinter die ägyptische Grenze zurückgedrängt. Dann stoppte General Claude Auchinleck (1884–1981) mit der 8. Armee zwischen dem 1. und 4. Juli in der Ersten Schlacht von El Alamein den Vormarsch der Achsenmächte. Auchinleck wurde durch Lieutenant-General Bernard Law Montgomery als Kommandeur ersetzt. Montgomery, ein akribischer Planer, machte sich daran, die 8. Armee hinsichtlich Ausrüstung und Selbstvertrauen neu aufzubauen.

Als Rommel im September bei Alam el Halfa angriff, waren die Briten gut vorbereitet und blieben siegreich. Rommels Einheiten litten unter den langen Nachschubwegen; vor allem Treibstoff war knapp. Rommel selbst hatte gesundheitliche Probleme und entschied sich angesichts der zunehmenden Stärke der Commonwealth-Armee für eine Defensivstrategie. Deutsche und Italiener errichteten befestigte, von tiefen Minenfeldern umgebene Stellungen. Seine mobilen Einheiten hielt Rommel hinter der Infanterie für den Fall eines Durchbruchversuchs bereit. Allerdings mussten sie wegen des Treibstoffmangels relativ nahe bei der Front bleiben. Im Norden brachte er drei (15. Panzer-, 90. Leichte und die italienische Littorio-Division) und im Süden zwei Divisionen (deutsche 21. Panzer- und die italienische Ariete-Division) in Stellung.

AKRIBISCHE PLANUNG

Montgomery ließ sich von Churchill nicht zu einem voreiligen Angriff drängen. Er wollte erst dann losschlagen, wenn seine Männer perfekt ausgebildet waren und genau das umsetzen konnten, was er von ihnen erwartete. Anders als

RECHTS: EIN SOLDAT der 9. Australischen Division mit Short Magazine Lee Enfield Rifle. Die dicke Kleidung soll vor der Kälte der Wüstennächte schützen.

viele Wüstenschlachten zuvor war El Alamein ein akribisch geplantes Unternehmen. Die beiden Flanken bildeten das Mittelmeer im Norden und die unpassierbare Qattara-Senke im Süden. Montgomery konnte mit 195 000 Mann gegen Rommels 105 000 Mann (darunter 53 000 Deutsche) antreten. Ihm standen 1000 Panzer zur Verfügung, dem Gegner rund 500. Grob gesagt, besaßen die Commonwealth-Kräfte bei den meisten Waffensystemen eine 2:1 Überlegenheit.

Nach Montgomerys Plan sollten vier Infanteriedivisionen des XXX. Korps unter Lieutenant-General Oliver Leese (1884–1978) eine Bresche in die deutschen Stellungen im Norden schlagen, damit zwei Panzerdivisionen des X. Korps von Lieutenant-General Herbert Lumsden (1897–1945) dort durchbrechen und im Westen Verteidigungsstellungen einnehmen konnten. Danach sollte die Infanterie die deutsche Frontlinie im Norden und Süden aufbrechen. Im Süden sollte dabei das XIII. Korps unter Brian Horrocks (1895–1985) Unterstützung leisten.

DIE OFFENSIVE BEGINNT

Die Operation Lightfoot begann am Abend des 23. Oktober mit massiven Artilleriefeuer. Der Beschuss überraschte die Deutschen und unterbrach die Nachrichtenverbindungen der Achsenmächte. General Georg Stumme (1886–1942), der wegen Rommels krankheitsbedingter Abwesenheit das Kommando führte, starb an einem Herzanfall, als er sich in vorderer Linie einen Überblick verschaffen wollte. Die Schlacht ließ sich für die Alliierten gut an, doch bald wurde der Widerstand heftiger, vor allem im Abschnitt der 51. Highland Division. Im Norden eroberte die 9. Australische Division alle ihre Ziele. Doch der Panzervorstoß sollte durch die von den Highlandern und der 2. Neuseeländischen Division geschlagene Bresche erfolgen, die weit mehr Mühe hatten und zahlreiche Opfer erlitten. Die Commonwealth-Einheiten konnten ihre Ziele für den ersten Tag nicht erreichen. Auch in den nächsten Tagen dauerten die schweren Kämpfe an. Der Vormarsch verlief langsam, mehrere deutsche Gegenangriffe mussten zurückgeschlagen werden. Rommel kam am 26. Oktober zurück und zog alle noch verbliebenen Panzer für einen Angriff auf eine Frontausbuchtung der 1. Britischen Panzerdivision am Kidney-Rücken zusammen. Rommels 21. Panzer- und 90. Leichte Division wurden durch Panzerabwehrkanonen und Flugzeuge gestoppt. Montgomerys Einheiten eroberten allmählich die deutsch-italienischen Stellungen, kamen aber viel langsamer voran als erwartet.

OPERATION SUPERCHARGE

In dieser Situation sah sich Montgomery gezwungen, einen neuen Plan zu entwerfen. Die Operation Supercharge verlagerte in der Nacht des 1. November die Offensive vom

RECHTS: EIN KOMMANDANT eines Panzer III des Afrikakorps nimmt einen Schluck aus seiner Feldflasche.

Der in den USA gefertigte Panzer M3 (bei den Briten als Lee oder Grant bekannt) kam erstmals Anfang 1942 in Nordafrika zum Einsatz. Er hatte einige Mängel, doch die Briten schätzten die Feuerkraft seines seitlich montierten 75-mm-Geschützes.

Norden hin zur Gegend um den Kidney-Rücken. General Bernard Freyberg (1889–1963) stieß mit seiner von drei Brigaden unterstützten neuseeländischen Division tief in die Stellungen der Achsenmächte ein.

Rommel wurde klar, dass die Schlacht verloren war. Er begann am 3. November, die gepanzerten Einheiten zurückzuziehen; den übrigen Truppen befahl er, sich abzusetzen. Die Neuseeländer und die 1. Panzerdivision, später auch die 7. Panzerdivision drohten, den Rückzugsweg abzuschneiden, dazu kam ein Haltebefehl Hitlers an Rommel. Dieser konnte jedoch große Teile seiner Kräfte retten, aber rund 30 000 Mann – davon rund ein Drittel Deutsche – wurden gefangen genommen. Die Schlacht von El Alamein war vorbei. Die Alliierten hatten 13 560 Opfer zu beklagen, die meisten aus der 51. Highland Division von Major-General Douglas Wimberley (1896–1983); doch auch die anderen Infanteriedivisionen hatte es schwer getroffen.

VERFOLGUNG UND VERTEIDIGUNG

Montgomery zögerte mit der Verfolgung des Gegners, und so konnte sich Rommel rund 1000 km weit nach Westen zurückziehen, bevor er im Januar 1943 wieder eine feste Stellung bezog. Doch waren im November 1942 Amerikaner und Briten in Algerien und Marokko gelandet. Diese

GENERAL BERNARD MONTGOMERY

Bernard Montgomery (1887–1976) vereinte in sich Charisma und ein Gespür für effektvolle Auftritte, verbunden mit einer aufrichtigen Begeisterung für den Beruf des Offiziers. Er erwies sich als hervorragender Ausbilder und akribischer Planer. Und er half, den Mythos von der Unbesiegbarkeit der Deutschen zu zerstören. Trotz einer schweren Verwundung im Ersten Weltkrieg übernahm er bei Ausbruch des Zweiten Weltkriegs das Kommando über die 3. Division, die er 1940 in Frankreich befehligte. Nach verschiedenen Kommandos in Großbritannien kam im August 1942 seine Chance. Lieutenant-General William Gott, Churchills erste Wahl für das Kommando über die 8. Armee, starb, und so erhielt es Montgomery.

OBEN: EIN DEUTSCHER PANZERSOLDAT *ergibt sich Commonwealth-Infanteristen – auch dieses Foto ist vermutlich gestellt.*

Front im Rücken verschlechterte Rommels strategische Situation. Der Zweifrontenkrieg beendete die Präsenz der Achsenmächte in Afrika.

El Alamein war Höhe- und Wendepunkt im Krieg in Nordafrika. Der methodische Montgomery erwies sich – was er nie zugegeben hätte – flexibel genug, mitten in der Schlacht seine Pläne zu ändern. Wichtiger noch, er hatte sich als ein General bewährt, der die Deutschen besiegen konnte. Das war wichtig für die Moral der 8. Armee, wichtig für Churchill, der unter politischem Druck stand, und wichtig für das gesamte britische Empire.

LINKS: EIN M3 GRANT MK. I *in Diensten der britischen 8. Armee. Trotz eingeschränkten Schwenkbereichs des Hauptgeschützes und einer hohen Silhouette war er bei der Truppe beliebt.*

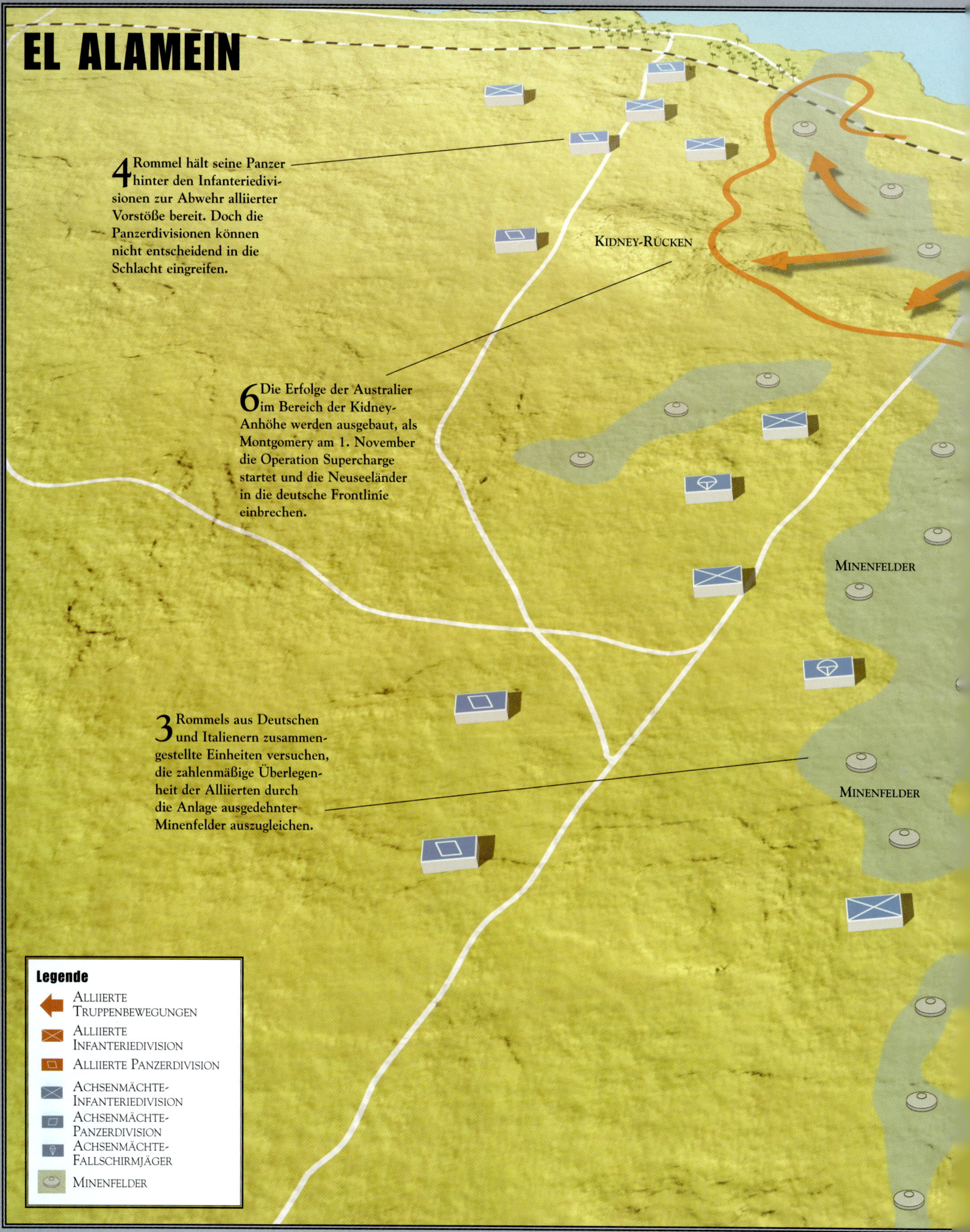
EL ALAMEIN
4 Rommel hält seine Panzer hinter den Infanteriedivisionen zur Abwehr alliierter Vorstöße bereit. Doch die Panzerdivisionen können nicht entscheidend in die Schlacht eingreifen.
KIDNEY-RÜCKEN
6 Die Erfolge der Australier im Bereich der Kidney-Anhöhe werden ausgebaut, als Montgomery am 1. November die Operation Supercharge startet und die Neuseeländer in die deutsche Frontlinie einbrechen.
MINENFELDER
3 Rommels aus Deutschen und Italienern zusammengestellte Einheiten versuchen, die zahlenmäßige Überlegenheit der Alliierten durch die Anlage ausgedehnter Minenfelder auszugleichen.
MINENFELDER
Legende
ALLIIERTE TRUPPENBEWEGUNGEN
ALLIIERTE INFANTERIEDIVISION
ALLIIERTE PANZERDIVISION
ACHSENMÄCHTE-INFANTERIEDIVISION
ACHSENMÄCHTE-PANZERDIVISION
ACHSENMÄCHTE-FALLSCHIRMJÄGER
MINENFELDER

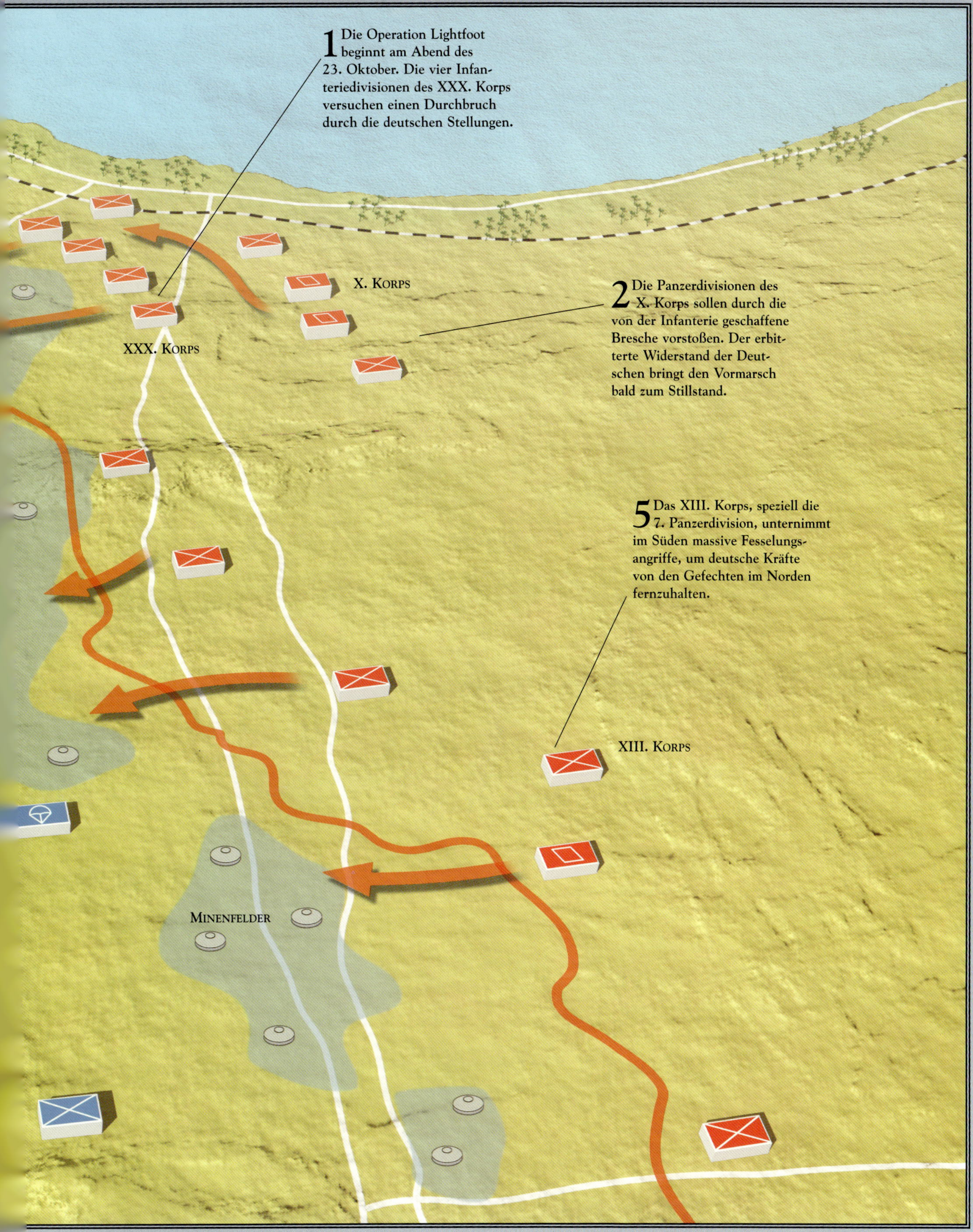
1 Die Operation Lightfoot beginnt am Abend des 23. Oktober. Die vier Infanteriedivisionen des XXX. Korps versuchen einen Durchbruch durch die deutschen Stellungen.
X. Korps
XXX. Korps
2 Die Panzerdivisionen des X. Korps sollen durch die von der Infanterie geschaffene Bresche vorstoßen. Der erbitterte Widerstand der Deutschen bringt den Vormarsch bald zum Stillstand.
5 Das XIII. Korps, speziell die 7. Panzerdivision, unternimmt im Süden massive Fesselungsangriffe, um deutsche Kräfte von den Gefechten im Norden fernzuhalten.
XIII. Korps
Minenfelder

SCHLACHT UM GUADALCANAL 1942–43

Nach dem Sieg in der Schlacht um Midway im Juni 1942 machten sich die Alliierten daran, die Salomonen von japanischen Stützpunkten zu säubern. Dies erforderte amphibische Aktionen gegen verschiedene Inseln, darunter Tulagi mit einem Hafen für Wasserflugzeuge und Guadalcanal mit einer wichtigen Luftwaffenbasis.

Die Alliierten formierten in Fidschi ihre Invasionskräfte unter US Vice-Admiral Frank Fletcher (1885–1973). Die Führung der Bodentruppen übernahm Major-General Alexander Vandegrift (1887–1973), Kommandeur der 1. US-Marineinfanteriedivision, die das größte Kontingent stellte.

DATEN UND FAKTEN

Wer: Alliierte Einheiten der USA, Australiens und Neuseelands gegen japanische Land-, Luft- und Seestreitkräfte.

Was: An der Schlacht um Guadalcanal, die sich über mehrere Monate hinzog, beteiligten sich Land-, See- und Luftstreitkräfte. Die alliierten Kräfte eroberten die Insel und konnten sie trotz heftiger Gegenangriffe halten.

Wo: Guadalcanal, die größte der Salomonen im Südpazifik.

Wann: August 1942 bis Februar 1943

Warum: Die Insel war für beide Seiten als Basis für künftige Operationen wichtig.

Ergebnis: Die Alliierten errangen hier ihren ersten wichtigen Landsieg gegen die Japaner. Trotz schwerer Verluste auf beiden Seiten konnten die Alliierten die Insel halten und als Stützpunkt nutzen.

IM AUGUST 1942 gehen US Marines an Land. Zunächst gab es kaum Widerstand gegen die Landungen auf Guadalcanal, doch später war die Insel heftig umkämpft, bis die Japaner überwältigt wurden.

Ein US-Zerstörer vor Guadalcanal. Obwohl das Schicksal der Insel an Land entschieden wurde, spielte die Marine eine bedeutende Rolle, denn sie schränkte den Nachschub der Japaner stark ein.

Am 7. August 1942 gingen die Invasionstruppen an Land. Hauptziel war die Einnahme der Insel Guadalcanal und der dortigen Luftwaffenbasis. Andere Einheiten sollten Tulagi und weitere kleine Inseln der Salomonen besetzen.

Auf Guadalcanal liefen die Dinge gut. Der Dschungel erwies sich am ersten Tag als größeres Problem als der feindliche Widerstand. Am Abend des zweiten Tages hatten die Alliierten das Flugfeld in ihrer Hand.

Obwohl zahlenmäßig stark unterlegen, kämpften die japanischen Soldaten auf den anderen Inseln bis zum Äußersten. Dieser fanatische Widerstand der Japaner, selbst in kleinen Außenposten, prägte den weiteren Krieg im Pazifik und sollte noch viele Opfer fordern.

Inzwischen wurden die Alliierten von japanischen Flugzeugen attackiert, die von der Insel Rabaul gestartet waren. Jagdflugzeuge von den alliierten Trägern warfen sich ihnen entgegen. Beide Seiten erlitten schwere Verluste. Die Japaner konnten ein Transportschiff beschädigen. Kurz danach mussten sich die Flugzeugträger zurückziehen, weil ihr Treibstoff zur Neige ging.

Der Angriff einer starken japanischen Kreuzerflotte unter Vizeadmiral Gunichi Mikawa (1888–1981) bei Savo Island führte zu schweren Verlusten unter den alliierten Kreuzern und der Entscheidung, die verbliebenen Schiffe abzuziehen, einschließlich der halb entladenen Transportschiffe. Auf Guadalcanal waren bis dahin rund 11 000 Marines gelandet, doch der Großteil ihrer schweren Ausrüstung wurde mit den Transportern abgezogen. Die Einheiten auf der Insel stellten das Flugfeld fertig und nannten es Henderson Field.

ABSICHERUNG DER INSEL

Japanische Einheiten, die Verstärkung von Zerstörern erhalten hatten, verteilten sich nach der Landung der Alliierten über die Insel. Alliierte Patrouillen sollten die Widerstandsnester lokalisieren und ausschalten. Das war nicht einfach, aber die Japaner konnten vom Flugfeld ferngehalten werden, wo die ersten Sturzkampfbomber und Jäger eintrafen.

Immer wieder griffen japanische Flugzeuge die Insel an. Die japanischen Kommandeure wollten die Alliierten von Guadalcanal sowie den anderen Inseln der Salomonen vertreiben und planten eine amphibische Aktion. Diese Aufgabe übernahm die 17. Armee, die bereits in den Kämpfen auf Neuguinea stark engagiert war.

Einige Teile der 17. Armee waren für eine Operation gegen Guadalcanal verfügbar, trafen aber nur grüppchen-

Oben: Die Mitsubishi Zero gehörte zu den besten Jagdflugzeugen des Krieges, doch 1942 hatte sie ihren Ruf der Unbesiegbarkeit weitgehend verloren.

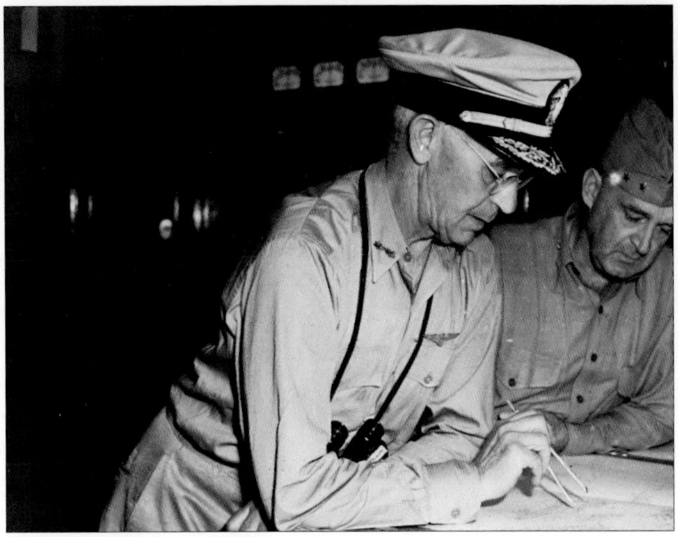

GENERAL VANDEGRIFT *der US Marines und Admiral Kelly von der US Navy befehligten die Land- bzw. Seeeinheiten der Operation. Amphibische Unternehmungen erforderten die enge Zusammenarbeit aller Teilstreitkräfte.*

weise ein. Die erste, eigentlich viel zu schwache Angriffsformation bestand aus rund 1000 Mann des 28. Infanterieregiments unter Oberst Kiyonao Ichiki (1892–1942) und wurde von Zerstörern auf der Insel abgesetzt.

Obwohl im Verhältnis 1:10 unterlegen, griffen Ichikis Truppen Henderson Field in der Dunkelheit an. Die Verluste der Japaner waren extrem hoch, und die Attacke bewirkte nichts. Der anschließende Gegenangriff der Marines trieb die überlebenden Japaner auseinander, nachdem Oberst Ichiki gefallen war.

Eine zweite, 2000 Mann starke Gruppe war im Anmarsch und wurde von japanischen Schiffen, darunter drei Träger, abgeschirmt. Hieraus entwickelte sich die Schlacht um die Ost-Salomonen, als alliierte Trägerflugzeuge die japanische Flotte angriffen. Unterdessen griffen Flugzeuge von Henderson Field aus die japanischen Truppentransporter an und verursachten schwere Verluste. Die Überlebenden wurden von Zerstörern an Land gebracht.

In dieser Phase verlegten die Alliierten weitere Flugzeuge auf die Insel. Guadalcanal entwickelte sich zu einer ernsten Bedrohung der japanischen Positionen in der Region, und beiden Seiten war klar, dass eine große Aktion zur Ausschaltung der Luftwaffenbasis Henderson Field bevorstand.

General Vandegrift ließ seine verstärkten Marineinfanterietruppen ihre Stellungen ausbauen. Die Einheiten wurden für eine bessere Verteidigung umgruppiert. In kleineren Operationen ging man gegen die stärker werdenden japanischen Kräfte auf der Insel vor. Als großes Problem erwies sich, dass fast ständig rund 20 Prozent der Soldaten unter Ruhr litten. Zusätzlich erschwerte das Terrain die Offensivoperationen auf der Insel.

TOKYO EXPRESS

Nachdem viele Nachschubtransporte durch Luftangriffe verloren gegangen waren, entschied die japanische Führung, dass eine traditionelle amphibische Aktion nicht durchführbar war. Man setzte stattdessen auf den sogenannten Tokyo Express, wobei Zerstörer und leichte Kreuzer im Schutz der Nacht kleinere Truppenkontingente anlandeten und mit Nachschub versorgten.

Der Tokyo Express war eine geschickte Lösung für das Absetzen von Soldaten auf Guadalcanal, hatte aber seine Grenzen. Die kleinen Kriegsschiffe konnten kein schweres Gerät wie Geschütze transportieren. Immerhin brachte der Tokyo Express im Verlauf der nächsten Wochen mehrere Tausend Soldaten nach Guadalcanal, bis man genügend Truppen für einen Angriff zusammengezogen hatte.

Am 31. August landete General Kawaguchi auf Guadalcanal, um das Kommando über alle japanischen Einheiten auf der Insel zu übernehmen. Am 7. September gab er den Befehl zum Angriff auf Henderson Field. Ein Stoßtrupp der US Marines stieß am nächsten Tag auf eine Vorratsbasis und gewann so Hinweise auf den bevorstehenden Angriff.

RECHTS: DIE JAPANER *setzen Marineinfanteristen zur Verteidigung der Pazifikinseln ein. Diese Soldaten wurden bekannt für ihren entschlossenen Kampf auf Guadalcanal und anderen Inseln.*

DER LEICHTE PANZER M3 Stuart eignete sich nicht für den europäischen Kriegsschauplatz, doch auf den Pazifikinseln war sein geringes Gewicht ein Vorzug.

DER JAPANISCHE ANGRIFF

Die Japaner planten, bei Nacht in drei Gruppen von Osten, Westen und Süden her anzugreifen. Doch die Alliierten waren vorgewarnt und hatten Soldaten südlich von Henderson Field auf einer Anhöhe postiert, die später als Edson's Ridge bekannt wurde – benannt nach Lieutenant-Colonel Merritt Edson (1897–1955), der die Verteidigung leitete. Seine Gruppe lag genau in der Hauptstoßrichtung der japanischen Attacke, die am 12. September begann.

Der Bergrücken war heftig umkämpft, und die weit unterlegenen Verteidiger wurden auf einen hoch gelegenen Punkt zurückgetrieben. Dort hielten sie mehreren Angriffen stand, konnten den Gegner aber nicht am weiteren Vormarsch hindern. Die Japaner, die es an Edson's Ridge vorbeischafften, trafen auf weitere Verteidiger, die sie aufhielten und zurückwarfen. Auch in anderen Abschnitten stoppte der Vormarsch. Nach zwei Tagen heftiger Kämpfe zogen sich die Japaner zurück, um sich neu zu gruppieren.

Beide Seiten frischten ihre Truppen und Verteidigungslinien so gut wie möglich auf. Neue alliierte Kräfte wurden herbeigebracht, obwohl die Seewege heftig umkämpft waren. Bei dieser Operation wurde der US-Flugzeugträger *Wasp* versenkt.

Nach einer Schlechtwetterphase lebte die Luftschlacht am 27. September mit noch größerer Intensität auf, denn beide Seiten hatten Verstärkung erhalten. Am Boden trafen weitere japanische Truppen ein. Die Amerikaner versuchten, die verstreuten Überlebenden vorangegangener Angriffe von ihren Stellungen fernzuhalten und zu verhindern, dass sich die neuen Truppen in der Nähe von Henderson Field einnisten konnten. Es kam zu verschiedenen Gefechten Ende September und Anfang Oktober, die die Vorbereitungen der japanischen Offensive störten.

Die alliierten Verteidiger der Insel standen unter schweren Angriffen aus der Luft; und der japanische Aufmarsch gab Anlass zur Sorge. Man forderte Verstärkung an, die sich sofort auf den Weg machte. Es war ein Zufall, dass die US-Kriegsschiffe, die den Nachschubkonvoi absicherten, genau auf den großen japanischen Flottenverband trafen, der Henderson Field beschießen sollte. Bei der Schlacht am Cape Esperance bereiteten die US-Kriegsschiffe der japanischen Marine eine schwere Niederlage, aber der angeschlossene Tokyo-Express-Konvoi kam durch und wurde auf Guadalcanal entladen.

Für den 13. Oktober hatten die Japaner einen weiteren Beschuss angesetzt, während neue Truppen herbeigebracht wurden. Am Angriff beteiligten sich zwei Schlachtschiffe, die das Flugfeld stark beschädigten. Nach notdürftigen Reparaturen konnten aber Flugzeuge von dort die japanischen Truppentransporte attackieren.

Mitte Oktober hatten die Japaner mehrere Tausend Soldaten auf Guadalcanal abgesetzt und das Flugfeld wiederholt bombardiert. Die Bodentruppen formierten sich für den Angriff. Rund 20 000 japanische Soldaten standen für den Hauptangriff von Süden sowie für unterstützende Aktionen an den Flanken zur Verfügung. Verzögerungen bei den Vorbereitungen und Kommunikationsprobleme behinderten die Operation – einige Truppenteile griffen am 23. Oktober an, andere erst am nächsten Tag. Die Alliierten hielten stand, obwohl die Japaner an einigen

Bei aller Entschlossenheit waren viele der japanischen Angriffe taktisch unklug geplant. Schwere Verluste waren die Folge.

Stellen unter hohen Verlusten die äußere Verteidigungslinie durchbrachen. Die wenigen eingesetzten Panzer wurden schnell von den Verteidigern ausgeschaltet.

Die Alliierten waren am Boden in Bedrängnis, hielten aber aus, während die Luftwaffe See- und Luftattacken abwehrte. Mehrere Frontalangriffe wurden mit direktem Feuer der Artillerie gestoppt. Am 26. Oktober wurde das Unternehmen abgeblasen, die Japaner zogen sich zurück.

ENTSCHEIDUNGSKAMPF

Im Pazifik wurde die Kriegsführung an Land stets von der Situation auf See beeinflusst. Wer das Meer kontrollierte, konnte Nachschub und Truppen anlanden. Die Seemanöver rund um Guadalcanal waren somit entscheidend für die Operationen an Land. Im Bereich von Guadalcanal wurden mehrere Seeschlachten ausgefochten, etwa um Savo Island oder am Cape Esperance. Am 13. November 1942 versuchte ein japanischer Flottenverband, Verstärkung auf die Insel zu bringen und Henderson Field zu bombardieren. Er geriet in ein auf sehr engem Raum geführtes Gefecht mit US-Schiffen, das auf beiden Seiten schwere Verluste forderte. Der US Navy verblieben danach nur noch wenige Schiffe, um einen erneuten Angriff der Japaner auf Guadalcanal abzuwehren.

Weitere Bemühungen der Japaner, ihre Truppenstärke zu erhöhen, blieben erfolglos. Die US-Einheiten gingen in die Offensive und drängten den Gegner vom Flugfeld ab. Die vom Nachschub abgeschnittenen, erschöpften japanischen Truppenreste wurden Anfang Februar evakuiert. Guadalcanal war der erste eindeutige Sieg über die Japaner und verhalf den Alliierten zu neuem Selbstvertrauen. Japan verlor mit der Insel einen wichtigen Vorposten.

Nach dem Fehlschlag des ersten Großangriffs erkannte die japanische Führung, dass der Kampf um Guadalcanal eine Schlacht von großer strategischer Bedeutung war, und maßen ihr Vorrang zu. Als Konsequenz daraus zogen sie ihre auf Neuguinea vorrückenden Truppen ab und verweigerten weitere Verstärkung.

JAPANISCHE PANZER

Japanische Panzer wurden meist nur in kleinen Stückzahlen eingesetzt. Auf Guadalcanal war nur die 1. Unabhängige Panzerkompanie mit zehn leichten Panzern vom Typ 95 (links abgebildet) und zwei mittelschweren Panzern vom Typ 97 stationiert. Zwei gingen bei Unfällen verloren, die übrigen wurden in der Schlacht am Fluss Matanikau zerstört. Den Amerikanern standen ebenfalls nur leichte Panzer zur Verfügung, die allerdings dem japanischen Typ 97 ebenbürtig waren. Sie waren bei der Offensive nützlich, doch das Dschungelgelände setzte ihrem Einsatz Grenzen.

SCHLACHT UM GUADALCANAL

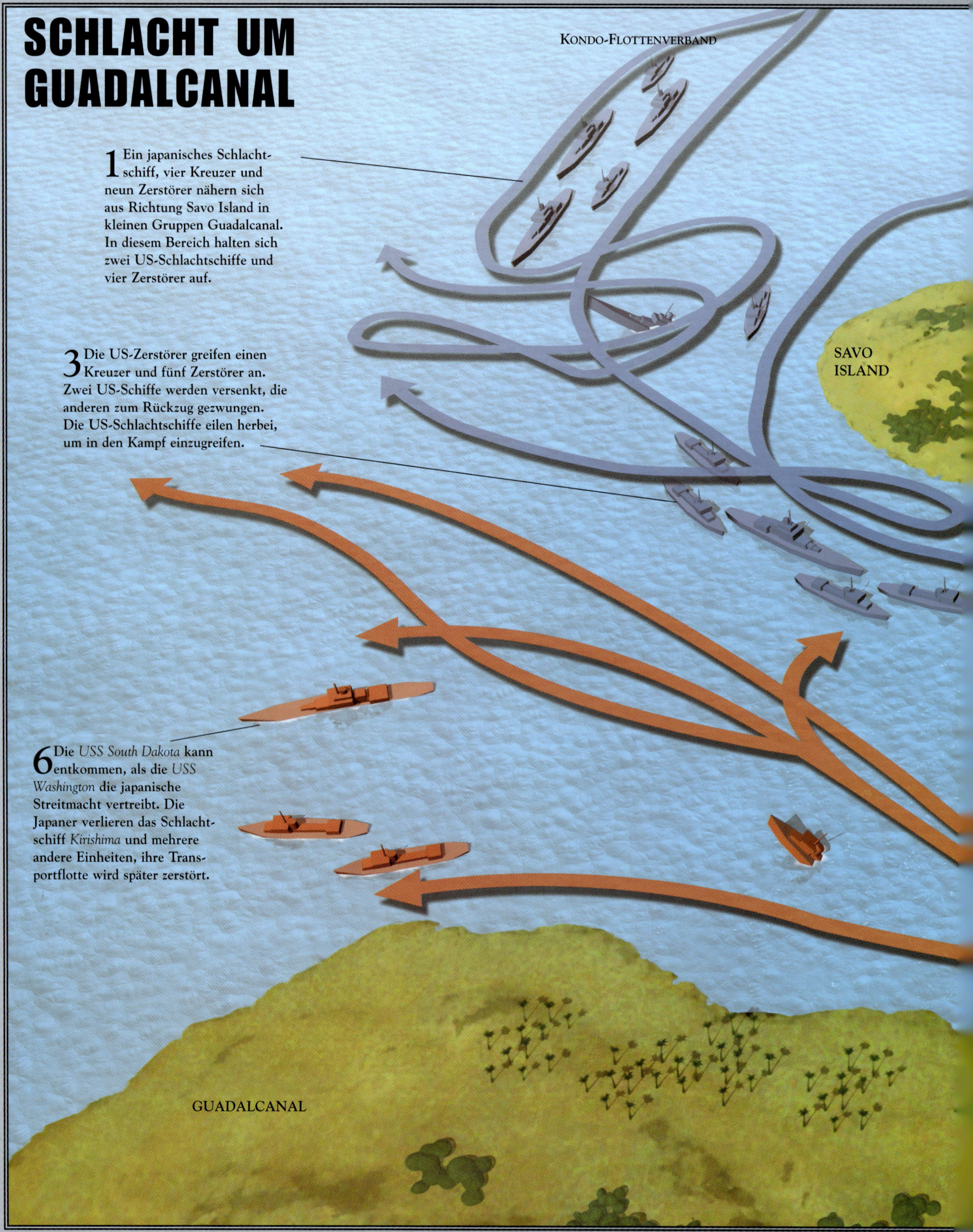

1 Ein japanisches Schlachtschiff, vier Kreuzer und neun Zerstörer nähern sich aus Richtung Savo Island in kleinen Gruppen Guadalcanal. In diesem Bereich halten sich zwei US-Schlachtschiffe und vier Zerstörer auf.

3 Die US-Zerstörer greifen einen Kreuzer und fünf Zerstörer an. Zwei US-Schiffe werden versenkt, die anderen zum Rückzug gezwungen. Die US-Schlachtschiffe eilen herbei, um in den Kampf einzugreifen.

6 Die *USS South Dakota* kann entkommen, als die *USS Washington* die japanische Streitmacht vertreibt. Die Japaner verlieren das Schlachtschiff *Kirishima* und mehrere andere Einheiten, ihre Transportflotte wird später zerstört.

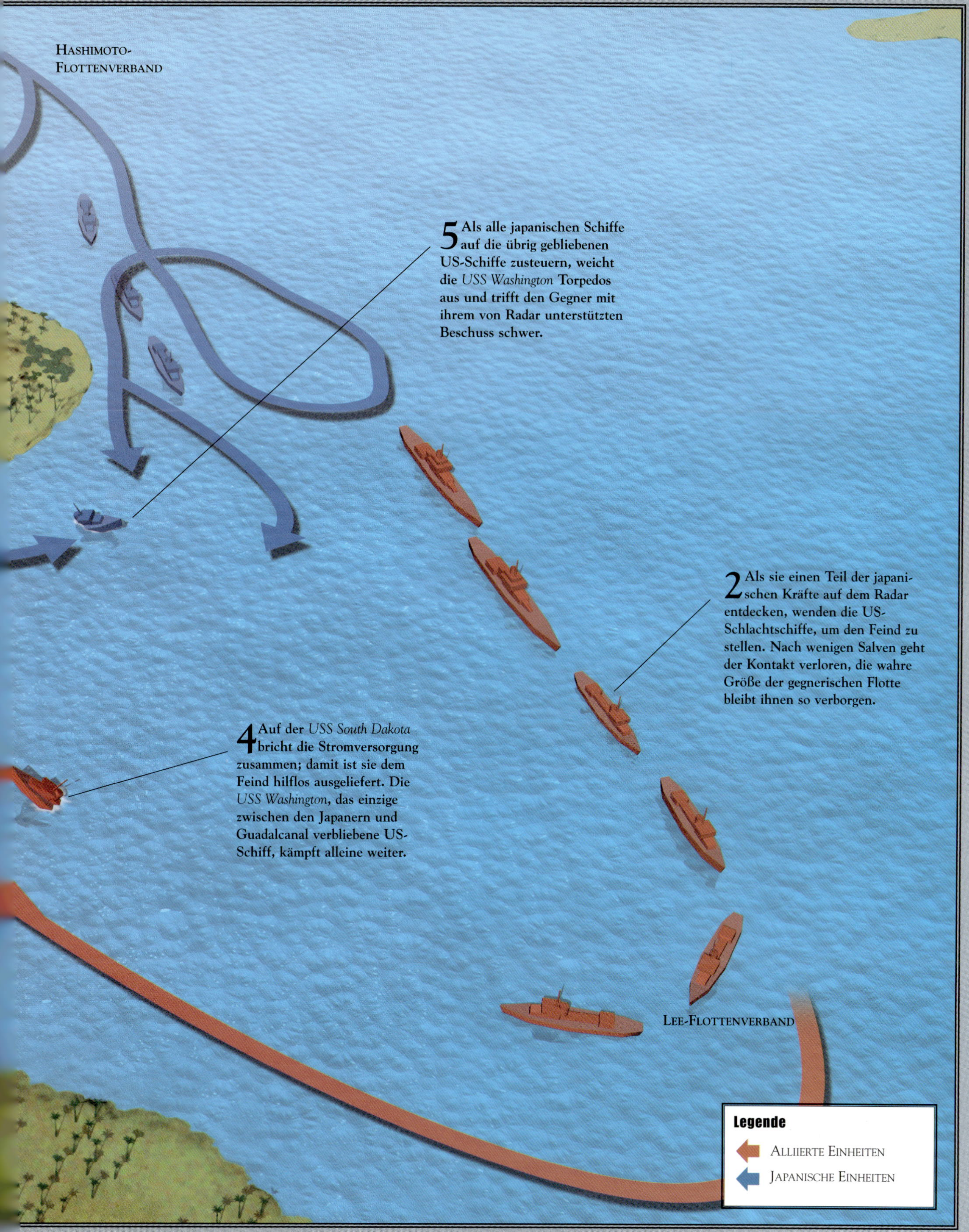
HASHIMOTO-FLOTTENVERBAND
5 Als alle japanischen Schiffe auf die übrig gebliebenen US-Schiffe zusteuern, weicht die *USS Washington* Torpedos aus und trifft den Gegner mit ihrem von Radar unterstützten Beschuss schwer.
2 Als sie einen Teil der japanischen Kräfte auf dem Radar entdecken, wenden die US-Schlachtschiffe, um den Feind zu stellen. Nach wenigen Salven geht der Kontakt verloren, die wahre Größe der gegnerischen Flotte bleibt ihnen so verborgen.
4 Auf der *USS South Dakota* bricht die Stromversorgung zusammen; damit ist sie dem Feind hilflos ausgeliefert. Die *USS Washington*, das einzige zwischen den Japanern und Guadalcanal verbliebene US-Schiff, kämpft alleine weiter.
LEE-FLOTTENVERBAND
Legende
ALLIIERTE EINHEITEN
JAPANISCHE EINHEITEN

STALINGRAD 1942–43

Stalingrad änderte den Verlauf des Zweiten Weltkriegs. In einem dramatischen Kampf musste die Wehrmacht den ersten Verlust einer ganzen Armee erleben. An der Ostfront begann sich das Blatt zugunsten der Roten Armee zu wenden.

Im extrem kalten Winter 1941/42 stand Hitler vor einer heiklen strategischen Entscheidung. Das im Juni 1941 gestartete Unternehmen Barbarossa zur Unterwerfung der Sowjetunion war vor Moskau zum Stillstand gekommen. Eine am 5. Dezember begonnene sowjetische Gegenoffensive hatte die deutschen Truppen zurückgedrängt. Erst im späten Frühjahr würde die Wehrmacht ihre Mobilität wiedergewinnen. Doch Hitler änderte die Zielrichtung. Anstatt Moskau erneut anzugreifen, wie es der Gegner erwartete, ordnete er den Fall Blau an: eine massive Offensive der Heeresgruppe Süd durch die Ukraine in Richtung Wolga und Kaukasus. Ziel waren die sowjetischen Ölfelder im Kaukasus, die Deutschland dringend für die Versorgung seiner Kriegsmaschinerie brauchte.

DATEN UND FAKTEN

Wer: Die deutsche 6. Armee unter General Friedrich Paulus (1890–1957), verstärkt durch Teile der 4. Panzerarmee unter General Hermann Hoth (1885–1971), gegen die Stalingrad-Front der Roten Armee, vor allem die 62. Armee unter Generalmajor Wassili Tschuikow (1900–1982).

Was: Unter schweren Verlusten gelang den Deutschen fast die völlige Einnahme von Stalingrad. Eine sowjetische Gegenoffensive kesselte 250 000 deutsche und verbündete Soldaten ein. Rund 100 000 wurden getötet, 110 000 gerieten in Kriegsgefangenschaft, aus der die meisten nicht zurückkehrten.

Wo: Die Stadt Stalingrad (heute Wolgograd) an der Wolga.

Wann: 14. September 1942 bis 2. Februar 1943

Warum: Die Schlacht um Stalingrad gehörte zum Vorstoß der Deutschen auf die sowjetischen Ölfelder im Kaukasus. Stalingrad war wichtig zur Absicherung der linken deutschen Flanke.

Ergebnis: Stalingrad leitete die Niederlage der Deutschen an der Ostfront ein. Die Rote Armee blieb von nun an für den Rest des Krieges in der Offensive.

IN DEN TRÜMMERN VON STALINGRAD bereitet sich ein deutscher Zug Infanterie auf einen weiteren Angriff auf sowjetische Positionen vor.

September 1942: deutsche Soldaten mit MG34 in einem zerstörten Vorort Stalingrads.

Fall Blau begann am 28. Juni mit 1,3 Millionen Mann (darunter 300 000 Verbündete der Deutschen, vor allem Rumänen und Italiener) und 1500 Flugzeugen. Die Heeresgruppe Süd wurde in die Heeresgruppen A und B aufgeteilt. Beide Gruppen sollten sich bei der an der Wolga gelegenen Stadt Stalingrad treffen, wobei die Heeresgruppe B dort verbleiben und Flankenschutz für den Vorstoß der Heeresgruppe A in den Kaukasus geben sollte. Wie im Sommer zuvor kam die Wehrmacht zügig voran, und Mitte Juli rückte mit der 6. Armee unter General Friedrich Paulus (1890–1957) die Kerntruppe der Heeresgruppe B auf Stalingrad vor. Die 4. Panzerarmee unter General Hermann Hoth (1885–1971) unterstützte den Angriff auf Stalingrad von Süden her. Am 23. Juli gab Hitler den Befehl, die Stadt einzunehmen. Am gleichen Tag ordnete Stalin an, die Stadt bis zum Letzten zu verteidigen. Die neu formierte Stalingrad-Front der Roten Armee bestand aus der 62., 63. und

RECHTS: GENERAL WASSILI TSCHUIKOW (Mitte), Kommandeur der 62. Armee, bei einer Lagebesprechung in seinem Befehlsstand in Stalingrad.

64. Armee. Stalingrad war zwar ein wichtiges Industriezentrum, doch für Stalin stand der Aspekt im Vordergrund, dass die Stadt seinen Namen trug.

STRASSEN- UND HÄUSERKAMPF

Zur Vorbereitung der Kämpfe am Boden belegte die Luftflotte 4 die Stadt mit einem schweren Bombardement, bei dem über 30 000 Menschen getötet und weite Teile Stalingrads zerstört wurden. Am 12. September standen deutsche Truppen bereits in den Vororten, wo sie auf den äußerst erbitterten Widerstand der Einheiten der 62. Armee von Tschuikow stießen. Tschuikow war mit rund 54 000 Mann seinem Gegner Paulus mit etwa 100 000 Soldaten deutlich unterlegen.

Die Schlacht um Stalingrad entwickelte sich zu einem reinen Straßenkampf, was den Deutschen die Mobilität raubte, die ihr bisheriges Erfolgsrezept im Kampf gewesen war. Tschuikow ließ seine Verbände bewusst in eng begrenzten Kampfzonen agieren, sodass durch die Nähe zum Feind eine Unterstützung durch die deutsche Luftwaffe oder Artillerie zu riskant war. So wurde um jedes Haus, um jedes Stockwerk gekämpft, und der Blutzoll für jeden gewonnenen Meter war grauenerregend hoch.

Ende September hatten Paulus und Hoth rund zwei Drittel Stalingrads eingenommen. Die am 14. September gestartete Offensive des LI. Armeekorps drang tief in die Stadt vor, nahm den markanten Mamajew-Hügel über der Stadt und rückte auf den Bahnhof Nr. 1 vor. Ziel war die Wolga, um dort die Landungsbrücken zu zerstören, über die die Sowjets Nachschub heranschafften. Die Transporte über den Fluss waren höchst gefährlich, weil ständig deutsche Flugzeuge angriffen. Doch in letzter Minute kam Unterstützung durch die 13. Gardeschützendivision von

UNTEN: ALLE VERFÜGBAREN sowjetischen Kräfte, darunter Zivilisten und Marinesoldaten, wurden zur Verteidigung Stalingrads mobilisiert.

OBEN: PANZER der sowjetischen 21. Armee rücken bei der Operation Uranus vor, um die Deutschen bei Stalingrad einzukesseln.

Generalmajor Aleksandr Rodimtsew (1905–1977). Insgesamt wechselte der Bahnhof 15-mal den Besitzer, bis er schließlich an die Deutschen fiel. Auch Hoths von Süden anrückende 4. Panzerarmee musste sich mühsam vorkämpfen, erreichte aber am 13. Oktober das Flussufer.

UNTEN: DIE ITALIENISCHE 8. ARMEE zieht sich im Dezember 1942 aus ihren Stellungen an der linken Flanke der deutschen 6. Armee zurück.

Von Mitte Oktober bis Mitte November drängten die Deutschen die Sowjets langsam zurück und kämpften sich unter schweren Verlusten durch das Industriegebiet mit den Barrikadj-, Krasnij-Oktjabr- und Dscherschinskij-Traktoren-Fabriken als Hauptkampfplatz. Am 18. November hielten die Sowjets nur noch einen schmalen Landstreifen an der Wolga; es waren kaum mehr als 10 Prozent des Stadtgebiets. Die durch den deutschen Beschuss entstandenen Zerstörungen und Trümmer ermöglichten den Sowjets allerdings eine relativ gute Verteidigung und machten es schwierig für den Gegner, Stalingrad einzunehmen. Die Deutschen waren durch die Kämpfe der letzten Wochen erschöpft, zusätzlich brach der Winter ein.

DIE SOWJETOFFENSIVE

Am 19. November gelang den Sowjets mit der von General Georgi Schukow (1896–1974) geplanten Gegenoffensive ein Glanzstück. Nördlich von Stalingrad vernichteten die sowjetische Südwest- und Don-Front mit sechs Armeen bei ihrem Vorstoß südwärts über den Don die dortigen schwachen rumänischen Einheiten. Am nächsten Tag rückte die Stalingrad-Front südlich der Stadt nach Norden vor und überrannte den schwachen Flankenschutz der Deutschen. Am 23. September trafen sich dann die beiden zangenartig vorgehenden Angriffsspitzen hinter Stalingrad und schlossen die 6. Armee und große Teile der 4. Armee – insgesamt über 250 000 Mann – bei der Stadt ein. Für die Deutschen zeichnete sich eine Katastrophe ab.

EINE JAK-1B des 37. *Jagdfliegerregiments. Die Sowjets verfügten in Stalingrad über etwa 1400 Maschinen, die täglich rund 500 Einsätze flogen.*

In den ersten Tagen wäre den Deutschen ein Ausbruch möglich gewesen – doch Hitler lehnte dies kategorisch ab. Er entschied sich zunächst für einen von Göring präsentierten Plan der Versorgung aus der Luft, der völlig unrealistisch war. Später ordnete er eine Entsatzoffensive durch die neugebildete Heeresgruppe Don unter Generalfeldmarschall von Manstein an. Das am 12. Dezember zunächst erfolgreich angelaufene Unternehmen wurde nach weiteren sowjetischen Durchbrüchen 48 km vor Stalingrad gestoppt. Zwei Wochen später mussten von Mansteins Truppen vor den verstärkten sowjetischen Einheiten zurückweichen und die Kameraden in Stalingrad ihrem Schicksal überlassen. Die heftigen Kämpfe in der Stadt gingen noch über einen Monat weiter. Mehr als 100 000 Wehrmachtsangehörige fielen in dieser Zeit, lediglich 34 000 Verwundete konnten bis zum 25. Januar ausgeflogen werden, als die letzte deutsche Flugpiste an die Sowjets fiel. Am 2. Februar 1943 erlosch der letzte deutsche Widerstand, und Generalfeldmarschall Paulus ging mit den verbliebenen rund 110 000 deutschen Soldaten in sowjetische Kriegsgefangenschaft, die nur 6000 von ihnen überleben sollten.

DER ANFANG VOM ENDE

Die deutsche Niederlage in Stalingrad leitete eine strategische und psychologische Wende ein. Strategisch endete damit die Operation Blau, der deutsche Rückzug begann, der 1945 mit der Kapitulation in Berlin enden sollte. Psychologisch gewannen die Sowjets dadurch enorm an Selbstvertrauen, denn nun war klar, dass sie die Deutschen taktisch wie strategisch schlagen konnten. Die Deutschen mussten erkennen, dass die Jahre der furiosen Siege vorbei waren.

GENERALFELDMARSCHALL FRIEDRICH PAULUS

Friedrich Paulus (1890–1957) begann seine militärische Laufbahn als Offizier im Ersten Weltkrieg. Durch seine Fähigkeiten und entsprechenden Ehrgeiz stieg er 1939 zum Generalmajor auf. Er war dann Stellvertreter von General Franz Halder als Generalstabschef, bevor ihm 1941 das Kommando über die 6. Armee übertragen wurde. Paulus, ein kultivierter Offizier „alter Schule", hielt sich zunächst in militärischer Loyalität an den Durchhaltebefehl Hitlers. Am 31. Januar 1942 ernannte Hitler Paulus zum Generalfeldmarschall, womit zugleich eine indirekte Aufforderung zum Selbstmord verbunden war, denn bis zu diesem Zeitpunkt hatte noch kein deutscher Feldmarschall je kapituliert. Doch Paulus ging in sowjetische Gefangenschaft. Später entschied er sich für die Mitarbeit im nazikritischen Bund Deutscher Offiziere. Zuletzt lebte er in Dresden und war Mitte der 1950er-Jahre Berater der Nationalen Volksarmee der DDR.

GENERALFELDMARSCHALL PAULUS *(links) und sein Stabschef Arthur Schmidt (rechts) kurz nach ihrer Gefangennahme.*

STALINGRAD
RYNOK
16. Pz.
60. ID
MOT
TRAKTORENFABRIK
DSCHERSCHINSKI
FABRIK BARRIKADI
5 Im Oktober halten die Deutschen den Druck auf den Industriebezirk aufrecht und bringen 90 Prozent der Stadt unter ihre Kontrolle.
388.
100.
JÄGER
3 Am 27. September verlagern die Deutschen ihre Hauptstoßrichtung in den Industriebezirk, um die dahinterliegenden Kaianlagen zu erobern.
75.
71.
1 Das deutsche LI. Korps unternimmt am 14. September seinen ersten Angriff auf die Stadt. Es versucht, den Mamajew-Hügel und die zentralen Landungsbrücken am Fluss einzunehmen.
Legende
DEUTSCHE TRUPPENBEWEGUNGEN
DEUTSCHE INFANTERIEDIVISION
DEUTSCHE PANZERDIVISION
DEUTSCHE MOTORISIERTE INFANTERIEDIVISION

6 Der letzte deutsche Großangriff beginnt am 11. November. Acht Tage später starten die Sowjets die Operation Uranus und isolieren die 6. Armee in der Stadt.
Fabrik Krasnij Oktjabr (Roter Oktober)
Mamajew-Hügel
4 Die Sowjets können ihre Nachschublinien über die Wolga sichern, sodass die 62. Armee genügend Personal und Material bekommt, um ihre Stellung in der Stadt zu halten.
Krasnaya Sloboda
Getreidesilos
Wolga
14. Pz.
94.
24. Pz.
29. ID Mot
2 Die 4. Panzerarmee greift zur Unterstützung im Süden der Stadt an, wird aber durch den heftigen Widerstand am Getreidesilo gestoppt.

KURSK 1943

Die Schlacht am Kursker Frontbogen im Juli 1943 war die größte Panzerschlacht aller Zeiten. Die Ursprünge des deutschen Unternehmens Zitadelle reichten zur Jahreswende zurück, als sowjetische Gegenangriffe nicht nur die 6. Armee in Stalingrad besiegten, sondern auch die Heeresgruppe Don zu vernichten drohten.

Zwischen dem 18. Februar und dem 18. März hatte von Mansteins erfolgreiche Gegenoffensive die sowjetischen Angriffsspitzen zerstört. Danach wurde es ruhig an der Ostfront, als die erschöpften Gegner ihre mitgenommenen Truppen für die anstehenden Sommeroffensiven neu organisierten. Um Kursk ragte eine große Frontausbuchtung in die deutschen Linien hinein, in der die Rote Armee große Truppenverbände massiert hatte. Hitler ordnete einen Zangenangriff gegen die Flanken an, um den Frontbogen abzuschneiden und den eingekesselten Gegner zu vernichten. Die Offensive würde sich über ein begrenztes Terrain erstrecken, was der nachlassenden Mobilität der Wehrmacht entgegenkam. Für das

DATEN UND FAKTEN

Wer: Teile der Heeresgruppe Mitte unter Feldmarschall Günther von Kluge (1882–1944) und der Heeresgruppe Süd unter Feldmarschall Erich von Manstein (1887–1973) gegen die Zentral-Front von Marschall Konstantin Rokossowski (1896–1968) und die Woronesch-Front unter Marschall Nikolai Watutin (1901–1944), beide unter dem Oberkommando von Marschall Georgi Schukow (1896–1974).

Was: Die Wehrmacht wollte die im Frontbogen um Kursk massierten sowjetischen Streitkräfte vernichten und so die Initiative an der Ostfront zurückgewinnen.

Wo: Das Gebiet um Kursk, ein Eisenbahnknotenpunkt 800 km südlich von Moskau.

Wann: 4. bis 13. Juli 1943

Warum: Deutschland hatte nur noch Ressourcen für eine begrenzte Offensive im Osten und brauchte einen Sieg, der die schwankenden Verbündeten überzeugen sollte.

Ergebnis: Die deutsche Offensive schlug fehl, und der sowjetische Gegenangriff war der Auftakt zu weiteren Vorstößen 1943. Das strategische Gleichgewicht im Osten hatte sich zugunsten der Sowjetunion verschoben.

EINE SELTENE AUFNAHME eines Churchill-Panzers der 5. Gardearmee, die im Zuge des Leih- und Pachtabkommens mit Fahrzeugen der westlichen Alliierten ausgestattet wurde. Rechts ein abgeschossener deutscher Panzerspähwagen.

OBEN: BEREITSTELLUNG *einer schweren Panzereinheit, ausgerüstet mit Panzer VI Tiger. Die Deutschen setzten große Hoffnungen in ihre neue Panzergeneration.*

Unternehmen Zitadelle zogen die Deutschen 17 Panzer- und Panzergrenadierdivisionen auf einer Angriffsbreite von 164 km Länge zusammen.

UNTEN: FELDMARSCHALL VON MODEL *(Mitte, mit Schutzbrille) spricht mit einigen Soldaten beim Aufmarsch zur Schlacht um Kursk.*

VERZÖGERUNGEN UND TERMINÄNDERUNGEN

Ursprünglich sollte das Unternehmen Zitadelle Anfang Mai beginnen, doch Hitler verschob die Offensive mehrmals, damit neueste Waffensysteme eingesetzt werden konnten. Hitler glaubte, mit diesen „kriegsentscheidenden“ 340 Panzern – 250 mittelschweren Panthern und 90 schweren Tigern – auch den hartnäckigsten Widerstand des Gegners brechen zu können. Die Deutschen konnten aber aus ihrem massiven Truppenaufmarsch keinen Vorteil ziehen. Die Vorbereitungen

PANZER V PANTHER

Der Panther wurde als Antwort auf den sowjetischen T-34 geplant und hergestellt, der alle damaligen deutschen Panzer deklassierte. Der bei MAN gefertigte Panther kopierte vom T-34 die schräg stehende Panzerung, dazu kam – ganz in deutscher Tradition – eine aufwendige und komplexe Technik. Sein 75-mm-Hochgeschwindigkeitsgeschütz besaß enorme panzerbrechende Wirkung und war selbst gut gegen Treffer geschützt. Im September 1942 war der erste Prototyp fahrbereit; im Dezember lief die Produktion an. Der Panther kam erstmals bei Kursk zum Einsatz, obwohl diese frühen Modelle an technischen Kinderkrankheiten litten.

des Unternehmens Zitadelle waren zu offensichtlich, das Überraschungsmoment war nicht gegeben. Die wiederholten Terminverschiebungen ließen den Sowjets genug Zeit, ein tief gestaffeltes Verteidigungssystem aufzubauen. Dessen Stärke blieb der Wehrmacht dank geschickter Täuschung und Geheimhaltung seitens der Sowjets weitgehend verborgen. Als das Unternehmen Zitadelle am 4./5. Juli begann, waren die Deutschen in der Unterzahl, obwohl sie Zeitpunkt und Ort der Offensive selbst bestimmen konnten.

ZANGENANGRIFF

Die Deutschen konzentrierten ihre Truppen an zwei Orten: im Norden Teile der Heeresgruppe Mitte von Feldmarschall Günther von Kluge (1882–1944) und im Süden Einheiten der Heeresgruppe Süd von Feldmarschall von Manstein. Im Norden verfügte die 9. Armee unter General Walter Model (1891–1945) über sechs Panzer- und Panzergrenadier- sowie 14 Infanteriedivisionen. Im Süden brachten Generaloberst Hermann Hoth (1885–1971) mit der 4. Panzerarmee und

SOWJETISCHE INFANTERISTEN bringen eine 14,5-mm-Panzerbüchse Simonow PTRS in Stellung. Diese Panzerabwehrwaffe war 1943 überholt, da sie kaum noch etwas gegen die Panzerung der deutschen Fahrzeuge ausrichten konnte.

LINKS: UNTEROFFIZIER DER DIVISION GROSSDEUTSCHLAND in der schwarzen Sonderbekleidung der Panzertruppe. Diese Eliteeinheit war besonders gut ausgerüstet und wurde bei der Schlacht um Kursk auf Divisionsstärke ausgebaut.

General Werner Kempf (1886–1964) mit seiner Armeeabteilung insgesamt elf Panzer- und Panzergrenadier- sowie zehn Infanteriedivisionen in Stellung. Die Offensive begann am 4. Juli mit Angriffen der Einheiten Mansteins am russischen linken Flügel der Ausbuchtung. Am frühen Morgen des nächsten Tages griffen zehn von Models Divisionen die vorderste sowjetische Verteidigungslinie an. Der Vorstoß verlief zäh; und bis zum Abend war man lediglich 10 km weit vorgedrungen.

Gleichzeitig begannen Hoth und Kempf mit ihren Einheiten den Hauptangriff auf der Südflanke. Bis zum Abend konnte auch Hoth nur 10 km tief in die erste Verteidigungslinie des Gegners eindringen. Weiter östlich blieben Kempfs Truppen bereits in der ersten Verteidigungslinie stecken. Am folgenden Tag griff Model im Norden die zweite Verteidigungslinie der Sowjets an, um den Olchowatka-Bergrücken zu erobern, der den Vorstoß in die Ebene nach Süden ermöglichte. Die permanenten Attacken der Deutschen hatten einen gewissen Erfolg, doch die Sowjets wehrten sich heftig und verhinderten die Einnahme von Ponyri. Zwischen dem 7. und 9. Juli mobilisierten beide Seiten ihre Reserven, als Model wiederholt versuchte, diese Ortschaft einzunehmen, die die Rote Armee wiederum erbittert verteidigte. Schließlich brachten am 10. und 11. Juli die sowjetischen Gegenangriffe Models Vormarsch zum Stehen. Der deutsche Vorstoß im Norden war ein Misserfolg: Trotz schwerer, verlustreicher Angriffe war man in einer Woche nur 15 km vorangekommen.

Im Süden stieß Hoths XXXXVIII. Panzerkorps trotz der Gegenangriffe frischer sowjetischer Panzertruppen am 6. Juli bei Obojan nordwärts zur zweiten Verteidigungslinie vor. Weiter östlich drängte das II. SS-Panzerkorps die Verteidiger bis zur Ortschaft Prochorowka zurück. In den nächsten vier Tagen kämpften sich diese beiden Panzerkorps gegen starken sowjetischen Widerstand langsam bis Obojan und Prochorowka vor. Zwischen dem 10. und 11. Juli durchbrachen die Deutschen den dritten Verteidigungsring der Sowjets, um die westlich bei Obojan stehenden sowjetischen Einheiten zu umfassen. Die Sowjets erkannten die Gefahr und verlegten die 5. Gardepanzerarmee in den Norden von Prochorowka.

OBEN: MARSCHALL KONSTANTIN ROKOSSOWSKI gehörte zur neuen Generation erfolgreicher Sowjetkommandeure, die nach den Niederlagen von 1941/42 in den Vordergrund traten. Er befehligte bei Kursk die Zentralfront.

GRÖSSTE PANZERSCHLACHT

Am 12. Juli erreichte die Operation Zitadelle den Höhepunkt, als es bei Prochorowka zu einer riesigen Panzerschlacht mit der sowjetischen 5. Gardepanzerarmee kam. 800 sowjetische Panzer standen 600 Panzern der Wehrmacht gegenüber. Es war die größte Panzerschlacht des Zweiten Weltkriegs. Acht Stunden lang tobte der Kampf.

Die Sowjets nutzten aufgewirbelten Staub, um den Abstand zum Gegner so zu verringern, dass die Deutschen den Vorteil ihrer weiter reichenden Geschütze nicht ausnutzen konnten. Taktisch verlief der Kampf unentschieden, doch strategisch war er für die Deutschen ein Desaster: Die Wehrmacht rieb ihre Panzerreserven auf, während der Roten Armee noch ausreichend Panzerkräfte erhalten blieben. Die Initiative ging an die sowjetische Seite verloren, die ihre Chance in Folge konsequent ausnutzte. Dieses Gefecht sowie die am 10. Juli erfolgte Landung der Briten und Amerikaner in Sizilien überzeugten Hitler davon, dass das Unternehmen Zitadelle nicht zum Erfolg zu führen war. Am 13. Juli stoppte er die Offensive. Zwischen dem 15. und 25. Juli zogen sich die Deutschen langsam vor den heftigen sowjetischen Attacken auf die Ausgangsstellungen zurück.

Am 12. Juli hatten die Sowjets zudem bei Orel einen Angriff gegen die Heeresgruppe Mitte gestartet, die die Nordflanke von Models Truppen schützten. Die Deutschen konnten von der Roten Armee allmählich 120 km zurückgedrängt werden.

Am 3. August griffen die Sowjets die deutschen Kräfte entlang der südlichen Flanke des einstigen Kursker Bogens massiv an. Diese neuerliche Sowjetoffensive beseitigte rasch die von den Deutschen gehaltene Ausbuchtung im Süden des ehemaligen Frontbogens. Nach dem schnellen Erfolg ihrer beiden Gegenattacken weiteten die Sowjets ihre Operationen zu einer strategischen Generaloffensive im mittleren und südlichen Abschnitt der Ostfront aus. Bis zum Jahresende 1943 drängte diese groß angelegte Gegenoffensive die Deutschen bis zum Dnjepr und darüber hinaus zurück.

DIE FOLGEN

Alles in allem war das Unternehmen Zitadelle eine schwere Niederlage für die Deutschen. Trotz des Einsatzes massiver Kräfte gelang es ihnen nie, tiefer als 40 km in die feindlichen Linien vorzustoßen. Wehrmacht und Waffen-SS hatten etwa 60 000 Gefallene und Vermisste sowie etwa 500 zerstörte Panzer zu verzeichnen. Das Einzige, was durch Zitadelle erreicht wurde, war die Zerschlagung der deutschen Panzerreserven, was den Sowjets die Gegenangriffe erleichterte. Kursk war – vielleicht mehr noch als Stalingrad – der Wendepunkt des Krieges, der letztlich 1945 zur Niederlage Deutschlands führte.

DIE BESATZUNG eines sowjetischen T-34-Panzers ergibt sich einem SS-Soldaten; vermutlich während der Kämpfe am Südflügel des Kursker Bogens.

KURSK SÜDABSCHNITT
1 Die Schlacht um Kursk erreicht am 12. Juli ihren Höhepunkt, als die Sowjets die 5. Garde-Panzerarmee gegen das SS-Panzerkorps bei Prochorowka im Süden des Kursker Bogens in Stellung bringen.
Frontlinie 13. Juli
Frontlinie 5. Juli
3. SS-Pz. Totenkopf
1. SS-Pz. Leibstandarte
2 Das II. SS-Panzerkorps erzielt in den ersten Tagen der Schlacht einige Erfolge. Sein Vorrücken auf Prochorowka bedroht die sowjetischen Stellungen im Süden der Frontausbuchtung.
2. SS-Pz. Das Reich
6 Der Rückschlag bei Prochorowka macht Hitler das Scheitern der Operation Zitadelle deutlich; am 13. Juli stoppt er die Offensive. Für die Sowjets bedeutet dies einen wichtigen strategischen Sieg.

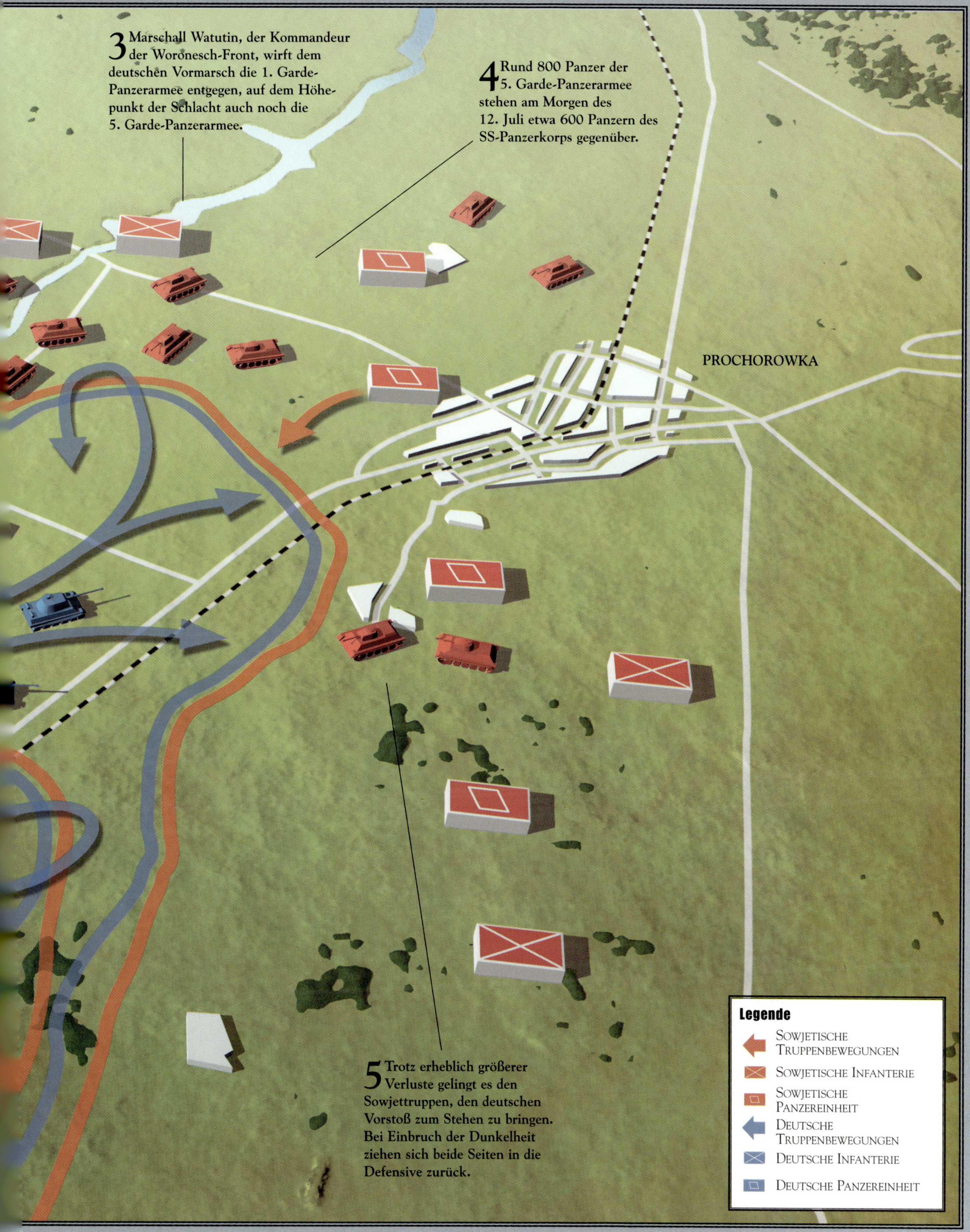
3 Marschall Watutin, der Kommandeur der Woronesch-Front, wirft dem deutschen Vormarsch die 1. Garde-Panzerarmee entgegen, auf dem Höhepunkt der Schlacht auch noch die 5. Garde-Panzerarmee.
4 Rund 800 Panzer der 5. Garde-Panzerarmee stehen am Morgen des 12. Juli etwa 600 Panzern des SS-Panzerkorps gegenüber.
PROCHOROWKA
5 Trotz erheblich größerer Verluste gelingt es den Sowjettruppen, den deutschen Vorstoß zum Stehen zu bringen. Bei Einbruch der Dunkelheit ziehen sich beide Seiten in die Defensive zurück.
Legende
Sowjetische Truppenbewegungen
Sowjetische Infanterie
Sowjetische Panzereinheit
Deutsche Truppenbewegungen
Deutsche Infanterie
Deutsche Panzereinheit

SCHLACHT UM IMPHAL UND KOHIMA 1944

Die Schlachten von Imphal und Kohima markieren den Höhepunkt japanischer Expansionsanstrengungen in Burma und Indien. Nach anfänglichen Erfolgen wurden die japanischen Truppen zurückgedrängt.

In den ersten Monaten nach Kriegsbeginn schien der Vormarsch der Japaner unaufhaltsam. Die britischen Kräfte wurden über die Malaiische Halbinsel bis nach Singapur getrieben und zur Kapitulation gezwungen. Andere Einheiten wurden durch Burma nach Indien zurückgedrängt. Rückzugsgefechte verlangsamten den japanischen Vormarsch, den der Monsun dann zum Stillstand brachte.

So bekamen die Alliierten die Chance, sich neu zu formieren und die Verteidigung zu organisieren. Das gebirgige, von Dschungel bedeckte Gelände an der

DATEN UND FAKTEN

Wer: Britische und indische Truppen gegen japanische Einheiten sowie Verbände der antibritischen Indian National Army.

Was: Japanische Truppen kesselten die Stadt Imphal ein, wurden aber durch einen Gegenangriff zurückgeschlagen.

Wo: Die Stadt Imphal, Hauptstadt des Bundesstaates Manipur im Nordosten Indiens.

Wann: 8. März bis 3. Juli 1944

Warum: Dieser Einfall der Japaner war ihre letzte Chance für eine große Offensive gegen Indien, denn der Krieg im Pazifik gegen die USA band den größten Teil der schwindenden japanischen Ressourcen.

Ergebnis: Die Japaner wurden vernichtend geschlagen, die Gefährdung Indiens wurde beseitigt.

DER BREITE IRRAWADDY *war ein Hindernis bei der Nachschubversorgung. Mit diesem behelfsmäßigen Floß wird ein Lastwagen über den Fluss gebracht.*

LEICHTE MILITÄRFAHRZEUGE wie diese britischen Universal Carriers (Bren Carriers) waren äußerst wichtig bei der Versorgung der Front.

Grenze von Burma und Indien war dabei von Vorteil, denn es gab nur wenige Straßen, die relativ gut zu verteidigen waren. Die Stadt Imphal diente den Alliierten als Basis und Logistikzentrum, während die Japaner sich über lange Nachschubwege durch schwieriges Terrain versorgen mussten.

Der japanische Druck ließ nach, und die Alliierten konnten eine Offensive nach Burma vorbereiten. Die Chindits, eine Spezialeinheit der britischen Armee, drangen wiederholt in japanisches Territorium ein. Dies machte Gegenmaßnahmen notwendig: Da für die Japaner eine wirkungsvolle Verteidigung Burmas den gleichen Aufwand erforderte wie die Eroberung von Imphal, entschied sich die japanische Führung für die Offensive.

DER JAPANISCHE ANGRIFF AUF IMPHAL

Die japanischen Einheiten in der Region standen unter dem Befehl von Generalleutnant Masakazu Kawabe (1886–1965), einem energischen Kommandeur, der einen Angriff auf Imphal für durchführbar hielt. Bei einem Sieg könnte man die Überfälle der Chindits stoppen und mit der Wegnahme der Logistikbasis in Imphal die nationalchinesischen Truppen, die im Norden gegen die Japaner kämpften, vom alliierten Nachschub abschneiden. Zudem würde der Weg für einen Angriff auf Indien frei.

Indien war für die Briten enorm wichtig, denn von dort kamen zahlreiche Soldaten für ihre Streitkräfte. Allerdings gab es Unabhängigkeitsbestrebungen, und die Japaner hofften, Indien zum Bruch mit Großbritannien verleiten zu können. Aus diesem Grund wurden Einheiten der Indian National Army (INA), eine von den Japanern aus indischen Kriegsgefangenen rekrutierte Armee, eingebunden.

Die Alliierten hatten zur Vorbereitung einer Offensive gegen Burma mehrere vorgeschobene Stützpunkte errichtet. Die Japaner planten deren rasche Einkesselung und Vernichtung, bevor man nach Imphal vorrücken wollte. Der Angriff musste über schwieriges Gelände und am Ende einer langen Nachschublinie erfolgen. Einige höhere Offiziere hatten ernste Bedenken, vor allem wegen der logistischen Schwierigkeiten.

Trotzdem wurde die Offensive am 8. März 1944 eröffnet, und die Alliierten begannen, ihre vorgeschobenen Einheiten zurückzuziehen. Einigen gelang dies ohne größere Schwierigkeiten, andere mussten sich den Weg mit Unterstützung von Reservetruppen freikämpfen. Anfang

April hatten sich die Alliierten in die Ebene von Imphal zurückgezogen und bekamen Verstärkung aus der Luft.

Die japanischen Einheiten rückten auf mehreren Straßen nach Imphal vor. Den größten Teil ihrer Artillerie und schweren Ausrüstung hatten sie zurückgelassen. Da sie glaubten, dass das Gelände den Einsatz von Panzern verhindere, führten die japanischen Truppen auch keine Panzerabwehrwaffen mit sich. Ironischerweise saßen sie damit dem gleichen Irrtum auf wie die Briten zu Beginn des Krieges in Malaysia. Damals hatten die japanischen Panzer den leicht bewaffneten Alliierten schwer zugesetzt.

Die Alliierten hatten von den Amerikanern gelieferte leichte M3-Lee-Panzer, die sich für dieses schwierige Gelände eigneten. Auf anderen Kriegsschauplätzen hätte man diese nur noch zur Aufklärung verwenden können, doch ohne ernsthafte feindliche Panzerabwehr bewährten sie sich hier im Kampf gegen die feindliche Infanterie.

Die Japaner hatten noch andere Probleme: Sie mussten von den Alliierten Nachschub erbeuten oder Flugplätze erobern, damit sie eine Luftversorgung einrichten konnten. Improvisierte Lösungen, wie das Mitführen von Büffelherden als „lebender Vorrat“ hinter den Kampftruppen, waren fehlgeschlagen – allmählich wurde die Versorgungssituation ernst. Truppen wurden zum Requirieren von Lebensmitteln ausgesandt, doch die fehlten dann als Kampfeinheiten.

WEIL DIE JAPANISCHEN EINHEITEN nur auf die Bekämpfung von Infanterie eingestellt waren, führten sie nur Waffen wie dieses Maschinengewehr mit sich. Die meisten Panzerabwehrwaffen hatten sie beim Vorstoß auf Imphal zurückgelassen.

Die wiederholten Attacken auf Imphal verloren zunehmend an Kraft und hatten nie eine Chance auf Erfolg. Im Gegensatz dazu gewannen die Alliierten an Dynamik, obwohl auch sie unter Nachschub- und Munitionsmangel litten. Ihre Verteidigung wurde aggressiver, und man unternahm Gegenattacken auf die japanischen Stellungen.

Die Alliierten konnten Nachschub einfliegen, wie sie es bereits bei der Schlacht am Ngakyedauk-Pass getan hatten. In Imphal gingen den japanischen Belagerern die Vorräte früher aus als den eingekesselten Alliierten.

MERILL'S MARAUDERS

Die für Spezialeinsätze tief in Feindesland ausgebildete 5307th Composite Unit (Provisional) unter ihrem Kommandeur Brigadier-General Frank Merrill (1903–1955) wurde schnell als Merrill's Marauders bekannt.

Nach dem Training mit den erfolgreichen Chindits wurden die Marauders, alles Freiwillige, zu Kampfeinsätzen hinter den japanischen Linien eingesetzt. Trotz schwerer eigener Verluste und geplagt von Dschungelkrankheiten, gelang es ihnen, die japanischen Nachschublinien zu unterbrechen und dem Gegner in zahlreichen Aktionen schwere Verluste beizubringen.

Nach Kriegsende wurde jedes Mitglied der Marauders mit dem Bronze Star dekoriert und die Einheit mit einer Distinguished Unit Citation für ihren Einsatz in Burma geehrt.

OBEN: DAS ZERKLÜFTETE GELÄNDE *um Imphal konnte an manchen Stellen nur zu Fuß und sehr langsam überwunden werden. Das schränkte die Möglichkeiten zur Offensive auf beiden Seiten stark ein.*

UNTEN: WO DAS GELÄNDE *besser gangbar war, kamen auch leichte Radfahrzeuge und Panzer zum Einsatz.*

AKTIONEN GEGEN KOHIMA

Inzwischen hatten die Japaner Anfang April zwei Wochen lang versucht, den Kohima-Rücken einzunehmen, der ihnen die Kontrolle über den Hauptnachschubweg nach Imphal ermöglicht hätte. Der Bergrücken sollte gleich zu Beginn des Feldzuges erobert werden, doch der erbitterte Widerstand verhinderte dies. Die alliierten Truppen gewannen so Zeit zum Ausbau der Verteidigung.

Die Verteidiger in Kohima gerieten zunehmend unter Druck durch Artilleriebeschuss, der immer wieder von Attacken der Infanterie unterbrochen wurde. Sie behaupteten sich zwar in ihrer zusehends schrumpfenden Stellung, am 17. April jedoch schien die Lage hoffnungslos. In den nächsten Tagen kam aber Verstärkung aus Indien. Die Angriffe der Japaner gingen unvermindert weiter, doch die Chancen auf einen Erfolg schwanden.

Bis Anfang Mai wurden weitere alliierte Truppen in den Kampf um Kohima geführt, und die inzwischen unter Nachschubmangel leidenden Japaner kamen unter Beschuss aus der Luft und durch Artillerie. Der Bergrücken konnte teilweise von den sich erbittert wehrenden Japaner befreit werden, die aber noch bis Mitte Mai einige hoch gelegene Positionen zäh verteidigten.

Nachdem die Alliierten die japanische Nachschublinie besetzt hatten, mussten sich die an Munitionsmangel und Hunger leidenden Japaner zurückziehen und den Bergrücken den Alliierten überlassen. Die Dörfer und das Gelände waren völlig zerstört.

Ende Mai räumten die Japaner Kohima dann endgültig. Viele Einheiten lösten sich auf und schlugen sich auf der Suche nach Nahrung in Richtung Osten oder Süden durch.

OBEN: BRITISCHE UND INDISCHE EINHEITEN gingen in die Offensive über, nachdem die Straße von Imphal nach Kohima offen war. Besprechungen sorgten für die nötige Koordination.

ALLIIERTER GEGENANGRIFF BEI IMPHAL

Die Attacken der Japaner auf Imphal selbst kamen am 1. Mai zum Erliegen. Die Belagerung ging weiter, doch eine echte Chance für einen erfolgreichen Angriff bestand nicht mehr. Die Versorgungssituation der Japaner verschlechterte sich, während die Alliierten in Imphal und Kohima aus der Luft versorgt wurden. Der Abwurf von Material war gerade in Kohima ein schwieriges Unterfangen, doch so konnten die Alliierten die Oberhand über ihren zunehmend schwächer werdenden Gegner erringen.

Schlechtes Wetter und die Verbissenheit der japanischen Soldaten verlangsamten den alliierten Vormarsch. Trotz des Munitions- und Nahrungsmangels verteidigten die Japaner ihre Positionen erbittert. Obwohl ihre Kommandeure wussten, dass die Schlacht nicht zu gewinnen war, gaben sie den Befehl für eine letzte Offensive. Dank frisch eingetroffener Verstärkung hatte diese sogar einen begrenzten Erfolg. Doch am 22. Juni war die Straße von Imphal nach Kohima endgültig offen und der Belagerungsring gesprengt.

Die japanischen Divisionen um Imphal waren am Ende ihrer Kräfte und ignorierten weitgehend die Befehle für einen neuerlichen Angriff. Angesichts dieser Situation erging der Befehl zum Rückzug, der am 3. Juli begann. Viele japanische Einheiten waren durch Hunger und Krankheiten stark geschwächt und schleppten sich mühsam nach Osten zurück.

DIE FOLGEN

Man hat Kohima auch als Stalingrad des Fernen Ostens bezeichnet. Der Vorstoß auf Imphal war der Wendepunkt auf diesem Kriegsschauplatz. Ab diesem Zeitpunkt befanden sich die Japaner in der Defensive und wurden stetig zurückgedrängt. Für die Alliierten waren die dunklen Tage des chaotischen Rückzugs vorbei. Sie kehrten nach Burma mit der Überzeugung zurück, die Kaiserliche Japanische Armee besiegen zu können.

OBEN: INDISCHE SOLDATEN warten auf einer Lichtung. Die dichte Vegetation war ein ernstes Hindernis für Vorstöße, und die wenigen gut passierbaren Bereiche kanalisierten die Truppenbewegungen.

SCHLACHT UM IMPHAL UND KOHIMA

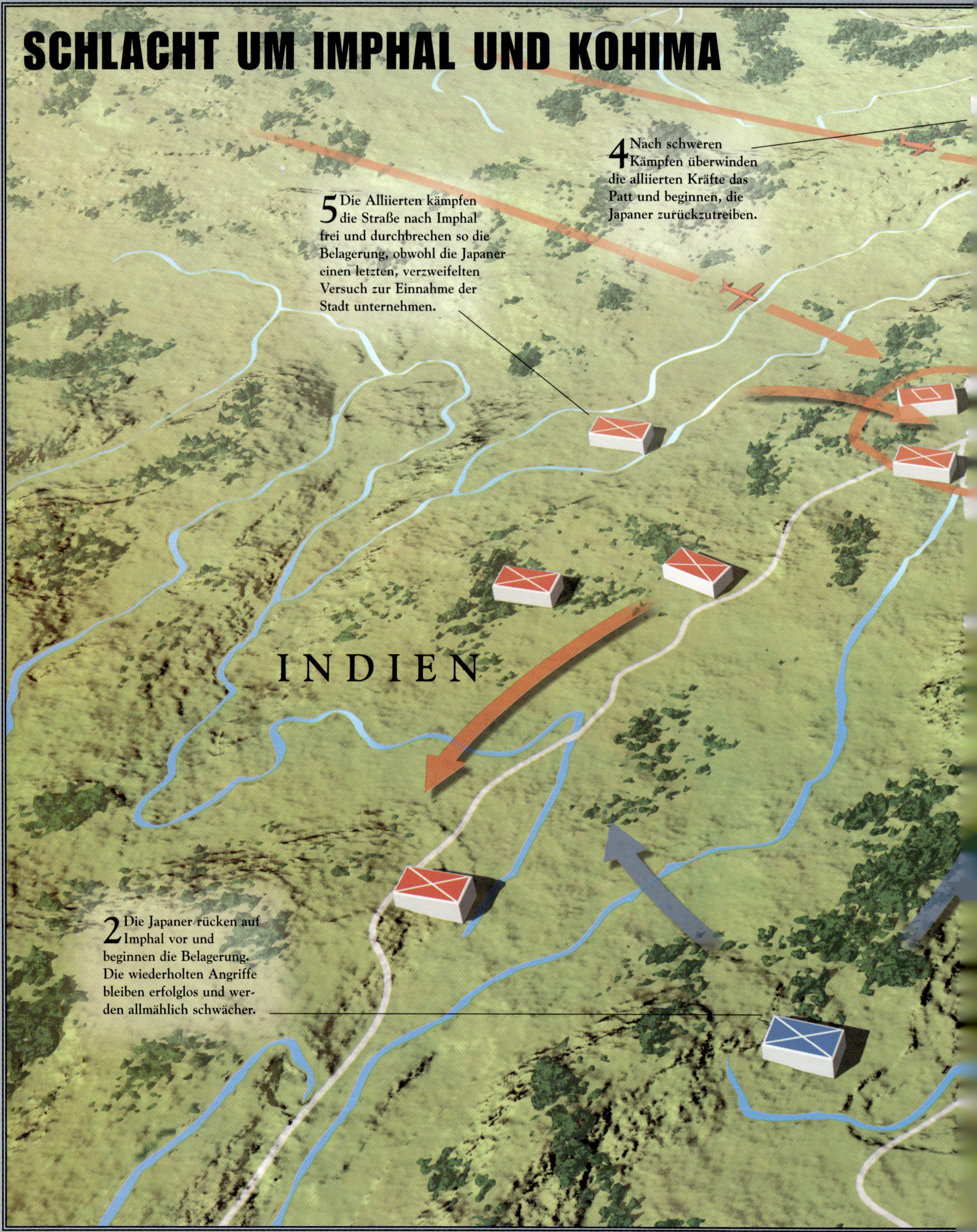

3 Die japanischen Einheiten greifen den Kohima-Rücken an und können die Alliierten fast von dort vertreiben.
KOHIMA
HAL
1 Die für eine Offensive in Vorposten stationierten britischen und indischen Einheiten müssen vor dem japanischen Vormarsch zurückweichen.
6 Die verbliebenen, halb verhungerten japanischen Truppen werden von den vorrückenden Alliierten zurück nach Burma getrieben.
BURMA
Legende
Alliierte Truppenbewegungen
Alliierte Infanterieeinheit
Alliierte Panzereinheit
Japanische Truppenbewegungen
Japanische Infanterieeinheit

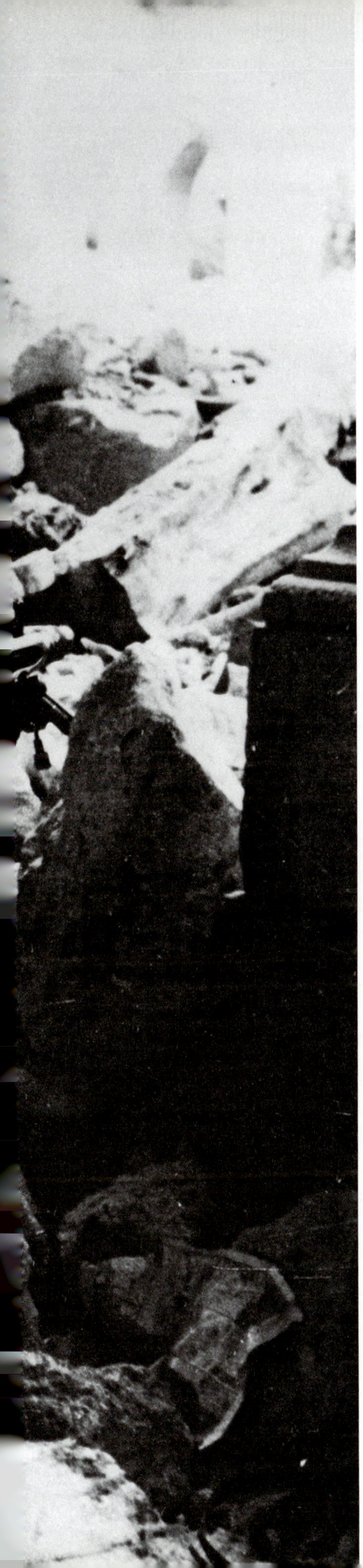

MONTE CASSINO 1944

Die Schlacht um Monte Cassino, die sich von Januar bis Mai 1944 hinzog, war ungewöhnlich für die Kriegsführung in Europa. In dieser fast statischen Phase des Kriegsverlaufs brauchten die Alliierten fünf Monate und vier Offensiven, um die deutsche Gustav-Linie am Monte Cassino zu durchbrechen.

Bei den Kämpfen in Monte Cassino verloren die Alliierten 54 000 Mann, die Deutschen mindestens 20 000. Trotz des Durchbruchs durch die Verteidigungslinie gelang es nicht, die Deutschen entscheidend zu schlagen, und der Kampf um Italien zog sich ein weiteres Jahr hin.

Am 8. September 1943 ergaben sich die Italiener den Alliierten. Die britische 8. Armee hatte fünf Tage zuvor die Straße von Messina überquert, und am 9. September landete die 5. US Army mit amerikanisch-britischen Einheiten bei Salerno. Der anfängliche Erfolg des deutschen Gegenangriffs auf diesen Brückenkopf

DATEN UND FAKTEN

Wer: Das II. US-Korps und das II. Neuseeländische Korps der 5. US-Armee unter General Mark Clark (1896–1984) und später die 8. Britische Armee unter General Oliver Leese (1884–1978) unter dem Oberkommando von General Harold Alexander (1891–1969) standen dem XIV. Panzerkorps von General Fridolin von Senger und Etterlin (1891–1963) gegenüber.

Was: Eine Serie alliierter Angriffe auf die Gustav-Linie, deutsche Verteidigungsstellungen mit Monte Cassino als strategisch wichtigem Punkt.

Wo: Das Gebiet um den Monte Cassino und die benachbarte Stadt, rund 140 km südlich von Rom.

Wann: 24. Januar bis 18. Mai 1944

Warum: Cassino kontrollierte den Zugang zum Liri-Tal und damit den direkten Weg nach Rom.

Ergebnis: Die Deutschen konnten ihre Stellungen zunächst in drei heftigen Schlachten gegen die Angriffe der Alliierten verteidigen, bevor im Mai 1944 die Gustav-Linie endgültig zusammenbrach.

DEUTSCHE SOLDATEN der 1. Fallschirmjägerdivision beziehen mit einem MG 42 in den Ruinen des Klosters Stellung. Die Bombardierung schuf ein besser zu verteidigendes Terrain und lieferte den Deutschen eine Rechtfertigung, die Trümmer des Klosters zu besetzen.

überzeugte Hitler, dem Rat von Generalfeldmarschall Albert Kesselring (1885–1960) zu folgen und den alliierten Vormarsch möglichst weit im Süden aufzuhalten. Er gab Anweisung, südlich von Rom die Gustav-Linie zu errichten, die sich von der Adria zum Tyrrhenischen Meer erstreckte.

Eine Schlüsselposition war der Zugang zum Liri-Tal, das den direkten Weg nach Rom eröffnete. Vom Monte Cassino aus war dieses Tal leicht zu sperren. Die Deutschen errichteten Bunker und Unterstände entlang des Flusses Liri, bauten Stellungen in den umliegenden Bergen, befestigten die Stadt Cassino und stauten die Flüsse dort auf. Es war eine der besten Verteidigungspositionen in Europa.

LANDUNG IN ANZIO

Für die Operation Shingle, die Landung bei Anzio hinter der Gustav-Linie, sollte zunächst ein Vorstoß der 5. Army die deutschen Reserven aus dem Gebiet von Anzio weglocken. General Mark Clark (1896–1984), Kommandeur der 5. Armee, ließ das Corps Expéditionaire Français (CEF) die deutschen Stellungen im Norden von Cassino angreifen, während das britische X. Korps Mitte Januar versuchte, den Fluss Garigliano nach Westen zu überqueren. Keine der beiden Aktionen war wirklich erfolgreich, doch die Deutschen wurden so nach Süden gezogen.

Dann ließ Clark das II. US-Korps gegen Cassino vorrücken. Die 36. Division verlor zwischen dem 20. und 22. Januar zwei Regimenter bei dem Versuch, den Fluss Garigliano zu überqueren. Am 22. Januar fand die Landung in Anzio statt, ohne dass die Wehrmacht hier zunächst Widerstand leisten konnte. Clark wusste, dass die Deutschen alle verfügbaren Kräfte gegen den Brückenkopf werfen würden, und beauftragte die 34. US-Infanteriedivision, den Druck nördlich von Cassino aufrechtzuerhalten. Die „Red Bull Division" griff in der Nacht zum 24. Januar an. Sie brauchte drei Tage, um sich eine sichere Position jenseits des Rapido zu erkämpfen.

Am 29. Januar stieß die Division auf die Hochebene hinter dem Kloster vor und schaffte es, sich im Umfeld der Stadt festzusetzen. Dann kämpfte sie sich stückweise über das Cassino-Massiv vor, bevor am 12. Februar der Angriff zum Erliegen kam. Die US-Infanterie kämpfte tapfer, doch

DIESES VOR DEM BOMBENANGRIFF am 15. Februar 1944 aufgenommene Foto verdeutlicht die dominante Lage des Klosters auf dem Monte Cassino. Unterhalb des Klosters liegt die Stadt Cassino.

Stadt und Kloster blieben in deutscher Hand. Angesichts eines drohenden deutschen Gegenangriffs bei Anzio gingen die Alliierten unter dem Kommando von Lieutenant-General Bernard Freyberg mit dem II. Neuseeländischen Korps, bestehend aus der 2. Neuseeländischen und der 4. Indischen Division, erneut in die Offensive. Die 4. Indische Division übernahm die Positionen der 34. US-Divison. Allerdings war die beherrschende Höhe 593 von den Deutschen zurückerobert worden. Gegen den Willen von Divisionskommandeur Francis Tuker (1894–1967) befahl Freyberg einen frontalen Angriff auf den Klosterberg.

Trotz schwerwiegender Bedenken genehmigte General Harold Alexander (1891–1969), Kommandeur der Alliierten in Italien, die Bombardierung des Klosters, das man fälschlicherweise von den Deutschen besetzt hielt. Am 15. Februar zerstörten mehr als 250 Bomber das Kloster. Die Koordination mit den Bodentruppen hatte jedoch versagt, sodass die 4. Indische Division erst 36 Stunden später in der Nacht zum 17. Februar angreifen konnte – inzwischen hatten deutsche Fallschirmjäger die Ruinen besetzt. Der Indischen Division gelang es nicht, die Höhe 593 oder das Kloster zu erobern. Am 17. Februar griffen die Neuseeländer die Stadt Cassino von Osten an und eroberten die Eisenbahnstation, doch weiter kamen sie nicht.

DEUTSCHER GEGENANGRIFF

Trotz der heftigen Kämpfe in Cassino starteten die Deutschen einen Gegenangriff auf den Brückenkopf bei Anzio. Bemüht, den Druck auf die Gustav-Linie aufrechtzuerhal-

OBEN: NACH DEM ABWURF von 435 t Spreng- und Brandbomben wirkt das zerstörte Kloster wie eine Mondlandschaft. Es war der bis dahin massivste taktische Einsatz von Bombern in diesem Krieg.

RECHTS: DEUTSCHE 150-MM-FELDHAUBITZE. Die deutsche Artillerie war vorrangig im Liri-Tal stationiert. Von den hoch gelegenen Positionen konnten Artilleriebeobachter das Gefechtsfeld überblicken und das Feuer leiten.

INDISCHER SOLDAT

Soldaten aus dem britischen Commonwealth leisteten wertvolle Dienste bei den Kämpfen in Italien.

Dieser Korporal der 6. Rajputana Rifles trägt die typische Ausgehuniform. Als Teil der 4. Indischen Infanteriedivision war diese Einheit direkt in die Schlacht um Monte Cassino verwickelt und erlitt schwere Verluste. Die 6. Rajputana Rifles hatten zuvor mit der 8. Armee in Syrien und während des ganzen Nordafrikafeldzugs gekämpft. Die vielfach ausgezeichnete Einheit besteht bis heute als Teil der indischen Armee fort.

ten, befahl Alexander Freyberg, erneut anzugreifen. Die 4. Indische Division sollte oberhalb der Stadt über den Burghügel auf das Kloster vorgehen. Die Neuseeländer sollten die Stadt von Norden her angreifen. Nach massiven Luftangriffen eröffneten die Divisionen am 15. März den Angriff.

Wieder leisteten die deutschen Fallschirmjäger erbitterten Widerstand. Die Neuseeländer eroberten zwar große Teile der Stadt und die 4. Indische Division zwei Hügel, doch die Alliierten konnten weder die völlige Kontrolle über Cassino erringen noch das Kloster einnehmen. Angesichts des geringen Erfolgs blies Freyberg die Offensive ab.

DIE 8. ARMEE GREIFT EIN

Im Frühjahr 1944 gruppierten die Alliierten ihre Einheiten um. Die 8. Armee übernahm die Front bei Cassino. Alexanders Stabschef, General John Harding (1896–1989), organisierte Operation Diadem, die vierte Schlacht um Cassino. Entlang der Küste sollte das II. US-Korps auf Anzio vorstoßen, wo man das VI. US-Korps zum Ausbruch aus dem Brückenkopf verstärkt hatte.

Das CEF sollte durch die Aurunci-Berge angreifen und in das Liri-Tal eindringen. Das britische XIII. Korps würde zusammen mit dem I. Kanadischen Korps den Zugang zum Liri-Tal attackieren. Das II. Polnische Korps hatte die Aufgabe, Cassino anzugreifen, während das britische X. Korps kleinere Operationen im Norden der Stadt ausführte.

US-ARTILLERISTEN führen ihren britischen Verbündeten eine gewaltige 240-mm-Haubitze M-1 vor, die auch die britische Armee in Italien einsetzte.

RECHTS: EIN GOUMIER *der 2. Marokkanischen Division des Corps Expéditionaire Français (CEF). Die Erfolge dieser gefürchteten Soldaten trugen wesentlich zum Sieg der Alliierten in der vierten Cassino-Schlacht bei.*

EROBERUNG DES KLOSTERS

Diadem begann am 11. Mai um 23 Uhr. Der Vorstoß des XIII. Korps auf das Liri-Tal kam langsam voran, ebenso das II. US-Korps an der Küste. Das CEF erzielte große Erfolge und bedrohte die deutsche Flanke. Die Polen erlitten am Cassino-Massiv schwerste Verluste, konnten aber die Höhe 593 und die Hochebene hinter dem Kloster einnehmen. Am 17. Mai drangen sie zum Kloster vor, das sie leer vorfanden.

Bedroht durch den Vormarsch der Alliierten im Liri-Tal, zogen sich die Deutschen nach Norden zurück. Alexander befahl dem VI. Korps, aus Anzio auszubrechen und den Deutschen den Rückzugsweg abzuschneiden. Die deutsche 10. Armee musste befürchten, eingekesselt zu werden. Doch Clark nahm Alexanders Befehl zurück und ließ das VI. US-Korps auf Rom marschieren, das am 4. Juni eingenommen wurde. Zu seinem großen Erstaunen konnte Kesselring seine Einheiten rechtzeitig abziehen und nördlich von Rom eine neue Verteidigung formieren. Die Chance auf eine Vernichtung der deutschen Truppen in Italien war vertan.

Die Offensiven der Alliierten bei Cassino waren nicht sehr geschickt geplant und mit hohen Verlusten verbunden, doch die prekäre Situation des Brückenkopfs bei Anzio und die Fesselung deutscher Einheiten in Italien vor Beginn der alliierten Invasion in Frankreich machten ein Handeln erforderlich. Der Einsatz hätte sich lohnen können, aber Clarks Entscheidung, lieber Rom einzunehmen, als den Feind einzukesseln, machte diese Chance zunichte.

NACH DER VIERTEN SCHLACHT *von Monte Cassino rollen alliierte Transportfahrzeuge durch die Stadt Cassino, die von den Kämpfen vollständig zerstört wurde.*

MONTE CASSINO
CEPRANO
6 Die koordinierten Angriffe, speziell durch das CEF, zwingt die deutsche 10. Armee zum Rückzug. Am 23. Mai erhält das VI. US-Korps den Befehl, aus dem Brückenkopf von Anzio auszubrechen.
XIV. Pz.-Korps
ITRI
Frontlinie 18. Mai
FORMIA
Gustav-Linie
GAETA
1 Die Operation Diadem ist eine koordinierte, groß angelegte Offensive entlang der gesamten Gustav-Linie.
MITTELMEER

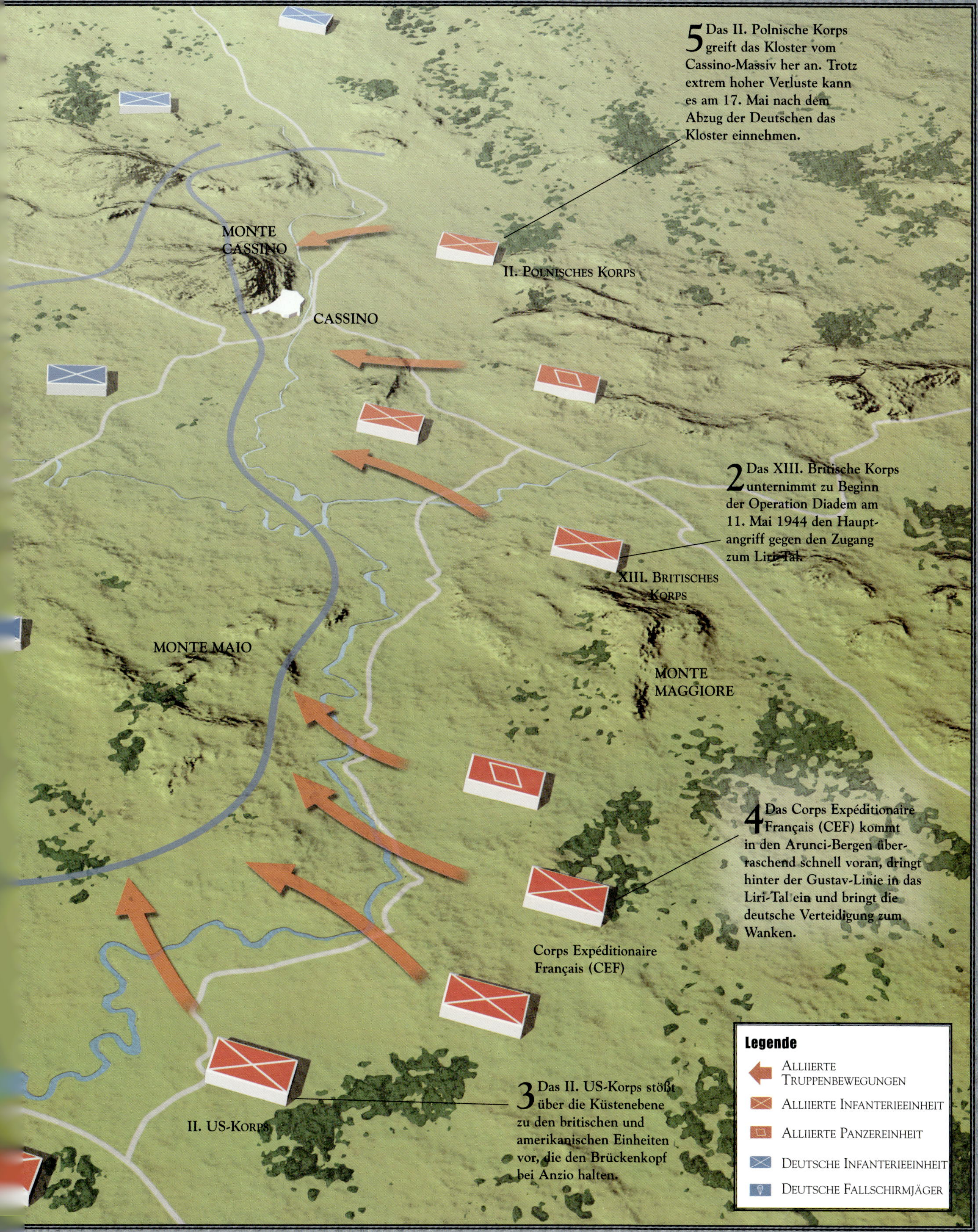

5 Das II. Polnische Korps greift das Kloster vom Cassino-Massiv her an. Trotz extrem hoher Verluste kann es am 17. Mai nach dem Abzug der Deutschen das Kloster einnehmen.
MONTE CASSINO
II. POLNISCHES KORPS
CASSINO
2 Das XIII. Britische Korps unternimmt zu Beginn der Operation Diadem am 11. Mai 1944 den Hauptangriff gegen den Zugang zum Liri-Tal.
XIII. BRITISCHES KORPS
MONTE MAIO
MONTE MAGGIORE
4 Das Corps Expéditionaire Français (CEF) kommt in den Arunci-Bergen überraschend schnell voran, dringt hinter der Gustav-Linie in das Liri-Tal ein und bringt die deutsche Verteidigung zum Wanken.
Corps Expéditionaire Français (CEF)
II. US-KORPS
3 Das II. US-Korps stößt über die Küstenebene zu den britischen und amerikanischen Einheiten vor, die den Brückenkopf bei Anzio halten.
Legende
ALLIIERTE TRUPPENBEWEGUNGEN
ALLIIERTE INFANTERIEEINHEIT
ALLIIERTE PANZEREINHEIT
DEUTSCHE INFANTERIEEINHEIT
DEUTSCHE FALLSCHIRMJÄGER

LANDUNG IN DER NORMANDIE 1944

Der D-Day, die Landung der Alliierten am 6. Juni 1944 an der Küste der Normandie, war einer der entscheidenden Tage des Zweiten Weltkriegs. Seit 1943 hatten sich die Alliierten auf diese Operation mit dem Codenamen Overlord vorbereitet. Am D-Day landeten 160 000 US-Amerikaner, Briten, Kanadier und ein kleines französisches Kontingent in der Normandie, um dort Brückenköpfe zu errichten.

Mit der erfolgreich etablierten „Zweiten Front" befand sich das Deutsche Reich in der Situation, an drei Fronten einen Abnutzungskrieg führen zu müssen. Als „Supreme Allied Commander" führte US-General Dwight „Ike" Eisenhower (1890–1969) das Oberkommando bei der Invasion. Ihm direkt

DATEN UND FAKTEN

Wer: General Dwight Eisenhower (1890–1969) als Oberkommandeur der SHAEF, bestehend aus den alliierten Einheiten der 21. Heeresgruppe von General Bernard Montgomery, gegen die Heeresgruppe B unter Feldmarschall Erwin Rommel.

Was: In der größten amphibischen Operation der Geschichte kehrten die westlichen Alliierten nach Westeuropa zurück.

Wo: Die Seinebucht in der Normandie in Frankreich.

Wann: 6. Juni 1944

Warum: Die Briten und Amerikaner beabsichtigten schon lange, nach West- und Nordeuropa zurückzukehren. Die Normandie bot geeignete Strände, die in Reichweite landgestützter Flugzeuge lagen.

Ergebnis: Die Alliierten konnten sich erfolgreich am Ufer festsetzen und durch die Eröffnung einer zweiten Front dem Krieg eine entscheidende Wendung geben.

BRITISCHE INFANTERISTEN sammeln sich im Abschnitt Sword, um dann ins Inland vorzustoßen. Die Briten sollten am ersten Tag auf die strategisch wichtige Stadt Caen vorrücken, erreichten sie aber nicht.

EIN PRIESTER erteilt amerikanischen Soldaten am 4. Juni 1944 den Segen. Die Operation Overlord sollte am 5. Juni beginnen, wurde aber wegen schlechten Wetters verschoben.

unterstellt waren drei britische Militärs: Admiral Bertram Ramsay (1883–1945), Air Chief Marshal Trafford Leigh-Mallory (1892–1944) und General Bernard Montgomery. Die deutschen Truppen in der Normandie gehörten zur Heeresgruppe B unter Generalfeldmarschall Rommel.

DIE LANDUNGSFLOTTE

Die Planung sah für den D-Day vor, dass eine Flotte die alliierten Truppen während der Nacht über den Ärmelkanal bringen sollte. Im Osten lagen die drei anglokanadischen Landungsabschnitte Sword, Juno und Gold, im Westen die beiden US-Abschnitte Omaha und Utah. Als Erste sollten drei Luftlandedivisionen abgesetzt werden, um die Ost- und Westflanke des Invasiongebietes zu sichern. Nach massivem Bombardement aus der Luft und von See wollte man die Angriffstruppen an den fünf Strandabschnitten absetzen. Nach der Errichtung kleiner Brückenköpfe sollten die Einheiten der folgenden Landungswellen ins Hinterland vorstoßen. Die Planung sah vor, dass Bayeux bis zum Abend des D-Day eingenommen und die vier östlichen Brückenköpfe mit der britischen Luftlandenzone vereint sein sollten.

SCHLECHTES WETTER

Eigentlich hatte man den 5. Juni als D-Day festgelegt, doch das schlechte Wetter zwang Eisenhower, die Invasion zu verschieben. Trotz schwerer See ging es am 6. Juni los. Es gelang den Alliierten, die Deutschen zu überraschen, die nur langsam reagierten. Am 5. Juni versammelten sich 6939 Schiffe vor der Südküste Englands und nahmen am Abend Kurs auf die Normandie. Ab 23:30 Uhr starteten Transportflugzeuge mit 17 000 Mann Fallschirmjägern in Richtung Frankreich. In den ersten Stunden des 6. Juni landeten britische Luftlandeeinheiten nordöstlich von Caen und besetzten Schlüsselpositionen zur Absicherung der Ostflanke der Invasion. Gleichzeitig gingen US-Fallschirmjäger im Marschland hinter dem Abschnitt Utah nieder, um die Westflanke vor deutschen Truppen zu schützen.

Während die deutschen Einheiten vor Ort in diesen Luftlandungen den Beginn der Invasion sahen, vermuteten höhere Kommandeure, es handle sich nur um Ablenkungsmanöver – in den deutschen Stäben war man fast überzeugt, dass die Invasion am Pas de Calais stattfinden *musste*. Mit Beginn der Luftlandeeinsätze lichtete die Flotte in den Bereitstellungsräumen vor der normannischen Küste ihre Anker und nahm Kurs auf die Landungsabschnitte. Bei Anbruch der Morgendämmerung begann von See und aus der Luft das Bombardement der deutschen Stellungen.

LANDUNG AUF DEN STRÄNDEN

Zwischen 6:30 und 7:45 Uhr begann der alliierte Vorstoß auf fünf Küstenabschnitte. Im östlichen Abschnitt Sword startete die britische 3. Division ihren Angriff um 7:15 Uhr. Hier kamen, wie in den anderen Landungsbereichen, gemischte Einheiten aus Infanterie, Kommando- und Panzereinheiten zum Einsatz. In den folgenden zwei Stunden

SHERMAN-MINENRÄUMPANZER

Der Sherman Crab gehörte zu den vielen speziell ausgerüsteten Panzerfahrzeugen, die am D-Day zum Einsatz kamen. Der Crab-Vorbau bestand aus einem „Dreschflegel" – einer rotierenden Trommel mit daran befestigten Eisenketten – und diente dazu, eine Passage durch Minenfelder zu bahnen. Diese Vorrichtung hatte man in Nordafrika an einem Matilda-Panzer erprobt. Jetzt wurde sie am M4 Sherman, dem Standardpanzer der Alliierten, angebracht. Mit einer Geschwindigkeit von 2 km/h konnte eine rund 3,3 m breite Schneise in einem Minenfeld geräumt werden. Nach einigen Explosionen mussten die Ketten ausgetauscht werden.

kämpften sich die Briten über den Strand vor und nahmen eine heftig verteidigte deutsche Stellung bei La Brèche ein. Gleichzeitig kämpften sich andere alliierte Einheiten bis in die Randbereiche von Ouistreham durch und nahmen das gut 3 km weiter im Hinterland gelegene Hermanville ein. Im Verlauf des Morgens landeten weitere Einheiten im Abschnitt Sword, der mit der steigenden Flut immer schmaler wurde. Der dadurch entstandene Stau verzögerte das Vorrücken der Panzer. Dennoch setzten die britischen Speerspitzen ihren Vorstoß fort.

EIN SPÄHTRUPP der britischen 6. Luftlandedivision gleicht vor dem Start nach Frankreich die Uhrzeit ab.

LINKS: AMERIKANISCHE SOLDATEN der 1. Infanteriedivision „Big Red One" gehen an Bord eines Landungsboots, das sie an der Küste der Normandie absetzen wird.

Um 7:45 Uhr begann die kanadische 3. Infanteriedivision ihren Angriff im Abschnitt Juno. Bei heftigem Abwehrfeuer brauchte sie mehr als zwei Stunden, um über den Strand hinauszugelangen. Am Vormittag rückten britische und kanadische Einheiten nach Saint-Aubin und Courseulles vor, um gut 6 km hinter der Küste eine Verteidigungslinie aufzubauen. Weiter westlich hatte die britische 50. Infanteriedivision um 7:30 Uhr ihren Angriff auf Abschnitt Gold begonnen. Hier war der deutsche Widerstand durch das Bombardement stark geschwächt, und so konnten die Stoßtruppen einen ersten Brückenkopf etablieren, obwohl sich die Unterstützung durch Panzer wegen der rauen See verzögerte.

Auf der Westflanke hatte die deutsche Stellung bei Le Hamel kaum etwas von dem Beschuss abbekommen, sodass die Briten stundenlang kämpfen mussten, bis sie gegen heftigen Widerstand den Ort einnehmen konnten. Andere britische Einheiten stießen westwärts gut 6 km ins Inland vor, um Port-en-Bessin zu erobern und die fast 15 km breite Lücke zwischen Gold und Omaha zu verkleinern.

BLOODY OMAHA

Die Landung der 1. und 29. US-Infanteriedivision am Abschnitt Omaha begann um 6:30 Uhr. Schon zuvor gab es Probleme mit dem Unterstützungsfeuer, das weniger effektiv als geplant ausfiel. Die schwer bepackten Infanteristen mussten durch brusthohes Wasser an Land waten, wo sie von mörderischem Abwehrfeuer empfangen wurden. Die

UNTEN: DER UMFANG der Operation Overlord wird in dieser Aufnahme mit den angelandeten Transportbooten und Nachschubtransportern am Omaha Beach ersichtlich.

OBEN: VERWUNDETE SOLDATEN des 3. US-Bataillons des 16. Infanterieregiments ruhen sich nach der Einnahme von Omaha Beach aus.

Verluste waren enorm. Der alliierten Aufklärung war die Verstärkung der deutschen Verteidigung dort entgangen. Den ganzen Vormittag bemühten sich die US-Truppen, sich über den Strand bis zu den Klippen vorzukämpfen.

DIE ANDEREN STRANDABSCHNITTE

Die Landung im Abschnitt Utah im Südosten der Halbinsel Cotentin war weniger verlustreich. Hier ging die 4. US-Infanteriedivision um 6:30 Uhr an Land. Die relativ schwache deutsche Verteidigung war zuvor durch Beschuss von See ausgeschaltet worden. Dank des geringen Widerstands konnten die Amerikaner rasch ins Hinterland vordringen.

Im weiteren Verlauf des D-Day rückten die Alliierten mit ihren sieben getrennten Landungs- und Luftlande-Verbänden vor, um vier größere Brückenköpfe zu etablieren. Im Osten schlossen sich britische Einheiten mit den Luftlandeeinheiten östlich der Orne zusammen. Ein deutscher Panzerangriff verhinderte, dass sich die im Abschnitt Sword gelandeten Einheiten mit denen von Juno zusammenschließen konnten. Den in Juno gelandeten Kanadiern war jedoch die Vereinigung mit den britischen Einheiten aus dem Bereich Gold gelungen. Weiter westlich im Abschnitt Omaha hatten sich die US-Truppen inzwischen einen 1,5 km tiefen Brückenkopf erkämpft, allerdings zum Preis von über 2000 Toten und Verwundeten. Im Bereich Utah hatten die US-Einheiten die Verbindung zu den Luftlandetruppen hergestellt.

Um Mitternacht des 6. Juni 1944 hatten sich 159 000 alliierte Soldaten in vier großen Brückenköpfen festgesetzt. Die alliierte Front war zwar noch immer für deutsche Gegenangriffe anfällig, doch die Deutschen hätten nun die Landungstruppen nicht mehr in einem Zug ins Meer zurückwerfen können. Die Eröffnung der „Zweiten Front" am 6. Juni 1944 war ein großer Schritt hin zum Sieg der Alliierten über Nazi-Deutschland.

RECHTS: FALLSCHIRMJÄGER der 101. US-Luftlandedivison: Er hält einen speziell für diesen Truppenteil entwickelten M1A1-Karabiner mit klappbarer Schulterstütze.

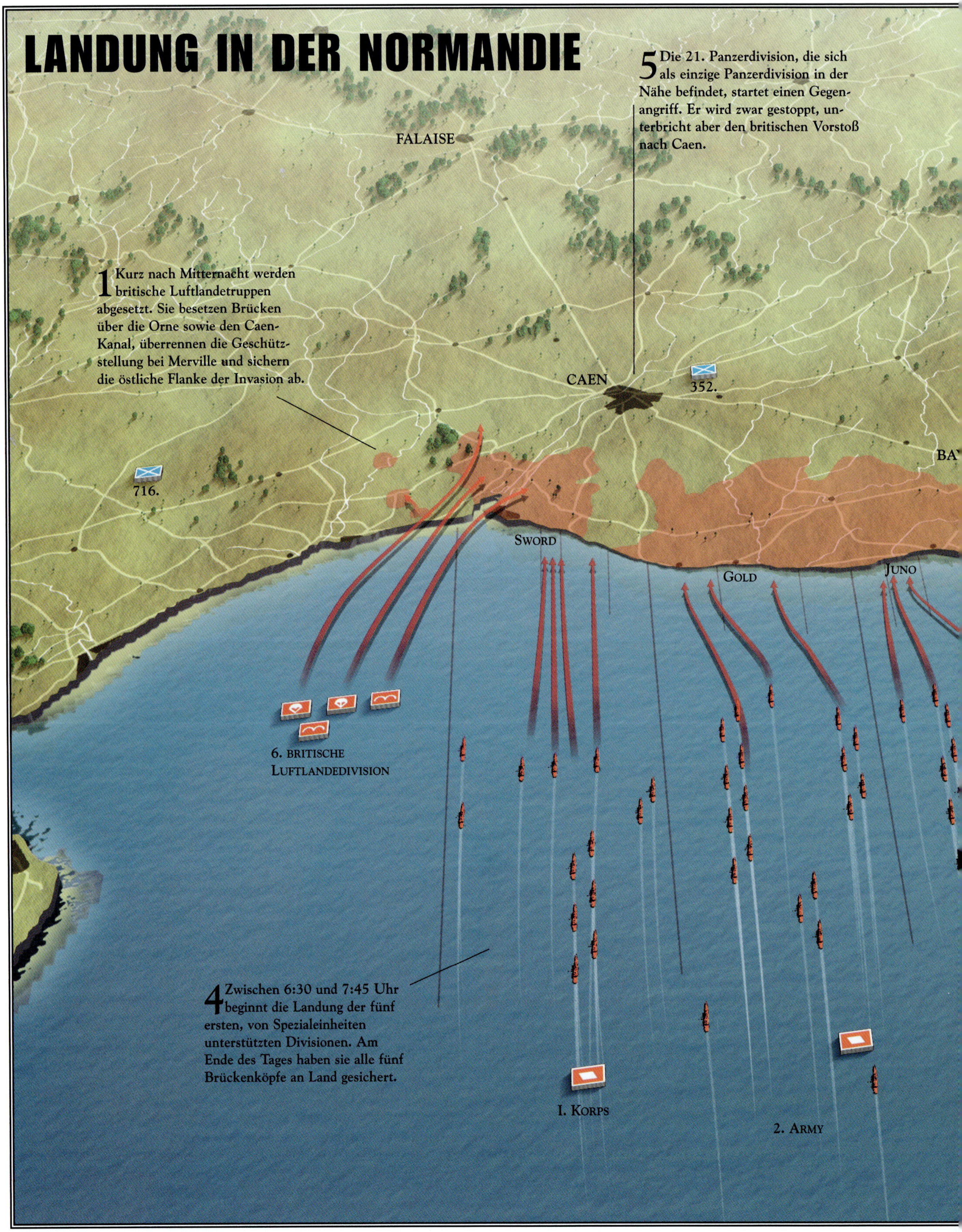
LANDUNG IN DER NORMANDIE
5 Die 21. Panzerdivision, die sich als einzige Panzerdivision in der Nähe befindet, startet einen Gegenangriff. Er wird zwar gestoppt, unterbricht aber den britischen Vorstoß nach Caen.
FALAISE
1 Kurz nach Mitternacht werden britische Luftlandetruppen abgesetzt. Sie besetzen Brücken über die Orne sowie den Caen-Kanal, überrennen die Geschützstellung bei Merville und sichern die östliche Flanke der Invasion ab.
CAEN
352.
716.
SWORD
GOLD
JUNO
6. BRITISCHE LUFTLANDEDIVISION
4 Zwischen 6:30 und 7:45 Uhr beginnt die Landung der fünf ersten, von Spezialeinheiten unterstützten Divisionen. Am Ende des Tages haben sie alle fünf Brückenköpfe an Land gesichert.
I. KORPS
2. ARMY

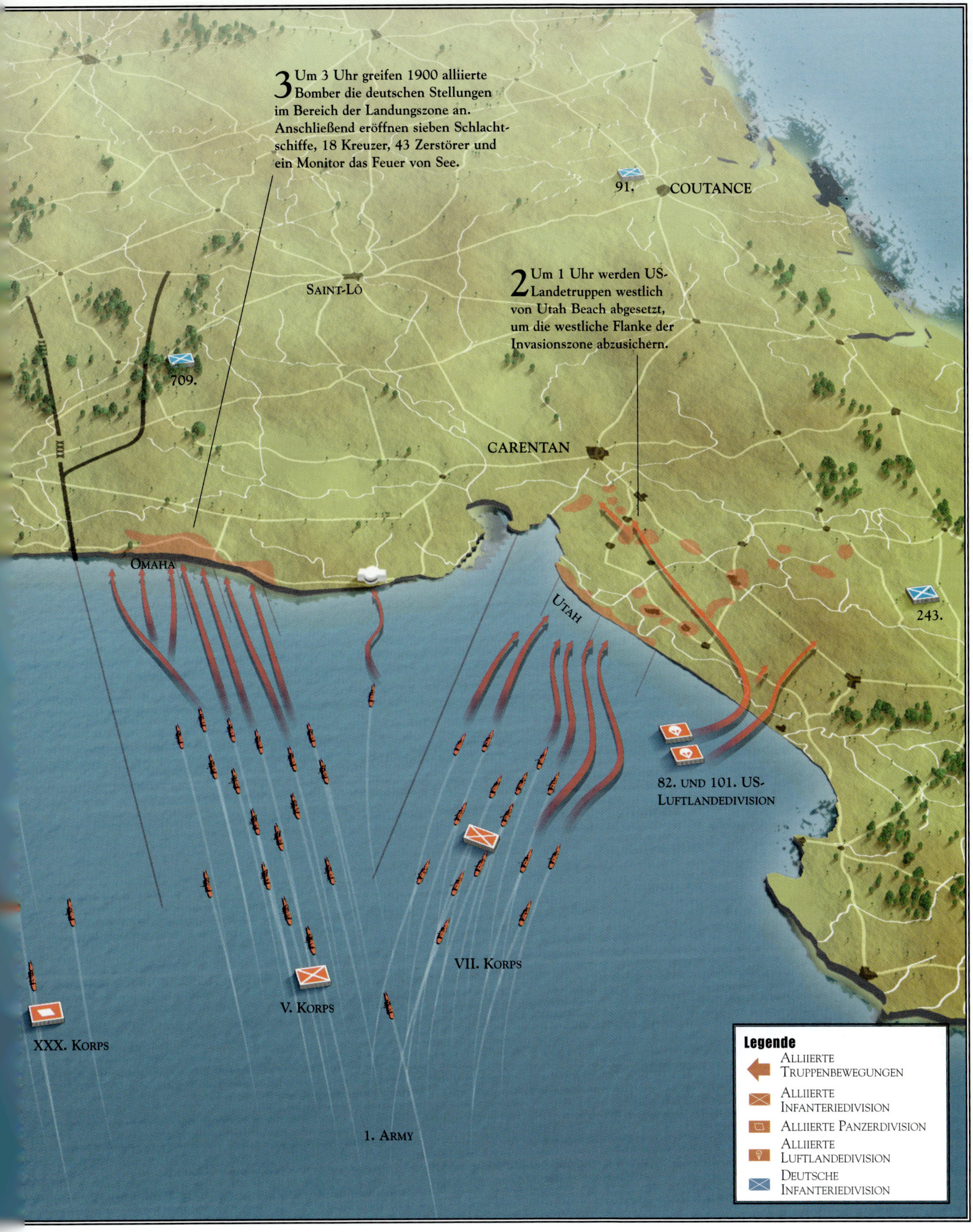
3 Um 3 Uhr greifen 1900 alliierte Bomber die deutschen Stellungen im Bereich der Landungszone an. Anschließend eröffnen sieben Schlachtschiffe, 18 Kreuzer, 43 Zerstörer und ein Monitor das Feuer von See.
2 Um 1 Uhr werden US-Landetruppen westlich von Utah Beach abgesetzt, um die westliche Flanke der Invasionszone abzusichern.
91.
COUTANCE
SAINT-LÔ
709.
CARENTAN
OMAHA
UTAH
243.
82. UND 101. US-LUFTLANDEDIVISION
VII. KORPS
V. KORPS
XXX. KORPS
1. ARMY
Legende
ALLIIERTE TRUPPENBEWEGUNGEN
ALLIIERTE INFANTERIEDIVISION
ALLIIERTE PANZERDIVISION
ALLIIERTE LUFTLANDEDIVISION
DEUTSCHE INFANTERIEDIVISION

VORSTOSS AUS DER NORMANDIE 1944

Ende Juli und im August 1944 gelang es den Westalliierten, die deutsche Frontlinie aufzubrechen, die die Normandie abriegelte. Der Durchbruch führte zur Befreiung von Paris und der Vertreibung der Wehrmacht aus Frankreich.

Eine solche Abriegelung war in den alliierten Pläne nicht vorgesehen. Vielmehr sollten die Deutschen nach der Bildung eines Brückenkopfs rasch zum Rückzug hinter die Seine gezwungen werden, wo es zur Entscheidungsschlacht kommen sollte. Hitler befahl seinen Truppen, die Alliierten unbedingt am Vordringen ins Hinterland zu hindern. Die Operationen in der Normandie entwickelten sich zu einer Abnutzungsschlacht.

In den schweren Kämpfen erlitten die Einheiten der Wehrmacht große Verluste an Soldaten und Material, ohne dass ausreichender Ersatz eintraf. General

DATEN UND FAKTEN

Wer: Die 25. Heeresgruppe und ab dem 1. August 1944 die 12. US-Heeresgruppe unter Lieutenant-General Omar Bradley (1893–1981) zusammen mit General Bernard Montgomery als Kommandeur der Bodentruppen gegen die Heeresgruppe B, die bis zum 18. August Feldmarschall Günther von Kluge (1882–1944) und dann Walter Model (1891–1945) unterstand.

Was: Eine Serie alliierter Offensiven, die schließlich die deutsche Verteidigungslinie in der Normandie sprengte und den Alliierten den Ausbruch aus ihrem Brückenkopf erlaubte.

Wo: Normandie, Frankreich.

Wann: 25. Juli bis 30. August 1944

Warum: Anstatt sich nach der Landung der Alliierten hinter die Seine zurückzuziehen, mussten die Deutschen die Stellung halten, und es kam zu einem sechswöchigen, zermürbenden Kampf.

Ergebnis: Die Deutschen wurden aus der Normandie vertrieben. Die Alliierten überschritten die Seine und befreiten am 25. August Paris. Danach stießen sie rasch durch Frankreich auf Deutschland vor.

BRITISCHE SANITÄTER *bergen im Juli 1944 irgendwo in der Normandie einen verwundeten Kameraden zum Transport zu einem Verbandplatz.*

BRITISCHE SOLDATEN in einem Hohlweg in der Normandie. Der dichte Bewuchs der unübersichtlichen Bocage-Landschaft ist hier gut erkennbar.

Bernard Montgomery startete die Operation Goodwood, um mit einem Panzerangriff Caen von Osten her zu umfassen. Diese Aktion erreichte ihr Ziel zwar nicht, erleichterte aber den Erfolg von US-Einheiten, die am 25. Juli die Operation Cobra begannen. Zur Abwehr des britischen Angriffs hatten die Deutschen einen Großteil ihres Nachschubes auf den Ostsektor der Front konzentriert. Den deutschen Einheiten, die den westlichen Frontabschnitt bei Saint-Lô verteidigten, wo Cobra stattfinden sollte, fehlte es an Treibstoff und Munition, was den Amerikanern den Erfolg erleichterte.

ZERMÜRBUNGSKRIEG

Am 25. Juli startete die 1. US-Armee unter General Omar Bradley (1893–1981) nach schweren Luftangriffen die Operation Cobra. Sobald die Infanterie eine Bresche in die deutsche Front geschlagen hatte, sollten drei motorisierte Divisionen zur Küste bei Coutances vorstoßen und dabei große gegnerische Verbände abschneiden. Die deutsche Verteidigung war durch die massiven Bombenangriffe so geschwächt, dass das VII. US-Korps bereits am ersten Tag über 3 km weit vorrückte. In einer kühnen Aktion gelang den Amerikanern in den nächsten 48 Stunden ein knapp 28 km tiefer Vorstoß. Bis zum 29. Juli hatten die US-Einheiten die deutsche Front auseinandergerissen. Zwischen dem 29. und 31. Juli überquerten US-Truppen bei Pontaubault den Fluss Sélune. Die Abriegelung der Normandie war damit durchbrochen.

Am 30. Juli startete Montgomery eine improvisierte britische Offensive von Caumont in Richtung Vire, um diese Bresche zu vergrößern. Der Abnutzungskrieg wurde vom schnellen Bewegungskrieg abgelöst.

DEUTSCHER GEGENANGRIFF

Am 2. August reagierte Hitler auf den US-Vorstoß. Er gab der Heeresgruppe B den Befehl, die schwächere amerikanische Westflanke mit einem Gegenangriff zu attackieren. Die Rückeroberung von Avranches würde die durchgebrochenen US-Einheiten von ihrer Nachschubversorgung abschneiden. In der Nacht zum 7. August stieß eine hastig zusammengestellte motorisierte Truppe der Deutschen in dem engen Korridor zwischen den Flüssen Sée und Sélune auf Mortain vor. Nach Anfangserfolgen wurde der Gegenstoß aber zum Stillstand gebracht. Den Alliierten bot sich nun die strategische Gelegenheit, die deutschen Einheiten der Normandiefront im Bereich von Argentan-Falaise oder großräumiger entlang der Seine einzukesseln und zu vernichten.

Anfang August drangen die US-Kräfte gegen nur schwachen feindlichen Widerstand nach Osten vor und umgingen so die noch immer haltende deutsche Verteidigungslinie gegen die Briten bei Caen. Nach diesem tiefen Vorstoß der Amerikaner hinter ihren Rücken blieb den Deutschen nur der Rückzug hinter die Seine als mögliche Strategie. Hitler aber bestand darauf, dass die Einheiten in ihren Stellungen blieben und weiterkämpften.

VORMARSCH AUF FALAISE

Anfang August saßen, im Gegensatz zu den Erfolgen der US-Einheiten, die Briten und Kanadier bei Caen mehr oder weniger fest. Dabei war ihr Vorstoß nach Süden auf Falaise wichtig, da er immer noch starke deutsche Truppenteile band und so die amerikanischen Angriffe weiter westlich unterstützte. Zudem bildeten die britisch-kanadischen Truppen den zweiten Zangenarm für die Einkesselung. Deshalb leitete am 7. auf den 8. August das II. Kanadische Korps unter General Guy Simonds (1903–1974) mit der Operation Totalize den Vormarsch auf Falaise ein. Eine von strategischen Bombern unterstützte Angriffstechnik mit einem massiven Einsatz improvisierter Schützenpanzer

LINKS: EIN TIGER der schweren SS-Panzerabteilung 101 auf dem Weg zur Front.

UNTEN: US-INFANTERISTEN sind am Rand eines Feldes in Deckung gegangen. Das Getreide stand zu dieser Jahreszeit oft brusthoch auf den Feldern.

OBEN: EIN KETTENFAHRZEUG, das die Deutschen 1940 von den Franzosen erbeuteten, hat wieder eine neue amerikanisch-französische Besatzung gefunden.

brachte anfangs einige Erfolge. Doch der energische Widerstand der Deutschen brachte den Angriff am 11. August zum Stehen.

Die US-Einheiten waren zwischen dem 8. und 13. August hinter dem Rücken der Deutschen bis nach Alençon vorgedrungen und nur 32 km von Simonds' Angriffsspitze entfernt. Durch einen Zusammenschluss dieser beiden Verbände in der Gegend von Falaise–Argentan würde die deutsche 7. Armee in einem großen Kessel eingeschlossen werden. Simonds startete deshalb am 14. August unter dem Codenamen Tractable eine improvisierte Offensive in Richtung Falaise. Der erbitterte Widerstand der Deutschen brachte am 15. August Simonds' Vorstoß zum Erliegen, noch bevor dieser das wichtige höher gelegene Terrain nördlich von Falaise besetzen konnte.

BRÜCKENKOPF AN DER SEINE

Inzwischen hatten die Amerikaner ihren Vormarsch nördlich von Alençon gestoppt – teils wegen Nachschubproblemen, teils aus Angst, in das Feuer von Simonds' Einheiten zu geraten. Bradley teilte seine Truppen auf und schickte das V. US-Korps ostwärts zur Seine los. Schon am 19. August konnte das Korps einen sicheren Brückenkopf bei Mantes-Gassicourt errichten. Trotz des Verharrens der Amerikaner bei Alençon war der Kessel bei Falaise am 16. August fast geschlossen. Die Deutschen konnten nur noch einen unsicheren 16 km breiten Korridor bei Trun offen halten.

AUSBRUCH AUS DEM KESSEL VON FALAISE

Zwischen dem 16. und 19. August rückten Simonds' Panzereinheiten südostwärts auf Trun vor und schlossen sich mit den Amerikanern zusammen – die Einkesselung war gelungen. Doch die schwachen alliierten Kräfte konnten den anschließenden Ausbruchsversuch der verbliebenen Truppen der deutschen 7. Armee nicht standhalten, die sich verzweifelt einen Weg durch die alliierte Blockade freikämpften und dabei von SS-Panzereinheiten von außerhalb des Kessels unterstützt wurden. Rund 100 000 deutsche Soldaten konnten entkommen, mussten aber ihre gesamte schwere Ausrüstung zurücklassen. Mit der in Auflösung befindlichen 7. Armee und den rasch ins Innere Frankreichs vorstoßenden Amerikanern blieb den Deutschen keine Wahl, als sich zur Seine zurückzuziehen.

Schon bevor der Kessel von Falaise abgeriegelt wurde, hatte Montgomery eine eigene Offensive auf die Seine begonnen, die einer von ihm bevorzugten großräumigeren Umfassung entsprach. Am 21. August hatten sich vier Korps aufwärts der Seine in den Norden von Paris aufgemacht, um

OBEN: EIN MIT EINER STEN-MP bewaffneter französischer Résistance-Kämpfer und ein amerikanischer Offizier gehen bei einem Feuergefecht in Deckung.

RASTENDE US-SOLDATEN vor einem kleinen französischen Café vor dem Weitermarsch ins Landesinnere.

zu den vorrückenden Amerikanern aufzuschließen. Zwischen dem 21. und 30. August setzten sich die Reste der Heeresgruppe B auf das Nordufer der Seine ab. Am 26. August wurde bei Vernon der erste britische Brückenkopf jenseits der Seine errichtet. Nur vier Tage später leisteten die Deutschen auch am Oberlauf der Seine keinen Widerstand mehr. Zu diesem Zeitpunkt war Paris bereits befreit, und die Amerikaner stürmten jenseits der Seine nach Norden und nach Osten ins Innere Frankreichs voran. Die Alliierten hatten die Schlacht um die Normandie gewonnen und planten nun, direkt auf deutsches Gebiet vorzustoßen.

TIGER IN DER NORMANDIE

Der schwere Panzerkampfwagen VI Tiger I wurde Ende 1942 in Dienst gestellt. Das Erscheinen des sowjetischen T-34 hatte die Entwicklung des Waffensystems mit extrem starker Panzerung und einem wirkungsvollen 88-mm-Geschütz beschleunigt.

Der Tiger, der in schweren Panzerabteilungen auf Korps- oder Armeeebene eingesetzt wurde, machte den alliierten Panzerverbänden in der Normandie schwer zu schaffen. So hielt seine Frontpanzerung Treffern des 75-mm-Geschützes des Sherman stand. Er errang einige taktische Erfolge, war aber nie in ausreichender Zahl verfügbar, um eine entscheidende Wende herbeizuführen.

VORSTOSS AUS DER NORMANDIE
SAINT-LÔ
3 Lieutenant-General Collin durchbricht mit dem VII. Korps die deutschen Linien und marschiert auf Avranches.
2 Am 25. Juli startet die 1. US-Armee von General Omar Bradley die Operation Cobra, die von einem massiven Bombardement aus der Luft und durch Artillerie unterstützt wird.
COUTANCES
GRANVILLE
4 Die 3. US-Armee von General Patton schwenkt nach Osten und droht, die deutsche Frontlinie zu umfassen.
AVRANCHES
Legende
Alliierte Truppenbewegungen
Alliierte Infanteriedivision
Alliierte Panzerdivision
Deutsche Infanteriedivision
Deutsche Panzerdivision
Deutsche Luftlandedivision

1 Am 18. Juli beginnt die Operation Goodwood, die die Reserven der Deutschen aufzehrt. Am 7. August folgt die Operation Totalize, die die Deutschen in der Region bindet.
BAYEUX
CAEN
FALAISE
5 Hitler befiehlt einen Gegenangriff auf Mortain, der am 7. August beginnt. Er bleibt ohne Erfolg, hält die verbliebenen deutschen Panzer aber in den sich schließenden Kessel.
6 Die US-Einheiten kommen im Süden schnell voran und schließen sich am 19. August mit den britischen und kanadischen Truppen zusammen – der Kessel von Falaise ist geschlossen.

LUFTLANDUNG BEI ARNHEIM 1944

Mit den Luftlandungen bei Nimwegen und Arnheim wollten die Alliierten strategisch wichtige Brücken erobern, um den Westwall zu umgehen. Bei einer erfolgreichen Umsetzung hätte die Operation Market Garden den Krieg um etliche Monate verkürzen können.

Der Westwall war ein vor dem Krieg erbautes Verteidigungssystem an der deutsch-französischen Grenze. Es handelte sich dabei um eine tief gestaffelte Verteidigungszone mit Minenfeldern, Bunkern, Unterständen und Panzersperren. In solchen Befestigungen verschanzt, konnten selbst drittklassige Einheiten dem Gegner schwere Verluste zufügen. Auch der Angriff auf das schwer verteidigte Ruhrgebiet erschien als zu riskant. Im Sommer 1944 suchten die Alliierten deshalb eine Alternative und entwickelten einen Plan, der mit Mut und etwas Glück gelingen konnte.

DATEN UND FAKTEN

Wer: Alliierte Luftlande- und Bodentruppen, einschließlich der britischen 1. Luftlandedivision und der polnischen Brigade gegen deutsche Panzer- und Infanterieeinheiten.

Was: Obwohl der Vorstoß zunächst erfolgreich war, erwies sich der deutsche Widerstand stärker als erwartet.

Wo: Die Umgebung der niederländischen Stadt Arnheim am Rhein.

Wann: 17. bis 25. September 1944

Warum: Die Alliierten wollten den Rhein überqueren und so die deutschen Truppen in den Niederlanden einschließen.

Ergebnis: Die Operation war ein Fehlschlag, der den Krieg in Westeuropa um mehrere Monate verlängerte.

FALLSCHIRMJÄGER UND INFANTERIE in Lastenseglern landen bei Arnheim. Das Absetzen von Soldaten mithilfe von Lastenseglern erforderte weniger Training als die Ausbildung von Fallschirmjägern, war aber kaum weniger gefährlich. Allerdings war das Risiko geringer, dass die Truppen zerstreut wurden.

BRITISCHE FALLSCHIRMJÄGER auf dem Flug nach Arnheim. Bei jeder Operation gab es nicht nur Verluste durch feindliches Feuer, sondern auch durch Unfälle bei der Landung.

Dieser Plan war relativ einfach. In einem Überraschungsangriff wollten die Alliierten strategisch wichtige Brücken über die Maas, die Waal und den Niederrhein besetzen, um einen Brückenkopf jenseits der beiden großen Flüsse zu errichten. Das Problem bestand aber darin, dass man vielleicht die erste Brücke im Handstreich mit Unterstützung leichter Panzereinheiten nehmen konnte, doch sobald die Angreifer die nächste Brücke erreichen würden, könnten sie diese gesprengt vorfinden.

Die Lösung war, dass alle Brücken gleichzeitig von Fallschirmjägern sowie in Lastenseglern abgesetzten Infanteristen besetzt und bis zum Eintreffen der Panzereinheiten gehalten wurden. Das Luftlandeunternehmen bekam den Codenamen Market, der Panzervorstoß die Bezeichnung Garden. Es war ein sehr kühner Plan, der einen alliierten Offizier zu der Bemerkung veranlasste: „Ich denke, wir gehen eine Brücke zu weit."

Als größte Bedrohung für das Unternehmen erwies sich nicht der Feind, sondern die schlechte alliierte Planung. Vielleicht aus einer gewissen Selbstgefälligkeit heraus nach dem Erfolg der Landung in der Normandie nahm man viele Dinge schon als sicher an. Und so scheiterte die Nachschubversorgung, auch die Kommunikation zwischen den Einheiten klappte nicht. Manchmal lag das an Problemen mit den Funkgeräten, doch genauso oft an mangelhaften Kommunikationsstrukturen.

DAS UNTERNEHMEN BEGINNT

Die Operation begann mit der Landung britischer, amerikanischer und polnischer Fallschirmjägereinheiten. Weil die RAF Bedenken wegen der Flugabwehr im Raum Arnheim hatte, sprangen die Truppen in einiger Entfernung von ihren Zielen ab, die sie dann in einem Gewaltmarsch erreichen mussten. Die Deutschen bekamen so Zeit, um auf den Angriff zu reagieren.

Wichtiger noch waren zwei andere Aspekte. Zum einen lag hier das II. SS-Panzerkorps, um nach den Kämpfen in der Normandie aufgefrischt zu werden. Es war eine erfahrene, gut ausgerüstete Einheit mit ausgewiesenem Kampfgeist.

Zum anderen befand sich Feldmarschall Walter Model (1891–1945) vor Ort, der sich an der Ostfront einen Ruf als exzellenter Kommandeur erworben hatte. Mehrfach konnte er dort Niederlagen abwenden, indem er aus versprengten Truppenteilen rasch eine neue Kampfgruppe formierte und einen improvisierten Schlachtplan konzipierte. Diese Erfahrung kam ihm jetzt zugute.

Model gab zunächst Befehl, die Fallschirmjäger am Erreichen ihrer Zielorte zu hindern. In seinem Hauptquartier begann er, eine Antwort auf die Operation zu organisieren. Er wusste bereits, dass alliierte Panzereinheiten auf seine Stellungen vorrückten und Fallschirmjäger entlang deren Stoßrichtung gelandet waren. Es war nicht schwer, die Absichten der Alliierten zu erahnen.

Durch Models schnelle Reaktion gelangten nur wenige der für die Einnahme der Brücken vorgesehenen Fallschirmjäger nach Arnheim. Teile des 2. Bataillons unter Lieutenant-Colonel John Frost (1912–1993) konnten mit unterwegs dazugestoßenen, weiteren Soldaten das Nordende der Brücke erreichen und sich dort festsetzen. Weiter kamen die Fallschirmjäger nicht. Model stellte einen Teil seiner Truppen ab, um die Fallschirmjäger zu binden. Dann zog er alle Kräfte zusammen, die er fand, um den anrollenden Panzerstoßtrupp zu stoppen.

VORSTOSS DER ALLIIERTEN

Während ein Teil der Fallschirmjäger noch wegen Nebel in England festsaß, ging der Vormarsch der Panzerspitze zum Entsatz der luftgelandeten Truppen weiter. Die zur Überquerung kleinerer Wasserwege geplanten Notbrücken brauchten die Alliierten nicht, denn sie brachten die bestehenden Brücken in ihre Hand.

Die breiten Rheinarme bei Nimwegen und Arnheim konnten aber nicht überbrückt werden. Dort gab es keine Möglichkeit für die Pioniere, Behelfsbrücken zu bauen. Hier mussten die Alliierten die bestehenden Brücken schnellstmöglich durch Panzer besetzen, sobald die Fallschirmjäger sie eingenommen hatten.

OBEN: FALLSCHIRMJÄGER können je nach Windverhältnissen während des Absprungs weit verstreut werden. Solche Einsätze begannen immer etwas konfus mit verirrten Soldaten, die ihre Einheiten suchten.

UNTEN: DAS SD. KFZ. 251/22 besaß eine schwere Panzerabwehrkanone auf dem bewährten Halbkettenfahrzeug. Diese Panzerfahrzeuge wurden von den SS-Einheiten bei Arnheim sehr effektiv gegen feindliche Panzer eingesetzt.

Trotzdem verzögerte sich der Vorstoß am Boden, weil man auf die Bestätigung des Erfolgs der Luftlandeaktion wartete. So konnte sich der Widerstand entlang der Marschroute formieren; der Vormarsch geriet in Verzug. Die einbrechende Nacht erforderte einen Stopp; und als die Panzervorhut in Nimwegen eintraf, war die Verteidigung bestens organisiert. Die Durchbruchversuche wurden von 88-mm-Panzerabwehrgeschützen vereitelt.

Der ursprüngliche Plan hatte vorgesehen, dass alle Brücken innerhalb von 48 Stunden in alliierter Hand waren. Doch zu diesem Zeitpunkt versuchten die Bodentruppen noch immer, zur Brücke in Nimwegen vorzudringen, während sich die Landungstruppen sporadische, über die Region verteilte Kämpfe lieferten. Einige Fallschirmjäger konnten sich zwar nach Arnheim durchschlagen, doch die Erfolgschancen schwanden zusehends.

Die Fallschirmjäger von Frost konnten sich am Nordende der Brücke von Arnheim festklammern. Allerdings lagen sie unter heftigem Beschuss von Artillerie und Panzern. Die Alliierten mussten schnellstens über die Waal und durch Nimwegen vorrücken, bevor es zu spät war.

Die Lösung war äußerst gewagt: US-Fallschirmjäger sollten den Fluss in kleinen Booten überqueren und das andere Ende der Brücke stürmen. Während sie die

Oben: Die Straßenbrücke in Arnheim. Obwohl die Fallschirmjäger nicht die gesamte Brücke einnehmen konnten, gelang es ihnen, ein Brückenende so lange zu halten, dass sie nicht für einen deutschen Gegenangriff zu nutzen war.

Unten: Eine Gruppe deutscher Infanteristen geht vor. In derart unübersichtlichem Gelände konnte ein Angriff von allen Seiten kommen. Oft war unklar, ob es sich nur um einige versprengte Fallschirmjäger handelte oder um eine größere Einheit.

Verteidiger mit ihrem Angriff ablenkten, sollten die Panzer mit Vollgas über die Brücke stürmen.

Die Flussüberquerung war auch ohne das massive feindliche Feuer vom jenseitigen Ufer sehr schwierig. Weil viele Paddel fehlten, benutzten die Soldaten Gewehrkolben und Helme, um über den breiten Fluss zu rudern. Panzer und Flugzeuge gaben Feuerschutz, aber trotzdem wurden viele Boote durchsiebt. Irgendwie schafften es die Fallschirmjäger doch und starteten eine Attacke.

Als die Sturmboote über den Fluss zurückkehrten, um neue Männer herbeizuschaffen, stürmten die abgesetzten Fallschirmjäger los und vertrieben die Verteidiger vom Flussufer. Die Panzer rückten auf das eine Ende der Brücke vor, während die Fallschirmjäger das andere Ende angriffen.

Während des Vormarschs auf die Brücke versuchte der deutsche Kommandeur, vorbereitete Sprengladungen zu zünden, doch das schlug fehl. Vermutlich hatten Mitglieder des holländischen Widerstands während der Kämpfe die Zündkabel durchtrennt. Sobald die Brücke gesichert war, konnten die alliierten Panzer sie überqueren.

Endlich hatten die Alliierten die Waal überschritten und waren nur noch 18 km von der Brücke in Arnheim entfernt, die Frost mit seinen Leuten teilweise besetzt hielt. Eigentlich wäre nun ein rascher Vorstoß erforderlich gewesen, doch die alliierten Truppen waren erschöpft und desorganisiert. Sie waren nicht in der Lage, eine Einheit zusammenstellen, die den Durchbruch hätte schaffen und etwas in Arnheim bewirken können.

„EINE BRÜCKE ZU WEIT"

Die Situation veränderte sich ständig. Deutsche Truppen drängten von den Flanken herein und unterbrachen mehrfach die Kommunikationswege der Alliierten. Models Einheiten in Arnheim gewannen an Stärke und überrannten schließlich Frost und seine Leute.

Ein Angriff konnte so kaum noch gelingen. Weil Frost die Brücke lange Zeit blockieren konnte, hatte Model einige Panzer über eine Ausweichroute an das Südende der Brücke beordert. Diese rückten nun nach Nimwegen vor.

Die auf der Straße nach Arnheim angreifenden alliierten Panzer schafften den Durchbruch nicht, auch die Vorstöße auf den anderen Routen stießen auf heftigen Widerstand. Die Operation war ganz offensichtlich gescheitert, und man musste retten, was noch zu retten war. In der Nacht zum 26. September holte man möglichst viele Fallschirmjäger aus Arnheim mit Sturmbooten über den Fluss zurück.

DIE FOLGEN

Das Ziel, ohne langwierigen Kampf gegen schwer gesicherte Verteidigungslinien schnell über den Rhein zu kommen, hatte man verfehlt. Eine Kombination aus Pech und schlechter Planung, dazu die Entschlossenheit des Gegners hatten die Operation jeglicher Erfolgschancen beraubt. Nun mussten die Alliierten durch den „Vordereingang" nach Deutschland vordringen und dabei schwere Opfer in Kauf nehmen. Die zusätzlichen Kriegsmonate kosteten nicht nur viele Menschenleben, sie richteten im Kampfgebiet auch schwere Verwüstungen an.

OBEN: TRAGBARE GRANATWERFER *waren die schwersten Waffen, über welche die Fallschirmjäger verfügten. Sie waren auf kurze Entfernung sehr effektiv, aber an Munition hatte man nur jene Menge, die man auch tragen konnte.*

OBEN: DIE VERLUSTE *der deutschen Truppen während der Operation Market Garden sind bis heute nicht bekannt. Die Schätzungen variieren zwischen 3000 und 8000 Mann.*

LUFTLANDUNG BEI ARNHEIM
1 Am 17. September landen alliierte Fallschirmjäger und Infanteristen in Lastenseglern. Die ersten Aktionen sind sehr vielversprechend, und rasch werden erste Operationsziele eingenommen.
Landezone der Lastensegler
Tatsächliche Absprungzone der polnischen Fallschirmjäger
3 Am 18. September landen weitere alliierte Fallschirmjäger, werden aber durch schlechtes Wetter weit zerstreut. Der Widerstand wächst, als sie sich den Weg zu ihren Zielen freikämpfen wollen.
Legende
Deutsche Infanterieeinheit
Deutsche Panzereinheit
Alliierte Luftlandeeinheit

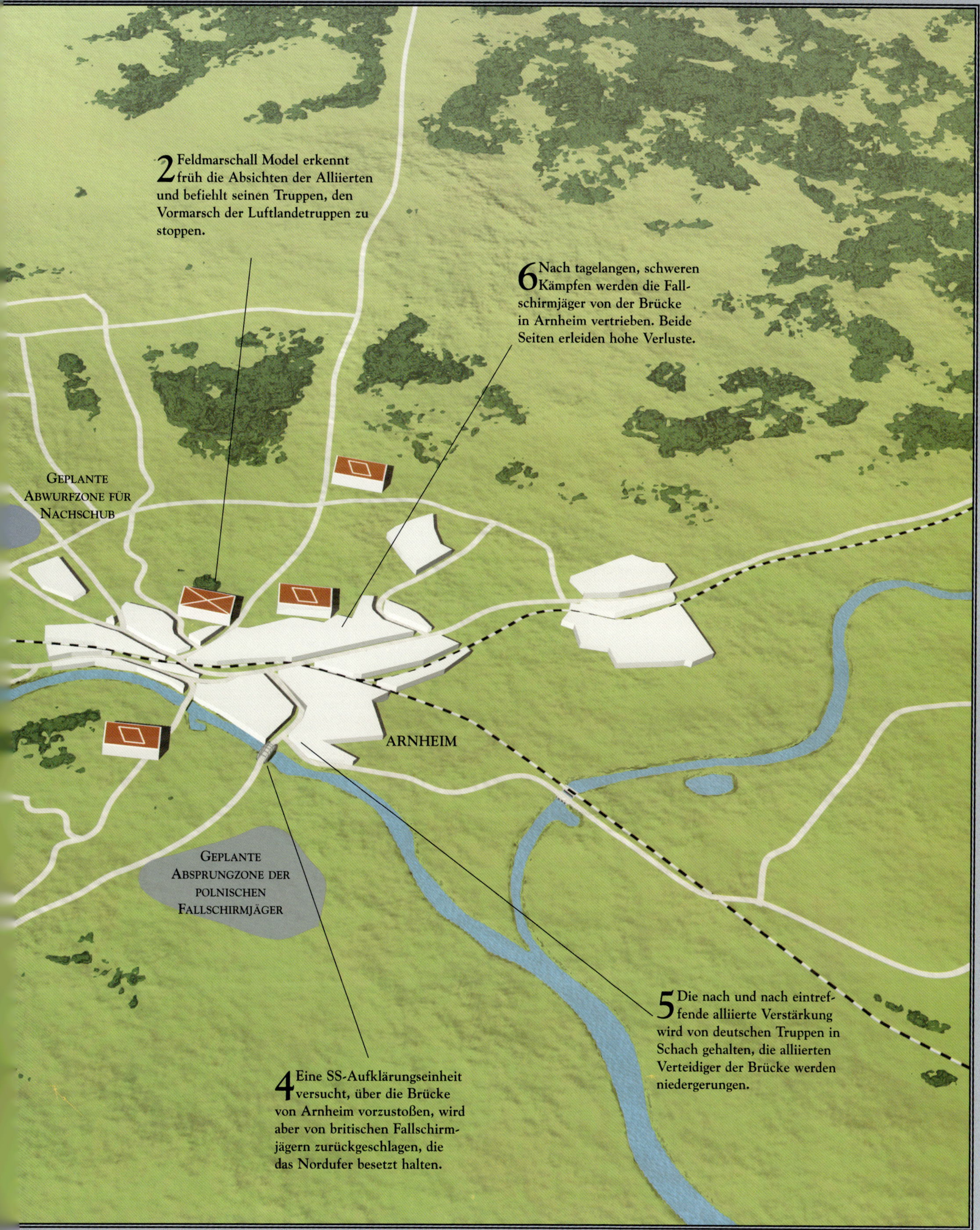
2 Feldmarschall Model erkennt früh die Absichten der Alliierten und befiehlt seinen Truppen, den Vormarsch der Luftlandetruppen zu stoppen.
6 Nach tagelangen, schweren Kämpfen werden die Fallschirmjäger von der Brücke in Arnheim vertrieben. Beide Seiten erleiden hohe Verluste.
GEPLANTE ABWURFZONE FÜR NACHSCHUB
ARNHEIM
GEPLANTE ABSPRUNGZONE DER POLNISCHEN FALLSCHIRMJÄGER
5 Die nach und nach eintreffende alliierte Verstärkung wird von deutschen Truppen in Schach gehalten, die alliierten Verteidiger der Brücke werden niedergerungen.
4 Eine SS-Aufklärungseinheit versucht, über die Brücke von Arnheim vorzustoßen, wird aber von britischen Fallschirmjägern zurückgeschlagen, die das Nordufer besetzt halten.

ARDENNEN-OFFENSIVE 1944–45

Am 16. Dezember 1944 zerriss plötzlich der Donner Hunderter deutscher Geschütze die Stille über den Ardennen, einem bis dahin eher ruhigen Frontabschnitt zwischen Deutschen und Alliierten. Das Unternehmen Wacht am Rhein begann, die letzte große deutsche Offensive an der Westfront.

Hitler wollte mit einem schnell vorgetragenen Angriff motorisierter Verbände über die Maas in Richtung auf die belgische Hafenstadt Antwerpen einen Keil zwischen die 12. und 25. Heeresgruppe der Alliierten treiben. Hitler hoffte, anschließend seine Einheiten nach Osten verlegen zu können, wo sich die Rote Armee für die Überquerung der Weichsel und den Vorstoß auf Berlin bereit

DATEN UND FAKTEN

Wer: Von Adolf Hitler (1889–1945) und seinen Generälen geführte deutsche Truppen gegen die Alliierten unter dem Kommando von General Dwight Eisenhower (1890–1969).

Was: Hitler hoffte, die alliierten Heeresgruppen im Westen zu spalten und dann zur Hafenstadt Antwerpen vorstoßen zu können, um so den Kriegsverlauf noch umzukehren.

Wo: Die Frontlinien in Belgien, Frankreich und Luxemburg.

Wann: 16. Dezember 1944 bis 15. Januar 1945

Warum: Hitler wollte die Kräfte der Alliierten im Westen aufspalten und so Zeit gewinnen für die Abwehr der Offensive der Roten Armee an der Weichsel.

Ergebnis: Die Schlacht endete mit einer verheerenden Niederlage für die deutschen Truppen. Knapp vier Monate später war der Zweite Weltkrieg in Europa beendet.

KURZE RAST einer mit Panthern ausgestattenen Panzereinheit auf einer Landstraße in Belgien während der Ardennenoffensive.

OBEN: *GIs, die zu Beginn der Ardennenoffensive in Gefangenschaft geraten sind, werden von ihren deutschen Bewachern abgeführt. Einige Gefangene fielen Kriegsverbrechen von SS-Einheiten zum Opfer.*

machte. Unter Umgehung des Oberbefehlshabers West, Gerd von Rundstedt (1875–1953), erteilte Hitler der 6. Panzerarmee von SS-General Josef „Sepp" Dietrich (1892– 1966) im Norden, der 5. Panzerarmee unter General Hasso von Manteuffel (1897–1978) in der Mitte und der 7. Panzerarmee von General Erich Brandenberger (1892–1955) im Süden den Befehl, auf einer 100 km breiten Frontlinie von Monschau in der Eifel bis Echternach in Luxemburg anzugreifen.

BEGINN DER OFFENSIVE

Monatelang hatte Hitler über seinem Plan gebrütet, dann startete er einen Angriff mit 275 000 Mann, mehreren Hundert Panzern und fast 2000 Geschützen gegen einen Frontabschnitt, den alliierte Kommandeure als vermeintlich ruhig eingestuft hatten. Weil man die Anzeichen einer bevorstehenden Offensive ignorierte, wurden viele amerikanische Einheiten völlig überrascht. Allerdings formierten sich einige Widerstandsnester, speziell durch Truppenteile der 99. Division am Elsenborner Rücken.

Dietrichs Vorstoß kam bald zum Stillstand, deshalb führte er seine Panzereinheiten weiter südlich unter Umgehung der Verteidigungsstellungen entlang der Schnee-Eifel voran. Tausende US-Soldaten gerieten in deutsche Gefangenschaft. In der Schnee-Eifel wurden die unerfahrenen Soldaten der 106. Infanteriedivision abgeschnitten, und am 19. Dezember ergaben sich zwei ganze Regimenter den Deutschen. Die Amerikaner auf dem Elsenborner Rücken hielten aber ihre Stellung.

Die von SS-Standartenführer Joachim Peiper (1915–1976) befehligte Angriffsspitze von Dietrichs Panzertruppe versuchte, wichtige Brücken über die Maas und andere Gewässer für den weiteren Vorstoß zu sichern. US-Pioniere sorgten aber für Verzögerungen. Ein Trupp legte Peipers Führungspanzer lahm, sodass der Zugang zur Brücke über die Amblève bei Stavelot blockiert war. Andere Brücken wurden beim Anrücken der Deutschen gesprengt. Zudem hatte Peiper mit Treibstoffmangel zu kämpfen. Seine ursprünglich 4000 Mann starke Einheit wurde eingekesselt, und nur 800 gelang die Flucht. Peipers Einheit wurde durch Kriegsverbrechen berüchtigt. In der Nähe von Malmédy hatte sie 85 amerikanische Kriegsgefangene ermordet.

UNTEN: DER DEUTSCHE PANZER *Tiger II oder Königstiger war mit seiner 88-mm-Kanone und der starken Panzerung eine effektive Kampfmaschine. Zum Schutz vor Haftminen besaß er eine Zimmerit-Beschichtung.*

RECHTS: SOLDATEN DER KAMPFGRUPPE PEIPER auf dem Weg nach Malmédy. Im Hintergrund ist ein Schützenpanzerwagen Sd. Kfz. 251 zu erkennen.

Weil alliierte Truppen den Elsenborner Rücken weiterhin hielten, bildete sich an der Nordflanke eine große Frontausbuchtung. Brandenbergers Vorstoß traf auf die erfahrene 9. Panzer- und die 4. Infanteriedivision der US Army und erzielte im Südabschnitt der Offensive kaum Fortschritte. Im Mittelabschnitt konnten von Manteuffels Panzer fast 80 km vordringen und die Maas bei Dinant erreichen. Der Widerstand von Teilen der 7. US-Panzerdivision bei St. Vith hielt die Deutschen sechs Tage lang auf. Erst am 23. Dezember fiel die Stadt. Der den Nordabschnitt kommandierende britische Field-Marshal Bernard Montgomery (1887–1976) nutzte die Zeit, um seine Verteidigung zu verstärken.

„NUTS!"

Die belgische Stadt Bastogne, südwestlich von St. Vith, war als wichtiger Verkehrsknotenpunkt entscheidend für den

UNTEN: ENDE DEZEMBER 1944 zeichnet sich allmählich eine Wende in der Schlacht in den Ardennen ab. Hier rücken US-Infanteristen durch eine verlassene Ortschaft auf deutsche Stellungen vor.

101. LUFTLANDE-DIVISION

Die Fallschirmjäger der 1942 aufgestellten 101. US-Luftlandedivision waren an den Operationen Overlord in der Normandie und Market Garden in den Niederlanden beteiligt. Ihre wichtigste Bewährungsprobe erlebten sie aber während der Ardennenoffensive bei der Verteidigung der belgischen Stadt Bastogne. Umzingelt von deutschen Panzern und Infanterie konnte die 101. Division den feindlichen Vormarsch stark verzögern. Die „Schreienden Adler", wie die Einheit wegen ihres Wappens auch genannt wurde, wurden schließlich durch Einheiten der 4. Panzerdivision befreit, der Vorhut der 3. Armee unter dem Kommando von General George S. Patton.

Ausgang der Ardennenoffensive. Ihre Verteidigung konnte den deutschen Vormarsch entscheidend verlangsamen. Am 17. Dezember erreichte die Vorhut der Truppen von Manteuffels den Stadtrand. Weil Bastogne nicht durch einen direkten Angriff einzunehmen war, umgingen die Deutschen die Stadt, die hauptsächlich von der leicht bewaffneten 101. Luftlandedivision verteidigt wurde. Als am 22. Dezember weitere deutsche Truppen den Kreis enger zogen, erging ein Aufruf zur Kapitulation an die Verteidiger. Der ranghöchste US-Offizier in Bastogne, Generalmajor Anthony McAuliffe (1897–1983), beantwortete das deutsche Ultimatum mit dem berühmt gewordenen Ausspruch „Nuts!" („Blödsinn!").

Die Lage war zwar ernst, doch McAuliffe hatte Grund zur Hoffnung. Das schlechte Wetter, das die Deutschen begünstigt hatte, besserte sich und ermöglichte den Abwurf von Nachschub aus der Luft. Außerdem war bereits Entsatz für die in Bastogne belagerten Verteidiger unterwegs.

RETTUNG DURCH PATTONS PANZER

Am 20. Dezember wurden auf Anweisung von General Dwight Eisenhower (1890–1969), dem Oberbefehlshaber

NACHDEM DIE STRASSENSPERREN geräumt sind, rücken diese US-Truppen Ende Dezember 1944 durch ein belgisches Dorf vor.

LINKS: EINE P-47 THUNDERBOLT bei einem Angriff auf Bodenziele in den Niederlanden. Die völlige Luftüberlegenheit der Alliierten spielte eine wichtige Rolle beim Scheitern der Ardennenoffensive. Jagdbomber wie die P-47 konnten deutsche Marschkolonnen im Tiefflug angreifen, ohne dass die deutsche Luftwaffe sie groß behinderte.

Die Bilanz der Offensive war schrecklich. Über 120 000 Deutsche waren während einmonatiger erbitterter Kämpfe getötet, verwundet oder gefangen genommen worden. Unmengen Panzer und Panzerfahrzeuge wurden zerstört oder mussten zurückgelassen werden. Die amerikanischen Verluste beliefen sich auf 80 000 Mann, darunter 19 000 Tote, 41 000 Verwundete und über 20 000 in Gefangenschaft geratene GIs. Beide Seiten hatten furchtbar gelitten; doch die Alliierten konnten ihre Verluste wieder ausgleichen; was den Deutschen nicht mehr möglich war.

der Alliierten, Teile der 3. Armee, die unter General George Patton (1885–1945) im Saarland kämpften, nach Norden zur Unterstützung der eingeschlossenen Truppen in Bastogne beordert. Die Einheiten der 3. Armee eilten dorthin und drangen in den deutschen Belagerungsgürtel ein. Bereits am 26. Dezember konnte die 4. Panzerdivision, Pattons Speerspitze, den Kontakt zur 101. Luftlandedivision herstellen.

Der Entsatz von Bastogne besiegelte die Wende der deutschen Offensive, die durch die zähe Verteidigung auf dem Elsenborner Rücken, in St. Vith und anderenorts schon früh gebremst worden war. Die Alliierten gingen in einer Zangenbewegung gegen die deutsche Angriffsfront vor. Zum Jahresende 1944 waren Hitlers letzte Hoffnungen auf einen entscheidenden Sieg im Westen verflogen. Am 15. Januar 1945 waren die alliierten Kräfte bis zur belgischen Stadt Houffalize vorgerückt und hatten die deutsche Frontlinie weiter zurückgedrängt.

Mit dem Scheitern der Operation Wacht am Rhein und dem Beginn der Winteroffensive der Roten Armee am 12. Januar 1945 war die Endphase des Zweiten Weltkriegs in Europa angebrochen. Zwei Monate später überquerten die Alliierten den Rhein – die letzte verbliebene natürliche Barriere für ihren Vormarsch. Und wenig später standen die Sowjets in den Vororten von Berlin. Hitler hatte wertvolle Truppen und Material von der Ostfront für seine Großoffensive gegen die Amerikaner in den Ardennen abgezogen, die fast Erfolg gehabt hätte. Letztlich führten aber Treibstoffmangel, der unerwartet energische Widerstand und das für die alliierte Luftwaffe nötige aufklarende Wetter zu einer vernichtenden Niederlage.

RECHTS: GENERAL MCAULIFFE, Kommandeur der 101. US-Luftlandedivision in Bastogne, beantwortete die Aufforderung der Deutschen, er solle sich ergeben, mit dem berühmten „Nuts!" („Blödsinn!").

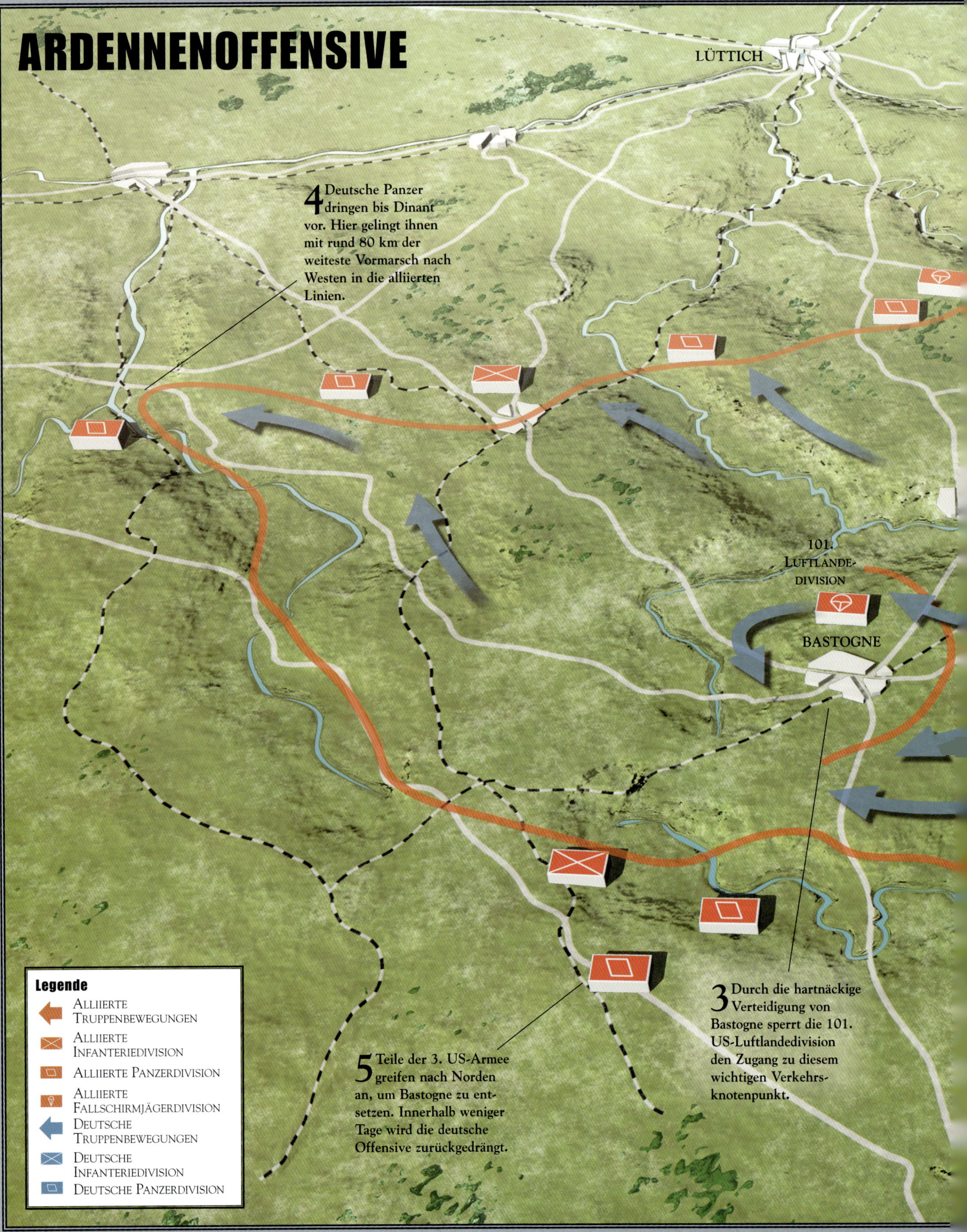
ARDENNENOFFENSIVE
LÜTTICH
4 Deutsche Panzer dringen bis Dinant vor. Hier gelingt ihnen mit rund 80 km der weiteste Vormarsch nach Westen in die alliierten Linien.
101. Luftlande-Division
BASTOGNE
3 Durch die hartnäckige Verteidigung von Bastogne sperrt die 101. US-Luftlandedivision den Zugang zu diesem wichtigen Verkehrsknotenpunkt.
5 Teile der 3. US-Armee greifen nach Norden an, um Bastogne zu entsetzen. Innerhalb weniger Tage wird die deutsche Offensive zurückgedrängt.
Legende
Alliierte Truppenbewegungen
Alliierte Infanteriedivision
Alliierte Panzerdivision
Alliierte Fallschirmjägerdivision
Deutsche Truppenbewegungen
Deutsche Infanteriedivision
Deutsche Panzerdivision

2 Die anfangs erfolgreichen Deutschen nehmen zahlreiche Amerikaner gefangen. Widerstandsnester am Elsenborner Rücken und bei St. Vith bremsen aber ihren Vormarsch.
ST. VITH
1 Hitlers letzte gewagte Offensive im Westen beginnt am 16. Dezember 1944 mit einem Vorstoß durch die Ardennen auf die Maas.

IWO JIMA 1945

Der Weg von Insel zu Insel nach Japan war weit und blutig. Obwohl die USA nun im Pazifik die Initiative übernommen hatten, war im Kriegsverlauf klar geworden, dass die Japaner einfallsreiche und unerbittliche Gegner waren. Im nun vierten Kriegsjahr hatte sich die amerikanische Führung damit abgefunden, dass für einen endgültigen Sieg eine Invasion der japanischen Hauptinseln nötig war.

Ein derartiges Unternehmen würde große logistische Vorbereitungen und entsprechende Bereitstellungsräume erfordern. Darüber hinaus brauchten die Alliierten einen Notlandeplatz für beschädigte Langstreckenbomber, die von ihren Basen auf den Marianen aus Japan angriffen.

Iwo Jima schien beide Bedingungen zu erfüllen. Die Japaner hatten auf der rund 1100 km südlich von Tokio gelegenen Insel bereits einige Flugplätze angelegt. Obwohl die Eroberung der Insel schwierig sein würde, genehmigte Admiral Chester Nimitz, Oberbefehlshaber der Pazifikflotte, den Beginn der Operation

DATEN UND FAKTEN

Wer: Japanische Einheiten unter Generalleutnant Tadamichi Kuribayashi (1891–1945) gegen US Marines unter Lieutenant-General Holland M. Smith (1882–1967).

Was: Die US Marines versuchten, das zur Vulkaninselgruppe gehörende Iwo Jima zu erobern.

Wo: Die Insel Iwo Jima im Pazifik, rund 1100 km von den japanischen Hauptinseln entfernt.

Wann: 19. Februar bis 26. März 1945

Warum: Iwo Jima konnte als Stützpunkt für künftige Operationen und Notlandeplatz für Bomber dienen, die bei Angriffen auf Japan beschädigt wurden.

Ergebnis: Die US Marines eroberten Iwo Jima nach über einem Monat erbitterten Kampfes. Mehr als 20 000 japanische Soldaten wurden getötet, nur wenige Hundert gerieten in Gefangenschaft. Die Amerikaner zählten fast 7000 Tote und 19 000 Verwundete.

FOTOGRAF JOE ROSENTHAL *schuf mit diesem Bild von US Marines und eines Feldsanitäters, die auf dem Mount Suribachi die US-Flagge hissen, eines der berühmtesten Fotos des Zweiten Weltkriegs. Tatsächlich hatte man schon etliche Stunden früher eine wesentlich kleinere US-Flagge dort gehisst.*

DIESE LUFTAUFNAHME der Landung auf Iwo Jima zeigt Landungsboote, die sich den schwarzen Lavasandstränden nähern. Die Japaner eröffneten erst das Feuer, als sich Soldaten und Fahrzeuge im Brückenkopf drängten.

Detachment für Februar 1945. Major-General Holland Smith (1882–1967) von der US-Marineinfanterie erhielt das Kommando für den Angriff auf Iwo Jima.

LVT-4 „WATER BUFFALO"

Bei der Landung auf Iwo Jima kam der LVT-4 (Landing Vehicle Tracked) als modernstes einer Serie bei solchen Aktionen im Pazifik verwendeten Amphibienfahrzeugen zum Einsatz. Während des Krieges wurden viele Varianten des ursprünglich 1935 von Donald Roebling konstruierten Kettenfahrzeugs gebaut. Der LVT hatte seinen Nutzen bei der Landung auf Tarawara im November 1943 bewiesen, inzwischen besaß er Maschinengewehre mit dem Kaliber .30 und .50 sowie eine verstärkte Panzerung.

SCHWEFELINSEL

Iwo Jima ist knapp 8 km lang und maximal 7 km breit. An der Südspitze erhebt sich der 170 m hohe Suribachi, der die Insel dominiert. Trotz seiner geringen Größe hatten die Japaner Iwo Jima in eine Festung verwandelt. Die 25 000 Soldaten und ein großes Kontingent koreanischer Arbeiter unterstanden dem Kommando von Generalleutnant Tadamichi Kuribayashi (1891–1945).

Auf der ganzen Insel hatte man Unterstände, Bunker, MG-Nester, Artilleriestellungen und Schützenlöcher angelegt. Viele der japanischen Geschütze ließen ein Kreuzfeuer zu. Die Stellungen waren mit Stahl, Beton, Holzbalken und Sandhaufen zum Schutz vor Druckwellen der Bomben armiert. In den Berg Suribachi hatten die Japaner Tunnel getrieben, deren Eingänge mit Geschützen und Maschinengewehren bestückt waren.

Der Plan der Amerikaner war einfach: Die 4. und 5. Marineinfanteriedivision mit der 3. Division als Reserve, insgesamt über 40 000 Mann, sollten Strände am Südende von Iwo Jima angreifen. Von dort sollten sie den Suribachi abschneiden und einnehmen, sich danach über die Insel vorkämpfen, die Flugfelder erobern und verbliebene japanische Widerstandsnester ausschalten.

DER GIPFEL DES SURIBACHI

Am Morgen des 19. Februar 1945 landeten die US Marines am Strand von Iwo Jima. Rund 20 Minuten gab es keinerlei Reaktion der Japaner. Kuribayashi hatte seinen Soldaten befohlen, mindestens zehn Amerikaner zu töten, bevor sie sich notfalls selbst für den Kaiser opferten. Eine weitere Anweisung lautete, solange mit dem Feuer zu warten, bis der Strand dicht mit amerikanischen Soldaten und Landungsfahrzeugen gefüllt war. Ein Donnerschlag zerriss die trügerische Stille, als der japanische Beschuss einsetzte, der schwere Opfer unter den Amerikanern forderte.

Doch die Marines trotzten dem vernichtenden feindlichen Feuer und konnten bereits am ersten Tag den Suribachi isolieren. Dann kämpften sie sich bis zum Fuß des

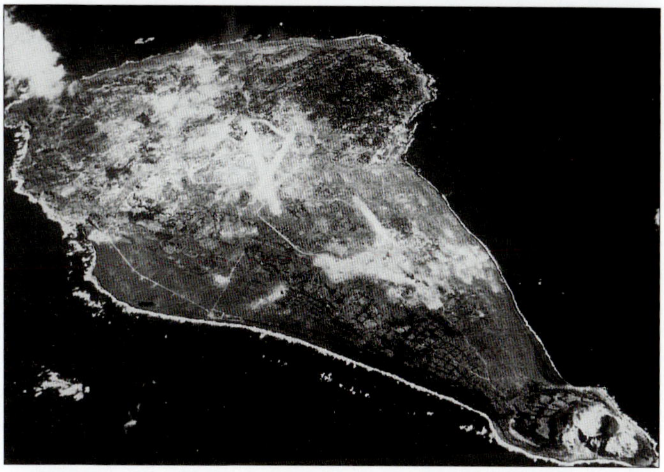

OBEN: DIE INSEL IWO JIMA wird von dem 170 m hohen Suribachi dominiert. Die Eroberung der Flugfelder rettete zahlreichen amerikanischen Fliegern das Leben, die hier nach den Langstreckenangriffen auf Japan notlanden konnten.

UNTEN: GRUMMAN-F4F-WILDCAT-JAGDFLUGZEUGE stehen an Bord des Begleitträgers USS Makin für den Start zu einem Einsatz bereit. Die Amerikaner hatten in dieser Kriegsphase die Lufthoheit.

UNTER FEINDLICHEM FEUER liegend ruft dieser US Marine seinen Kameraden eine Information zu. Nach über einem Monat Kampf wurde Iwo Jima für sicher erklärt.

erloschenen Vulkans vor, um den riskanten Aufstieg zu beginnen. Obwohl das Gelände noch heftig umkämpft war, schaffte es eine Patrouille am 23. Februar bis zum Gipfel des Suribachi, wo sie unter Beschuss eine kleine US-Flagge hissten.

Einige Stunden später organisierte man eine wesentlich größere Fahne und brachte sie auf den Gipfel. Das Aufstellen dieser Flagge hielt der Associated-Press-Fotograf Joe Rosenthal mit seiner Kamera fest. Als sie das Sternenbanner sahen, brachen die amerikanischen Soldaten auf der Insel in einen kollektiven Jubelschrei aus, und auch die Schiffe auf See grüßten mit ihren Signalhörnern. Rosenthals Aufnahme wurde zu einem der bleibenden Bilder des 20. Jahrhunderts und machte die sechs beteiligten Soldaten schlagartig berühmt. Allerdings überlebten nur drei von ihnen den Kampf um Iwo Jima. Das spektakuläre Foto wurde der Aufhänger einer Kampagne für US-Kriegsanleihen und diente als Vorlage für das US Marine Corps Memorial in Washington D.C.

METER FÜR METER

Ungeachtet dieses gewaltigen moralischen Schubs lag noch ein mehr als einmonatiger, schwieriger Kampf vor den Amerikanern. Weitere Verstärkung traf ein. Panzer wurden regelmäßig eingesetzt, um japanische Stellungen aus kürzester Entfernung zu beschießen. Viele einzelne Soldaten vollbrachten heldenhafte Leistungen, und insgesamt wurden 26 Marines mit der Medal of Honor für ihre herausragende Tapferkeit ausgezeichnet.

Geländegewinne wurden in Metern gemessen, und ansonsten belanglose Orte bekamen bleibende Spitznamen wie Bloody Gorge, Amphitheater, Turkey Knob oder Meat Grinder. Die Marineinfanteristen robbten nach vorne, um Handgranaten und Sprengladungen in die Schießscharten der Bunker oder die Höhleneingänge zu werfen. Flammenwerfer verbrannten die Verteidiger bei lebendigem Leib oder trieben sie aus ihren Verteidigungsstellungen. Einige Höhlen wurden durch Sprengungen oder mit Planierraupen zugeschüttet und die darin verborgenen Gegner lebendig begraben. Verschiedentlich stürmten die Japaner in selbstmörderischen Angriffen gegen die gut verschanzten Marines an und kamen dabei alle um.

Am 27. Februar hatten die US-Einheiten die beiden fertigen und das in Bau befindliche Flugfeld in ihre Hand gebracht. Am 4. März, die Schlacht um die Insel war noch voll im Gang, setzte die erste viermotorige Boeing B-29 Superfortress zur Notlandung auf Iwo Jima an. In den verbleibenden Kriegsmonaten gab es über 2200 solche Landungen, die rund 24 000 Fliegern das Leben retteten. Bald starteten von dort auch Jäger als Begleitschutz der Langstreckenbomber.

IM SCHATTEN DES BERGES

Erst am 26. März, nach 36 Tagen Kampf, wurde Iwo Jima schließlich für sicher erklärt. Die japanische Garnison auf der Insel war dabei dem Erdboden gleichgemacht worden. Die Marines machten nur 216 Gefangene, und noch in den kommenden Monaten wurden etwa 3000 Widerstandsnester eliminiert. Kuribayashis Leichnam wurde nie gefunden. Er soll aber nach Berichten Selbstmord begangen haben oder bei einem letzten Selbstmord-Angriff gefallen sein. Die Amerikaner beklagten über 6800 Tote und 17 000 Verwundete, doch die Ziele der Operation Detachment hatten sie erreicht. Nur wenige Tage nach der offiziellen Beendigung der Kämpfe auf Iwo Jima landeten Marineinfanteristen und Soldaten der US Army auf Okinawa – man war dem japanischen Mutterland einen weiteren Schritt näher gerückt.

Iwo Jima steht für den Heldenmut und die Aufopferung der Männer des US Marine Corps. Der Marineminister James Forrestal (1892–1949) kommentierte dies so: „Das Hissen der Flagge auf dem Suribachi steht für die nächsten 500 Jahre des Marine Corps.“ Und Admiral Nimitz stellte fest, dass im Kampf um Iwo Jima „außergewöhnliche Tapferkeit eine ganz alltägliche Tugend“ war.

EIN US-MARINEINFANTERIST greift mit einem Flammenwerfer einen japanischen Bunker an. Die Japaner kämpften tapfer bis zum Schluss und begingen eher Selbstmord, als sich dem Feind zu ergeben.

IWO JIMA
3 Die Marines kämpfen sich gegen heftigen Widerstand und unter hohen Verlusten nach Nordosten vor. Sie müssen dabei Stützpunkte und Widerstandsnester in einem Labyrinth von Tunneln ausschalten.
1. MÄRZ
5 Am 4. März landet auf dem Rückflug von Angriffen auf Japan der erste von insgesamt über 2000 beschädigten Langstreckenbombern auf Iwo Jima.
19. FEBRUAR
2 Ein Stoßtrupp der Marines erreicht am 23. Februar den Gipfel des Suribachi und hisst die US-Flagge.
19. FEBRUAR
SURIBACHI
1 US-Marineinfanteristen der 4. und 5. Division gehen am 19. Februar 1945 auf Iwo Jima an Land und isolieren am ersten Tag den Berg Suribachi.

Am 27. Februar hatten die US-Einheiten die beiden fertigen und das in Bau befindliche Flugfeld in ihre Hand gebracht. Am 4. März, die Schlacht um die Insel war noch voll im Gang, setzte die erste viermotorige Boeing B-29 Superfortress zur Notlandung auf Iwo Jima an. In den verbleibenden Kriegsmonaten gab es über 2200 solche Landungen, die rund 24 000 Fliegern das Leben retteten. Bald starteten von dort auch Jäger als Begleitschutz der Langstreckenbomber.

IM SCHATTEN DES BERGES

Erst am 26. März, nach 36 Tagen Kampf, wurde Iwo Jima schließlich für sicher erklärt. Die japanische Garnison auf der Insel war dabei dem Erdboden gleichgemacht worden. Die Marines machten nur 216 Gefangene, und noch in den kommenden Monaten wurden etwa 3000 Widerstandsnester eliminiert. Kuribayashis Leichnam wurde nie gefunden. Er soll aber nach Berichten Selbstmord begangen haben oder bei einem letzten Selbstmord-Angriff gefallen sein. Die Amerikaner beklagten über 6800 Tote und 17 000 Verwundete, doch die Ziele der Operation Detachment hatten sie erreicht. Nur wenige Tage nach der offiziellen Beendigung der Kämpfe auf Iwo Jima landeten Marineinfanteristen und Soldaten der US Army auf Okinawa – man war dem japanischen Mutterland einen weiteren Schritt näher gerückt.

Iwo Jima steht für den Heldenmut und die Aufopferung der Männer des US Marine Corps. Der Marineminister James Forrestal (1892–1949) kommentierte dies so: „Das Hissen der Flagge auf dem Suribachi steht für die nächsten 500 Jahre des Marine Corps.“ Und Admiral Nimitz stellte fest, dass im Kampf um Iwo Jima „außergewöhnliche Tapferkeit eine ganz alltägliche Tugend“ war.

EIN US-MARINEINFANTERIST greift mit einem Flammenwerfer einen japanischen Bunker an. Die Japaner kämpften tapfer bis zum Schluss und begingen eher Selbstmord, als sich dem Feind zu ergeben.

IWO JIMA
3 Die Marines kämpfen sich gegen heftigen Widerstand und unter hohen Verlusten nach Nordosten vor. Sie müssen dabei Stützpunkte und Widerstandsnester in einem Labyrinth von Tunneln ausschalten.
1. März
5 Am 4. März landet auf dem Rückflug von Angriffen auf Japan der erste von insgesamt über 2000 beschädigten Langstreckenbombern auf Iwo Jima.
19. Februar
2 Ein Stoßtrupp der Marines erreicht am 23. Februar den Gipfel des Suribachi und hisst die US-Flagge.
19. Februar
Suribachi
1 US-Marineinfanteristen der 4. und 5. Division gehen am 19. Februar 1945 auf Iwo Jima an Land und isolieren am ersten Tag den Berg Suribachi.

6 Nach 36 Tagen heftiger Kämpfe wird Iwo Jima am 26. März für gesichert erklärt. Die Amerikaner beklagen fast 7000 Tote und über 17 000 Verwundete, die japanische Garnison ist praktisch ausgelöscht.
9. März
4 Mit Flammenwerfern, Sprengladungen und Planierraupen gehen die Marines gegen feindliche Stellungen vor. Am 27. Februar werden die drei von den Japanern gebauten Flugfelder eingenommen.
Legende
US-Truppenbewegungen
US-Marineinfanterie
Japanische Einheiten

SCHLACHT UM BERLIN

1945

Ende 1944 war abzusehen, dass Deutschland den Krieg verlieren würde. Zwei Frontspitzen der Roten Armee unter den Marschällen Iwan Konew (1897–1973) und Georgi Schukow (1896–1974) rückten durch Polen vor. Weiter nördlich stieß die 2. Weißrussische Front unter Marschall Konstantin Rokossowski (1896–1968) in die Baltischen Staaten vor.

Hier stand die schlecht ausgestattete Heeresgruppe Weichsel unter Generaloberst Gotthard Heinrici (1886–1971) als letzte Barriere zwischen Berlin und den Sowjets. An der Westfront litten die deutschen Kräfte unter der fehlgeschlagenen Ardennenoffensive. Am 3. April hatten die Alliierten das Ruhrgebiet eingekesselt und machten pro Tag zwischen 15 000 und 20 000 Gefangene.

DATEN UND FAKTEN

Wer: Einheiten der Roten Armee unter Führung der Marschälle Iwan Konew (1897–1973) und Georgi Schukow (1896–1974) hatten den Befehl, Berlin einzunehmen. Hitler hatte General Helmuth Weidling (1891–1955) zum Kampfkommandanten von Berlin ernannt.

Was: Der Sieg der Sowjettruppen war schließlich unabwendbar, als sich die deutschen Einheiten, eingekreist von acht sowjetischen Armeen, schließlich der Übermacht an Menschen und Material ergeben mussten.

Wo: Die Schlussoffensive der Sowjetarmee stieß über die Oder in die Reichshauptstadt vor, die nach heftigem Straßenkampf eingenommen wurde.

Wann: 16. April bis 2. Mai 1945

Warum: Die Alliierten glaubten, nur mit der Eroberung Berlins und der totalen Niederlage der Deutschen den Krieg zu einem eindeutigen Abschluss bringen zu können.

Ergebnis: Die Nazis waren endgültig besiegt. Es galt, ein in Trümmern liegendes Europa wieder aufzubauen.

SCHWERE ARTILLERIE, wie dieses 152-mm-Geschütz, waren wichtige Waffen der Roten Armee bei der Einnahme Berlins.

LINKS: EINE WOCHE LANG fochten die Rotarmisten einen erbitterten Straßenkampf, bevor der Widerstand der Deutschen in Berlin gebrochen war.

Berlin war jetzt eine belagerte Festungsstadt: Die eine Million Verteidiger waren bewaffnet mit 10 400 Geschützen und Mörsern, 3300 Flugzeugen sowie 1500 Panzern und Sturmgeschützen. Die Sowjetarmee verfügte über 2,5 Millionen Mann, mehr als 42 000 Geschütze, über 6200 Panzer und Selbstfahrlafetten und rund 8300 Flugzeuge. Die Berliner, denen man versichert hatte, die Rote Armee würde nie Deutschland erreichen, sahen, wie der Feind kurz vor der Stadt stand. Bewohner jeden Alters wurden zum Bau von Barrikaden verpflichtet. Am Sonntag, den 15. April, veröffentlichte Adolf Hitler aus seinem Führerbunker unter dem Garten der Reichskanzlei einen letzten, von Optimismus geprägten Appell: „Berlin bleibt deutsch, Wien wird wieder deutsch ... Der Feind wird mit massivem Artilleriefeuer empfangen werden. Die Lücken unserer Infanterie werden durch zahllose frische Einheiten aufgefüllt ... Die Bolschewisten müssen und werden vor der Reichshauptstadt zu Tode verbluten." Die Aussicht auf neue Einheiten entsprang einer Wahnvorstellung des Führers. Seine Kämpfer rekrutierten sich aus 15-jährigen Hitlerjungen und bis zu 70-jährigen Greisen des Volkssturms. Meist besaßen sie nur ein Gewehr mit wenigen Patronen, vielleicht ein veraltertes MG aus Beutebeständen.

Um 3 Uhr am 16. April eröffnete die sowjetische Artillerie das Feuer. Der von Leuchtspurmunition durchzogene Himmel wurde schnell vom Geschützrauch verhüllt. Auf provisorischen Holzflößen transportierten sie Geschütze und Material über die Oder.

AUSBRUCH AUS DEM BRÜCKENKOPF

Die Truppen von Schukows 1. Weißrussischer Front hatten von Stalin den Befehl, Berlin vom Brückenkopf aus anzugreifen. Rund 90 km östlich von Berlin an den Seelower Höhen, dem erhöhten Westufer der Oder, stießen die Sowjets auf heftigen Widerstand und wurden bis zum 17. April aufgehalten. Ganz anders Marschall Konew, der die Neiße in offenem Gelände nach Süden überschritten hatte und in dem flachen Terrain gut vorankam. Stalin befahl Konew, zwei seiner Panzerarmeen nordwärts zur Unterstützung

UNTEN: DIESER T-34/85 gehörte zu den 4000 Panzern, mit denen die Rote Armee Berlin angriff. Diese Version des legendären, kampfstarken Sowjetpanzers besaß einen vergrößerten Geschützturm. Gegen Kriegsende machte der T-34 rund 70 Prozent der gesamten sowjetischen Panzerproduktion aus.

30. April 1945: Infanteristen der Roten Armee kämpfen sich den Weg in den Reichstag frei und hissen eine provisorische Flagge auf dem Dach. Später wurde die Szene für die Kamera nachgestellt.

Schukows umzudirigieren. Am 19. April gelang der Durchbruch in die Vororte von Berlin. Der 20. April, der Geburtstag des Führers, war geprägt von den Explosionen unzähliger Granaten und dem ohrenbetäubenden Heulen der Katjuscha-Raketenwerfer („Stalinorgeln"). Noch immer gab es deutsche Einheiten, die verzweifelt versuchten, ihre Stellungen vor der Stadt zu halten. Die 9. Armee unter General Theodor Busse hatte ursprünglich den Auftrag, den direkten Zugang nach Berlin zu blockieren, während General Hasso von Manteuffel mit seiner 3. Panzerarmee weiter nördlich positioniert war. Von Manteuffel hatte zwar einige Erfolge, doch am 21. April standen Busses Einheiten kurz vor dem Zusammenbruch. Generalleutnant Hans Krebs, der Generalstabschef des Heeres, lehnte die Bitte Busses um Erlaubnis zum Rückzug kategorisch ab und befahl der 9. Armee, bis zum letzten Mann ihre Stellung zu halten.

HOFFEN AUF ENTSATZ

Hitler setzte seine Hoffnungen auf SS-Gruppenführer Felix Steiner und seine bei Eberswalde nördlich von Berlin stehende Armeegruppe. Steiners Truppen sollten an von Manteuffels Flanke nach Süden vorstoßen, um den Angriff der Sowjets zu kappen und die Verbindung zwischen 3. und 9. Armee wiederherzustellen. Steiner verfügte aber über keine erfahrenen Soldaten. Die von Hitler als Armeegruppe Steiner bezeichnete Einheit bestand vorrangig aus Luftwaffenpersonal, Volkssturmmännern und Polizisten. Sie waren in keiner Hinsicht den Armeen von Rokossowski und Schukow gewachsen. Von Manteuffel soll von einer „Phantomarmee" gesprochen haben.

Verzweifelt hoffte Hitler nun auf die 12. Armee von General Walther Wenck, die eilig von der Westfront abgezogen wurde. Wenck hatte Befehl, seine Attacken vom Westen auf den Osten zu verlegen, wo er sich mit Busse zusammenschließen und die Sowjets im Umkreis von Berlin angreifen sollte. Er verfügte nur über frisch ausgebildete Rekruten und wenige kampffähige Panzer. Am 23. April erfuhr Hitler aus einem schonungslosen Bericht von Helmuth Weidling, dem Kampfkommandanten von Berlin,

OBEN: AM 20. APRIL 1945, seinem 56. Geburtstag, dekoriert der Führer im Garten der Reichskanzlei Hitlerjungen, der Jüngste gerade zwölf Jahre alt, mit Orden. Es ist das letzte öffentlich aufgenommene Foto von Hitler.

UNTEN: PANZER DER ROTEN ARMEE rollen nach der Kapitulation der Stadt im Mai 1945 durch Berliner Vororte.

dass nur noch Munition für zwei Tage vorhanden sei. Trotzdem leistete Weidling mit seinen Leuten weiter Widerstand, doch die Sowjets zogen den Ring um Berlin immer enger und standen nur noch wenige Häuserblocks vom Führerbunker entfernt. Hitler, gesundheitlich schwer angeschlagen und zunehmend hoffnungslos, fragte immer wieder: „Wo steht Wenck?" Wenck, eher ein Realist, versuchte, die Reste seiner eigenen mit denen der 9. Armee zusammenzuführen, um möglichst vielen Zivilisten die Überquerung der Elbe in von den Amerikanern besetztes Gebiet zu ermöglichen. Am 30. April herrschte in Berlin ein Inferno. Eines der wichtigsten Ziele war für die Sowjets die Einnahme des symbolträchtigen Reichstags, der immer noch heftig verteidigt wurde. Am Nachmittag wehte schließlich die Rote Fahne auf der Spitze des Gebäudes.

BEDINGUNGSLOSE KAPITULATION

Am gleichen Tag wurde Generalstabschef Hans Krebs, der Russisch sprach, mit einer weißen Fahne zu General Wasili Tschuikow geschickt, um über die Kapitulationsbedingungen zu verhandeln und den General über den Selbstmord von Adolf Hitler und Eva Braun zu informieren. Tschuikow machte klar, dass die Sowjets nur eine bedingungslose Kapitulation akzeptieren würden, bis dahin würden ihre Angriffe unvermindert weitergehen. Krebs brachte sich nach diesem gescheiterten Verhandlungsversuch um. Es oblag nun dem Berliner Kampfkommandanten Weidling, die Stadt den Sowjets am 2. Mai um

MARSCHALL GEORGI SCHUKOW

Der aus bäuerlichen Verhältnissen stammende Georgi Schukow (1896–1974) entwickelte sich zum herausragenden Kommandeur der Roten Armee im Zweiten Weltkrieg. Im August 1942 wurde er zum Stellvertreter des Oberkommandierenden der sowjetischen Streitkräfte ernannt, was er bis Kriegsende blieb. Er war verantwortlich für den Angriff zur Befreiung Stalingrads und koordinierte die 1. und 2. Weißrussische Front bei der Sommeroffensive 1944. Beim Angriff auf Berlin befehligte er die 1. Weißrussische Front und wurde nach der Kapitulation Oberbefehlshaber der sowjetischen Besatzungstruppen in Deutschland. Als er bei Stalin in Ungnade fiel, schob man ihn auf einen unbedeutenden Posten ab. Von 1955 bis 1957 war er Verteidigungsminister, bevor ihn Chruschtschow aus dem Ministerium und der Parteispitze entfernte. Schukow starb im Juni 1974, seine Urne wurde mit allen militärischen Ehren an der Kreml-Mauer beigesetzt.

DIE BERLINER BEVÖLKERUNG – hier Frauen und Kinder am Brandenburger Tor – musste sich der Niederlage und der Realität einer fast völlig zerstörten Stadt stellen.

13 Uhr zu übergeben. Um 4 Uhr am nächsten Morgen war der Kampf vorbei. Genaue Zahlen über die Verluste bei der Schlacht um Berlin gibt es nicht. Schätzungen gehen von bis zu 10 000 getöteten deutschen Soldaten und ähnlich vielen Zivilisten aus. Die Rote Armee verlor fast genauso viele Soldaten in Berlin.

DIE FOLGEN

Mit der totalen Niederlage begann für Deutschland ein neuer schwieriger Abschnitt seiner Geschichte. Die Diktatur der Nazis war vorbei, doch Ostdeutschland fiel in den sowjetischen Machtbereich und erlebte unter dem Kommunismus neue Unterdrückung. Mit dem Bau der Mauer wurde Berlin zu einem Symbol der Spaltung Europas in zwei unterschiedliche Machtbereiche. Es sollte Jahrzehnte dauern, bis Europa diese Trennung überwinden konnte. Als im November 1989 die Berliner Mauer fiel, verdeutlichte dies die dramatischen Veränderungen, die Europa zu dieser Zeit durchlebte. Für Deutschland wurde durch den Vier-plus-Zwei-Vertrag zwischen Frankreich, den Vereinigten Staaten, dem Vereinigten Königreich und der Sowjetunion vom 12. September 1990 völkerrechtlich die Wiedervereinigung am 3. Oktober 1990 möglich.

SCHLACHT UM BERLIN

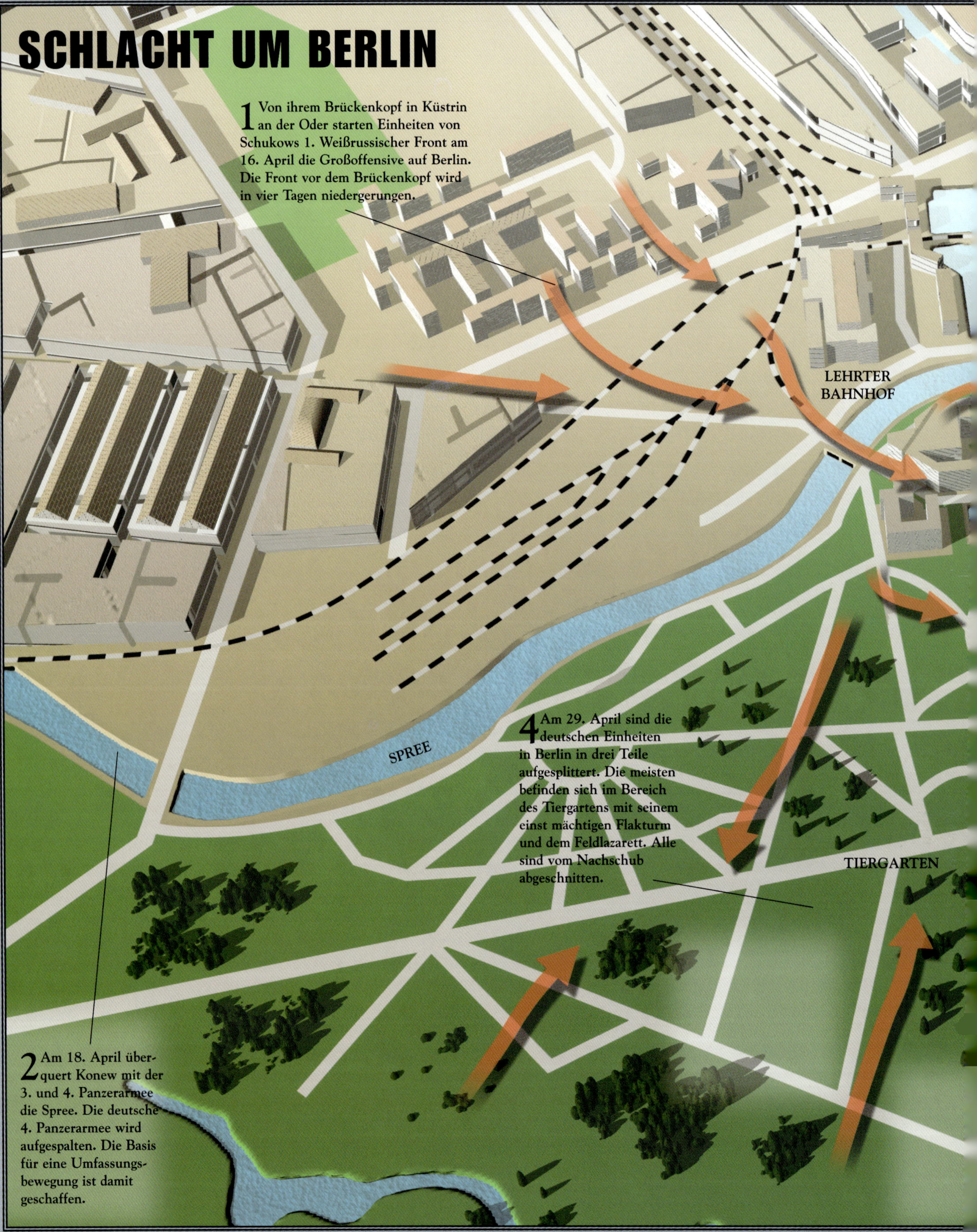

5 Am 30. April beginnt der Angriff auf den Verteidigungsring um den Reichstag. Auf deutscher Seite fallen rund 2500 Mann, darunter SS-Leute, Hitlerjungen und Volkssturmangehörige.
REICHSTAG
UNTER DEN LINDEN
BRANDENBURGER TOR
FÜHRERBUNKER
3 Am 21. April wird das Brandenburger Tor mit Granaten beschossen. Die Prachtstraße Unter den Linden wird ebenso wie das Regierungsviertel getroffen.
Legende
Sowjetische Truppenbewegungen

220
1415
1265

OKINAWA 1945

Die Invasion der Alliierten auf Okinawa war ein groß angelegtes Unternehmen, das auf erbitterten Widerstand der Japaner stieß. Die Japaner auf der Insel wussten um die Übermacht des Gegners, aber sie wollten es ihm so schwer wie möglich machen.

Eine Besonderheit des Krieges im Pazifik war das sogenannte Inselspringen, mit dem sich die Alliierten immer weiter in Richtung auf die japanischen Hauptinseln vorarbeiteten. Nach Möglichkeit umging man kleinere Stützpunkte und überließ sie sich selbst. Ohne Nachschub würden sie bald kampfunfähig sein.

Einige Inseln mussten aber unbedingt erobert werden. Okinawa war ein solches Ziel, denn die Alliierten brauchten es als Basis für den Angriff auf Japan. Auch die Japaner trafen entsprechende Vorbereitungen. Sie bauten hier Befestigungen und machten Pläne, um den Angriff auf Okinawa für den Gegner möglichst verlustreich zu machen. Als Zentrum der Verteidigung diente eine mittelalterliche Festung, deren Position garantierte, dass die Alliierten sie nicht umgehen konnten, sondern sich durch vorbereitete Verteidigungsstellungen kämpfen mussten.

DATEN UND FAKTEN

Wer: 548 000 alliierte Soldaten (überwiegend US-Einheiten) und 1300 Schiffe gegen 100 000 Mann der japanischen Land-, Luft- und Seestreitkräfte.

Was: Die Alliierten starteten die größte amphibische Operation des Pazifikkriegs.

Wo: Okinawa, im Pazifischen Ozean.

Wann: 1. April bis 21. Juni 1945

Warum: Die Insel sollte als Stützpunkt für die Invasion auf das japanische Mutterland dienen.

Ergebnis: Die Alliierten nahmen Okinawa ein, allerdings waren 90 Prozent der Gebäude dort völlig zerstört. Okinawa bot neben Häfen für die Flotte Sammelplätze für Truppen und Flugplätze in unmittelbarer Nähe zu Japan, die zur Vorbereitung der Invasion auf die Hauptinseln dienen konnten.

US-LANDUNGSBOOTE *bringen während der Schlacht um Okinawa am 13. April 1945 Nachschub an Land. Das Foto vermittelt einen Eindruck von der Größe der an der Operation beteiligten Armada.*

OBEN: *DIE AUF OKINAWA KÄMPFENDEN Bodentruppen wurden aus der Luft unterstützt. Von mehr als 40 alliierten Flugzeugträgern starteten Jäger und Jagdbomber, wie diese F4U Corsairs, zu ihren Einsätzen.*

Einige der von den Alliierten unter schweren Verlusten angegriffenen Inseln hatten lediglich kleine Garnisonen besessen, mit oft nur wenig Artillerie. Okinawa aber wurde von mehreren Divisionen verteidigt, die gut versorgt wurden und eine starke Artillerie hatten. Sie gehörten zur 322. Armee unter dem Kommando von Generalleutnant Mitsuru Ushijima (1887–1945). Für die Verteidigung des Nordabschnitts war Oberst Takehido Udo zuständig.

Bei den Alliierten befehligte Lieutenant-General Simon Buckner Jr. (1886–1945), Kommandeur der 10. US-Armee, die Bodentruppen. Ihm unterstanden ein Marineinfanterie- und ein Infanteriekorps mit jeweils zwei Divisionen. Eine Marineinfanterie- und zwei Armeedivisionen lagen als Reserve bereit.

AUFMARSCH DER ALLIIERTEN

In der ersten Phase der Schlacht bemühten sich die Alliierten, in der Umgebung von Okinawa die Oberhand zur See und in der Luft zu erringen. Hier kamen auch Einheiten aus Großbritannien, Australien und Neuseeland zum Einsatz, die Bodentruppen stellten ausschließlich die Amerikaner.

Ab dem 26. März landeten Marines auf den Nachbarinseln, um dort den Widerstand auszuschalten. Von Trägern aufgestiegene Flugzeuge griffen die Flugfelder an, während sich die Japaner mit Gegenangriffen ihrer Luftwaffe wehrten. Dazu gehörten auch Kamikazeflieger, die mehrere Schiffe versenkten oder beschädigten. Die US Navy erlitt bei Okinawa ihre schwersten Verluste im gesamten Krieg.

Die Japaner griffen auch auf See an, doch die Kaiserliche Japanische Flotte, stark dezimiert und von Treibstoffmangel geplagt, war nur noch ein Schatten ihrer einstigen Größe. Immerhin konnte man das Superschlachtschiff *Yamato*, den leichten Kreuzer *Yahagi* und acht Zerstörer aufbieten. Für eine Rückkehr nach der Mission war der Treibstoff zu knapp, deshalb sollte die *Yamato* die alliierte Flotte möglichst lange attackieren und sich dann vor Okinawa auf flachen Grund setzen, wo ihre 460-mm-Geschütze zur Verteidigung gebraucht werden konnten.

Die *Yamato* und ihre Begleitschiffe liefen am 6. April aus. Das Kommando führte Admiral Seiichi Ito (1890–1945), der das Unternehmen ursprünglich als sinnlose Geste abgelehnt hatte. Der japanische Verband wurde kurz nach dem Auslaufen gesichtet. Am 7. April griffen ihn 400 alliierte Flugzeuge in mehreren Wellen an. Die *Yamato*, die *Yahagi* sowie 4 Zerstörer wurden versenkt. Es gab 3700 japanische Tote, die Amerikaner verloren 10 Flugzeuge und 12 Mann.

RECHTS: *US-INVASIONSKRÄFTE landeten im April 1945 auf Okinawa. Die Amerikaner mobilisierten über eine halbe Million Mann und 1300 Schiffe, um die kleine Insel zu erobern.*

DIESE US MARINES sind mit Gewehren und Karabinern bewaffnet, die beim Nahkampf im Dschungel der Insel handlicher sind. Die halbautomatischen Waffen erlaubten eine hohe Schussfolge.

DER VORMARSCH DER ALLIIERTEN

Am 31. März 1945 ging eine Vorhut der US Marines in Okinawa an Land. Die eigentliche Landung begann am nächsten Tag, unterstützt von Manövern zur Ablenkung des Gegners und zur Behinderung möglicher Abwehrmaßnahmen. Die Anlandung der ersten Welle gelang relativ problemlos, denn die Japaner, die erkannt hatten, dass sie nicht überall präsent sein konnten, konzentrierten ihre Kräfte dort, wo sie am effektivsten waren. Okinawa ist eine lange, schmale Insel mit kleinen Halb- und einigen vorgelagerten Inseln. Der Großteil der japanischen Einheiten befand sich an der Südspitze der Insel und konnte sich lange wehren. Im Norden war der Widerstand schwächer, weshalb die Alliierten nach Absicherung der Landungszone die Verteidiger bald nach Nordosten zurückdrängen konnten.

Im Norden kamen die Alliierten zügig voran und erreichten am 13. April das Nordende der Insel. Die Halbinsel Motobu und die Insel Iejima im Westen wurden aber heftig verteidigt und konnten erst am 21. April eingenommen werden. Der Vorstoß nach Süden bereitete größere Probleme, denn die Japaner hatten sich gut eingegraben. Ebenen, Höhlen und künstliche Befestigungen

USS INTREPID

Flugzeugträger waren eine entscheidende Waffe bei den Angriffen auf Pazifikinseln. Außerdem sicherten Trägerflugzeuge die Flotte gegen Luftangriffe ab. Obwohl die japanischen Seestreitkräfte 1945 weitgehend zerschlagen waren, drohten noch immer Kamikaze- und andere gezielte Angriffe. Die *USS Intrepid*, ein Träger der Essex-Klasse, ging nach einem Kamikazetreffer vor Okinawa fast verloren. Dank eingespielter Lösch- und Reparaturteams konnte sie gerettet werden. An Bord dieses großen Trägers waren 90 bis 100 Sturzkampf- und Torpedobomber stationiert, was dem Vielfachen macher Feldflugplätze an Land entsprach. Der Verlust oder Abzug der *Intrepid* für eine Reparatur hätte die alliierte Luftüberlegenheit geschwächt, auch wenn noch weitere Träger vor Ort waren.

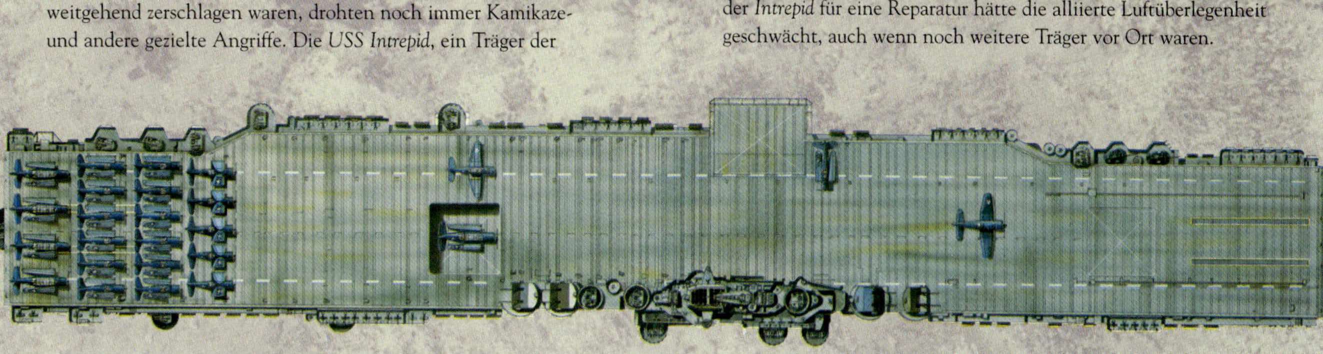

LINKS: DIESES LANDING VEHICLE (TRACKED) ist eine stärker gepanzerte Variante des LVT(A)-4. Die 75-mm-Haubitze diente der Unterstützung der Soldaten bei Angriffen auf Befestigungen.

mussten bei Angriffen oft im Nahkampf eingenommen werden. Jede Stellung war heftig umkämpft, und die Alliierten erlitten schwere Verluste.

Nach der Ausschaltung einer starken vorgeschobenen Linie am Cactus Ridge kam der Vormarsch zunächst an der Hauptverteidigungslinie der Japaner am Kakazu Ridge zum Stillstand. Vom 12. bis 14. April unternahmen die Japaner massive Gegenangriffe. Jeder dieser Angriffe wurde mit großen Verlusten auf beiden Seiten zurückgeschlagen. Danach zogen sich die Japaner in die Defensive zurück.

Am 19. April starteten die Alliierten einen neuen Versuch, ihre Offensive wieder in Schwung zu bringen. Durch Ablenkungsmanöver und massives Feuer von Artillerie und Schiffgeschützen gedeckt, begann ein heftiger, von Flugzeugen unterstützter Angriff. Doch die Japaner überstanden das Bombardement in ihren gut ausgebauten Stellungen und konnten dem Angriff standhalten. Panzer, von denen einige mit Flammenwerfern ausgerüstet waren, lieferten der Infanterie wertvolle Unterstützung, aber das Vorrücken verlief zäh.

Ushijima dachte zunächst an einen Gegenangriff, doch seine Reserveeinheiten wurden zur Abwehr einer möglichen weiteren Landung hinter seinen Linien gebraucht. Die 2. Division der US Marines hatte entsprechende Ablenkungsmanöver ausgeführt, die diesen Schluss nahelegten.

DER KAMPF UM OKINAWA

Obwohl frische US-Truppen eintrafen, verharrten die Frontlinien bis zum Monatsende im Stillstand. Am 4. Mai griffen die Japaner erneut an. Ihr Plan war sehr ambitioniert und beinhaltete die Umfassung der US-Stellungen mit einer amphibischen Aktion. Trotz großer Anstrengungen schlug dieser Angriff fehl, und Buckner ging am 11. Mai wieder in die Offensive. Am 13. Mai durchbrachen die US-Einheiten schließlich die Shuri-Verteidigungslinie. Die von Panzern unterstützte Infanterie der 96. Division kämpfte sich zum Conical Hill vor, während die 6. Marineinfanteriedivision den Sugar Loaf Hill einnahm. Der Verlust dieser beiden wichtigen Geländepunkte gefährdete die Hauptverteidigungslinie der Japaner, doch zunächst erschwerte der Monsun jeden weiteren Vormarsch der Amerikaner.

Das Zentrum der japanischen Verteidigungslinie war die Festung Shuri, die nun direkten Angriffen ausgesetzt war und der eine Einkesselung drohte. Am 29. Mai erstürmte Major-General Pedro del Valle (1893–1978) mit seiner 1. Marineinfanteriedivision die Festung. Damit durchbrach man die Hauptverteidigungslinie, ein entmutigender Schlag für die Japaner auf Okinawa, die sich noch auf eine letzte Position an der Südspitze zurückziehen konnten.

Der verlustreiche Vormarsch, bei dem die Marines die unerhört tapfer kämpfenden Verteidiger oft einzeln aus ihren Verstecken holen mussten, ging weiter. Viele kämpften bis zum Schluss oder töteten sich selbst, um der Gefangennahme zu entgehen; so auch Ushijima und sein Stabschef Generalleutnant Isamu Cho. Die letzte Linie konnte bis zum 17. Juni gehalten werden, dann brach die Verteidigung vollständig zusammen. Es war eine der seltenen Situationen, in der sich eine größere Anzahl japanischer Soldaten ergab. Die US Marines entwickelten spezielle Vorgehensweisen, um die Verluste zu begrenzen. Um ein Widerstandsnest in einer Höhle auszuschalten, nahm man deren Eingang zunächst unter schweren Beschuss, dann rückte ein Flammenwerferpanzer vor und spritzte brennendes Benzin in das Innere, das die verbliebenen Verteidiger tötete. Trotzdem waren die amerikanischen Verluste sehr hoch.

LINKS: US MARINES während der Kämpfe auf dem Wana Ridge. Der schwere Beschuss hat von der Vegetation nichts mehr übrig gelassen.

RECHTS: EIN JUNGE AUS OKINAWA trägt sein Geschwisterchen auf dem Rücken. Die Zivilbevölkerung litt schwer unter den dreimonatigen Kämpfen – man schätzt, dass bis zu 140 000 Menschen hierbei starben.

In den letzten Tagen der Operation wurde General Buckner durch eine Granate getötet, er war damit der ranghöchste US-Offizier, der im Zweiten Weltkrieg beim Kampfeinsatz ums Leben kam. Schweres Granatfeuer beider Seiten war ein Charakteristikum der Schlacht um Okinawa, sodass man von einem „Taifun aus Stahl" sprach. Den letzten organisierten Widerstand auf Okinawa leistete die 24. Infanteriedivision, die bis zum 21. Juni weiterkämpfte. Danach hielten sich noch rund zehn Tage lang vereinzelte japanische Widerstandsnester, die nach und nach ausgeschaltet wurden. Der ranghöchste gefangen genommene japanische Offizier war ein Major.

Viele japanische Überlebende versuchten, sich unter die lokale Bevölkerung Okinawas zu mischen, die aber sehr unter den Japanern gelitten hatte und diese nun bereitwillig preisgaben. Die Japaner hatten die Zivilisten als menschliche Schutzschilde missbraucht oder sie gezwungen, unter feindlichem Beschuss Wasser zu holen. In der Endphase der Schlacht forderten die Japaner die Zivilbevölkerung auf, sich eher zu töten, als sich den Alliierten zu ergeben.

DIE FOLGEN

Ende Juni war Okinawa fest in alliierter Hand. Das japanische Militär hatte nie eine Chance gehabt, die Insel zu halten. Ihre Verteidigung zielte darauf, die Alliierten möglichst lange aufzuhalten und ihnen möglichst hohe Verluste beizubringen. In dieser Hinsicht war die Verteidigung erfolgreich. Die US-Einheiten erlitten schwerste Verluste, vor allem weil sich die Japaner selbst in aussichtslosen Situationen weigerten zu kapitulieren. Nach seiner Eroberung konnte Okinawa nun als Basis für die Invasion von Japan selbst dienen. Allerdings beunruhigten die Art des japanischen Widerstandes und die damit verbundenen hohen Opfer die Alliierten. Ein Angriff auf die japanischen Hauptinseln würde einen extrem hohen Preis fordern. Doch der Abwurf der beiden Atombomben im August 1945 und die Kapitulation Japans machten eine Invasion nicht mehr notwendig.

UNTEN: DIE JAPANISCHE VERTEIDIGUNG Okinawas brach zwar am 17. Juni zusammen, es dauerte aber noch bis zum Ende des Monats, bis alle Widerstandsnester ausgeräumt waren.

OKINAWA

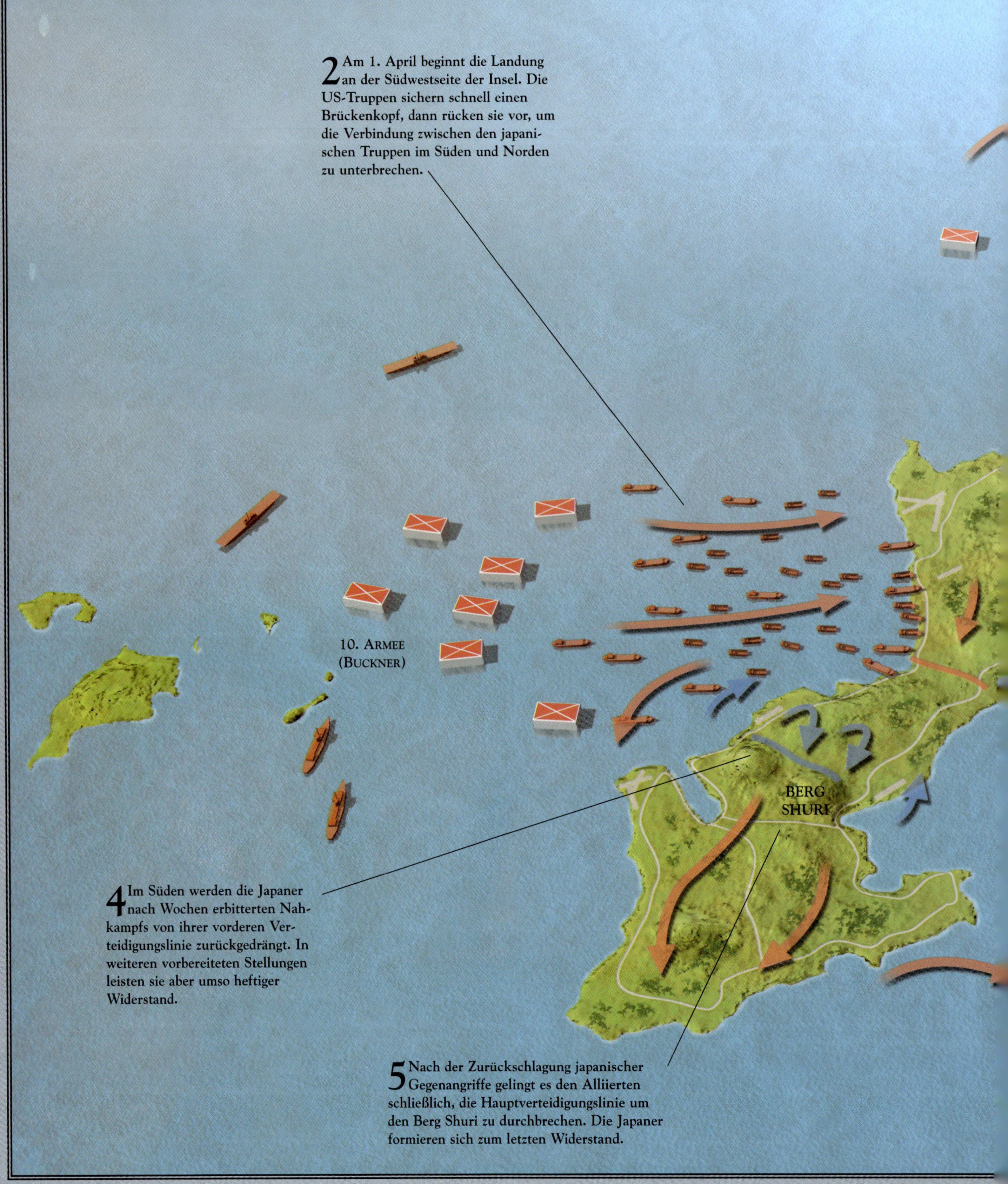
2 Am 1. April beginnt die Landung an der Südwestseite der Insel. Die US-Truppen sichern schnell einen Brückenkopf, dann rücken sie vor, um die Verbindung zwischen den japanischen Truppen im Süden und Norden zu unterbrechen.
10. Armee (Buckner)
Berg Shuri
4 Im Süden werden die Japaner nach Wochen erbitterten Nahkampfs von ihrer vorderen Verteidigungslinie zurückgedrängt. In weiteren vorbereiteten Stellungen leisten sie aber umso heftiger Widerstand.
5 Nach der Zurückschlagung japanischer Gegenangriffe gelingt es den Alliierten schließlich, die Hauptverteidigungslinie um den Berg Shuri zu durchbrechen. Die Japaner formieren sich zum letzten Widerstand.

1 Durch Ausschaltung japanischer Truppen und Flugplätze auf umliegenden Inseln errichten die alliierten Einheiten eine Verteidigungszone um Okinawa. Die Einnahme dieser Inseln verläuft problemlos.
11. April
8. April
4. April
3 Alliierte Einheiten rücken stetig nach Nordosten vor, denn der japanische Widerstand ist relativ schwach. Die Motobu-Halbinsel wird heftiger verteidigt, kann aber auch nicht lange gehalten werden.
Legende
US-Truppenbewegungen
US-Marineinfanterie
Japanische Einheiten

TÂNHIỆPTHÀNH
U S ARMY

DIE TET-OFFENSIVE

1968

Ende 1967 schien es, als würden die Vereinigten Staaten im Vietnamkrieg die Oberhand gewinnen. Mit der Tet-Offensive von Anfang 1968 begann sich die Lage der USA in Vietnam jedoch stetig zu verschlechtern.

Von 1965 bis Ende 1967 war „Search and Destroy" („Suchen und Vernichten") die wichtigste Strategie der Amerikaner in Vietnam, eine Zermürbungstaktik, die von General William Westmoreland (1914–2005) und anderen hochrangigen US-Militärs entwickelt worden war. S&D bedeutete vor allem die Dezimierung der nordvietnamesischen Armee (NVA) und des Vietcong (VC) mithilfe der eigenen, massiv überlegenen Feuerkraft und Kampfverbände. Hiermit wollte man jenen Punkt erreichen, an dem Nordvietnam aufgrund personeller Verluste einfach nicht mehr in der Lage war, den Krieg fortzuführen.

DATEN UND FAKTEN

Wer: Die regulären Truppen der nordvietnamesischen Armee (NVA), unterstützt durch die Vietcong (VC) mit insgesamt rund 80 000 Mann gegen die US-Truppen in Vietnam und die Armee der Republik Vietnam (ARVN) mit insgesamt mehr als 1,5 Millionen Mann.

Was: Kommunistische Truppen starteten eine Großoffensive gegen Ballungszentren und Militärstützpunkte überall in Südvietnam.

Wo: Die Tet-Offensive erfasste ganz Südvietnam, von den Militärbasen entlang der entmilitarisierten Zone (DMZ) im Norden bis zum Mekongdelta im Süden.

Wann: 29. Januar bis 8. April 1968.

Warum: Nordvietnam hoffte, mit der Besetzung südvietnamesischer Städte einen Volksaufstand gegen die südvietnamesische Regierung zu erreichen.

Ergebnis: Vollkommene militärische Niederlage des Nordens, wobei sich die Berichterstattung im Westen eher auf eine scheinbare Eskalation des Konflikts konzentrierte.

US-SOLDATEN IN GEPANZERTEN *Truppentransportern M113 auf dem Weg nach Saigon, um die Vietcong zu bekämpfen. Der Einsatz auch schwerer Waffen und vor allem von Bomben und Granaten in dicht besiedelten Gebieten sollte in den westlichen Medien heftige Kontroversen auslösen.*

US MARINE in voller Kampfmontur, die durch den kleinen Weihnachtsbaum etwas aufgelockert wird. Das geschulterte Maschinengewehr M60 (Kal. 7,62 mm) sorgte für effizientes Sperrfeuer.

Noch Ende 1967 war man sehr zuversichtlich, dass S&D sich auszahlen würde. Dieser Optimismus war nicht unbegründet, denn die gewaltigen Verluste bei NVA/VC schienen erkennbar. Nördlich der entmilitarisierten Zone (DMZ) hatten auch Ho Chi-minh (1890–1969) und sein Militärkommandeur General Vo Nguyen Giap (geb. 1911) dies erkannt und einen Strategiewechsel beschlossen. Der zermürbende revolutionäre Krieg sollte durch eine Offensive im Süden ersetzt werden.

Die spätere Tet-Offensive verfolgte jedoch nicht die Absicht, die USA oder die Armee der Republik Vietnam (ARVN) im Rahmen einer direkten Konfrontation zu besiegen, sondern vielmehr im Süden einen Volksaufstand zu entfachen, der zu einem Regimewechsel führen musste.

Um die Erfolgsaussichten zu erhöhen, beschloss Giap, die Offensive am vietnamesischen Neujahrsfest zu starten. Für dieses wichtige Kulturereignis hatten die Vietcong bereits eine Feuerpause vom 27. Januar bis 3. Februar erklärt. Zahllose ARVN-Soldaten würden ihren Heimaturlaub antreten und in den südlichen Stellungen würde es eine allgemeine Herabsetzung der Alarmstufe geben. Die Vorbereitungen hatten indes lange vor dem offiziellen Start begonnen. Da die Tet-Offensive vor allem die südvietnamesischen Ballungsgebiete im Visier hatte, zielten einige vorbereitende Operationen darauf, US/ARVN-Kräfte aufs Land zu locken. Nur teilweise mit Tet verknüpfte Belagerungsaktionen gegen den Stützpunkt des US Marine Corps in Khe Sanh begannen am 21. Januar 1968 und weitere Aktionen rund um Dak To zogen Truppen aus den Städten. Wenngleich den Amerikanern die Möglichkeit einer Offensive nicht entgangen war, konnten NVA/VC 84000 Mann und Tausende Tonnen an Material auf der gesamten Länge Südvietnams einschleusen.

BREIT ANGELEGTE OFFENSIVE

Die Tet-Offensive begann am 29. Januar 1968 (an einzelnen Stellen bereits früher, vermutlich irrtümlicherweise) und bestand aus Dutzenden simultaner Aktionen: Raketen, Mörser und Kanonen eröffneten das Feuer auf 36 der 444 Provinzhauptstädte, fünf autonome Städte, 72 Distrikthauptstädte und 23 Militärbasen, gefolgt von Attacken durch reguläre NVA-Einheiten in Bataillons- bis Divisionsstärke oder durch Sturmtrupps der VC. Besonders beunruhigend für die US-Regierung waren die von insgesamt 35 Bataillonen durchgeführten Angriffe in Saigon selbst. Vietcong drangen auf das Gelände der US-Botschaft vor und lieferten sich einen sechsstündigen Schusswechsel mit den Wachen der US-Militärpolizei. Das Feuergefecht fand vor laufenden Kameras statt. Obwohl die Angreifer schließlich allesamt getötet wurden, zusammen mit fünf US-Soldaten, sah sich der Glaube der amerikanischen Öffentlichkeit in die eigene Unbezwingbarkeit durch die Fernsehbilder nachhaltig erschüttert.

Überall in Saigon wurden herausgehobene Ziele attackiert, sodass NVA/VC die unmittelbare, wenn auch nur einstweilige Kontrolle über zahlreiche Distrikte erlangten. Die Hauptquartiere von MACV und ARVN wurden ebenso angegriffen wie der Präsidentenpalast, daneben auch die Hauptquartiere der amerikanischen und südvietnamesischen Marine sowie die koreanische und philippinische Botschaft. Die nationale Rundfunkstation wurde von 15 Vietcong besetzt, um revolutionäre Aufrufe in ganz Südvietnam auszustrahlen, während man auf Entsatz wartete. Technikern gelang es jedoch, die Kabel zwischen dem Gebäude und der

SCHNITTMODELL DES Sturmgewehrs AK-47. Die Vietcong verwendeten eine chinesische Version des klassischen sowjetischen Sturmgewehrs. Die unglaublich robuste Kalaschnikow war mit ihrer guten Feuerkraft im Nahbereich die ideale Waffe der Rebellen.

VERGLICHEN MIT DEN *alliierten Soldaten waren die Vietcong nur leicht bewaffnet, dafür aber ungemein mobil. Während der Tet-Offensive wurden sie durch die gegnerische Feuerkraft jedoch nahezu ausgelöscht.*

Sendeanlage zu kappen. Die Angreifer wurden getötet oder verübten Selbstmord, nachdem die Verstärkung sie nicht hatte erreichen können.

Saigon war nur einer von zahlreichen Brennpunkten. Vom Mekongdelta bis zu den nördlichen Militärbasen in Quang Tri und Lang Vei, überall waren US- und ARVN-Truppen verzweifelt bemüht, eine Machtübernahme durch Nordvietnam zu vereiteln. Hatte Tet anfangs noch einen gewaltigen Schock und große Verwirrung ausgelöst, so gelang es den ARVN- und US-Truppen nun, die Mehrheit der lokalen Angriffe innerhalb von drei bis vier Tagen zu beenden. Während die Leistung der ARVN bis Mitte der 1960er-Jahre noch Wünsche offen gelassen hatte, war dank US-Training eine bislang unbekannte Professionalität eingekehrt, zusammen mit der Motivation, den Kommunismus aufzuhalten. Zunehmende Anzeichen für Gräueltaten durch NVA/VC in eroberten Regionen waren für die ARVN eine weitere Motivation, eher zu sterben als in Gefangenschaft zu geraten. Überdies gab es kein Anzeichen für einen Volksaufstand, der die kommunistische Offensive stützen würde. Dass Tet somit auf tönernen Füßen stand, war ein Rückschlag für die Kommunisten.

US- und ARVN-Kräfte hatten bis zum 4. Februar in und rund um Saigon zehn Divisionen aufgestellt und starteten mit der Operation „Tran Hung Do“ eine umfassende Gegenoffensive. Mit Luftnahunterstützung, Artillerie und rückstoßfreien Kanonen konnten sie den gegnerischen Widerstand durch massive Feuerkraft brechen. Am 10. Februar war in der Hauptstadt jeglicher Widerstand ausgelöscht und man überließ es der südvietnamesischen Polizei, eine brutale Jagd auf VC-Sympathisanten durchzuführen.

DER KAMPF UM HUE

Während die Flammen der Tet-Offensive in vielen Teilen Südvietnams erstickt wurden, gab es eine Stadt, in der die Kämpfe noch bis zum 25. Februar toben sollten. Die nördlich von Da Nang gelegene Küstenstadt Hue war eine der Perlen Vietnams. Der Parfümfluss bildet die Grenze zwischen der modernen Neustadt im Süden und der Zitadelle im Norden.

US MARINES ERWIDERN DAS FEUER *auf NVA-Kräfte in Hue. Die Taktik im Ortskampf der Amerikaner erwies sich als unzureichend, weshalb ihre Verwundetenquote bisweilen höher war als in den Schlachten des Zweiten Weltkriegs.*

HUE WAR EIN IDEALES *Terrain für Scharfschützen wie diesen US-Soldaten, der mit M16 im Anschlag Ausschau nach feindlichen Schützen hält.*

GEFANGENE SOLDATEN *der nordvietnamesischen Armee (NVA) warten aufs Verhör. Vor allem, wenn sie in die Hände von ARVN-Einheiten geraten waren, wurden gefangene Soldaten und Vietcong vielfach am Ende exekutiert.*

Die 1802 unter Kaiser Gia Liong errichtete Außenmauer der Zitadelle war neun Meter hoch und sechs Meter dick. Doch auch ein solches Bollwerk konnte nicht verhindern, dass am 31. Januar nach schwerem Artilleriefeuer 8000 Kommunisten die Stadt übernahmen. Sie war nur schwach verteidigt und wurde zur einzigen Stadt, die während Tet vollständig von den Kommunisten besetzt werden konnte.

Die rund um Hue postierten US-Kräfte entsandten zunächst nur eine Hand voll Marineinfanterietrupps. Diese wurden von der NVA zurückgeworfen. Nachdem sie die Stärke des Feindes erkannt hatten, entwarfen die alliierten Truppen Pläne für eine Gegenoffensive. US-Marines würden die Neustadt zurückerobern, wohingegen ARVN-Truppen die Zitadelle stürmen sollten. Sobald die Marines ihre Zone gesäubert hätten, würden sie den Fluss überqueren, um die ARVN zu unterstützen. Außerdem wurde die 3. Brigade der 1. Air Cavalry Division am 2. Februar knapp zehn Kilometer westlich der Stadt abgesetzt, um zu verhindern, dass die NVA von Laos aus Nachschub und Truppen nach Hue brachte.

Diese Blockade sollte den Gang der Dinge entscheidend beeinflussen, denn Soldaten der 1. Air Cavalry, die später durch Truppen der 101. Luftlandedivision und lokale ARVN-Einheiten unterstützt wurden, konnten tatsächlich verhindern, dass die bereits in der Stadt befindlichen kommunistischen Truppen durch drei NVA-Regimenter verstärkt wurden.

ALS WICHTIGSTER AMERIKANISCHER *Kampfpanzer im Vietnamkrieg hatte der M60 Patton dort vor allem die Aufgabe, die eigene Infanterie zu unterstützen, auch wenn er sich mit seiner 105-mm-Bordkanone und MG vom Kaliber 12,7 mm und 7,62 mm gut gegen andere Panzer behauptet hätte.*

KHE SANH

Die Belagerung der elf Kilometer von der laotischen Grenze entfernt mitten im Dschungel auf einem Lehmhügel gelegenen Khe Sanh Combat Base (KSCB) durch die NVA bildete einen dramatischen Kontrapunkt zur Tet-Offensive. General William Westmoreland hatte gehofft, dass der Stützpunkt mit 6000 US Marines und ARVN-Soldaten die NVA zu einem Großangriff verleiten und dem Feind schwere Verluste zufügen werde. Die Erwartung wurde nicht enttäuscht. Am 20. Januar 1968 begann die Belagerung durch rund 40 000 NVA-Soldaten. Der Stützpunkt wurde durch Transportmaschinen versorgt, während B52 und andere Flugzeuge das Umland ständig bombardierten. Bei einigen amerikanischen Stellungen auf den umgebenden Hügeln gab es heftige Auseinandersetzungen bis hin zum Nahkampf, doch in allen Fällen konnten die Kommunisten abgewehrt werden. Als am 8. April Einheiten der Marines und Air Cavalry eine Landbrücke nach Khe Sanh schaffen konnten, ging die Belagerung nach 77 Tagen zu Ende. Rund 10 000 Kommunisten und 205 US-Soldaten hatten ihr Leben verloren.

NVA-SOLDATEN beim blutigen Sturmangriff auf Khe Sanh.

Während sich die Kämpfe in Hue verschärften, mussten die amerikanische Einheiten erkennen, dass man die Ausbildung im Orts- und Häuserkampf nach Ende des Zweiten Weltkrieges allzusehr vernachlässigt hatte. In der Neustadt waren zwei Batallione der Marines nach sechstägigen heftigen Kämpfen lediglich vier Häuserblocks vorangekommen. Wegen ihrer zahlreichen bedeutenden Bauwerke hatte man der Stadt zunächst die Bombardierung erspart, doch die hohen Verluste beim Häuserkampf führten zum Umdenken. Im Rahmen der Kampfhandlungen wurden von den US-Truppen insgesamt 52 000 Artilleriegeschosse und 7670 Schuss aus schweren Schiffsgeschützen auf die Stadt abgefeuert sowie 600 Tonnen Munition abgeworfen. Für die Zivilbevölkerung hatte dies schreckliche Folgen, doch am 6. Februar hatten die Alliierten die meisten Schlüsselpunkte und am 10. Februar die gesamte Neustadt zurückerobert.

Nun stießen die Marines über den Parfümfluss in die Zitadelle vor, wo Einheiten der ARVN die Kommunisten in die Ausgangsstellung zurückgedrängt und begonnen hatten, die NVA/VC allmählich aus dem Nordteil der Zitadelle zu vertreiben. Später konnten sie den Flugplatz und am 24. Februar auch den Kaiserpalast am nördlichen Flussufer zurückerobern. Auf Widerstand stieß die alliierte Gegenoffensive noch bis Ende Februar in den westlichen Vororten und im Distrikt Gia Hoi, wo die Kommunisten Hunderte Zivilisten ermordet hatten. Am 2. März befand sich die gesamte Stadt wieder unter alliierter Kontrolle. Die Verluste waren eher ungleich verteilt: 119 US-Soldaten, 363 Mitglieder der ARVN, rund 8000 reguläre NVA-Soldaten oder aufständische VC und etwa 6000 Zivilisten kamen ums Leben.

DIE FOLGEN

Nachdem Anfang April schließlich auch die Belagerung von Khe Sanh ein Ende gefunden hatte, war es Zeit, Bilanz zu ziehen. Für den Norden bedeutete die Tet-Offensive einen katastrophalen Fehlschlag. Man hatte nicht nur rund 54 000 Mann verloren (gegenüber 11 000 südvietnamesischen und 2000 amerikanischen Soldaten), auch der Vietcong war als politische und militärische Größe nahezu ausgelöscht. Dass es keinen Volksaufstand gegeben hatte, brachte den im Norden verbreiteten Glauben ins Schwanken, der Süden warte nur auf die Gelegenheit, den Kommunismus anzunehmen.

Für die USA bedeutete die Tet-Offensive zweifellos einen militärischen Sieg, auch wenn die westlichen Medien etwas anderes behaupteten. Sie vermittelten vielmehr den Eindruck eines dramatisch eskalierenden Konflikts, auch dann noch, als Politiker und Generäle versicherten, dass der Norden in die Knie gegangen sei. Anhaltende Forderungen der Militärs nach mehr Truppen ließen selbst in den Reihen der US-Politiker die Alarmglocken klingeln, sodass sich 1969 die Politik der „Vietnamisierung" (die weitgehende Übertragung der Kriegführung an Südvietnam) und der schrittweise Truppenabzug durchsetzten. Der militärische Sieg galt weniger als die Niederlage in den Medien.

DIE TET-OFFENSIVE — HUE

1 Am 31. Januar starten Truppen der NVA und VC mit Raketen und Mörsern einen Angriff auf ARVN-Einheiten im Norden und Westen der Stadt, die zurückweichen müssen.

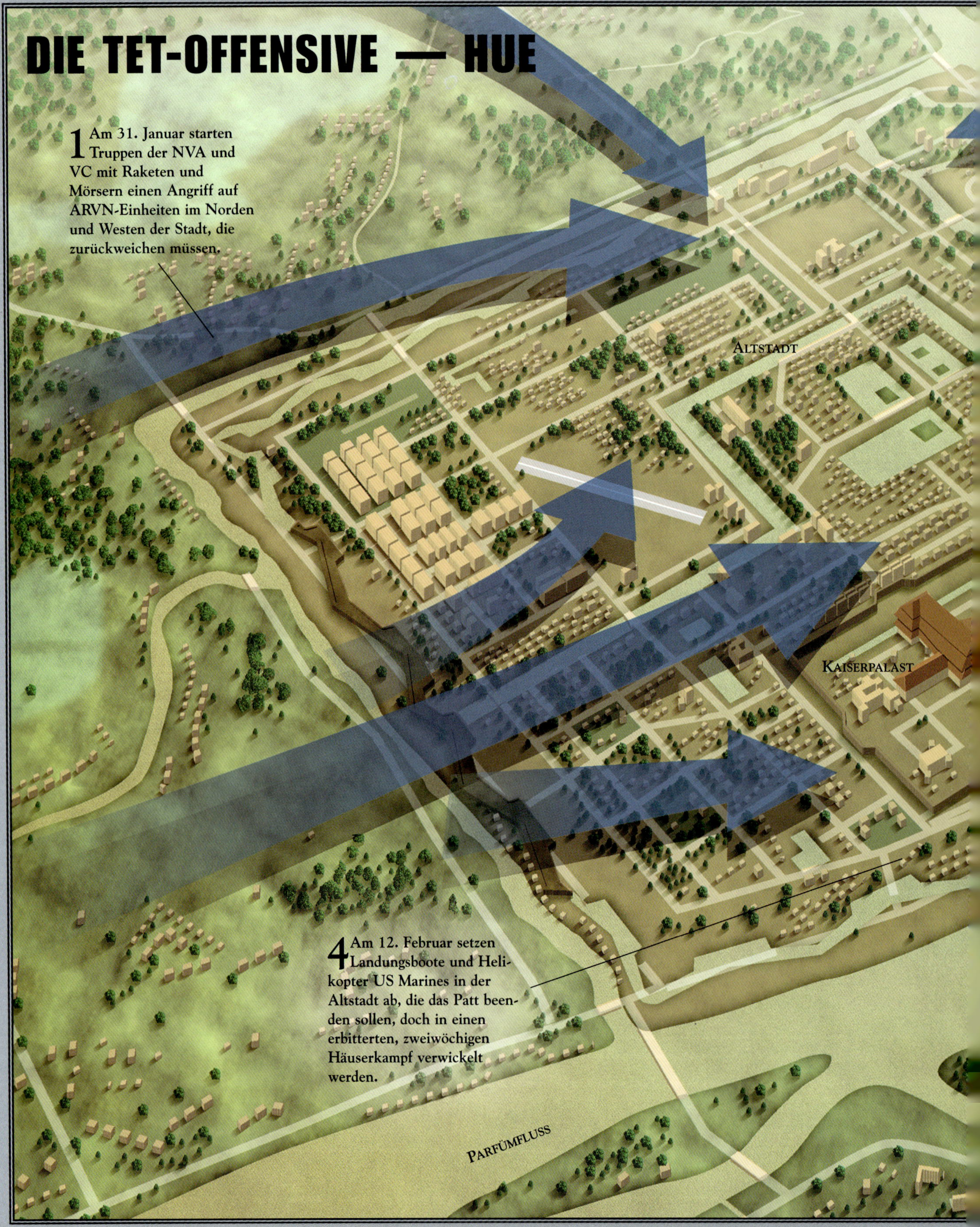

4 Am 12. Februar setzen Landungsboote und Helikopter US Marines in der Altstadt ab, die das Patt beenden sollen, doch in einen erbitterten, zweiwöchigen Häuserkampf verwickelt werden.

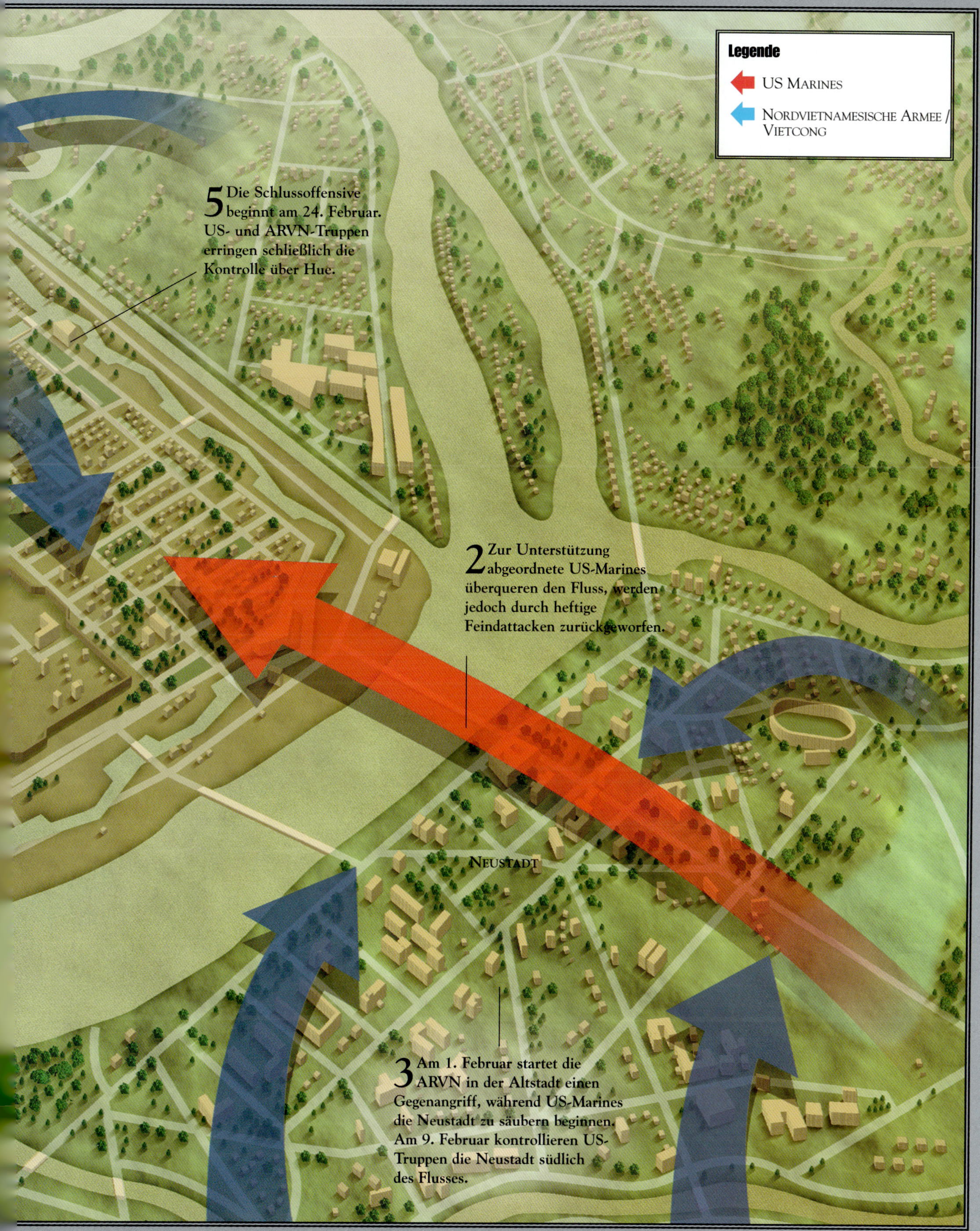
Legende
US Marines
Nordvietnamesische Armee / Vietcong
5 Die Schlussoffensive beginnt am 24. Februar. US- und ARVN-Truppen erringen schließlich die Kontrolle über Hue.
2 Zur Unterstützung abgeordnete US-Marines überqueren den Fluss, werden jedoch durch heftige Feindattacken zurückgeworfen.
Neustadt
3 Am 1. Februar startet die ARVN in der Altstadt einen Gegenangriff, während US-Marines die Neustadt zu säubern beginnen. Am 9. Februar kontrollieren US-Truppen die Neustadt südlich des Flusses.

OPERATION „IRAQI FREEDOM“ 2003

Die Operation „Iraqi Freedom“ war ein gewagtes Vorhaben, das mit aller Macht umgesetzt wurde. US-geführte Koalitionstruppen zerschlugen in weniger als 40 Tagen den militärischen Widerstand der Irakis, besetzten Bagdad und beseitigten das Regime Saddam Husseins.

Noch lange nach dem Abschluss der Operation „Iraqi Freedom“ herrschen im Irak bürgerkriegsähnliche Zustände. Der Einmarsch der alliierten Truppen, deren modernen Waffensystemen das irakische Heer nicht gewachsen war, verlief sehr rasch und forderte nur sehr wenige Tote in den eigenen Reihen. Der Zusammenbruch des Regimes von Saddam Hussein schuf jedoch eine extrem angespannte Sicherheitslage, die von den Besatzungstruppen praktisch nicht mehr zu kontrollieren war.

DATEN UND FAKTEN

Wer: US-geführte Koalitionstruppen mit mehr als 260 000 Soldaten gegen die nationalen Verteidigungsverbände des Irak und Fedajin-Paramilitärs.

Was: Invasion im Irak mit dem Ziel, die irakischen Streitkräfte zu vernichten und das Regime Saddam Husseins zu stürzen.

Wo: Die Hauptschauplätze lagen zwischen der kuwaitisch-irakischen Grenze und Bagdad; eine nördliche Kampfzone befand sich weitgehend in den Händen der von den USA unterstützten kurdischen Separatisten.

Wann: 20. März bis 1. Mai 2003.

Warum: Die Operation „Iraqi Freedom“ war Teil der US-Reaktion auf die Terroranschläge vom 11. September 2001 und basierte auf der Behauptung, der Irak habe gegen UN-Sanktionen verstoßen, Terrorgruppen mitfinanziert und sei im Besitz von Massenvernichtungswaffen.

Ergebnis: Erfolgreiche Besetzung des Irak durch die Koalition, gefolgt jedoch von bürgerkriegsähnlichen Zuständen.

BESCHUSS VON SCHLÜSSELZIELEN rund um Bagdad mit US-Raketen am 21. März 2003. Die irakischen Militärs hatten eher eine Wiederholung des Golfkriegs von 1990–1991 erwartet, wo die Alliierten einleitend längere Luftattacken durchgeführt hatten. Stattdessen drangen US-amerikanische und britische Bodentruppen bereits sehr früh in den Irak ein.

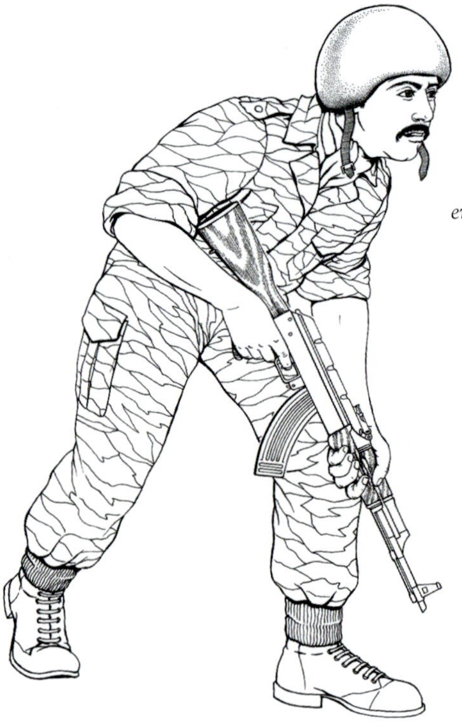

SOLDAT DER REPUBLIKANISCHEN GARDE. Die Republikanische Garde litt unter schlechter Kampfmoral und Organisation, sodass sich die US-Truppen letztlich als klar überlegen erwiesen.

DIE GEGNER

Am 17. März 2003 richtete US-Präsident George W. Bush ein unmissverständliches Ultimatum an die irakische Führung: „Saddam Hussein und seine Söhne haben den Irak innerhalb von 48 Stunden zu verlassen. Ihre Weigerung wird zu einem militärischen Konflikt führen, der zu einem Zeitpunkt unserer Wahl beginnen wird“. Dies war keine leere Drohung, da in grenznahen kuwaitischen Aufmarschgebieten 260 000 Koalitionstruppen bereitstanden (214 000 US-Amerikaner und 45 000 Briten plus kleinere Kontingente aus verbündeten Nationen). Die irakischen Streitkräfte waren durch den Golfkrieg von 1990–1991 und die verhängten Militärsanktionen angeschlagen. Kampfmoral und Initiative waren geschwächt. Nach Schätzungen des Geheimdienstes waren jedoch immer noch mehr als 400 000 reguläre Soldaten verfügbar (einschließlich 44 000 Fedajin-Saddam-Paramilitärs) und bis zu 650 000 Reservisten. Selbst bei geschwächter Kampfkraft war dies ein ernst zu nehmender Gegner, vor allem wenn er die Lehren aus dem ersten Golfkrieg beherzigen würde.

Die irakischen Militärs erwarteten eine Neuauflage des alten Konflikts mit anhaltenden Luftangriffen als Prolog. Bald würden sie eines Besseren belehrt werden. Unter dem Oberbefehl von General Tommy Franks sollten die Koalitionstruppen sogleich einen Landfeldzug durchführen und Schlüsselstellungen im Südirak einnehmen, während andere Einheiten nach Norden Richtung Bagdad vorrückten. Man würde irakischen Großstädten ausweichen, da man befürchtete, dass die irakische Armee für urbane Kriegsschauplätze optieren würde, um ihre technologischen Nachteile im offenen Gelände zu umgehen. Direkt nach Bagdad vorgestoßen, würde man durch Zerschlagen der obersten Kommandostruktur einen raschen Regimewechsel herbeiführen. Da Bushs Ultimatum ohne Reaktion blieb, wurde die Operation „Iraqi Freedom“ am 19. März gestartet.

AKTIONEN IM SÜDEN

Luftangriffe bildeten wie schon 1991 den Auftakt. Mit US-Kampfflugzeugen und Tomahawk-Marschflugkörpern wurden Präzisionsschläge gegen Ziele überall in Bagdad durchgeführt, in der Hoffnung, Saddam Hussein und 55 Spitzenfunktionäre

LINKS: DIE AMERIKANISCHEN M1A1-ABRAMS-Panzer bildeten oft die Vorhut auf dem Vormarsch nach Bagdad. Mit Munition aus abgereichertem Uran oder Hohlladungsgeschossen erzielt die 120-mm-Glattrohrkanone große Reichweiten.

EINER DER ÄLTESTEN PANZER im Waffenarsenal der Irakis von 2003 war der T-55. Selbst die in puncto Panzerung, Feuerleitsystem und Kanone nachgerüsteten Modelle waren den amerikanischen und britischen Panzern hoffnungslos unterlegen.

HELIKOPTER UH-60 BLACKHAWK beim Flug über Bagdad (Mai 2003). Über besiedelten Gebieten erwiesen sich Hubschrauber als sehr anfällig für den Beschuss mit Handfeuerwaffen.

auszuschalten (dieser „Enthauptungsschlag“ verlief weitgehend erfolglos). Kurz darauf, in der Nacht vom 20. auf den 21., überschritten Koalitionstruppen die Grenze. Der Angriffsplan für den Süden bestand aus drei Elementen. Angeführt von der 3. Infanteriedivision würde das V. Korps der US Army durch die Wüste westlich des Euphrat auf Bagdad vorrücken. Östlich des Flusses würde die 1st Marine Expeditionary Force (MEF) durch An Nasiriyah stoßen, den Euphrat überqueren und östlich des Flusses auf Bagdad vorrücken und die rechte Hälfte einer zusammen mit den Heerestruppen gebildeten Zange darstellen. Unterstützt durch US Marines würden britische Truppen im äußersten Süden des Landes operieren, um die Halbinsel Al Faw zu kontrollieren und mit Basra die zweitgrößte Stadt einzunehmen.

Die Operation „Iraqi Freedom“ legte einen rasanten Start hin. Nachdem die irakischen Grenzposten durch Artillerie und Angriffe mit Apache-Helikoptern zerstört waren, stand die Tür offen. Am 20. März eroberten britische und amerikanische Marines den Hafen von Umm Qasr (wenngleich es in den folgenden beiden Tagen noch sporadische Kampfhandlungen gab), bevor sich die US-Einheiten nach Norden wandten. Gemischte Verbände besetzten in einer amphibischen Operation die Halbinsel Al Faw. Am 21. März hatte die britische 7. Panzerbrigade den Rand von Basra erreicht, wo sie auf verstärkten Widerstand irakischer Milizen und regulärer Truppen stieß. Eine hohe Zahl unschuldiger Opfer befürchtend, warteten die Briten, bis die Zivilbevölkerung die Stadt verlassen hatte. Im Südirak ging es derweil Schlag auf Schlag weiter. Die 1st Marine Division sicherte die Ölfelder von Rumaila (eine der weltgrößten Lagerstätten von Erdöl und Erdgas), um dann nach Westen Richtung An Nasiriyah zu schwenken. Die Aufgabe, die Kontrolle über An Nasiriyah mit seinen wichtigen Euphratbrücken zu erlangen, fiel an die Task Force Tarawa alias 2nd Marine Expeditionary Brigade (MEB). Sie sollte dort einige eher unangenehme Erfahrungen machen.

OPERATIONEN IM NORDIRAK

Ursprünglich hatte die Operation „Iraqi Freedom“ auch eine Offensive umfasst, die von der Türkei aus in den nördlichen Irak zielen sollte. Die türkische Regierung weigerte sich indes, ihr Land als Ausgangspunkt für Bodentruppen zur Verfügung zu stellen (Luftwaffenstützpunkte durften hingegen genutzt werden). So lagen die Aktionen im Norden weitgehend in den Händen der kurdischen Peschmerga, die von der amerikanischen 10th Special Forces Group unterstützt wurden. Um die Kampfkraft der Kurden zu verstärken, besetzten 1000 Fallschirmjäger der 173. Luftlandebrigade den Flugplatz von Bashur. Nachdem irakische Truppen begonnen hatten, sich zurückzuziehen, konnten amerikanische und kurdische Einheiten am 28. März im Rahmen der Operation „Viking“ das Basislager der Ansar al-Islam erobern, einer mit dem Terrornetzwerk Al-Kaida verbundenen Gruppierung. Während der nachfolgenden „Battle of the Green Line“ konnte ein weiterer mit Luftnahunterstützung operierender kurdisch-amerikanischer Verband die irakische 13. Infanteriedivision schlagen und mit Tikrit Saddams letzte Bastion besetzen.

AN NASIRIYAH UND WEITER

Die größte Herausforderung beim Einmarsch der Koalitionstruppen in den Irak stellten die Entfernungen dar. Der zunehmende Vormarsch erschwerte den Nachschub. So war die 3. Infanteriedivision bis zum Abend des 22. März rund 240 Kilometer tief in den Irak vorgedrungen. Entsprechend lang war die zu schützende Versorgungslinie und es blieb die beunruhigende Möglichkeit, dass der Vormarsch womöglich ganz zum Erliegen kommen könnte und irakische Kräfte Teile der Formationen isolieren könnten. Doch abgesehen von einzelnen Ausnahmen war der Widerstand nicht heftig genug, um die Gesamtstrategie zu gefährden. Die irakischen Truppen schienen vielmehr eher geneigt, sich zu ergeben als im Kugelhagel zu sterben.

Am 23. März nahmen die Ereignisse rund um An Nasiriyah indes eine beängstigende Wendung. Die zur 3. Infanteriedivision gehörende 507. Instandhaltungskompanie geriet in einen Hinterhalt der Fedajin, die elf Soldaten töteten und sieben gefangen nahmen (einschließlich der inzwischen zu Berühmtheit gelangten Soldatin Jessica Lynch). Marines von der Task Force Tarawa eilten zu Hilfe, doch der Tag fand ein ungutes Ende. Insgesamt 18 Marines wurden getötet, einige durch Beschuss der eigenen A10-Flugzeuge. Die Kontrolle über An Nasiriyah sollte man erst am Ende des Monats erlangen, wobei die Marines dann bereits weiter nach Norden vorgerückt waren. Die drei Regimental Combat Teams (RCTs) der 1st MEF rückten in zwei Linien auf Bagdad vor.

Ganz im Westen traf der vorrückende Hauptverband der US-Army auf den zunehmenden Widerstand von vier Divisionen der Republikanischen Garde. Am 25. März wurde die 3. Infantriedivision rund um An Najaf in Kämpfe verwickelt (in nur zwei Tagen wurden über 300 irakische Soldaten getötet). Überdies hatte ein Sandsturm den gesamten Vorstoß fast zum Erliegen gebracht, wodurch die irakischen Freischärler die Möglichkeit erhielten, sich neu zu formieren und die Versorgungslinien anzugreifen.

BRITISCHER SCHARFSCHÜTZE *der Irish Guards vor Basra (April 2003). Scharfschützen wurden postiert, um die Pioniere zu schützen, die die von den zurückweichenden Irakern in Brand gesetzten Ölquellen löschen sollten.*

DIE SCHLACHT UM BAGDAD

Im äußersten Süden des Landes tobten die Kämpfe um Basra weiter. In einem Panzergefecht konnten die Royal Scots Dragoon Guards am 27. März 14 irakische Panzer vernichten. Ein Großangriff auf die Stadt begann am 30. März mit der Operation „James“. Durchgeführt wurde sie von der 7th Armored Brigade mit Unterstützung durch ein Fallschirmjägerregiment und Spezialkräfte. Nach einwöchigen heftigen Kämpfen war Basra am 6. April in britischer Hand. Der Zusammenbruch der Verwaltungsstrukturen führte indes zu Plünderungen und willkürlichen Gewaltakten – Erscheinungen, die sich in den kommenden Wochen überall im Land wiederholen sollten.

Während die Briten um Basra kämpften, unternahm die 3. Infantriedivision Angriffe auf der Westseite von Karbala, überschritt den Euphrat und näherte sich Bagdad. Inzwischen war der Widerstand der irakischen Armee im Zusammenbruch begriffen. Am Stadtrand von Bagdad wurde am 3. und 4. April ein Gegenangriff der Fedajin zurückgeschlagen. Im Osten rückten auch die Marines immer dichter heran.

Die Strategie für die Eroberung Bagdads war gewagt: Am 5. April unternahm die schwer bewaffnete 2. Brigade der 3. Infanteriedivision auf Straße 8 einen blitzartigen Vorstoß („thunder run“) direkt in die Hauptstadt hinein. Die durch Panzer und Bradley-Schützenpanzer unterstützten 761 Mann bildeten eine Vorhut, um den vorhandenen Widerstand zu erkunden. Auf gesamter Strecke schwerem Feuer ausgesetzt (jedes Fahrzeug wurde getroffen), machte man anschließend einen Schwenker zum Saddam International Airport, der bereits von den Amerikanern kontrolliert wurde.

Ein zweiter „thunder run“ zielte am 7. April in das Verwaltungszentrum Bagdads. Als sich die Nacht herabsenkte, waren Saddams Paläste erobert, doch die Kontrolle über die Versorgungsroute entlang den kurvenreichen Straßen war heftig umkämpft. US Marines bemühten sich unterdessen um die Kontrolle über die östlichen Stadtteile, nachdem sie sich über die Diyala-Brücke gekämpft hatten. Als die Marines dann am 8. April den Tigris erreicht hatten, war die Einnahme Bagdads abgeschlossen. Am 9. April ereignete sich eine symbolträchtige Szene, als die Saddam-Statue auf dem Firdos-Platz von einem US-Panzer niedergerissen wurde.

Die Bodenoperationen zur Eroberung des Irak waren damit formell beendet. Nachdem eine Sondereinheit der Marines am 15. April auch Saddams Heimatort Tikrit erobert hatte, war auch das letzte wichtige Zentrum des Widerstands im Zentralirak beseitigt. Bereits am 10. April hatten die nördlichen Verbände Kirkuk erobert. Am 1. Mai

F/A-18 HORNET *von den „Silver Eagles“, der Marine Fighter Attack Squadron One Fifteen (VMFA-115) beim Start vom Flugdeck der* USS Harry S. Truman. *Die Luftüberlegenheit der Koalitionstruppen war eine wichtige Voraussetzung für einen raschen Sieg im Irak.*

2003 erklärte Präsident Bush die Kampfhandlungen im Irak offiziell für beendet.

DIE FOLGEN

Wie wir inzwischen wissen, war das von Präsident Bush erklärte Ende der Feindseligkeiten alles andere als endgültig. Eine absolut mangelhafte Planung für die Zeit nach der Besetzung des Landes ließ eine Spirale der Gewalt entstehen, der allein in Bagdad allmonatlich Hunderte zum Opfer fallen. Eines der augenfälligsten Merkmale der Operation „Iraqi Freedom“ bestand darin, dass große Teile der irakischen Öffentlichkeit das Verhalten der Koalitionstruppen abstoßend fanden. Es gibt Hinweise darauf, dass viele der rund 30 000 während der Operation getöteten irakischen Zivilisten durch wahlloses Feuern der US-Soldaten umkamen. Hinzu kommt, dass der Sturz des Regimes und die unbedachte Auflösung der irakischen Armee Stammes- und Glaubenskonflikte nährten und zahlreiche Iraker daher ein erbärmliches Leben fristen müssen.

Auch die Operation als solche war nicht ohne Fehler. Zahlreiche Kommandeure der Bodentruppen machten die von Verteidigungsminister Donald Rumsfeld beschlossene Begrenzung des Truppenkontingents für gravierende Logistik- und Sicherheitsprobleme verantwortlich, zumal die Ereignisse in An Nasiriya und anderswo gezeigt hatten, wozu entschlossener Widerstand in der Lage war. Doch Krieg ist nun einmal eine gewaltsame, problembeladene Auseinandersetzung. Gemessen an den geringen eigenen Verlusten – weniger als 130 Amerikaner und 33 Briten kamen ums Leben – und an dem Tempo, in dem die Ziele erreicht wurden, ist es ein Beispiel der Schlagkraft einer technologisch überlegenen Armee im Bewegungskrieg.

SPÄHTRUPP DES *23. Infantrieregiment im August 2006 in Bagdad. Mehr als drei Jahre nach offizieller Beendigung der Feindseligkeiten müssen zahlreiche Soldaten weiterhin für die Bekämpfung von Aufständen abgestellt werden.*

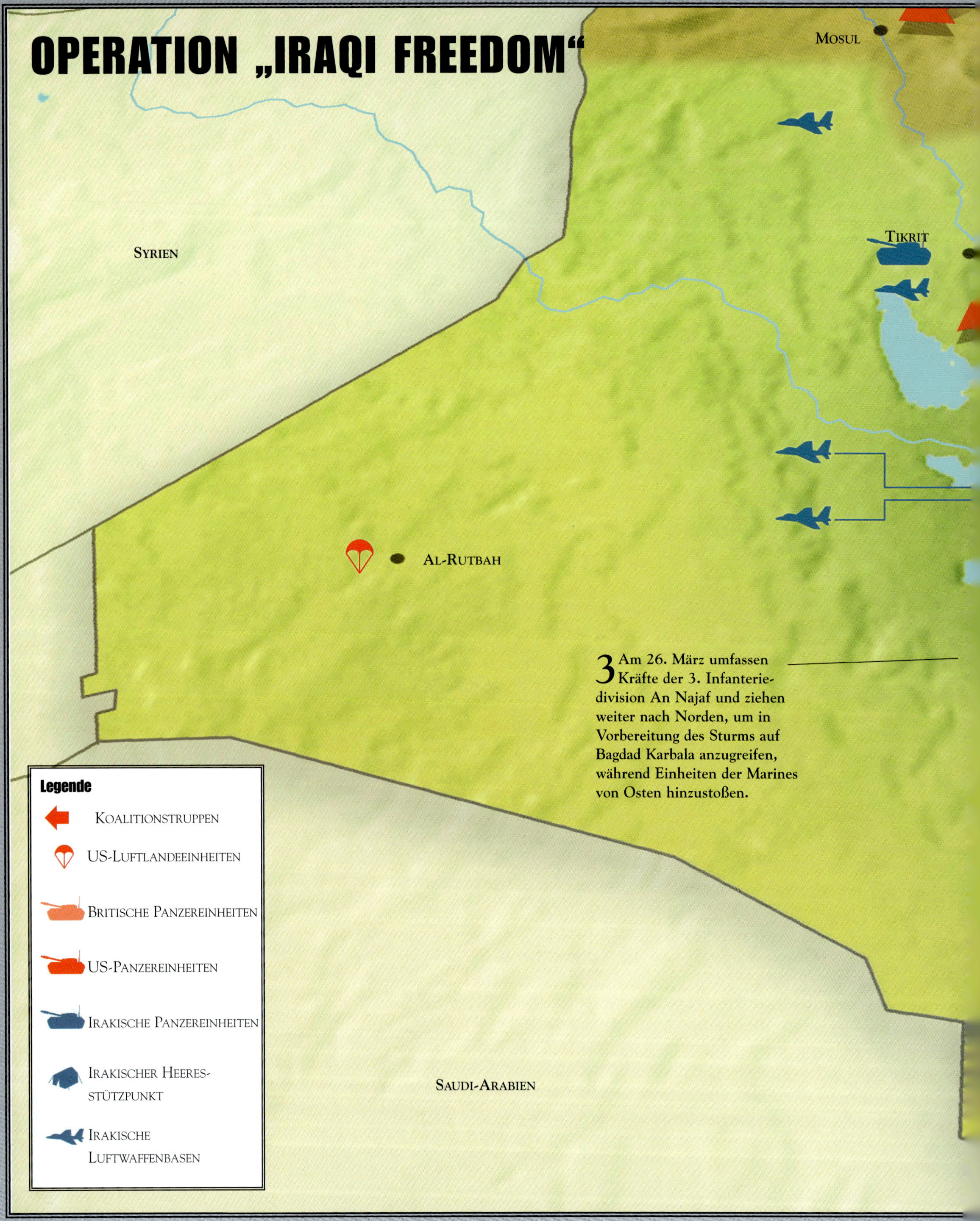
OPERATION „IRAQI FREEDOM“
MOSUL
TIKRIT
SYRIEN
AL-RUTBAH
3 Am 26. März umfassen Kräfte der 3. Infanteriedivision An Najaf und ziehen weiter nach Norden, um in Vorbereitung des Sturms auf Bagdad Karbala anzugreifen, während Einheiten der Marines von Osten hinzustoßen.
Legende
KOALITIONSTRUPPEN
US-LUFTLANDEEINHEITEN
BRITISCHE PANZEREINHEITEN
US-PANZEREINHEITEN
IRAKISCHE PANZEREINHEITEN
IRAKISCHER HEERES-STÜTZPUNKT
IRAKISCHE LUFTWAFFENBASEN
SAUDI-ARABIEN

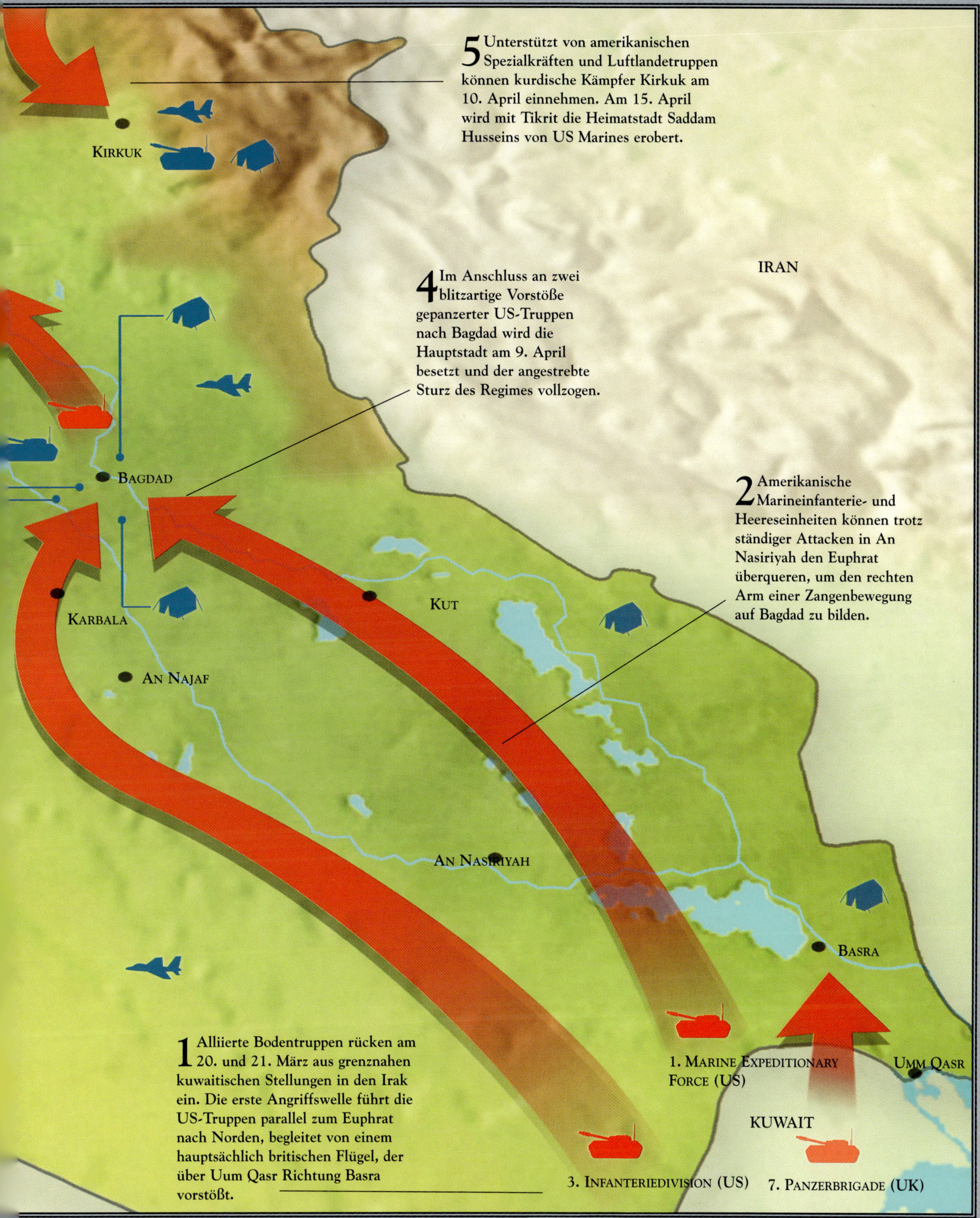
5 Unterstützt von amerikanischen Spezialkräften und Luftlandetruppen können kurdische Kämpfer Kirkuk am 10. April einnehmen. Am 15. April wird mit Tikrit die Heimatstadt Saddam Husseins von US Marines erobert.
KIRKUK
IRAN
4 Im Anschluss an zwei blitzartige Vorstöße gepanzerter US-Truppen nach Bagdad wird die Hauptstadt am 9. April besetzt und der angestrebte Sturz des Regimes vollzogen.
BAGDAD
2 Amerikanische Marineinfanterie- und Heereseinheiten können trotz ständiger Attacken in An Nasiriyah den Euphrat überqueren, um den rechten Arm einer Zangenbewegung auf Bagdad zu bilden.
KUT
KARBALA
AN NAJAF
AN NASIRIYAH
BASRA
1. MARINE EXPEDITIONARY FORCE (US)
UMM QASR
KUWAIT
1 Alliierte Bodentruppen rücken am 20. und 21. März aus grenznahen kuwaitischen Stellungen in den Irak ein. Die erste Angriffswelle führt die US-Truppen parallel zum Euphrat nach Norden, begleitet von einem hauptsächlich britischen Flügel, der über Uum Qasr Richtung Basra vorstößt.
3. INFANTERIEDIVISION (US)
7. PANZERBRIGADE (UK)

BILDNACHWEIS

AKG Images: 20, 58/59, 82/83, 92 (unten), 110

AKG Images/Peter Connolly: 26/27, 36 (oben), 42/43, 63 (oben)

Ancient Art and Architecture Collection: 38 (unten), 55

Alcaniz Fresno's S.A.: 213 (oben), 214 (unten), 247 (unten), 301 (oben), 325 (oben), 335 (unten), 341 (unten), 364 (unten)

Art Archive: 74/75

Art-Tech/Aerospace: 100 (oben), 109 (alle), 117, 119, 127 (unten), 134 (unten), 149 (unten), 150 (unten), 164, 166 (oben), 172 (unten), 181 (unten), 188 (oben), 190 (oben), 202/203, 204 (oben), 212, 213 (unten), 214 (oben), 220, 220/221, 228 (alle), 229 (oben), 230, 231 (unten), 236 (unten), 237, 239 (oben), 244, 245 (rechts), 246 (unten), 247 (oben), 252 (alle), 253 (unten), 261 (alle), 269 (alle), 270/271, 271, 276 (oben), 277 (oben), 278 (oben), 284 (unten), 287 (unten), 292, 295 (oben), 302 (links), 309 (unten), 310 (unten), 314/315, 316, 318 (oben), 319 (unten), 327 (unten), 330/331, 334 (oben), 335 (oben), 338/339, 343 (unten), 348–350 (alle), 351 (oben), 356 (unten), 357 (unten), 372 (oben), 373 (unten), 274 (oben), 380 (alle), 381 (oben links und unten), 382–383 (alle), 388 (Mitte und unten)

Art-Tech/MARS: 70 (oben), 94 (unten), 103, 135, 162/163, 218/219, 245 (links), 246 (oben), 266/267, 268 (oben), 270, 308, 326 (unten), 333 (unten), 340, 342 (oben), 357 (oben), 359, 365, 372 (unten), 373 (oben), 375 (unten)

Bridgeman Art Library: 30 (unten), 85 (unten), 87, 108

Cody Images: 204 (unten), 205, 206 (oben), 207 (alle), 234/235, 236 (oben), 238, 239 (unten), 258/259, 260 (unten), 262 (oben), 274/275, 276 (unten), 279 (alle), 284 (oben), 286, 287 (oben), 300 (unten), 309 (oben), 310 (oben), 311 (unten), 317 (alle), 318 (unten), 319 (oben), 326 (oben), 332, 333 (oben), 342 (unten), 343 (oben)

Corbis: 6, 7 (oben), 8/9, 15 (unten), 18/19, 21(unten), 31, 50/51, 53 (unten), 78, 84 (oben), 94 (oben), 100 (unten), 102 (oben), 114/115, 122/123, 124, 132, 143, 146/147, 150 (oben), 156 (unten), 189 (unten), 215 (oben), 260 (oben), 277 (unten), 285 (alle), 354/355, 378/379, 381 (oben rechts)

Nik Cornish: 298/299

Mary Evans Picture Library: 10/11, 12, 23, 39, 53 (oben), 76 (unten), 95, 130/131

Getty Images: Coverabbildungen, 22 (oben), 28, 34/35, 38 (oben), 60, 66/67, 90/91, 106/107, 116 (unten), 118 (oben), 126 (unten), 159 (unten), 165 (oben rechts), 170/171, 178/179, 180 (unten), 198, 199 (unten), 206 (unten), 210/211, 215 (unten), 221 (unten), 222–223 (alle), 255, 268 (unten), 311 (oben), 351 (unten), 366 (oben), 386/387, 390

Heritage Images: 14 (oben), 148 (oben), 151, 165 (oben links), 189 (oben)

Photos 12: 44, 46 (unten), 98/99, 154/155, 186/187, 190 (unten), 191 (oben)

Popperfoto: 194/195

Süddeutscher Verlag: 242/243, 290/291, 346/347

Topfoto: 322/323

TRH Pictures: 7 (unten), 138/139, 142, 196

Ukrainian State Archive: 250/251, 253 (oben), 254 (alle), 293–294 (alle), 295 (unten), 300 (oben), 301 (unten), 302 (rechts), 303, 362/363, 364 (oben), 366 (unten), 367 (alle)

U. S. Department of Defense: 226/227, 229 (unten), 231 (oben), 262 (unten), 263, 278 (unten), 282/283, 306/307, 324, 325 (unten), 327 (oben), 334 (unten), 341 (oben), 356 (oben), 358, 370/371, 374 (unten), 375 (oben), 389, 391 (alle)

U. S. Library of Congress: 173 (unten), 174 (oben), 182 (unten), 183

REGISTER

Kursive Seitenzahlen verweisen auf Abbildungen.